广东改革开放40年研究丛书

广东全面从严治党40年

Guangdong Quanmian Congyan Zhidang 40 Nian

许冲 陈金龙 著

中山大学出版社
SUN YAT-SEN UNIVERSITY PRESS

· 广州 ·

版权所有　翻印必究

图书在版编目（CIP）数据

广东全面从严治党 40 年/许冲，陈金龙著.—广州：中山大学出版社，2018.12
（广东改革开放 40 年研究丛书）
ISBN 978 - 7 - 306 - 06513 - 1

Ⅰ.①广…　Ⅱ.①许…②陈…　Ⅲ.①中国共产党—地方组织—党的建设—研究—广东　Ⅳ.①D26

中国版本图书馆 CIP 数据核字（2018）第 278031 号

出版人：王天琪
责任编辑：熊锡源
封面设计：林绵华
版式设计：林绵华
责任校对：罗雪梅
责任技编：何雅涛
出版发行：中山大学出版社
电　　话：编辑部 020 - 84110283，84111997，84110779，84113349
　　　　　发行部 020 - 84111998，84111981，84111160
地　　址：广州市新港西路 135 号
邮　　编：510275　　传　　真：020 - 84036565
网　　址：http://www.zsup.com.cn　E-mail：zdcbs@mail.sysu.edu.cn
印 刷 者：广州家联印刷有限公司
规　　格：787mm×1092mm　1/16　19.5 印张　330 千字
版次印次：2018 年 12 月第 1 版　2018 年 12 月第 1 次印刷
定　　价：88.00 元

如发现本书因印装质量影响阅读，请与出版社发行部联系调换

广东改革开放40年研究丛书

编委会

主　任　傅　华

副主任　蒋　斌　宋珊萍

委　员（按姓氏笔画排序）

丁晋清　王天琪　王　珺　石佑启

卢晓中　刘小敏　李宗桂　张小欣

陈天祥　陈金龙　周林生　陶一桃

隋广军　彭壁玉　曾云敏　曾祥效

创造让世界刮目相看的新的更大奇迹

——"广东改革开放40年研究丛书"总序

中国的改革开放走过了40年的伟大历程。在改革开放40周年的关键时刻,习近平总书记亲临广东视察并发表重要讲话,这是广东改革发展史上具有里程碑意义的大事、喜事。总书记充分肯定广东改革开放40年来所取得的巨大成就,并提出了深化改革开放、推动高质量发展、提高发展平衡性和协调性、加强党的领导和党的建设等方面的工作要求,为广东新时代改革开放再出发进一步指明了前进方向,提供了根本遵循。深入学习宣传贯彻习近平总书记视察广东重要讲话精神,系统总结、科学概括广东改革开放40年的成就、经验和启示,对于激励全省人民高举新时代改革开放旗帜,弘扬敢闯敢试、敢为人先的改革精神,以更坚定的信心、更有力的举措把改革开放不断推向深入,创造让世界刮目相看的新的更大奇迹,具有重要意义。

第一,研究广东改革开放,要系统总结广东改革开放40年的伟大成就,增强改革不停顿、开放不止步的信心和决心。

广东是中国改革开放的排头兵、先行地、实验区,在改革开放和现代化建设中始终走在全国前列,取得了举世瞩目的辉煌成就,展现了改革开放的磅礴伟力。

实现了从一个经济比较落后的农业省份向全国第一经济大省的历史性跨越。改革开放40年,是广东经济发展最具活力的40年,是广东经济总量连上新台阶、实现历史性跨越的40年。40年来,广东坚持以经济建设为中心,锐意推进改革,全力扩大开放,适应、把握、引领经济发展新常态,坚定不移地推进经济结构战略性调整、经济持续快速健康发展。1978—2017年,广东GDP从185.85亿元增加到89 879.23亿元,增长约482.6倍,占全国的10.9%。1989年以来,广东GDP总量连续29年稳居全国首位,成为中国第一经济大省。经济总量先后超越新加坡、中国香港和台湾地区,

2017年超过全球第13大经济体澳大利亚，进一步逼近"亚洲四小龙"中经济总量最大的韩国，处于世界中上等收入国家水平。

实现了从计划经济体制向社会主义市场经济体制的历史性变革。改革开放40年，是广东始终坚持社会主义市场经济改革方向、深入推进经济体制改革的40年，是广东社会主义市场经济体制逐步建立和完善的40年。40年来，广东从率先创办经济特区，率先引进"三来一补"、创办"三资"企业，率先进行价格改革，率先进行金融体制改革，率先实行产权制度改革，到率先探索行政审批制度改革，率先实施政府部门权责清单、市场准入负面清单和企业投资项目清单管理，率先推进供给侧结构性改革，等等，在建立和完善社会主义市场经济体制方面走在全国前列，极大地解放和发展了社会生产力，同时在经济、政治、文化、社会和生态文明建设领域的改革也取得了重大进展。

实现了从封闭半封闭到全方位开放的历史性转折。改革开放40年，是广东积极把握全球化机遇、纵深推进对外开放的40年，是广东充分利用国际国内两个市场、两种资源加快发展的40年。开放已经成为广东的鲜明标识。40年来，广东始终坚持对内、对外开放，以开放促改革、促发展。从创办经济特区、开放沿海港口城市、实施外引内联策略、推进与港澳地区和内地省市区的区域经济合作，到大力实施"走出去"战略、深度参与"一带一路"建设、以欧美发达国家为重点提升利用外资水平、举全省之力建设粤港澳大湾区，广东开放的大门越开越大，逐步形成了全方位、多层次、宽领域、高水平的对外开放新格局。

实现了由要素驱动向创新驱动的历史性变化。改革开放40年，是广东发展动力由依靠资源和低成本劳动力等要素投入转向创新驱动的40年，是广东经济发展向更高级阶段迈进的40年。改革开放以来，广东人民以坚强的志气与骨气不断增强自主创新能力和实力，把创新发展主动权牢牢掌握在自己手中。从改革开放初期，广东以科技成果交流会、技术交易会等方式培育技术市场，成立中国第一个国家级高科技产业集聚的工业园区——深圳科技工业园，到实施科教兴粤战略、建设科技强省、构建创新型广东和珠江三角洲国家自主创新示范区，广东不断聚集创新驱动"软实力"，区域创新综合能力排名跃居全国第一。2017年，全省研发经费支出超过2 300亿元，居全国第一，占地区生产总值比重达2.65%；国家级高新技术企业3万家，跃居全国第一；高新技术产品产值达6.7万亿元。有效发明专利量及专利综合实力连续多年居全国首位。

实现了从温饱向全面小康迈进的历史性飞跃。改革开放40年，是全省居民共享改革发展成果、生活水平显著提高的40年，是全省人民生活从温饱不足向全面小康迈进的40年。1978—2017年，全省城镇居民、农村居民人均可支配收入分别增长了98倍和81倍，从根本上改变了改革开放前物资短缺的经济状况，民众的衣食住行得到极大改善，居民收入水平和消费能力快速提升。此外，推进基本公共服务均等化，惠及全民的公共服务体系进一步建立；加大底线民生保障资金投入力度，社会保障事业持续推进；加快脱贫攻坚步伐，努力把贫困地区短板变成"潜力板"，不断提高人民生活水平，满足人民对美好生活的新期盼。

实现了生态环境由问题不少向逐步改善的历史性转变。改革开放40年，是广东对生态环境认识发生深刻变化的40年，是广东生态环境治理力度不断加大的40年，是广东环境质量由问题不少转向逐步改善的40年。广东牢固树立"绿水青山就是金山银山"的理念，坚决守住生态环境保护底线，全力打好污染防治攻坚战，生态环境持续改善。全省空气质量近3年连续稳定达标，大江大河水质明显改善，土壤污染防治扎实推进。新一轮绿化广东大行动不断深入，绿道、古驿道、美丽海湾建设等重点生态工程顺利推进，森林公园达1 373个、湿地公园达203个、国家森林城市达7个，全省森林覆盖率提高到59.08%。

40年来，广东充分利用毗邻港澳的地理优势，大力推进粤港澳合作，率先基本实现粤港澳服务贸易自由化，全面启动粤港澳大湾区建设，对香港、澳门顺利回归祖国并保持长期繁荣稳定、更好地融入国家发展大局发挥了重要作用，为彰显"一国两制"伟大构想的成功实践做出了积极贡献。作为中国先发展起来的区域之一，广东十分注重推动国家区域协调发展战略的实施，加大力度支持革命老区、民族地区、边疆地区、贫困地区加快发展，对口支援新疆、西藏、四川等地取得显著成效，为促进全国各地区共同发展、共享改革成果做出了积极贡献。

第二，研究广东改革开放，要深入总结广东改革开放40年的经验和启示，厚植改革再出发的底气和锐气。

改革开放40年来，广东在坚持和发展中国特色社会主义事业中积极探索、大胆实践，不仅取得了辉煌成就，而且积累了宝贵经验。总结好改革开放的经验和启示，不仅是对40年艰辛探索和实践的最好庆祝，而且能为新时代推进中国特色社会主义伟大事业提供强大动力。40年来，广东经济社会发展之所以能取得历史性成就、发生历史性变革，最根本的原因就在于党中央的正确领导和对广东工作的高度重视、亲切关怀。改革开放以来，党中央始终鼓励广东大胆探索、大胆实践。特别是进入新时代以来，每到重要节点和关键时期，习近平总书记都及时为广东把舵定向，为广东发展注入强大动力。2012年12月，总书记在党的十八大后首次离京视察就到了广东，做出"三个定位、两个率先"的重要指示。2014年3月，总书记参加第十二届全国人大第二次会议广东代表团审议，要求广东在全面深化改革中走在前列，努力交出物质文明和精神文明两份好答卷。2017年4月，总书记对广东工作做出重要批示，对广东提出了"四个坚持、三个支撑、两个走在前列"要求。2018年3月7日，总书记参加第十三届全国人大第一次会议广东代表团审议并发表重要讲话，嘱咐广东要做到"四个走在全国前列"、当好"两个重要窗口"。2018年10月，在改革开放40周年之际，习近平总书记再次亲临广东视察指导并发表重要讲话，要求广东高举新时代改革开放旗帜，以更坚定的信心、更有力的措施把改革开放不断推向深入，提出了深化改革开放、推动高质量发展、提高发展平衡性和协调性、加强党的领导和党的建设四项重要要求，为新时代广东改革发展指明了前进方向，提供了根本遵循。广东时刻牢记习近平总书记和党中央的嘱托，结合广东实际创造性地贯彻落实党的路线、方针、政策，自觉做习近平新时代中国特色社会主义思想的坚定信仰者、忠实践行者，努力为全国的改革开放探索道路、积累经验、做出贡献。

坚持中国特色社会主义方向，使改革开放始终沿着正确方向前进。我们的改革开放是有方向、有立场、有原则的，不论怎么改革、怎么开放，都始终要坚持中国特色社会主义方向不动摇。在改革开放实践中，广东始终保持"不畏浮云遮望眼"的清醒和"任凭风浪起，稳坐钓鱼船"的定力，牢牢把握改革正确方向，在涉及道路、理论、制度等根本性问题上，在大是大非面前，立场坚定、旗帜鲜明，确保广东改革开放既不走封闭僵化的老路，也不走改旗易帜的邪路，在根本性问题上不犯颠覆性错误，使改革开放始终沿着正确方向前进。

坚持解放思想、实事求是，以思想大解放引领改革大突破。解放思想是正确行动的先导。改革开放的过程就是思想解放的过程，没有思想大解放，就不会有改革大突破。广东坚持一切从实际出发，求真务实，求新思变，不断破除思想观念上的障碍，积极将解放思想形成的共识转化为政策、措施、制度和法规。坚持解放思想和实事求是的有机统一，一切从国情省情出发、从实际出发，既总结国内成功做法又借鉴国外有益经验，既大胆探索又脚踏实地，敢闯敢干，大胆实践，多出可复制、可推广的新鲜经验，为全国改革提供有益借鉴。

坚持聚焦以推动高质量发展为重点的体制机制创新，不断解放和发展社会生产力。改革开放就是要破除制约生产力发展的制度藩篱，建立充满生机和活力的体制机制。改革每到一个新的历史关头，必须在破除体制机制弊端、调整深层次利益格局上不断啃下"硬骨头"。近年来，广东坚决贯彻新发展理念，着眼于推动经济高质量发展，不断推进体制机制创新。例如，坚持以深化科技创新改革为重点，加快构建推动经济高质量发展的体制机制；坚持以深化营商环境综合改革为重点，加快转变政府职能；坚持以粤港澳大湾区建设合作体制机制创新为重点，加快形成全面开放新格局；坚持以构建"一核一带一区"区域发展格局为重点，完善城乡区域协调发展体制机制；坚持以城乡社区治理体系为重点，加快营造共建共治共享社会治理格局，奋力开创广东深化改革发展新局面。

坚持"两手抓、两手都要硬"，更好地满足人民精神文化生活新期待。只有物质文明建设和精神文明建设都搞好、国家物质力量和精神力量都增强、人民物质生活和精神生活都改善、综合国力和国民素质都提高，中国特色社会主义事业才能顺利推向前进。广东高度重视精神文明建设，坚持"两手抓、两手都要硬"，坚定文化自信、增强文化自觉，守护好精神家园、丰富人民精神生活；深入宣传贯彻习近平新时代中国特色社会主义思想，大力培育和践行社会主义核心价值观，深化中国特色社会主义和中国梦宣传教育，教育引导广大干部群众特别是青少年坚定理想信念，培养担当民族复兴大任的时代新人；积极选树模范典型，大力弘扬以爱国主义为核心的民族精神和以改革创新为核心的时代精神；深入开展全域精神文明创建活动，不断提升人民文明素养和社会文明程度；大力补齐文化事业短板，高质量发展文化产业，不断增强文化软实力，更好地满足人民精神文化生活新期待。

坚持以人民为中心的根本立场，把为人民谋幸福作为检验改革成效的根本标准。改革开放是亿万人民自己的事业，人民是推动改革开放的主体力量。没有人民的支持和参与，任何改革都不可能取得成功。广东始终坚持以人民为中心的发展思想，坚持把人民对美好生活的向往作为奋斗目标，坚持人民主体地位，发挥群众首创精神，紧紧依靠人民推动改革开放，依靠人民创造历史伟业；始终坚持发展为了人民、发展依靠人民、发展成果由人民共享，让改革发展成果更好地惠及广大人民群众，让群众切身感受到改革开放的红利；始终坚持从人民群众普遍关注、反映强烈、反复出现的民生问题入手，紧紧盯住群众反映的难点、痛点、堵点，集中发力，着力解决人民群众关心的现实利益问题，不断增强人民群众获得感、幸福感、安全感。

坚持科学的改革方法论，注重改革的系统性、整体性、协同性。只有坚持科学方法论，才能确保改革开放蹄疾步稳、平稳有序地推进。广东坚持以改革开放的眼光看待改革开放，充分认识改革开放的时代性、体系性、全局性问题，注重改革开放的系统性、整体性、协同性。注重整体推进和重点突破相促进相结合，既全面推进经济、政治、文化、社会、生态文明、党的建设等诸多领域改革，确保各项改革举措相互促进、良性互动、协同配合，又突出抓改革的重点领域和关键环节，发挥重点领域"牵一发而动全身"、关键环节"一子落而满盘活"的作用；注重加强顶层设计，和"摸着石头过河"的改革方法相结合，既发挥"摸着石头过河"的基础性和探索性作用，又发挥加强顶层设计的全面性和决定性作用；注重改革与开放的融合推进，使各项举措协同配套、同向前进，推动改革与开放相互融合、相互促进、相得益彰；注重处理好改革发展与稳定之间的关系，自觉把握好改革的力度、发展的速度和社会可承受的程度，把不断改善人民生活作为处理改革发展与稳定关系的重要结合点，在保持社会稳定中推进改革发展，在推进改革发展中促进社会稳定，进而实现推动经济社会持续健康发展。

坚持和加强党的领导，不断提高党把方向、谋大局、定政策、促改革的能力。中国特色社会主义最本质的特征是中国共产党的领导，中国特色社会主义制度的最大优势是中国共产党的领导。坚持党的领导，是改革开放的"定盘星"和"压舱石"。40年来，广东改革开放之所以能够战胜各种风险和挑战，取得举世瞩目的成就，最根本的原因就在于坚持党的领导。什么时候重视党的领导、加强党的建设，什么时候就能战胜困难、夺取胜利；什么时候轻视党的领导、漠视党的领导，什么时候就会经历曲折、遭受挫折。广东坚持用习近平新时代中国特色社会主义思想武装头脑，增强"四个意识"，坚定"四个自信"，做到"两个坚决维护"，始终在思想上、政治上、行动上同以习近平同志为核心的党中央保持高度一致；注重加强党的政治建设，坚持党对一切工作的领导，不断增强党的政治领导力、思想引领力、群众组织力、社会号召力，提高党把方向、谋大局、定政策、促改革的能力和定力，确保党总揽全局、协调各方。

第三，研究广东改革开放，要积极开展战略性、前瞻性研究，为改革开放再出发提供理论支撑和学术支持。

改革开放是广东的根和魂。在改革开放40周年的重要历史节点，习近平总书记再次来到广东,向世界宣示中国改革不停顿、开放不止步的坚定决心。习近平总书记视察广东重要讲话,是习近平新时代中国特色社会主义思想的理论逻辑和实践逻辑在广东的展开和具体化,是我们高举新时代改革开放旗帜、以新担当新作为把广东改革开放不断推向深入的行动纲领,是我们走好新时代改革开放之路的强大思想武器。学习贯彻落实习近平总书记视察广东重要讲话精神,是当前和今后一个时期全省社会科学理论界的头等大事和首要政治任务。社会科学工作者应发挥优势,充分认识总书记重要讲话精神的重大政治意义、现实意义和深远历史意义,以高度的政治责任感和历史使命感,深入开展研究阐释,引领和推动全省学习宣传贯彻工作往深里走、往实里走、往心里走。

加强对重大理论和现实问题的研究,为改革开放再出发提供理论支撑。要弘扬广东社会科学工作者"务实、前沿、创新"的优良传统,增强脚力、眼力、脑力、笔力,围绕如何坚决贯彻总书记关于深化改革开放的重要指示要求,坚定不移地用好改革开放"关键一招",书写好粤港澳大湾区建设这篇大文章,引领带动改革开放不断实现新突破;如何坚决贯彻总书记关于推动高质量发展的重要指示要求,坚定不移地推动经济发展质量变革、效率变革、动力变革;如何坚决贯彻总书记关于提高发展平衡性和协调性的重要指示要求,坚定不移地推进城乡、区域、物质文明和精神文明协调发展与法治建设;如何坚决贯彻总书记关于加强党的领导和党的建设的重要指示要求,坚定不移地把全省各级党组织锻造得更加坚强有力、推动各级党组织全面进步全面过硬;等等,开展前瞻性、战略性、储备性研究,推出一批高质量研究成果,为省委、省政府推进全面深化改革开放出谋划策,当好思想库、智囊团。

加强改革精神研究,为改革开放再出发提供精神动力。广东改革开放40年波澜壮阔的伟大实践,不仅打下了坚实的物质基础,也留下了弥足珍贵的精神财富,这就是敢闯敢试、敢为人先的改革精神。这种精神是在广东改革开放创造性实践中激发出来的,它是一种解放思想、大胆探索、勇于创造的思想观念,是一种不甘落后、奋勇争先、追求进步的责任感和使命感,是一种坚韧不拔、自强不息、锐意进取的精神状态。当前,改革已经进入攻坚期和深水区,剩下的都是难啃的硬骨头,更需要弘扬改革精神才能攻坚克难,必须把这种精神发扬光大。社会科学工作者要继续研究、宣传、阐释好改革精神,激励全省广大党员干部把改革开放的旗帜举得更高更稳,续写广东改革开放再出发的新篇章。

加强对广东优秀传统文化和革命精神的研究，为改革开放再出发提振精气神。总书记在视察广东重要讲话中引用广东的历史典故激励我们担当作为，讲到虎门销烟等重大历史事件，讲到洪秀全、文天祥等历史名人，讲到广东的光荣革命传统，讲到毛泽东、周恩来等一大批曾在广东工作生活的我们党老一辈领导人，以此鞭策我们学习革命先辈、古圣先贤。广大社会科学工作者要加强对广东优秀传统文化和革命精神的研究，激励全省人民将其传承好弘扬好，并化作新时代敢于担当的勇气、奋发图强的志气、再创新局的锐气，创造无愧于时代、无愧于人民的新业绩。

广东有辉煌的过去、美好的现在，一定有灿烂的未来。这次出版的"广东改革开放40年研究丛书"（14本），对广东改革开放40年巨大成就、实践经验和未来前进方向等问题进行了系统总结和深入研究，内容涵盖总论、经济、政治、文化、社会、生态文明、教育、科技、依法治省、区域协调、对外开放、经济特区、海外华侨华人、从严治党14个方面，为全面深入研究广东改革开放做了大量有益工作，迈出了重要一步。在隆重庆祝改革开放40周年之际，希望全社会高度重视广东改革开放问题的研究，希望有更多的专家学者和实际工作者积极投身到广东改革开放问题的研究中去，自觉承担起"举旗帜、聚民心、育新人、兴文化、展形象"的使命任务，推出更多有思想见筋骨的精品力作，为推动广东实现"四个走在全国前列"、当好"两个重要窗口"，推动习近平新时代中国特色社会主义思想在广东大地落地生根、结出丰硕成果提供理论支撑和学术支持。

"广东改革开放40年研究丛书"编委会
2018年11月22日

目录 CONTENTS

引　言　从严治党：领航广东改革开放四十载 /1
　一、准确理解"从严治党"的深刻内涵 /2
　二、研究广东全面从严治党40年的意义 /4
　三、广东全面从严治党40年的基本轨迹 /6
　四、本书的主要内容和结构安排 /9

第一章　拨乱反正：开启广东党的建设新征程（1978—1982年）/11
　一、实施拨乱反正，转移党的工作重心 /11
　二、落实党的政策，加强党的统战工作 /19
　三、开展全党整风，加强党风党纪建设 /24

第二章　解放思想：开创广东党的建设新局面（1982—1992年）/33
　一、通过解放思想，推动广东改革开放先行一步 /33
　二、用足用活政策，逐步提升党的执政能力 /46
　三、通过全面整党，构建改革开放事业的领导核心 /59
　四、开展党风廉政教育，加强党员干部队伍建设 /71

第三章　与时俱进：构建广东党的建设新格局（1992—2002年）/91
　一、依据"南方谈话"精神，确立党的建设新航向 /91
　二、因应市场经济浪潮，破解党的建设新课题 /101
　三、立足新世纪、新起点，推进党的建设新工程 /123
　四、践行"三个代表"重要思想，增创广东发展新优势 /142

第四章　固本强基：谋划广东党的建设新举措（2002—2012年）/156
　一、思想固本，保持党的先进性 /156
　二、实践强基，夯实党的群众基础 /178

1

三、制度创新，助推党内民主建设 /204

第五章 全面从严：形成广东党的建设新态势（2012—2018年）/220
　　一、坚定理想信念，筑牢思想之基 /220
　　二、完善体制机制，推进制度治党 /231
　　三、净化政治生态，加强组织建设 /247
　　四、坚持标本兼治，厉行反腐倡廉 /261

结束语 广东全面从严治党40年的经验总结与发展前瞻 /279
　　一、广东全面从严治党40年的经验总结 /280
　　二、广东全面从严治党40年的时代价值 /283
　　三、新时代广东全面从严治党的现实挑战 /285
　　四、新时代广东全面从严治党的发展前瞻 /288

参考文献 /292

后　　记 /298

引言　从严治党：领航广东改革开放四十载

1978年党的十一届三中全会召开，确定把党的工作重点转移到经济建设上来，我国社会主义建设事业进入了新的发展阶段。新时期、新机遇、新使命、新征程，对坚持党的领导和加强党的建设提出了新的更高的要求。习近平总书记在党的十九大报告中强调指出，唯有深入推进党的建设新的伟大工程，方能"确保党在世界形势深刻变化的历史进程中始终走在时代前列，在应对国内外各种风险和考验的历史进程中始终成为全国人民的主心骨，在坚持和发展中国特色社会主义的历史进程中始终成为坚强领导核心"。① 不难发现，坚持党要管党、全面从严治党是党的建设的根本方针，也是党能够经受"四大考验"和化解"四大风险"的根本保证。改革开放40年来，广东人民在党的领导下披荆斩棘、锐意进取，从改革开放之初的"先行先试""先走一步"，到当前践行"三个定位、两个率先""四个走在全国前列""四个方面要求"，始终坚定不移地沿着建设中国特色社会主义道路前进，实现了经济、社会和党的建设协同发展，取得了举世瞩目的辉煌成就。研究广东改革开放40年的历史进程、发展成就和经验启迪，绝对不能忽视党的领导和党的建设这一重要维度，尤其是在党中央领导下全面从严治党的重要实践和经验总结，因其价值既曾作用于当时，亦可关照于眼下，更将彰显于日后。

---

① 习近平：《决胜全面建成小康社会　夺取新时代中国特色社会主义伟大胜利——在中国共产党第十九次全国代表大会上的报告》（2017年10月18日），人民出版社2017年版，第15页。

一、准确理解"从严治党"的深刻内涵

"党要管党,才能管好党;从严治党,才能治好党。"① 因此,对于任何一个无产阶级政党而言,"从严治党"都是一个理论与实践、历史与现实的辩证统一的组合性命题。因此可以说,无论是考察广东改革开放40年的历史进程,还是理解广东经济建设与党的建设的辩证关系,其中的首要前提就是要从下述三个维度准确理解"从严治党"的深刻内涵。

从经典理论意涵来看,"从严治党"思想既是马克思、恩格斯、列宁等经典作家党建思想理论体系的重要内容构成,也是国际共产主义运动史上的重要精神财富。一方面,马克思、恩格斯在《共产党宣言》《德意志意识形态》《哥达纲领批判》等重要文献中,早就从坚决维护党的性质纯洁、坚决贯彻民主集中制的原则、坚决严明党的纪律、坚决保持党的优良传统和作风、严格落实管党治党责任等维度,对"从严治党"的基本内涵进行了概括和规范。另一方面,列宁也从俄国实际和革命实践出发,进一步发展了马克思、恩格斯的"从严治党"思想,提出了严格党员标准、牢牢把握党员质量关,严明党的纪律、党的政治行动必须一致,严防官僚主义、反对党的干部搞特殊化,严惩腐败分子、坚决依法反对腐败行为,严密监督体系、加强党内监督的制度建设等一系列"从严治党"的新思想和新举措。经典作家们对于"从严治党"的界定与阐释,增进了中国共产党人对于"从严治党"重要性的理性认识,构成了党确立党要管党、从严治党根本方针的政治理论依据,同时也为在20世纪以来的中国革命、建设和改革实践中贯彻落实从严治党战略部署提供了思想理论基础。

从历史实践意涵来看,"从严治党"思想与中国共产党注重"思想建党"的传统可谓一脉相承,在经由新民主主义革命和社会主义建设时期的党建实践以后,已经构成为党加强自身建设的优良传统和经验总结。可以说,无论是民主革命时期的"古田会议"与延安整风运动,还是新中国成立以后严厉查处刘青山、张子善等典型案件,不仅解决了党在不同时期存在的突出问题,同时也积累了从严治党的历史经验,进而树立了中国共产党从严治党的政党形象。加之,经由党内多次系统化的整党整风教育运动

---

① 《习近平关于协调推进"四个全面"战略布局论述摘编》,中央文献出版社2015年版,第130页。

引言 从严治党：领航广东改革开放四十载

的开展，以及《关于中央委员会工作规则与纪律的决定》《关于各级党部工作规则与纪律的决定》《关于增强党性的决定》等党内重要文献的制定和发布，"从严治党"思想已经在党的思想建设、组织建设、作风建设和制度建设等领域全面展开和深入贯彻。其中，从严加强党的思想建设、从严培育党的优良作风、从严开展党内批评和自我批评、发动群众从严监督党员干部，已经构成为马克思主义从严治党思想中国化的重要成果。上述实践经验和理论成果，不仅促成了中国革命和建设事业的胜利发展，同时也为新时期推进党的建设新的伟大工程创设了重要的实践基础和经验依据。

从时代发展意涵来看，"从严治党"思想在改革开放以来的党建实践中得到了进一步发展，逐步实现了从"从严治党"向"全面从严治党"的思想飞跃。特别是党的十八大以来，以习近平同志为核心的党中央提出并形成了"四个全面"战略布局，其中"全面从严治党"是关键所在。作为全面建成小康社会、全面深化改革、全面依法治国的根本保障，它不仅提升了全面从严治党的地位，也彰显了全面从严治党的重要性。就其时代性内涵而言，它主要涵括了五个方面的内容：一是着眼于"全面"推进党的建设，将党的建设视为一个有机整体，政治建设、思想建设、组织建设、作风建设、反腐倡廉建设、制度建设相互联系、相辅相成、缺一不可；二是强调"严"字当头，不"严"则难以治党，难以解决目前党的建设面临的问题，党的威信难以树立起来；三是实现从严治标走向科学治本，强调以制度管党治党，通过科学严密的制度安排，实现党的建设常态化；四是通过完善制度改善政治生态，做好全面从严治党的基础性工作；五是使党的纪律真正成为"带电的高压线"，强调始终把党的纪律挺在前面，使纪律立起来、严起来。可以说，"从严治党"思想的"全面"深化，有利于全面从严治党落到实处。①

"从严治党"是中国共产党管党治党成功经验的历史总结，同时还是新时期推进党的建设新的伟大工程的依据。中国共产党作为中国工人阶级、中国人民和中华民族的先锋队，要保持党的先进性、纯洁性，不断加强党执政能力建设，从严治党既是题中之义，也是一个永恒的课题。由此可见，准确理解"从严治党"的深刻内涵，是把握改革开放40年来广东

---

① 陈金龙：《准确理解全面从严治党的深刻内涵》，载《学习月刊》2015年第5期。

全面从严治党的历史起点和逻辑起点。

二、研究广东全面从严治党40年的意义

毋庸置疑,"办好中国的事情,关键在党","全面从严治党永远在路上",可称为中国改革开放40年来最为根本的经验总结之一。因此,无论是梳理中国改革开放史,还是研究新时期党的建设史,这两者之间均高度关联且密不可分。而研究广东改革开放40年来全面从严治党的历史发展进程,还具有更为典型的三个方面的意义。

研究广东全面从严治党40年的意义,首先是在于党的建设与改革开放关系的明辨。中国改革开放的历史起点和逻辑起点是党的建设的改革,党的十一届三中全会即是一个公认的历史佐证和转折点。新时期,广东党的建设同时面临着两大历史任务,一是提高各级党组织领导经济建设的能力,使之能够站在改革开放的前列,带领全省人民群众解放和发展生产力,通过发展经济建设文明富裕的社会主义广东;二是提高全省党员干部反腐防变的能力,使之能够应对内外部带来的各种执政考验和风险挑战,切实提升党组织的凝聚力、战斗力,保持党的先进性和纯洁性。上述任务决定了党的建设工作不可能在封闭的环境中进行,广东引领的改革开放也绝对不能缺少党的领导,必须坚持党的建设与经济建设"两手抓,两手都要硬"。不仅如此,改革开放为新时期党的建设带来一系列新情况、新问题和新要求,同时也为全国和广东党的建设注入了新的活力和创造了新的条件。究其缘由,党和国家推进改革开放的目的之一,即为了在引领当代中国发展进步中加强和改进党的建设,保持和发展党的先进性,确保党始终走在时代的前列。因此,坚持党要管党、从严治党,藉以不断加强党的领导和推进党的建设,与改革开放的伟大历史进程、发展目标是协同一体的。

研究广东全面从严治党40年的意义,其次是在于区域性党建与党的建设新的伟大工程关系的厘定。论及广东改革开放,目力所及,皆是经济发展热潮或者经济增长神话,似乎此处没有多少党建可言。事实并非如此。以经济建设为中心实行改革开放,并不意味着可以削弱党的建设,更不意味着可以弱化党的领导,而是对改革开放新环境下党的建设提出了更高要求。广东在对外开放中"先行先试",改革开放步伐和进程较快,市场经济的发展和对外开放的实施对党员、干部影响较大,国内外以及社会

引言 从严治党：领航广东改革开放四十载

上存在的一些前沿矛盾和突出问题，也必然直接反映到党内来，这就要求广东在党的建设方面有更强意识、更多举措和更大作为。梳理改革开放历史，广东党的建设最大特色就是彰显改革精神，既强调充分"适应"改革开放新形势，又强调切实"改善"党的领导和党建工作。换言之，改革开放以来广东厉行全面从严治党，党的建设既非偏安一隅，更非裹足不前。其实，无论是国有企业党建、机关党建，还是"两新"组织党建、农村以及社区党建，广东均有值得全国性推广的创新性经验。可以说，改革开放40年来广东党的建设实践，既是新时期党的建设新的伟大工程的有机组成，同时也为之提供了地方党建与地方经济建设良性互动的典型经验。

研究广东全面从严治党40年的意义，最后是在于全面从严治党与全面深化改革关系的擘画。党的十八大以来，习近平总书记在谋划全面深化改革时，因应全面深化改革的要求，提出了全面从严治党的思路，强调通过全面从严治党提高党领导改革的能力和水平。可以说，基于全面深化改革的全面从严治党思路，是协调推进"四个全面"战略布局的内在要求。具体说来，一是立足思想建设是全面从严治党的基础维度，强调以解放思想破解改革开放难题、闯出改革新路；二是从坚决维护党中央权威是党内政治生活的重要准则出发，强调以"四个意识"确保党中央对改革的领导真正落到实处；三是着眼于党的最大政治优势，通过密切联系群众彰显其在改革中的历史主体、智慧主体、成果主体地位；四是从造就高素质干部队伍以提升领导改革的本领出发，强调发挥广大党员干部在全面深化改革进程中的引领和推动作用。① 过往，广东在深化改革的实践中锐意当先、成绩斐然，上述种种均有丰富的经验积累；当前，广东省正处于率先全面建成小康社会、开启率先基本实现社会主义现代化新征程的关键时期，再次梳理"改革开放与全面从严治党"论题，历史经验的总结和理论层面的分析既可以促进广东全面深化改革的实践，也可以推动新时代广东全面从严治党的研究。

全面从严治党不停歇，全面深化改革不止步。改革开放以来广东累积40年的发展经验，特别是全面从严治党方面的重要实践与理论创新，当前仍有待于进一步的整体性研究，这是一项兼具政治性和学术性的重要命

---

① 陈金龙：《基于全面深化改革的全面从严治党思路》，《红广角》，2017年第Z5期。

题。而以广东为视角,就此加以综合性的、具体深入的研析,其价值绝不仅仅限于广东一隅。

三、广东全面从严治党40年的基本轨迹

改革开放40年,是广东经济突飞猛进、社会沧桑巨变的40年,也是广东探索党建新实践、积累党建新经验的40年。40年来,中共广东省委致力于对外开放和市场经济环境下全面从严治党,带领全省各级党组织和党员群众锐意进取、克难奋进,在全面推进社会主义现代化伟大事业和新时期党的建设新的伟大工程两个重大领域,均取得了举世瞩目的成就。梳理改革开放40年来广东全面从严治党的历史进程,主要经历了五个阶段:

(一)拨乱反正,开启广东党的建设新征程(1978—1982)

1978年12月,党的十一届三中全会在北京胜利召开。此次会议做出了把全党工作重点转移到社会主义现代化建设上来的重要战略决策。这不仅是新时期党的历史发展的伟大转折点,同时也是广东开启党的建设新征程的重要逻辑起点。中共广东省委在党中央的领导下,通过深入开展真理标准问题大讨论,有步骤地实施"揭、批、查"和平反"冤、假、错"案工作,全面落实党的干部政策、侨务政策、统战政策等,逐步实现了广东在政治上、思想上和组织上的"拨乱反正"。同时,围绕着全国以及广东经济生活领域中的重大变革,特别是针对对外开放、创办经济特区和经济体制改革初步探索中出现的新情况新问题,广东省各级党委坚决贯彻"两个坚定不移"的方针,一方面全力打击经济领域中的各种严重犯罪活动,另一方面在推进对外开放和对内搞活经济的过程中,积极开展反腐蚀斗争和改进党风的工作。经过改革开放最初4年的艰辛探索,中共广东省委带领全省人民成功实现了党的工作中心的战略转移,不仅重建了广东政治、经济、文化和社会生活的新秩序,同时也为振兴广东经济和扬帆改革开放奠定了重要的思想前提、组织保障和社会基础,广东全面从严治党也由此踏上了新的时代征程。

(二)解放思想,开创广东党的建设新局面(1982—1992)

1982年9月召开的党的十二大,是一次擘画"全面开创社会主义现代化建设的新局面"的重要会议。为了适应改革开放和社会主义现代化建

设的需要,此次会议通过了新的《中国共产党章程》,对党的民主集中制和各项组织制度、党的纪律做了更充分、更具体的规定。在如此重要的时代背景下,广东党的建设和改革开放在多个领域系统推进和全面展开。然而,经济生活领域中的改革难题层出不穷,新经济环境和条件下的党的建设也问题迭出,时刻考验着广东各级党组织的改革勇气、执政能力和党建智慧。中共广东省委紧紧抓住认真处理经济建设与党的建设关系的核心议题,通过深入解放思想力促广东改革开放先行一步,推动中央制定的"特殊政策,灵活措施"在广东"真特殊,真灵活,真先走";通过狠抓"三严"力促"三放",切实做到"用足用活政策",不断提升党的执政能力和领导水平,理顺广东党的建设与改革开放的辩证关系;通过坚持"两手抓,两手都要硬",推动广东"两个文明"协同发展;通过开展全面整党、党风廉政教育和党员干部队伍建设,构建改革开放事业的坚强领导核心,推动广东党风、政风、社风的根本好转。可以说,1982 年至 1992 年是广东全面贯彻落实改革开放政策的 10 年,同时更是广东不断开创全面从严治党新局面的 10 年。

(三)与时俱进,构建广东党的建设新格局(1992—2002)

1992 年至 2002 年间,根据邓小平同志"南方谈话"精神的指引,以及江泽民同志对广东"增创新优势,更上一层楼"的重要指示,广东改革开放和全面从严治党进入了"体制大转轨、党建迈新步"的重要发展阶段。在此期间,从党的十四大明确提出的建立社会主义市场经济体制的改革目标出发,广东紧紧围绕以经济建设为中心加强党的建设,着力提升党的执政能力和领导水平,以及各级党组织的凝聚力、战斗力和防腐拒变能力。具体说来,一是加快社会主义市场经济条件下党的思想建设、民主集中制建设、反腐倡廉建设的步伐;二是坚持以中国特色社会主义理论武装全党,加强党员干部教育培训、领导班子建设、基层党组织建设、党风廉政建设和非公党建,构建新形势下广东党的建设的总布局;三是以学习邓小平理论和"三个代表"重要思想为基准,全面化解改革发展攻坚阶段和关键时期的困局,借以推进世纪之交广东党的建设,为全面建设小康社会和加快推进社会主义现代化进程继续推进新时期党的建设新的伟大工程。在此阶段,广东各级党组织勇于开拓、敢于创新、善于实践,推动广东全面从严治党既能紧跟时代潮流,又能始终走在时代前列,既实现了改革开放与党的建设的有机结合,又形成了党的建设与经济社会发展交相辉映的良好局面。

(四) 固本强基,谋划广东党的建设新举措(2002—2012)

从党的十六大召开至党的十八大,是广东党的建设在区域经济飞速发展、中国社会深刻转型、国际形势日趋复杂的背景下砥砺前行的10年。中共广东省委在党中央的领导下,坚持以邓小平理论和"三个代表"重要思想为指导,深入贯彻落实科学发展观,坚持以加强党的执政能力建设和先进性建设为主线,通过狠抓灵魂、制度、基础、民心和作风的建设,进一步加强和改进党的领导。在此期间,开展解放思想学习讨论活动、党的先进性教育活动和学习型政党建设,彰显了广东从严治党"思想固本"之举;以"十百千万"干部下基层强化农村基层党组织建设、以"六好"平安和谐社区建设探索社区党建新路径、以"三型"机关建设创新融合式机关党建实践、以"四好"班子建设开创国企党建新局面、以创新性党建工作模式引领"两新"组织党建工作,展现了广东从严治党"实践强基"之措;创新党内选举制度、谋划党代表任期制和实施党务公开化,推进了党的制度建设创新,助推党内民主建设。可以说,2002年至2012年间广东党的建设,是在"固本强基"中与时俱进、革故鼎新,同时也在争当实践科学发展观排头兵的伟大实践中发挥了重要的战斗堡垒作用和先锋模范作用。

(五) 全面从严,形成广东党的建设新态势(2012—2018)

党的十八大以来,以习近平同志为核心的党中央总揽全局、协调各方、以上率下、层层推进,全面加强党的领导,深入推进党的建设新的伟大工程。中共广东省委根据党中央部署和本省实际,既严肃认真地做好全面从严治党的"规定动作",又实事求是地做好地区党建工作的"自选动作"。具体说来,一是通过扎实推进群众路线教育实践活动、"三严三实"专题教育、"两学一做"学习教育等,筑牢全省党员干部理想信念之基;二是通过推动党内法规"落地生根"和确保监察体制"精准执行",完善广东党的建设的体制和机制,全面推进广东党的制度建设从严从实;三是通过强基层、严管理、树典型和立机制等多维渠道,净化广东党内的政治生态,全面推进党的组织建设、作风建设从严从实;四是通过以"零容忍"态度严惩腐败、实现学习教育常态化和强化巡视监督的作用等,坚持标本兼治,推进反腐倡廉建设在广东走向又严又实。随着 2016 年 11 月 21 日《中共广东省委关于深入推进全面从严治党的决定》的发布和落实,进一步推动了全面从严治党在广东走向深入,为实现广东"三个定位、两个率先"目标提供坚强有力的政治保证。

2018 年 3 月,习近平总书记在参加十三届全国人大一次会议广东代表团审议时,对广东提出了"四个走在全国前列"的要求,明确"广东既是向世界展示我国改革开放成就的重要窗口,也是国际社会观察我国改革开放的重要窗口"。同年 10 月,习近平总书记时隔 6 年再次视察广东,期间其走进社区党群服务中心,了解社区公共服务、基层党建、社区管理等情况,要求切实把群众大大小小的事办好,这不仅表现出了中央对广东改革开放 40 年来社会经济发展的充分肯定,同时也是对广东在新时代加强全面从严治党提出了新要求。

回顾广东改革开放 40 年来党的建设的历史,我们有理由相信:只要坚持党要管党、全面从严治党的根本方针,坚持以改革创新的精神全面推进党的建设,新时期党的建设的伟大工程必将不断取得胜利,党领导的中国特色社会主义事业必将迎来新的历史辉煌,而广东也必将在这一伟大历史进程中继续发挥"排头兵"的关键性作用。

四、本书的主要内容和结构安排

本书的主题是改革开放 40 年来,广东全面从严治党的历史演进与经验总结。基于此,本书研究的空间范围主要是立足于广东省,本书研究的时间范围是 1978 年至 2018 年的 40 年。在确定本书研究的区域和时域以后,还有一个重要的历史背景和时代条件需要进一步明确:广东全面从严治党是与"中国的第二次革命"——改革开放相伴而行的。这场革命的主要任务是进一步解放生产力和发展生产力,是要把中国由一个贫穷落后的国家转变成富强、民主、文明、和谐、美丽的社会主义现代化国家,是要推动社会主义制度的优越性在中国充分表现出来,同时更是要在中国特色社会主义道路上实现中华民族的伟大复兴。因此,本书研究的中心内容是改革开放 40 年来广东协调推进党的建设和改革开放,尤其是加强党的执政能力建设和保持党的先进性两个重要维度的实践创新、理论创新和经验启迪。

改革开放40年来广东厉行全面从严治党,与全国其他地方相比较既有共性亦有个性,甚至可以说广东的独特性和复杂性更为突出。对此做出全面分析,寄望于这样一本略显单薄的著作是不可能完成的。本书虽然着眼于综合分析,但并不追求同时也无法做到全面系统和面面俱到,而紧扣广东全面从严治党40年的特色之举将是可选解决方案。因此,本书研究将坚持微观研究与宏观分析有机结合的方法,先从改革开放历史进程中广东党的建设的具体实践入手,再从宏观层面研究广东党的建设的总体情况,对广东全面从严治党40年的历程、内容、成就、经验和启示等问题进行概括和总结。这一研究方法的采用,力求从微观入手与从宏观着眼的有机统一,力求把宏观研究与微观研究结合起来,特别是做到以微观支撑宏观,据以规避或宏大叙事或碎片化研析的传统范式。

本书由引言、主体(共五章)和结束语组成。主体部分和结束语的主要内容包括如下几个方面:第一章分析1978年至1982年广东以"拨乱反正"为主旨的全面从严治党的实践。第二章探讨1982年至1992年广东全面贯彻落实改革开放政策10年中全面从严治党的新创举。第三章考察1992年至2002年广东经济体制转轨时期全面从严治党格局的新构建。第四章阐述2002年至2012年21世纪广东借助"固本强基"工程谋划全面从严治党的新举措。第五章聚焦2012年至2018年广东全面从严治党构建党的建设新常态的新探索。结束语是对广东全面从严治党实践历程的总结与展望,将简要总结改革开放40年来广东从严治党的经验、价值与启示,分析广东深入推进全面从严治党面临的挑战,展望新时代广东推进党的建设新的伟大工程的发展路向。

第一章　拨乱反正：开启广东党的建设新征程（1978—1982年）

习近平总书记指出："实践反复证明，能不能做到实事求是，是党和国家各项工作成败的关键。"① 十年"文革"背离了党的实事求是完整路线，给全国同时也给广东带来了一场浩劫。1976年10月，广东全省各地超过4000万干部群众举行盛大游行，热烈庆祝粉碎"四人帮"的伟大胜利。十年"文革"内乱由此结束，广东经济社会发展百废待兴，重建党的组织生活正常秩序、恢复党的优良传统和作风，成为广东党的建设面临的重要课题。② 遵照中共中央的指示精神，中共广东省委凝神聚力，深入开展揭批"四人帮"的斗争，从政治上、思想上和组织上拨乱反正，重建广东政治、经济、文化和社会生活新秩序，为振兴广东和扬帆改革蓄力护航。新时期广东全面从严治党的历史征程由此开启。

一、实施拨乱反正，转移党的工作重心

所谓"拨乱反正"，即"拨乱世，反诸正"，是两汉时期重要的政治术语和政治文化。在经历了长达十年的"文革"内乱以后，中国人民迫切期待国家"还于正道"，一方面是实现国家生活由"乱"而"治"，另一方面是重归社会主义科学发展道路。基于此，"拨乱反正"不仅成为该阶段全国上下首要的政治任务，同时也是该阶段党和国家重要的政治原则。

---

① 《习近平关于协调推进"四个全面"战略布局论述摘编》，中央文献出版社2015年版，第165页。
② 中共广东省委党史研究室：《中国共产党广东历史》第二卷（1949—1978），中共党史出版社2014年版，第674页。

由此，广东经济社会发展重心的调整以及安定团结政治局面的实现，也正是从拨乱反正开始的。

（一）开展真理标准问题讨论

恩格斯曾经说过，哲学革命是政治革命的导言。① 粉碎"四人帮"以后，横亘在拨乱反正道路上的最大障碍就是"两个凡是"（即"凡是毛主席做出的决策，我们都坚决维护；凡是毛主席的指示，我们都始终不渝地遵循"）的错误方针。从一定意义上来说，1978年以来的真理标准问题的讨论，就是以哲学革命的方式去除"两个凡是"的错误影响，借以化解中国社会主义向何处去的"破冰之争"，同时它也是未来中国社会主义体制改革"哲学导言"的叙写。② 广东在这场"哲学革命"中，成为全国率先开展真理标准问题讨论的省份之一。

众所周知，"两个凡是"错误方针的提出和推行，实际意味着"文革"的"左"倾错误将得到继续维护。这不仅与党的实事求是思想路线背道而驰，也使得拨乱反正和国民经济恢复工作徘徊不前，因而遭到广大干部群众和老一辈革命家的强烈反对。1978年5月11日，《光明日报》刊发特约评论员文章《实践是检验真理的唯一标准》，后经新华社、《人民日报》和《解放军报》等国内重要媒体的转发和转载，立即在全国范围内引起关于真理标准问题的讨论热潮。5月12日和13日，《广州日报》《南方日报》等广东新闻媒体迅速反应，纷纷转载《实践是检验真理的唯一标准》一文，成为广东开展真理标准问题讨论的舆论先导。

从1978年6月底开始，在中共广东省委第二书记习仲勋的领导下，全省真理标准问题讨论活动逐步展开。6月30日，习仲勋主持召开省委四届一次常委扩大会议，目的就是通过揭露矛盾、分清是非，进一步端正思想政治路线，彻底改变工作作风问题。针对社会上以及新闻舆论中热议的真理标准问题讨论，习仲勋指出："最近报纸上有些文章要好好地读，如《马克思主义的一个最基本的原则》《实践是检验真理的唯一标准》等。理论要与实践结合起来，理论要指导实践。实践反过来又丰富这个理论，离开实践，理论一文不值。马列读得多，但不同实践结合，那有什么用处

---

① 《马克思恩格斯选集》第4卷，人民出版社2012年版，第220页。
② 陈先达：《真理标准讨论意义的哲学蕴涵》，载《中国人民大学学报》2008年第4期。

第一章 拨乱反正：开启广东党的建设新征程（1978—1982年）

呢？我们有些同志犯错误，就是因为不学习，没有把理论同实践结合起来。"①习仲勋态度鲜明地支持真理标准问题讨论，在广东党政领导人当中是最早的，对于推动全省真理标准问题讨论具有重要作用。

6月底7月初，全省教育工作会议在广州召开。此次会议批判了"四人帮"在教育战线散播的各种流毒，否定了在"文革"中被广泛推广的海南"屯昌教育革命经验"。虽然这次会议只是针对广东教育战线的相关问题进行了拨乱反正，"没有部署基层也开展讨论，但对省委领导来说，是进一步解放了思想，端正思想路线，实事求是，一切从实际出发，一切用实践来检验，使我们在重大决策、思想路线和工作作风等方面，都有了进步，作用是很大的"。②也正是基于此点，随后广东进行的真理标准问题大讨论才得以有序展开。

从8月下旬开始，广州市各单位干部率先开展真理标准问题学习讨论，主要的方式和内容是举行"为什么要开展真理标准讨论"辅导报告，学习毛泽东的有关论著以及叶剑英和邓小平在全军政治工作会议上的讲话。9月初，中共广州市委宣传部制发《关于当前学习安排的意见》，旗帜鲜明地提出要拨乱反正，解放思想，明确实践是检验真理的唯一标准，树立实践第一的观点。同月，在习仲勋的主持下，由中共广东省委常委、省革命委员会副主任参加的学习讨论会也在广州举行。在此次学习讨论会上，一方面通过集中学习毛泽东的相关论著和邓小平的讲话，认真讨论了检验真理的标准问题，提出要准确、完整地理解毛泽东思想，清除林彪和"四人帮"的流毒；另一方面，与会者通过联系广东实际，运用实践标准总结新中国成立以来28年的历史经验教训，并就新中国成立以后的17年与"文革"10年广东农业发展状况进行了对比，提出既要分清路线是非与政策是非，更要坚持实践是检验真理唯一标准的观点，借以恢复和发扬党的优良作风，通过拨乱反正搞好本省各项工作。客观地说，这次学习讨论会对广东各界具有重要示范作用，"带动了全省陆续开展讨论，对解放全省干部、群众思想，实事求是解决实际工作中的问题，起了很好的作用，效果总的是好的"。③

---

① 《习仲勋在省委四届一次常委扩大会议上的讲话（记录稿）》，1978年6月30日。
② 《习仲勋同志在全省农田基本建设会议上的讲话》，1979年8月21日。
③ 陈越平：《在地委书记会议上关于开展真理标准问题讨论的发言》，1979年9月17日。

根据这次会议的精神和中共广东省委的要求，全省各地各部门联系实际广泛开展学习讨论活动。中共广东省委宣传部率先召开理论学习座谈会，对全省真理标准问题讨论做出部署，积极鼓动广东省理论界人士建言发声；广东省哲学社会科学联合会、中共广东省委党校等部门也积极组织讨论会，从理论与实践相结合的层面阐释此次讨论的重要意义。10月5日，中共广州市委常委扩大会议召开，习仲勋在发言中再次强调："当前正在进行的关于检验真理标准问题的讨论，就是一次思想解放运动，意义十分重大。""实践是检验真理的唯一标准，这本来是个常识问题，但又是被林彪、'四人帮'搞得混乱不堪的问题。这个问题不解决，就不可能冲破禁区，揭批'四人帮'的第三战役也打不好，林彪、'四人帮'的流毒就肃清不了，更谈不上探讨新的问题，也谈不上安定团结，大干快上。"① 有鉴于此，从1978年10月份开始，广东全省各地、市、县的领导机关进一步将领导班子的整风、搞活广东农业经济、肃清林彪和"四人帮"极左路线流毒、总结历史经验等问题，与真理标准问题讨论紧密结合，取得了较为积极的讨论效果。在这一阶段的真理标准问题讨论中，广东各界讨论活动不仅逐步由领导干部、理论界开始转向基层，同时也逐渐汇入全国性的学习讨论高潮之中。

11月10日至12月15日，中央工作会议在北京召开，迎来了全国性真理标准问题讨论的高峰。这次会议尖锐批评了"两个凡是"错误方针，充分肯定了真理标准问题讨论的重要性。习仲勋在中南组会议上也旗帜鲜明地指出：实践是检验真理的唯一标准，"这是个思想路线问题，对实际工作关系很大"，"是非不搞清楚，就不能坚持实事求是"。② 邓小平发表了题为《解放思想，实事求是，团结一致向前看》的重要讲话，进一步明确真理标准问题的讨论"是个思想路线问题，是个政治问题，是个关系到党和国家的前途和命运的问题"。③ 这次会议的召开，为随后召开的十一届三中全会凝聚了指导思想，同时也极大推动了真理标准问题的全国性讨论。为此，从1979年1月8日至25日，中共广东省委专门在广州召开四届二次常委扩大会议，贯彻落实中央工作会议和十一届三中全会精神，强

---

① 《习仲勋同志在广州市委常委扩大会议上的讲话》，1978年10月5日。
② 《中央工作会议简报（中南组）》（23），1978年11月27日。
③ 《邓小平文选》第2卷，人民出版社1994年版，第143页。

第一章 拨乱反正：开启广东党的建设新征程（1978—1982年）

调要继续开展真理标准问题讨论，进一步解放思想，冲破"两个凡是"的思想禁区，打碎林彪和"四人帮"的精神枷锁，切实将真理标准问题讨论深入到基层。习仲勋也在总结发言中指出：要继续开展真理标准问题的讨论，坚持马克思主义的思想路线，坚持实事求是，从实际出发。不管谁说的，不管是什么本本，只要不符合实际的，都不能照搬。①

这次会议之后，真理标准问题讨论在广东各地广泛深入开展起来，取得了一定的效果，同时也还存在着一些问题，如个别单位对讨论重要性的认识有待提高，学习讨论没有持续坚持，全省各地的讨论也不够平衡等。针对此点，1979年6月，习仲勋在省委四届三次常委扩大会议和省地县三级干部会议上强调："为了端正思想路线，必须继续宣传关于实践是检验真理的唯一标准这个马克思主义的基本原理，用它来观察问题和解决问题，敢于独立思考，开动机器，冲破禁区。"② 8月下旬，中共广东省委宣传部专门在中山县（今中山市）召开现场会议，一是交流全省开展真理标准问题讨论的情况和经验，二是介绍中山县组织基层学习讨论的经验。9月13日，中共广东省委举行实践是检验真理的唯一标准报告会，习仲勋再次号召各级党委要补好真理标准问题讨论这一课。10月16日，中共广东省委特别批转肇庆地委《关于开展真理标准问题学习讨论的情况报告》，在肯定肇庆地委主要负责同志运用实践标准分析形势、端正思想路线、指导工作和解决实际问题，推动真理标准问题讨论落到实处的同时，进一步号召全省各地认真学习肇庆经验。

经过全省近两年广泛而深入的讨论，广东开展真理标准问题讨论取得了积极成效。正如习仲勋在1979年的《政府工作报告》中所言：它不仅"促进了我们解放思想，打破禁区，解决思想僵化、半僵化的问题"，而且对于我们端正思想路线，恢复和发扬党的优良传统和作风，以及"促进各条战线的拨乱反正，实现工作着重点的转移，加快四个现代化建设的步伐，起着巨大的推动作用"。③

---

① 习仲勋：《在省委四届二次常委扩大会议上的总结发言》，1979年1月25日。
② 习仲勋：《在省委四届三次常委扩大会议和省地县三级干部会议上的总结发言》，1979年6月10日。
③ 习仲勋：《政府工作报告》，1979年12月17日。

(二) 开展"揭、批、查"工作

所谓"揭、批、查",是指在1976年10月粉碎"四人帮"以后,在全国范围内有领导、有组织、有步骤地开展揭批"四人帮"篡党夺权的阴谋,揭批"四人帮"反革命面目和罪恶历史,肃清"四人帮"各种反动思想的影响,以及清查与"四人帮"有牵连的人和事的政治运动。根据中共中央的部署,广东"揭、批、查"工作从1976年11月开始,至1979年9月结束,主要分为三个阶段:

1976年11月至1977年2月,是广东开展"揭、批、查"工作的第一阶段。1976年11月21日,中共广东省委召开第十七次常委扩大会议,明确提出广东省"揭、批、查"工作的中心任务是"在华国锋同志为首的党中央指挥下,放手发动群众,集中力量,抓紧时间,从政治上、思想上、组织上打一场大揭发、大批判、大清查'四人帮'反党集团的人民战争"。① 12月16日,广东省、广州市直属机关在中山纪念堂召开干部大会(同时设置35个分会场,共有10万人参加),传达中共中央24号文件,宣读"四人帮"的罪恶材料,揭批"四人帮"祸国殃民的滔天罪行。1977年1月,广东省工业学大庆会议在广州召开,全省各界代表3000人集体学习毛泽东的《论十大关系》和中共中央有关文件,紧密联系广东实际深入揭批"四人帮"罪行。通过此阶段"揭、批、查"工作的有序开展,揭批了"四人帮"炮制和散布的种种谬论,起到了正本清源和澄清是非的作用,为彻底肃清"四人帮"流毒和影响奠定了基础。

1977年3月至1978年6月,是广东开展"揭、批、查"工作的第二阶段。此阶段的主要工作包括三个方面:一是继续在全省范围内深入发动群众,揭发、批判、清查与"四人帮"篡党夺权阴谋活动有牵连的人和事。其中,工作重点是清查"四人帮"在广东建立的反革命帮派体系,夺回被他们篡夺的部分领导权。1977年6月和7月,广州地区先后举行7万人和100万人参加的批判大会,集中揭批"四人帮"的反革命帮派体系。② 二是调整省、地、市、县以及各条战线、各个部门的领导班子,重

---

① 中共广东省委党史研究室编:《中国共产党广东历史大事记(1949.10—2004.9)》,广东人民出版社2005年版,第271页。

② 中共广东省委党史研究室:《中国共产党广东历史》第二卷(1949—1978),中共党史出版社2014年版,第678-679页。

第一章 拨乱反正：开启广东党的建设新征程（1978—1982年）

中之重是加强省级领导班子建设。在1977年12月至1978年4月间，通过组织召开广东省第五届人民代表大会第一次会议、广东省政协四届一次会议、中共广东省第四次代表大会，选举产生新的广东省革命委员会、广东省人大常委会和中共第四届广东省委常委，恢复了因"文革"停止活动的广东省政协的职能，重新整顿了广东的政治格局和社会秩序。三是进行部分冤假错案的平反工作，将许多在"文革"中受到错误批斗和"靠边站"的领导干部重新安排到领导岗位上。从1978年4月起，遵照中共中央关于全部摘掉"右派分子"帽子的决定，广东省开始进行错划"右派"的改正工作。在此阶段的"揭、批、查"工作中，中共广东省委坚持中共中央关于拨乱反正的政治原则，为恢复广东政治生态做了大量工作。

1978年6月至1979年9月，是广东开展"揭、批、查"工作的第三阶段。这个阶段的主要工作是将揭批"四人帮"与揭批林彪集团的有关问题联系起来，进一步把"揭、批、查"工作推向深入。基于此，中共广东省委在1978年秋开始了为期半年的整风，着力搞清广东在"文革"中的一些重大问题，如整叶剑英元帅黑材料的问题，迫害老干部问题，省委、省革委领导在"文革"中的问题等。1979年1月，中共广东省纪委和省委"清查办"进一步明确清查工作的三个重点：一是林彪、江青一伙指使黄永胜等收集黑材料，企图诬陷周恩来、叶剑英等党和国家领导人的罪行；二是借审查"广东地下党"为名迫害大批广东老干部的罪行；三是"四人帮"及其党羽在广东搞阴谋活动的有关材料。据有关部门统计，截止1983年，广东全省因"两案"牵连受审查人员共772人，其中692人因错误性质较轻先后免于组织处分，16人因触犯刑律被判刑，20人不予处分，只做审查结论，4人党内除名，40人受到党纪政纪处分。① 经过这一阶段的清查工作，全省党员干部受到了一次生动的党纪国法教育，既纯洁了党的队伍和组织，也推进了健康团结政治局面的形成。

为期三年和三个阶段的"揭、批、查"工作，构成广东"文革"之后拨乱反正工作的重要环节，虽然具有历史转折过渡期的明显特点，但对于恢复广东被破坏的各条战线，调整广东政治、经济、社会和文化政策，以及酝酿广东新的历史发展转折点，无疑具有重要的现实意义。

---

① 中共广东省纪律检查委员会、广东省监察厅编：《广东纪检监察志（1980—1995）》，广东人民出版社1999年版，第331-333页。

(三) 平反"冤、假、错"案

众所周知,由于"左"的错误以及十年"文革"内乱的影响,在全国和广东均造成了大批冤假错案。"文革"结束以后,如何平反冤假错案就成为中共开拓历史发展新局面的重大政治工程和政治任务。实际上,从1972年开始至十一届三中全会前夕,广东已经逐步开始实施落实政策和平反冤假错案的工作,由此构成广东拨乱反正工作的重要组成部分。

一方面,复查"文革"时期的重大案件。根据有关部门的统计,"文革"期间广东全省被打成"反革命集团""叛徒集团"等集团性假案669宗,牵涉干部9432人,平反纠正干部个人冤假错案12427人。① 面对如此众多的冤假错案,广东的平反工作起初并非一帆风顺,而是进展缓慢、步履维艰。究其缘由,"文革"虽然结束了,但"两个凡是"又成为平反工作的思想禁锢。直至全国性的真理标准问题大讨论之后,广东才逐步摆脱长期"左"的思想桎梏,并根据中共中央关于实事求是、有错必纠的原则,加快平反冤假错案的步伐,积极开展落实各项政策的工作。1978年5月,中共广东省委四届一次常委扩大会议召开,时任广东省委书记、省纪委书记李坚真就平反工作做了专题发言,强调要坚持实事求是的原则,凡属于冤假错案的要坚决平反,凡属于应该纠正的要坚决纠正。8月15日,广东省落实干部政策会议在广州举行,会议强调要彻底肃清林彪、"四人帮"流毒。随后,针对在广东影响较大的所谓"南方叛徒网""反革命别动队""南路党事件",以及所谓"陶铸死党""陶赵死党"等冤假错案进行平反。② 截至1979年2月上旬,全省平反各种集团假案598宗,个人冤假错案1.23万件,而相关的冤假错案的纠正平反工作也在1980年6月底至7月初基本结束。③

---

① 中共广东省纪委、省委组织部:《广东省落实政策工作情况的报告》,1981年7月13日。
② 相关案件还包括一些群众反映强烈而又长期未得到解决的案件:汕头地区海丰县的"反彭湃烈士事件"和所谓"地方主义叛徒集团",海南黎族苗族自治州的所谓"叛徒集团""地方主义叛徒集团""民族分裂主义集团"案件,佛山地区的所谓"华英纵队案件",惠阳地区和平县的所谓"叛徒集团"案件,原广东省公安厅的所谓"里通外国反革命集团""特务集团"案件,原中共广东省直机关华坪"五七"干校的所谓"现行反革命集团案",湛江地区马如杰的冤案等等。参见中共广东省委党史研究室《中国共产党广东历史》第二卷(1949—1978),中共党史出版社2014年版,第690页。
③ 中共广东省纪委、省委组织部:《广东省落实政策工作情况的报告》,1981年7月13日。

第一章　拨乱反正：开启广东党的建设新征程（1978—1982年）

另一方面，复查其他历史遗留的冤假错案。从新中国成立至"文革"爆发前的17年，鉴于历次政治运动中"左"的因素的影响，广东不少干部遭到错误打击和批判。中共广东省委主要从三个方面入手复查历史遗留案件：一是复查平反20世纪50年代广东"反地方主义斗争"案件，为先后涉案的7000多名干部和两万多名地方干部平反，为原广东地方领导干部方方、古大存、冯白驹等人恢复名誉；二是复查改正错划右派案件，实事求是地对错划右派进行摘帽、改正和安置工作，至1980年12月，复查改正所谓右派分子36550人（占总比99.3%），安置16042人（占总比99.4%）；① 三是复查"文革"前的干部案件，主要涉及全省土地改革、"三反、五反"运动、"肃反"、反"地方主义"、反右倾和"四清"等运动中的相关案件，如"松仔岭事件""江门事件""临高事件"等集团性历史遗留案件，对18134名涉案党员干部进行平反纠正（其中撤销原处分8741人，减轻处分2833人），并对历次政治运动中受到处分的非党员干部和群众，根据有错必纠的原则改正错误，或重新安排工作，或给予一定的经济补偿。

如前所述，平反冤假错案是广东完成拨乱反正任务极为关键的一环。可以说，它起步于冲破"两个凡是"的错误思想阻力，不断发展于全省真理标准问题的深入讨论，达至高潮于十一届三中全会之后，并于1982年底基本完成。就其历史价值而言，它不仅先后解决了大约20万人的政治问题，同时还"增强了党和人民的团结，调动了各个方面的积极性，为实现党的工作重点转移，齐心协力进行四化建设，创造了重要条件"。②

二、落实党的政策，加强党的统战工作

所谓"落实"政策，如果从"文革"结束后的特殊政治语境来审视，既是指在拨乱反正中认真贯彻和执行党的各项计划、措施、政策，更是指借助于这一政策实践过程逐步实现社会的情绪稳定、经济的恢复发展和政治的安定团结。纵览广东的政策实践，这一时期的工作既符合党的拨乱反正工作的任务要求，同时也具有显著的地方特点。

---

① 卢荻、杨建、陈宪宇：《广东改革开放发展史》，中共党史出版社2001年版，第20页。
② 任仲夷：《改革，前进，开创新局面——在中国共产党广东省第五次代表大会上的报告》，1983年2月24日。

(一) 全面落实干部政策

当思想上和政治上的拨乱反正工作逐渐完成以后,全面落实干部政策就成为从组织上继续实现拨乱反正的重点。其实从"文革"后期开始,中共广东省委根据中共中央的指示,就已开始逐步落实党的干部政策,并专门发布《关于落实政策的通知》,处理"文革"初期的干部政策遗留问题。

1978年6月,中共广东省委四届一次会议召开,时任广东省委书记、省纪委书记李坚真就落实干部问题作了专题发言,会后中共广东省委对此进行了专门批转。同年8月15日,全省落实干部政策的专门会议在广州举行,也正是此次会议上提出了加快落实干部政策步伐的工作要求。1979年3月20日,中共广东省委再次批转省委组织部《关于落实干部政策的情况和意见》,并在之后的半年中从省、地、市和县级机关抽调2400多名干部组成联合验收组,分赴全省各地查阅2.5万份案件,召开347次座谈会,接待和处理大批群众来访来信,进一步推动了落实干部政策工作的开展。[①] 1980年5月,中共广东省委组织部召开落实干部政策座谈会,各地落实干部政策工作进一步加快。及至1981年7月底,除上文所述平反冤假错案的工作基本完成以外,广东在落实干部政策方面主要做了如下工作:

一是对"文革"中受到牵连迫害的各级领导干部(副厅级、副专员以上的干部706人,副县长以上的干部2461人)做到基本分配了工作或做了适当安置,同时恢复因"两退一插"(退职退休、插队落户)而被遣送回乡干部28245人的工作(占总比96.6%);二是对"文革"中因乱打乱杀、乱揪乱斗造成非正常死亡的人重新做出实事求是的结论,并基本完成了相关善后、抚恤和救济工作;三是对"文革"中趁机杀人的案件大部分做了处理(依法判刑的586人,给予党纪政纪处分的908人);四是做好全省复工复户工作,截止1979年2月收回复工复户73670人,占当时疏散人员的80.2%。[②]

[①] 卢获、杨建、陈宪宇:《广东改革开放发展史》,中共党史出版社2001年版,第16页。
[②] 中共广东省委组织部编:《关于落实干部政策的情况和意见》,1979年2月20日;中共广东省纪律检查委员会、广东省监察厅编:《广东纪检监察志(1950—1995)》,广东人民出版社1999年版,第333-335页。

第一章 拨乱反正：开启广东党的建设新征程（1978—1982年）

可以说，广东全省各级各地干部政策的落实，是继平反工作之后进行的重要善后工作。此举既解放了数以千计的干部，也解放了数目众多的受到牵连的家属，从而有效地调动了他们投身社会主义建设的积极性，最终为在政治和组织方面推动广东经济社会的发展创造了有利条件。

（二）积极落实侨务政策

作为全国主要的侨乡，做好广东的侨务工作对推动全国侨务工作和广东省各项工作，均具有举足轻重的意义。新中国成立以后，广东侨务工作受到一系列社会政治运动以及极左思想的影响，尤其是遭到了林彪、江青两个集团的干扰和破坏，广东大批具有海外关系的人士受到无情打击和迫害，严重挫伤了广大华侨、归侨、侨眷和侨属的积极性，在海内外造成极其恶劣的影响。从1978年起，为了落实侨务政策，广东省重点做了四个方面的工作：

一是全面清理涉侨冤假错案，为在"文革"和历次政治运动中因海外关系受到迫害的人平反昭雪。从1978年10月广东省革命委员会发出《关于进一步落实各项侨务政策的通知》，至20世纪80年代中期，全省先后列入复查归侨侨眷涉刑案件共计1765宗、1829人，经复查改判的937宗、960人，全省累计复查、平反涉及冤假错案14271人。①

二是落实侨改户政策，对重戴华侨地主、富农成分帽子的纠正问题基本落实，对1956年前改变成分时该改而未改的华侨、港澳地主富农户进行补改。根据相关部门的统计，全省先后发出47752份证明书，以确认提前改变华侨地富成分，纠正和补改8339户。②

三是退还部分土改遗留的、城镇私营企业改造遗留的、"文革"期间被挤占的华侨房产。从1978年至1999年，中共广东省委、省政府先后发布11项政策性文件，分别从思想认识、政策界限、组织措施、工作方法等方面做出明确规定，为有效解决历史遗留的华侨、港澳同胞私房问题，提供了政策、资金和物质保障。在此期间，全省仅用于落实侨房政策的专款就达8亿多元，落实退还各类农村侨房1702万平方米，落实退还各类

---

① 中共广州市委党史研究室：《中共广州党史纪事（1919.5—2006.12）》，广州出版社2008年版，第353页。
② 中共广东省委党史研究室：《中国共产党广东历史》第二卷（1949—1978），中共党史出版社2014年版，第696页。

城镇侨房 1213 万平方米。①

四是调整安置上山下乡归侨知识青年回城工作（1803 人），调整安置难侨及其子女到城镇落户（8533 人），并落实收回被精简归侨职工的政策，重新安排就业（5300 人）。②

通过上述举措，党和国家的侨务政策在广东得到了积极全面的落实，此举既保护了华侨的权益，也争取了侨心，极大程度上激发了他们关心祖国和建设家乡的热情。

（三）落实其他相关政策

在经历了长达十年的"文革"磨难之后，广东经济社会发展百废待兴、百业待举。除了需要在上述领域深入贯彻落实相关政策外，广东还需要在下述两个重要方面积极落实党和国家的政策：

一是认真落实知识分子政策。作为"文革"的重灾区，广东省的文教系统先后有 2486 人被立案审查，其中 123 人被定为敌我矛盾，62 人受到各种处分，同时还发生了非正常死亡事件。③ 有鉴于此，1978 年 2 月，中共广东省委宣传科教口领导小组召开组织工作座谈会，首先确立以抓好确定为敌我矛盾性质的、受处分的案件和开除出队的错案、冤案、长期未作结论的案件，以及非正常死亡、错划成分和本人有申诉的案件等为突破口，对一些影响较大的案件展开复查。如对原华南工学院院长罗明烯"反革命"案、中山大学古文学家容庚教授案件进行重新审查和评估，为中山医学院教授梁伯强、周寿恺、谢志光、秦光煜以及原肿瘤医院副院长廖月琴等进行平反，修改结论，恢复名誉。而与此同时，对于党外老的高级知识分子和新中国培养的知识分子，中共广东省委要求除了严格检查落实党对知识分子的政策外，前者要认真做好政治安排和统战工作，后者要注意改善工作和生活条件，同时抓紧培养和选拔专业人才，安置社会闲散的科技人员，并将部分德才兼备的知识分子提拔到领导岗位上来。

二是落实对国民党起义、投诚人员的政策。过去，由于受到林彪、

---

① 《广东改革开放纪事》编纂委员会编：《广东改革开放纪事（1978—2008）》，南方日报出版社 2008 年版，第 291 页。

② 卢荻、杨建、陈宪宇：《广东改革开放发展史》，中共党史出版社 2001 年版，第 20 页。

③ 《文教系统抓紧落实政策的工作》，载《动态》（中共广东省委办公厅）（11），1978 年 4 月 24 日。

第一章 拨乱反正：开启广东党的建设新征程（1978—1982年）

"四人帮"以及"左"的思想的迫害及影响，全国各地均存在对国民党起义人员政策落实不到位的问题。新中国成立以后，广东省的原国民党起义、投诚人员逾万人，也在历次政治运动中屡受冲击。从1978年起，中共广东省委根据中共中央"爱国一家，既往不咎，一视同仁，量才录用，妥善安置"的政策指示，专门成立落实原国民党起义、投诚人员政策工作小组，通过不断加强党的领导，认真做好落实起义、投诚人员政策的工作。至1981年5月，在全省10083名国民党起义、投诚人员中，落实政策2005人（占应落实政策人数总比的94.1%），安置725人（占应安置人数总比的94.8%）。而对于地方上的原国民党起义、投诚人员，如肇庆地区原国民党11股地方武装和原参加九龙起义的1200多名员工，在经过调查核实之后，确认为起义性质和起义单位人员。①

（四）积极开展统战工作

1978年至1986年，广东积极落实各项统战政策，统战工作取得显著成效。在此期间，在中共广东省委、省委统战部以及专门成立的统一战线落实政策办公室的领导下，通过发布统战政策文件、召开落实政策平反会议、举行民主党派座谈会等方式，积极推动党和国家统战政策在广东贯彻落实。主要工作包括：

一是做好统战对象的复查、平反和资产清退补偿工作。其中，先后复查改正因历次政治运动被处理的统战对象1.62万人，清退补偿因"文革"而被查抄财物的9272户，清退全省各民主党派、工商联、宗教团体和统战对象被挤占房产3651处、83.05万平方米，为1.37万起义投诚人员发放确认身份证明书（包括给予政治平反2417人、安置工作1052人），改正统战系统错划"右派"1652人，划为"资产阶级工商业者"8.86万人，区分为"三小"（小商贩、小手工业者、小业主）的5.23万人，落实台胞、台属政策遗留问题5795宗。②

二是重新建立健全统一战线组织。1977年11月，中共广东省委统战部召开各民主党派负责人座谈会，彻底否定把民主党派看作"资产阶级政

---

① 中共广东省委摘帽办公室：《落实原国民党起义、投诚人员政策工作情况汇报》，1981年5月30日。

② 《广东改革开放纪事》编纂委员会编：《广东改革开放纪事（1978—2008）》，南方日报出版社2008年版，第293页。

党"的错误观点，肯定各民主党派已经发展成为各自所联系的一部分社会主义的劳动者和一部分拥护社会主义的爱国者的政治联盟，都是在中国共产党领导下为社会主义服务的政治力量。同时，此次会议还提出恢复各民主党派组织活动，以及成立各民主党派工作组等事宜，此举极大地调动了各民主党派参加社会主义建设的积极性。1978年10月，中共中央批准海南（注：当时海南属于广东省）、佛山、江门、湛江等地设立地方政协，开展民主党派地方组织活动，全省统一战线各级组织逐步恢复。随后，中共广东省委决定恢复省民族事务委员会，将省委统战部宗教处改为省宗教事务局，并成立省黄埔军校同学会、省台湾同胞联谊会。其间，民革、民盟、民建、民进、农工党、致公党、九三学社、台盟等民主党派在广东的组织活动均逐步恢复。

三是不断完善地方统战政策。为了进一步规范统战工作，中共广东省委特别批转了省委统战部《关于增加民主党派地方组织编制问题的意见》《关于帮助民主党派解决工作条件和干部待遇若干具体问题的意见》《关于在机构改革中安排非党干部问题的意见》《关于积极开展港澳统战工作的意见》等。上述政策文件的出台，可谓应时所需和应势而动，不仅符合党和国家的统战方针，也凸显了广东统战工作的特点。因此可以说，上述统战举措既为开创新时期广东统战工作的新局面奠定了政策基础，同时也为统摄广东各方力量开创改革发展新局面奠定重要的社会政治基础。

经过上述政策的具体落实，解决了广东一大批人的政治问题和待遇问题。就其现实价值而言，此举既有助于维护广东社会各界的稳定团结，也有助于调动各个领域的社会力量，为积极投身改革开放和四个现代化建设创造有利条件。

三、开展全党整风，加强党风党纪建设

开展党内整风运动，加强党风党纪建设，是中共长期以来坚持党要管党、全面从严治党的基本经验和有效举措，更是"文革"结束后广东实施抓纲治粤、拨乱反正的客观要求。面对历史遗留问题和对外开放中的新问题，中共广东省委积极解放思想，全力化解路线是非不清、政策是非不清、思想作风和纪律建设是非不清等难题，为开创广东经济社会发展新局面奠定了重要组织和思想基础。

第一章　拨乱反正：开启广东党的建设新征程（1978—1982年）

（一）开展全党整风，解决路线是非问题

广东开展党内整风运动，有着深刻而复杂的背景和缘起。从宏观层面来看，十年"文革"内乱造成党的优良传统、优良作风破坏严重，党的纪律松弛，腐败现象也在部分干部中滋生。为此，需要通过揭露矛盾和开展批评与自我批评，肃清林彪、"四人帮"流毒，弄清路线是非问题，帮助犯错误的同志认识和改正错误，使之能够轻装上阵、积极投身四个现代化建设。从微观层面来看，广东广大干部群众在"文革"结束后迫切期望改变局面，尤其是希望迅速改变广东农业经济的落后状况。然而，在领导干部当中，无论是对于林彪、"四人帮"在广东的破坏及其流毒影响的严重性的估计，还是对于广东农业发展始终上不去等问题，在思想认识上均出现了不一致。由此导致了路线是非不分，思想不（敢）解放，党的路线方针自然也就难以执行。

经过慎重的研究和分析，中共广东省委认为现存问题多系人民内部矛盾，多属于思想认识问题，提倡充分发扬延安整风的革命精神，用一场新的马克思主义教育运动来解放思想、团结干部和搞活经济。事实上，早在1977年年初，原中共广东省委第一书记韦国清就提出省委整风问题，但鉴于当时广东各项工作千头万绪，开展整风的时机尚不成熟，而未着手落实相关工作。同年9月，中共广东省委常委就思想和作风问题进行过一次小整风，但力度也不够，问题解决也不深透。直至1978年6月，中共广东省委认为开展整风条件已经具备，全省党内整风运动方才正式开始。6月初，中共广东省委因势利导，决定由省委常委带头整风，将原地、市委书记会议改为省委四届一次常委扩大会议，采取会内会外相结合、上下相结合的形式，放手发动大家帮助省委整风。这次会议敞开言路、气氛宽松，"既帮助了省委常委整风，也教育了大家"①。会后，中共广东省委常委整风主要围绕三个重点陆续展开：一是如何改变广东农业落后现状。从整风反映出来的问题看，主要是肃清林彪、"四人帮"流毒，拨乱反正，

---

① 习仲勋：《在省委四届一次常委扩大会议上的总结讲话》，1978年6月30日。

找到符合广东实际的正确的农业发展道路和制定切实可行的农村经济政策。① 二是如何搞清楚路线是非问题。主要是结合广东实际展开讨论和批判,强调既要教育各级党委汲取历史教训以分清路线是非,也要通过落实党的各项政策为干部群众申冤和出气。三是如何调整领导班子和团结广大干部。中共广东省委一再强调,解决广东问题"根本在路线,关键在领导",唯有深入推进党风整顿,才能祛除林彪、"四人帮"遗毒,才能廓清党员干部不良思想倾向,才能恢复和发扬党的优良传统和作风。

此后,按照中共广东省委的整风部署和要求,省直机关和全省各市、县委的整风陆续展开。在此期间,根据全省整风的实际需要和工作重点,中共广东省委书记以及其他省委常委亲赴各机关和市县指导整风工作。各省直机关单位经过整风,各级领导班子的精神风貌得到了明显改观,生产和工作都出现焕然一新的局面;广州市以及全省其他市县经过整风之后,在清查工作、落实政策、整顿班子和解决群众突出生活问题等方面均成效显著,② 基本实现了弄清思想与团结同志的相互统一、搞清问题与稳定大局的相互统一。

及至1978年年底,广东省的党内整风基本结束。1978年11月,习仲勋在向中央书面报告中做了总结和汇报,认为此次整风既"是对林彪、'四人帮'在广东所犯罪行的大揭发、大批判,也是对广大干部进行的一场生动的马克思主义教育"。抓纲整风是揭批林彪和"四人帮",以及分清路线是非和肃清流毒的有效途径。因为它不仅恢复了因林彪、"四人帮"而被破坏的党的优良传统,也是对广东在"文革"中与林彪、江青反革命集团斗争的一系列重大问题的群众性总结。③ 若单就此次全省整风的收获而言,可以概括为如下三个基本方面:一是揭开了盖子,分清了是非,肃清了流毒。如前所述,此次整风将揭批林彪和"四人帮"连在一起,搞清了广东在"文革"中一系列重大历史遗留问题。二是恢复了党的优良传统。此次整风坚持"团结—批评—团结"的方针,通过发扬民主祛除了党

---

① 主要包括:"搞好经济管理,坚持按劳分配,减轻生产队负担,发展多种经营,保护正当的家庭副业,正确处理国家、集体、个人三者关系,调动广大农民的生产积极性。"参见中共广东省委党史研究室《中国共产党广东历史》第二卷(1949—1978),中共党史出版社2014年版,第708页。

② 焦林义:《在市委常委扩大会议上的讲话》,1979年2月13日。

③ 习仲勋:《关于广东工作问题的汇报(稿)》,1978年11月8日。

第一章　拨乱反正：开启广东党的建设新征程（1978—1982年）

员干部群众的思想枷锁，通过运用处理人民内部矛盾的方式方法教育了党员干部群众，既实现了政治局面的安定团结，也增强了干部群众的理想信念。三是查摆了存在问题，总结了经验教训。

总的说来，此次整风主要是针对中共广东省委以及各级党委自身存在的问题，尤其是在执行党和国家的路线、方针、政策以及党的自身作风建设等方面存在的问题，同时整风也起到了统一认识、解放思想、增强团结的积极作用，为推进党的工作中心的转移，特别是为实现广东经济上进一步调整和政治上进一步安定，奠定了重要的思想和组织基础。

（二）开展党风党纪教育，严肃党内政治生活

1979年1月，中共广东省委召开四届二次常委扩大会议，核心议题是贯彻党的十一届三中全会和中央工作会议精神，实现工作重点的转移。与此同时，为医治"文革"对党的建设造成的历史创伤，中共中央开始着手制定《关于党内政治生活的若干准则》，在总结概括党在不同历史阶段处理党内关系和整顿党风经验的同时，特别提出体现当前时代特征的党的建设的任务和要求。综合上述两点，无不预示着无论是在中央和地方两个维度，还是在经济社会发展和党的建设两个层面，都将迎来新的契机、新的使命和新的挑战。

1979年4月3日，中共广东省委发出关于认真学习讨论《关于党内政治生活的若干准则》《党中央纪律检查委员会第一次全会通告》两个文件的通知，号召全省党员干部通过学习文件提高思想政治水平、增强党性和推进党的建设。此后不久，中共中央工作会议召开，决定广东、福建两省实行特殊政策和灵活措施。由此，广东经济发展和党的建设迎来重大历史机遇。中共广东省委随即批转省委组织部《关于加强党员教育问题的意见》，要求各级党委以及党的组织、宣传和纪检部门，要相互协助搞好对党员教育的具体指导工作。5月7日，中共广东省纪律检查委员会召开地、市委纪检负责人会议，李坚真就开展党风党纪教育提出三点要求：一是纠正和克服离开宪法的总精神去片面地讲民主，二是纠正和克服离开国家的集体的利益去搞个人的行动自由，三是纠正和克服离开发展生产去讲改善生活的思想倾向。5月14日至6月10日，中共广东省委召开四届三次常委扩大会议和省、地、县三级干部会议，研究部署广东经济体制管理先走一步，以及加强党的领导、加强思想政治工作和搞好党风建设等问题。此

后，随着特殊政策和灵活措施的推行，广东经济社会发展蒸蒸日上，但在经济犯罪、社会治安和党风廉政建设等方面存在的问题也日渐凸显。9月12日，中共广东省委批转佛山地委《关于进一步搞好党风的报告》，特别就当时的党风方面存在以权谋私等突出问题，要求各地根据十一届三中全会精神和党内政治生活12条准则，不断加强党的思想、组织和作风建设。9月24日，全省纪律检查工作会议在广州召开，杨尚昆在讲话中再一次强调，一定要坚决刹住广东省内存在的几种严重脱离群众的歪风，为进一步维护和执行党的十一届三中全会所制定的路线、方针和政策奠定思想上、组织上和作风上的保障。

此后，随着党的十一届五中全会的召开，中共广东省委于1980年3月1日再次发出学习宣传通知，要求全省各级单位密切联系实际领会全会精神，通过组织学习和宣传贯彻五中全会公报和文件精神，努力解决本地区本单位工作中以及党内和干部、群众中存在的各种问题。1980年7月29日至8月8日，中共广东省委召开地、市委书记会议，习仲勋在会议总结中提出充分利用特殊政策和灵活措施，除了要搞好生产、流通和外贸领域的工作外，一方面要巩固安定团结的政治局面，另一方面务必要抓好党风和改进工作作风。究其缘由，随着广东经济社会的快速发展，一些地方的贪污、受贿和犯罪分子活动日益猖獗，既对四个现代化建设带来了危害，也严重败坏了党风。对此，中共广东省委要求把解决贪污受贿问题作为加强和改善党的领导、整顿党的作风的重要内容。任仲夷也在省政协常委第十一次会议上强调，当前搞好特区建设必须把党风搞好，广东经济建设实行特殊政策和灵活措施，但共产党员不能搞特权、不能搞生活特殊化，共产党员内特别是领导干部中，不允许有特殊党员存在，所有党员都必须严格按照《关于党内政治生活的若干准则》办事，模范执行党纪国法。

由此可见，坚定不移地搞好党风，特别是通过加强党风党纪教育，严肃党内政治生活，已经成为该阶段广东执行中共中央关于"经济上进一步调整、政治上进一步安定"方针的关键。不仅如此，1981年7月17日至26日，中共广东省四届四次全体会议还审议通过了《中共广东省第四届委员会第四次全体（扩大）会议关于贯彻党的十一届六中全会精神的决议》，为在进一步贯彻"特殊政策和灵活措施"过程中加强党的建设做出针对性部署。其中，加强党员教育和做好思想政治工作仍是当时党建工作的重点内容，加强党的纪律检查和贯彻《准则》则成为党风建设的重要抓手，

第一章　拨乱反正：开启广东党的建设新征程（1978—1982年）

严格执行民主集中制、坚持党的组织生活制度则成为党的组织建设的中心环节，培养和选拔优秀中青年干部到领导岗位成为干部队伍建设的重要举措。

（三）打击走私犯罪，加强反腐蚀斗争

广东地处沿海，毗邻港澳、东南亚，是我国重要的通商口岸，走私问题长期存在。伴随着特殊政策和灵活措施的实行，在对外开放活动中，资本主义腐朽思想不可避免地流入进来。尽管在试办经济特区之初，中央和广东都已经意识到"随着经济的发展，会带来很多经济的、社会的、风气的问题"，但广东还是在某种程度上低估了走私贩私活动蔓延的速度与规模，因而出现了"防范措施跟不上，无论缉私队伍、缉私装备和管理措施都不适应"等问题。①

根据中共广东省委、省政府《关于坚决打击走私和投机倒把活动的指示》显示，1979年广东全省查获走私和投机倒把案件9000多宗（比1978年增加4倍），1980年第一季度就查获走私案件4000多宗，② 开展大规模的打击走私贩私斗争，已经成为广东经济社会发展中一项经常性的重要工作。有鉴于此，1980年8月26日，中共广东省委专门批转了省人民检察院党组《关于加强经济检察严厉惩治贪污犯罪活动问题的报告》，强调既要切实整顿财经制度、严肃财经纪律和加强经济检查工作，又要把解决贪污受贿问题作为加强党风廉政建设的重要内容，借以做好打击以走私贩私、贪污受贿为重点的经济领域中的严重犯罪行为。11月26日，中共广东省委、省政府做出《关于在对外开放中加强反腐蚀斗争的决定》，提出广东自实行经济开放政策以来，资产阶级思想的腐蚀和影响确实比较严重，各级党委、政府机关、工厂企业、学校和街道等，要认真抓好反腐蚀的思想教育，健全规章制度，堵塞各种漏洞，对违法乱纪和犯罪案件要抓紧调查处理，同时加强对反腐蚀斗争的领导，防止自由主义和惩办主义两种错误倾向。③ 12月12日，谷牧在广州听取中共广东省委常委汇报工作

---

① 钟坚、郭茂佳、钟若愚主编：《中国经济特区文献资料》第1辑，社会科学文献出版社2010年版，第56、63页。

② 中共广东省委党史研究室编：《中国共产党广东历史大事记（1949.10—2004.9）》，广东人民出版社2005年版，第309页。

③ 参见《广东省委、省人民政府作出决定　在对外开放中加强反腐蚀斗争》，载《人民日报》1981年1月16日，第4版。

时也指出,搞好经济特区建设要加强对特区工作的领导,第一把手要亲自抓,特别是必须坚决反对特权思想,抗拒资产阶级思想的腐蚀。两周以后,中共广东省委、省政府发出"关于加强反腐蚀斗争的决定",再次强调针对对外开放中存在的腐朽生活方式和意识形态的渗透,要做到"既不要害怕、也不要麻痹",应主动采取预防措施加以防范。

不仅如此,对于广东对外开放中出现的走私、腐败等违法犯罪问题,特别是在某些共产党员中出现的走私贩私、偷税漏税、贪污受贿、执法犯法、敲诈勒索、泄露国家机密和经济情报、违反外事纪律等现象,中共中央和国务院高度重视,专门组织召开了广东、福建两省工作会议研究对策。1981年7月6日至15日,国务院还专门召开了东南沿海三省打击走私工作会议,强调走私和反走私的斗争不仅是经济斗争,而且是政治斗争,是当时阶段阶级斗争的一种突出表现。就其意义来说,坚决打击走私贩私活动关系到维护国家主权和社会主义法治,是关系到坚持四项基本原则的大事,是保护我国工业发展的大事,同时还是防止干部和群众受腐蚀、保护党和国家肌体纯洁的大事。同时,中共中央和国务院要求各级领导干部要对走私贩私问题保持清醒的头脑,对此进行坚决打击,绝不允许以任何理由容忍和姑息。中共广东省委根据此次工作会议的精神,迅速召开全省打击走私工作会议,并由省政府发出《关于坚决停止收购走私物品以及有关经营华侨、港澳同胞携带进出口物品的几个问题的通知》,要求全省各级领导要态度坚决、旗帜鲜明地领导好反走私斗争,一方面狠狠打击走私集团和其他重大走私、贩私分子,一方面严禁任何单位和干部职工走私、贩私和买私货。

为了进一步加强对经济领域犯罪活动的打击力度,加强反腐蚀斗争和党风党纪建设,1982年2月22日中共广东省委召开常委会议,研究部署贯彻中共中央关于反腐蚀斗争和端正党风的指示。此次会议强调两点,一是召开省委常委民主生活会以及全省各级干部会议,系统贯彻中共中央书记处会议以及相关指示精神;二是特别要求"除了省委第一书记、省长等亲自抓之外,省委常委、副省长也要抓好各自分管的战线、部门的工作"。① 不仅如此,在随后召开的广东省五届人大四次会议上,针对如何

---

① 中共广东省委党史研究室编:《广东改革开放大事记(1978.12—1998.12)》,广东人民出版社1999年版,第89-90页。

第一章　拨乱反正：开启广东党的建设新征程（1978—1982 年）

更好地执行中央给予的特殊政策和灵活措施，特别是如何通过坚决打击经济领域中的犯罪活动，推进广东物质文明和精神文明建设"两手抓，两手都要硬"，自然成为这次会议的核心议题。对此，任仲夷代表中共广东省委强调指出：对于广东存在的资本主义腐蚀和资产阶级自由化倾向必须认真解决，要严肃处理经济领域里的犯罪活动和纠正自由化倾向，抓住大案要案的查处，绝对不手软，更不姑息。①

不难发现，中共广东省委充分认识到反腐蚀斗争的重要性，因其不仅关系到广东经济、政治和社会的秩序稳定，更关系到特殊政策和灵活措施能否在广东继续推行。1982 年 3 月 11 日，中共广东省委、省政府专门发出宣传贯彻全国人大常委会《关于严惩严重破坏经济的犯罪的决定》的通知。该通知对当时广东的反腐蚀斗争进一步定性，强调以打击经济领域的严重犯罪活动为中心的斗争，不仅是在政治上、经济上的一场资本主义思想的腐蚀与社会主义思想的反腐蚀的严峻斗争，更是关系到坚持四项基本原则、捍卫社会主义制度、保卫社会主义物质文明和精神文明建设顺利进行的重大斗争。同时，根据全国人大常委会的要求，即"本决定对国家和全体人民利益关系重大，所有国家机关、军队、企业、事业机构、农村社队、政党组织、人民团体、学校、报纸、电台和其他宣传单位，自本决定公布之日起，都有义务采取一切有效方法，对全体工作人员、指战员、职工、学生和城乡居民，反复进行通俗的宣传解释，做到家喻户晓，人人皆知"②，广东各级组织机构进行了一系列有针对性的工作部署。仅在 1982 年当年，中共广东省委、省政府、省政协等组织机构就先后制定或批转了《关于处理经济领域中犯罪案件的若干具体政策》《关于取缔非法经商和加强市场管理若干问题的规定》《关于坚决制止嫖宿卖淫活动的情况和意见》《关于进一步加强对录音、录像带管理的报告》《广东省中小学思想政治工作会议纪要》等系列政策文件。若再就其核心内容来看，一方面是强调要加强经济管理，严厉打击经济领域中的违法犯罪活动；另一方面是强调要加强反对资产阶级腐蚀的教育，克服自由化倾向。并且，对于反腐蚀斗争中的相关涉事人员或组织，要给予严肃的党纪、政纪和法纪方面的

---

① 《广东省志》编纂委员会编：《广东省志（1979—2000）》第 25 卷（党派·群众团体卷），方志出版社 2014 年版，第 155 页。

② 最高人民检察院法律政策研究室编：《惩治严重刑事犯罪法规选辑》，中国检察出版社 1990 年版，第 3 页。

处理。根据上述部署和要求，截至 1982 年底，全省立案审查的经济违法犯罪案件 7211 宗，案件中涉及党员 5043 人、县级以上干部 174 人；在查案过程中，依法逮捕了 1077 人；其中 3466 宗案件已经查清并作出处理，586 人被开除党籍，622 人被判刑，成功追缴 2000 多万元赃款和一大批赃物。① 截至 1983 年 3 月底，广东立案查处经济犯罪案件涉案 1.2 万多人，其中处理党员 5300 人、国家干部 4800 多人。② 上述政策方针的制定实施和相关案件的查办处理，既实现了政治上的党风党纪、社会风气和社会治安等决定性的好转，也推动了经济上较高经济效益和较高发展速度的实现，为推动广东经济社会健康发展创造了重要条件。

如果说开展党内整风是广东拨乱反正的题中之义，那么开展反腐蚀斗争就是广东扬帆改革的锐意之举。虽然二者任务不同，但均具有非同寻常的现实政治意义，前者关系党的生存和命运，后者关系党的发展和未来。毋庸讳言，在历史转折的关键时期，倘若广东无法妥善处理上述问题，则既不能坚持党要管党、全面从严治党，更不可能借此创造改革开放的时代奇迹。

1978 年至 1982 年，广东在艰难困苦中砥砺前行，在伟大历史转折中拨乱反正。中共广东省委在中共中央的领导下，以真理标准问题大讨论为思想解放突破口，以深入开展揭批"四人帮"斗争为落脚点，平反冤假错案、落实党的政策、恢复社会秩序，并在党的十一届三中全会精神和中央"新八字方针"的指导下，成功实施了一系列重要的政治举措和经济改革措施，实现了广东经济社会的恢复发展和政治局面的安定团结。上述种种，不仅为广东经济改革和对外开放奠定了重要基础，同时也开启了广东党的建设新的历史征程。在此重要阶段，尽管历史的老问题交织着现实的新问题，对广东全面实现政治秩序、经济秩序和社会秩序的根本好转提出了新挑战和新任务，但广东各界人士勇于担当、敢于创新，成功实现了党的工作中心的战略转移，为推动广东改革开放和社会主义现代化建设奠定了重要的思想前提、政治保障和社会基础。

---

① 《中共广东省纪律检查委员会向省第五次党代表大会的报告》（1983 年 2 月 25 日）。
② 参见中共广东省委、省政府：《关于打击走私贩私等经济犯罪活动的情况和意见的报告》，1983 年 5 月 12 日。

第二章　解放思想：开创广东党的建设新局面（1982—1992年）

1982年至1992年的10年，是广东人发扬"敢为天下先"的精神，率先在全国吹起改革开放号角的10年。广东各级党组织依靠"解放思想"这一锐利武器，扫除思想观念的障碍，解开僵化思想的禁锢，带领全省人民为全国性的改革开放"杀开一条血路"。经过10年的艰辛开拓，广东不仅成为中国改革开放的窗口、综合改革的实验区和排头兵，也通过全面整党、党风廉政建设、党员干部队伍建设，不断提升党的领导水平和执政能力，深入推动广东"两个文明"建设的同步发展，开创了新时期广东党的建设和经济建设的新局面。正如习近平总书记所言："党的十一届三中全会以来，由于我们党重新确立了解放思想、实事求是的思想路线，始终高度重视抓作风建设，始终高度重视保持党同人民群众的血肉联系，全党精神面貌和作风状况焕然一新，为改革开放和社会主义现代化建设顺利推进提供了重要保障。"[1]

一、通过解放思想，推动广东改革开放先行一步

一般说来，当思想认识符合客观实际，就会促进客观世界的改造；而一旦思想认识脱离了客观实际，解放思想的要求便应运而生。改革开放之初，面对僵化的社会主义意识形态体系，解放思想除了发挥"拨乱反正"和正本清源的政治功效外，也极大地推动了经济社会生活领域的深刻变革。在中共中央和中共广东省委的领导下，广东改革开放由先行一步到全面展开，正是从率先解放思想开始的。

---

[1] 《习近平谈治国理政》，外文出版社2014年版，第366页。

（一）"解放思想，更新观念"是广东改革开放的先导

有论者指出，"左"倾政治路线的反思、思想解放运动的诱发、社会主义贫穷的倒逼和全球化汹涌浪潮的激荡，是构成改革开放进入当代中国政治视野的基本归因。① 其中，解放思想是理解改革开放的逻辑起点，更新观念是推进改革开放的内在要求。究其缘由，二者既是一种哲学思维方式和精神状态，也是一种实践举措，同时更是关系社会主义事业兴衰成败的"重大政治问题"。②

1. 解放思想是一场深刻的思想变革

邓小平指出："我们讲解放思想，是指在马克思主义指导下打破习惯势力和主观偏见的束缚，研究新情况，解决新问题。"③ 从本质意义上讲，解放思想实际意味着思维方式的变革和思想观念的更新。通过不断解放思想，"使思想从脱离时代特征、世界潮流和创新实践的陈旧观念中解放出来，从禁锢思想的各种僵化的思想前提中解放出来，从'在绝对不相容的对立中思维'的思维方式中解放出来，从因循守旧和无所作为的精神状态中解放出来，形成'远视'未来和'透视'现实的能力，为创新实践开辟道路"。④

20世纪70年代末80年代初，党带领全国人民重新确立解放思想、实事求是的思想路线，实现从"以阶级斗争为纲"转向"以经济建设为中心"，其中首要的任务是冲破"两个凡是"的思想禁锢，坚持以实践作为检验认识真理性的唯一标准，坚持实事求是地对待中国与世界的现实，坚持实事求是地寻求当代中国的发展道路。解放思想也因由其独特的理论特质，即解放性的崇高特质、思想性的精神特质和反思性的超越特质，推动着我们的思想从两极对立的形而上学思维方式中解放出来，重新构成当代中国政治生活、经济生活、文化生活、精神生活乃至一切社会生活经历空前变革的重要精神动力和力量源泉。不难想象，如果没有这场极具哲学革命意味的思想解放运动，当代中国极有可能因仍处于极端僵化的机制体制之中而裹足不前。

---

① 覃正爱：《改革开放的理论沉思》，载《马克思主义研究》2016年第5期。
② 《邓小平文选》第2卷，人民出版社1994年版，第141页。
③ 《邓小平文选》第2卷，人民出版社1994年版，第279页。
④ 孙正聿：《解放思想与变革世界观》，载《中国社会科学》2008年第6期。

第二章 解放思想：开创广东党的建设新局面（1982—1992年）

因此可以说，解放思想就是一场深刻的思想革命，是一种积极的精神状态，同时也是一种务实的工作作风。一方面，它要求我们要敢于冲破落后的陈腐的观念束缚，善于从实际出发，努力开拓进取，使我们的思想观念不停留在对马克思主义的某些原则和本本的教条式的理解上，不停留在对社会主义的一些不科学甚至扭曲的认识上，不停留在对社会主义的不正确的思想上或不适应今天实际的个别结论上。另一方面，它要求我们要以一种抢抓机遇、勇于进取，敢于改革、敢闯敢试，求真务实、苦干实干的精神状态，摒弃与时代发展不相适应的思维方式和思想观念，扫除阻碍社会发展的思想障碍，唤醒和激发人民群众的精神斗志，不断引领当代中国政治、经济、文化和社会领域的一系列重大变革。再一方面，它还要求我们要以彻底的马克思主义的科学态度和无所畏惧的革命勇气，以求真务实、真抓实干的务实实践大胆地试和大胆地闯，从而随着实践的发展而不断深化对社会主义建设规律的科学认识，并不断调整和优化我们的思维方式，构建新时期社会变革的思想先导。[①]

根据马克思主义的基本观点，人们对于客观实际的正确认识需要一个过程。而在此过程中，如果从更为深刻的学理层面抑或哲学层面来看，解放思想实际上是一场变革世界观的思想解放运动，它从根本上要求我们变革思想脱离实际、主观背离客观的世界观，树立起马克思主义的实事求是的世界观，借以推动当代中国特色社会主义的创新发展。

2. 解放思想是党的思想路线的本质要求

党的思想路线是党制定各个历史时期政治路线的理论基础，是正确贯彻和执行党的路线、方针、政策的保证。邓小平指出："实事求是，一切从实际出发，理论联系实际，坚持实践是检验真理的标准，这就是我们党的思想路线。"[②] 而所谓党的思想路线问题，实际上就是一个用什么样的世界观、方法论去认识世界和改造世界的问题。梳理党的历史不难发现，从"思想路线"概念的首次提出，及至不同阶段的反复强调，均与"解放思想"紧密相连。从根本上来说，解放思想是党思想路线的本质要求，是我们党认识和应对前进道路上各种新情况、新问题，以及开创党和国家新事业、新局面的重要法宝。

---

① 王玉周、朱康有主编：《解放思想论纲》，红旗出版社2008年版，第28页。
② 《邓小平文选》第2卷，人民出版社1994年版，第278页。

其实，民主革命时期，毛泽东就曾在《反对本本主义》《实践论》《矛盾论》《改造我们的学习》《整顿党的作风》《反对党八股》等系列文章中，反复论及党的思想路线问题。就其根本目的而言，主要是为了解放被教条主义、经验主义和主观主义束缚的党内僵化思想及体系。特别是在经过延安整风和中共七大以后，党不仅确立了实事求是的思想路线，同时也创造了夺取革命胜利最为重要的"主观条件"。[①] 新中国成立以后，党带领全国人民恢复国民经济，提前完成第一个五年计划，并成功召开中共八大。这一系列重大实践成就和理论成果的取得，均与继续坚持延安时期确立的党的正确的思想路线相关，同时也离不开持续不断的思想解放。及至10年建设时期的艰辛探索，以及十年"文革"的严重曲折，就其成败的根本原因来说，或是因为解放思想不够深刻彻底，或是由于违背实事求是的思想路线。"文革"结束以后，邓小平带领全党和全国人民力挽狂澜，重新恢复和发展了毛泽东倡导的实事求是、理论联系实际、一切从实际出发的思想路线。其中，尤为值得一提的是，随着党的十一届三中全会的胜利召开，实事求是思想路线得到深入贯彻，解放思想的历史使命和时代价值也得到进一步彰显。

首先，解放思想是贯彻党的思想路线的必然要求。是从客观实际出发还是从主观愿望出发，据以决定党的纲领、路线、方针和政策，这本身就是一个思想路线问题，同时也是一个认识问题。根据毛泽东对"实事求是"的阐释，"实事"就是客观存在着的一切事物，"是"就是客观事物的内部联系，也即规律性，"求"就是要求我们去研究。[②] 从中我们不难发现，实事求是的思想路线是内在地要求解放思想的，二者在本质上也是具有高度一致性的。概括地说，实事求是是解放思想的内在要求和根本归宿，解放思想是实事求是的基本前提和重要条件。事实上，实践是在不断发展变化的，而人们的思想认识往往受到传统的习惯势力、过时的陈旧观念、狭隘的本本主义的束缚，唯有通过深入不断地解放思想，才能祛除条条框框的限定，破除僵化保守思想的禁锢，真正做到从实际出发思考和解决问题。不仅如此，若再从党的思想路线的基本点的贯彻要求来看，坚持一切从实际出发，离不开观念创新和思想解放，这是克服因循守旧、固步

---

① 中共中央文献研究室编：《陈云论党的建设》，中央文献出版社1995年版，第235页。
② 《毛泽东选集》第3卷，人民出版社1991年版，第801页。

第二章 解放思想：开创广东党的建设新局面（1982—1992年）

自封、以偏概全、停滞僵化等混乱错误思想的要求；坚持理论联系实际，离不开思想的解放和理论的创新，这是克服教条主义、经验主义的武器；坚持在实践中检验和发展真理，更离不开解放思想的精神和勇气，这是探索具有中国特色社会主义道路的必然要求。可以说，贯彻党的思想路线时刻都不能脱离解放思想的主线，而解放思想与实事求是的辩证统一性，更是从党的思想路线本质要求的高度确认了解放思想的重要意义。

其次，解放思想是党取得胜利与成绩的重要法宝。纵观党的历史，我们可以得出一个基本的经验：党的每一场重大变革和每一次伟大胜利，均是以解放思想为前提和武器的。民主革命时期，党坚持农村包围城市、武装夺取政权，开创了具有中国特色的革命新道路；社会主义建设时期，党从全面学习前苏联逐渐转向以苏为鉴，对社会主义建设道路进行了时代反思；十一届三中全会以来，党依据马克思主义的思想路线和基本原则，全面否定"文革"和实现拨乱反正，推动党的路线、方针、政策重新走向正轨。与此对应，梳理党的历史上的错误和曲折，无论民主革命时期党内多次出现的"左"倾错误思想，还是社会主义建设时期的"大跃进""文革"等实践挫折，均与背离党的思想路线和放弃党的解放思想的法宝直接关联。事实上，解放思想不是一般的原则和方法，它是贯穿于马克思主义形成和发展全过程，彰显于马克思主义理论体系每一个组成部分的根本原则和根本方法，是党自建立以来思考、观察和处理革命和建设问题的重要基点。党的历史已经充分证明，中国革命和建设的每一次伟大成就的取得，都是与解放思想、实事求是的思想路线须臾不可分离的。

再次，解放思想是党引领社会变革的先导和动力。思想是行动的先导，思想解放的程度和高度，决定了社会变革的进度和限度。正如列宁所言，"没有革命的理论，就不会有革命的运动"。[①] 对于解放思想在社会变革和社会发展中的重要作用，中国共产党人早在民主革命时期就已准确地把握。及至社会主义建设时期，特别是在经历"文革"以后，全党和全国人民更为清醒地认识到："只有思想解放了，我们才能正确地以马列主义、毛泽东思想为指导，解决过去遗留的问题，解决新出现的一系列问题，正确地改革同生产力迅速发展不相适应的生产关系和上层建筑，根据我国的

---

① 《列宁选集》第1卷，人民出版社1995年版，第311页。

实际情况,确定实现四个现代化的具体道路、方针、方法和措施。"① 言下之意,解放思想是推动革命和建设的强大精神动力,同时也是引领社会变革和社会发展的先导。究其缘由,作为思想革命的解放思想,实际是与社会变革和社会发展辩证统一的。一方面,适应社会变革需要的解放思想,既可以促进科学认识的形成,也可以为社会实践提供理论武器,而社会实践领域的革命性变革也同时促进了思想解放。另一方面,解放思想推动人们以一种不断革新进取的精神和风貌,冲破落后观念和主观偏见的重重束缚,改变因循守旧和刻板僵化的思想状态,不断推动人们从必然王国走向自由王国。再一方面,作为马克思主义精髓的解放思想,在社会变革和发展中起着引领方向的重要作用,是引领理论创新、制度创新、实践创新以及最终推动社会进步的精神力量。

毋庸讳言,历史上的每一次伟大变革和重大飞跃,都是以适应社会发展需要的进步思想为先导的,而解放思想始终是一个历久弥新、永无止境的过程,从20世纪以来中国革命和建设的实践来看,它既是党的思想路线的本质要求,也是社会实践发展的动力来源,并最终凝聚成党的成功经验总结。

3. 解放思想是一个重大的政治问题

1978年12月13日,邓小平在中央工作会议闭幕会上提出:"解放思想,开动脑筋,实事求是,团结一致向前看,首先是解放思想。"② 其中,"解放思想"被赋予了"重大政治问题"的政治意涵,主要是因为党内存在着思想僵化和半僵化的种种表现和深刻根源,已经成为掣肘拨乱反正、全面改革的精神枷锁和历史痼疾,成为关系党和国家前途命运的重要政治难题。

如前所述,解放思想在党的历史上曾经发挥过重大的政治历史作用。面对新时期党内存在的思想政治理论难题,即如何祛除林彪、"四人帮"假马克思主义的思想禁锢,解决党内客观存在的权力过分集中的官僚主义,克服小生产的习惯势力的影响,纠正"是非功过不分,赏罚不明,干和不干一个样"等问题,③ 更加凸显了解放思想的政治作用和历史地位。

---

① 《邓小平文选》第2卷,人民出版社1994年版,第141页。
② 《邓小平文选》第2卷,人民出版社1994年版,第141页。
③ 《邓小平文选》第2卷,人民出版社1994年版,第141–142页。

第二章 解放思想：开创广东党的建设新局面（1982—1992年）

而如果做不到实事求是和解放思想，不仅邓小平所谓的思想僵化的怪现象（"条条、框框就多起来了"，"随风倒的现象就多起来了"，"不从实际出发的本本主义也就严重起来了"）难以袪除，① 关乎党和国家命运的一系列重大政治理论问题也难以拨乱反正。

具体说来，一是党的思想路线和组织路线的拨乱反正要求必须解放思想。党的思想路线要求既要肃清"文革"中盛行的教条主义和泛滥成灾的"左"倾错误思想，也要袪除"句句是真理"的"两个凡是"错误思想，借以开创我国社会主义现代化建设新局面；党的组织路线要求彻底否定"文革"，妥善解决历史遗留问题，通过平反冤假错案建立安定团结的政治局面，确保党的思想路线和政治路线的全面贯彻执行。二是全党工作重心的转移要求必须解放思想。社会主义的根本任务是解放和发展生产力，而经济建设是党和国家工作的重点。可想而知，如果不通过解放思想确立一条坚定不移、贯彻始终的政治路线作为前提和保证，想要实现从"以阶级斗争为纲"到以经济建设为中心的重要转变是不可能的，同时也更不可能认识到"经济工作是当前最大的政治，经济问题是压倒一切的政治问题"。② 三是开启全面改革要求必须解放思想。中国的改革"是一场根本改变我国经济和技术落后面貌，进一步巩固无产阶级专政的伟大革命。这场革命既要大幅度地改变目前落后的生产力，就必然要多方面地改变生产关系，改变上层建筑，改变工农业企业的管理方式和国家对工农业企业的管理方式，使之适应于现代化大经济的需要。"③ 因此，凡是被实践证明的不符合本国实际、时代要求和经济社会发展客观规律的僵化思想，必然构成解放思想的重要对象，这是中国"第二次革命"的客观要求。

由此，我们可以得出一个基本的结论：从历史的普遍性来看，"一个党，一个国家，一个民族，如果一切从本本出发，思想僵化，迷信盛行，那它就不能前进，它的生机就停止了，就要亡党亡国"；④ 从现实的必然性来看，"不打破思想僵化，不大大解放干部和群众的思想，四个现代化就没有希望"。⑤ 归根结底，唯有坚持解放思想、实事求是，方能解决历

---

① 《邓小平文选》第2卷，人民出版社1994年版，第142页。
② 《邓小平文选》第2卷，人民出版社1994年版，第194、276页。
③ 《邓小平文选》第2卷，人民出版社1994年版，第135–136页。
④ 《邓小平文选》第2卷，人民出版社1994年版，第143页。
⑤ 《邓小平文选》第2卷，人民出版社1994年版，第143页。

史遗留问题,应对时代崭新挑战,最终开创中国特色社会主义事业的新境界。

(二)"特殊政策,灵活措施"开启广东对外开放征程

如前所述,思想变革是政治变革、经济发展和社会进步的先导。广东在经历了政治上、思想上和组织上的"拨乱反正"以及思想解放、观念更新之后,带着中共中央的热切期待,带着全省人民的美好愿望,发扬勇闯难关、敢冒风险、敢为天下先的精神,开启了新时期对外开放新的历史征程。

1. 中央鼓励广东"敢于实验,敢于创新"

鉴于十年"文革"的深刻影响,粉碎"四人帮"之后的中国和广东,如何才能真正走出困境和走向社会主义现代化呢?对于这一重大时代课题的思考,中共中央首先将目光对准了发达国家和周边地区的先进经验,希望经过广泛比较和积极镜鉴,探索出一条符合中国实际的现代化强国之路。

基于上述考量,中共中央和国务院组织有关部门多方考察,意在通过推求比较找到变革中国经济发展的出路。从 1978 年 3 月起,国家计委和外贸部工作组奔赴宝安、珠海两地(注:时为宝安县、珠海县、1979 年 3 月分别改为深圳市、珠海市),开始调研建立供应港澳鲜活农副产品生产基地的问题;4 月初,国家计委、外贸部经济贸易考察组调研香港和澳门两地,并根据中央要求撰写了《港澳经济考察报告》;5 月,时任国家计委副主任李人俊到宝安调研,同时传达时任中共中央副主席、国务院副总理李先念的批示:"无论如何要把宝安(深圳)建设好,不建设好就是死了也不甘心。"① 不仅如此,邓小平也在中央政治局会议上指出,广东搞出口基地"应该支持,试一试也好嘛"。② 随后,时任国家计委副主任段云到广东,就如何落实中央领导人的批示与广东方面进行进一步协商。从中我们不难发现,中共中央和国务院广泛调研的目的已经非常明确,就是探索弹丸之地的港澳经济快速发展的奥秘,并从中找出自身发展的差距、

---

① 《李先念传》编写组编:《建国以来李先念文稿》第 4 册,中央文献出版社 2011 年版,第 99 页。

② 中共中央文献研究室编:《邓小平年谱(1975—1997)》上卷,中央文献出版社 2004 年版,第 296 页。

第二章 解放思想:开创广东党的建设新局面(1982—1992年)

条件和机遇,以及汲取港澳经济发展的成功经验。特别是,在随后形成的《港澳经济考察报告》中,港澳经济飞速发展的经验不仅得到了充分肯定,而且提出非常有必要把靠近港澳两地的宝安、珠海划为出口基地,经过三到五年的努力,在内地建设成具有相当水平的对外生产基地、加工基地和吸引港澳同胞的旅游区。中共中央主要领导人对于上述建议和构想高度重视,不仅批示"总的同意",而且要求"说干就干,把它办起来"。① 与此同时,谷牧带领中国对外经济代表团奔赴欧洲五国展开深入调研,同期国家还派出赴日经济代表团,考察发达国家经济发展的成功经验。经过三方经验的比较分析,党和国家领导人充分认识到中国经济发展的落后性,同时也认识到可以借鉴发达国家和地区社会化大生产的组织管理经验,积极吸收和利用他们的资金、技术以及发展经济贸易的办法,通过逐步实施打开国门、对外开放的政策措施来推动经济发展。②

经由多方调研和系统论证,中共中央决定发挥广东毗邻港澳的地缘优势,以及广东各界思想开放和华人华侨众多的文化优势,明确提出在抓紧搞好宝安、珠海两个边防城市建设的基础上,从香港和澳门引进技术、设备、资金和原料,通过开展加工装配业务,不断扩大外贸出口。此时,中共广东省委也深刻感受到中共中央对广东工作的重视,为了坚决执行和迅速落实中央的指示和部署,1978年10月专门向国务院上报了《关于宝安、珠海两县外贸基地和市政规划设想》的报告。次年2月,国务院批复原则上同意报告内容,鼓励并要求广东从各个方面利用两县的优越条件,对于"凡是看准了的,说干就干,立即行动,把它办成、办好",力争"经过三五年的努力,实现中央领导同志的指示,把宝安珠海两个县建设成为具有相当水平的工农业结合的出口商品基地,建设成为吸收港澳游客的游览区,建设成为新型的边防城市"。③

以此为基点,广东在中共中央和国务院的鼎力支持下,通过深入解放思想和锐意改革创新,逐步实现了从建立出口商品基地到创办蛇口工业区,从筹办出口特区到正式成立经济特区的跨越式发展,为中国实行经济体制改革和对外开放政策进行了重要实验。而上述成绩的取得,始终离不

---

① 卢荻、杨建、陈宪宇:《广东改革开放发展史》,中共党史出版社2001年版,第99-100页。
② 谷牧:《中国对外开放的风风雨雨》,载《半月谈》1988年第15期。
③ 钟坚、郭茂佳、钟若愚主编:《中国经济特区文献资料》第1辑,社会科学文献出版社2010年版,第465页。

开党中央的关心、鼓励和支持。正如邓小平所言,"中央没有钱,可以给些政策,你们自己去搞,杀出一条血路来"。① 谷牧也在多次调研广东时反复强调,"你们的两个经济特区,全省对外经济活动实行特殊政策和灵活措施,要有点孙悟空的精神,受条条框框束缚不行,要改。""……你们要大干,要有孙悟空的精神,要搞活。"② 中共中央的大力支持、广东地方的思想解放,共同推进了改革开放政策在南粤大地落地生根,为广东在对外开放中先行先试奠定了重要基础。

2. 广东积极谋划"特殊政策,灵活措施"

在经历了多年思想禁锢和经济倒退以后,党的十一届三中全会把对外开放确定为基本国策,这是党和人民的选择,也是历史的选择。为了认真贯彻落实中央工作会议和党的十一届三中全会精神,落实党和国家的工作重点转移到经济建设上来的重要决策,中共广东省委立足于广泛深入的调查研究,深入思考如何充分发挥广东的特点和优势,推动广东在全国改革开放中先走一步。

广东毗邻港澳,华侨众多,珠江三角洲地区商品经济具有一定的基础,在发展对外贸易和引进技术等方面,相比国内其他省份具有明显的优势。其实,早在1978年10月,中共广东省委在准备参加中央工作会议的汇报材料之际,就提出希望中央能给广东更大的支持,同时给予地方处理问题更多机动余地的建议。③ 随后,在中央工作会议召开期间,习仲勋就广东如何实现大干快上等问题发言,建议"发挥广东优势,放手发展经济作物、畜牧业和渔业,放手发展外贸出口工业,给地方更大自主权,吸收外资,引进先进设备和技术,加强广东与港澳经济合作,以及调动华侨建设祖国积极性等"。④ 上述发言内容,实际构成了日后广东要求中央给予"特殊政策,灵活措施"的先声,是广东谋划改革开放先行先试的重要步骤。

1979年4月2日,当年中央工作会议召开前夕,中共广东省委常委会

---

① 中共中央文献研究室编:《邓小平年谱(1975—1997)》上卷,中央文献出版社2004年版,第510页。
② 深圳市档案馆编:《建国30年深圳档案文献演绎》第4卷,花城出版社2002年版,第2809页。
③ 《省委常委会议决定事项记录102—105》,1978年10月24日。
④ 《习仲勋主政广东》编委会编:《习仲勋主政广东》,中共党史出版社2007年版,第155页。

第二章 解放思想：开创广东党的建设新局面（1982—1992 年）

议讨论《充分利用广东省有利条件开展对外经济技术交流》的报告，吴南生等人在会上再次提出希望中央下定决心，让广东能够先走一步。这次会议"确认根本的出路还是希望中央给广东放权，抓住当前有利的国际形势，让广东充分发挥自己的优势，在四化建设中先走一步"。① 由此，中共广东省委进一步坚定了谋求"特殊政策，灵活措施"，推动广东在对外开放中先走一步的构想。

4 月 5 日至 28 日，中央工作会议在北京召开。习仲勋在发言中对中共广东省委的请求做了说明，强调"现在省的地方机动权力太小，国家和中央统得过死，不利于国民经济的发展。我们的要求是在全国的集中统一领导下，放手一点，搞活一点。这样做，对地方有利，对国家也有利，是一"。② 而与此同时，"广东邻近港澳，华侨众多，应充分利用这个有利条件，积极开展对外经济技术交流。……希望中央给点权，让广东先走一步，放开干"。③ 10 日，王全国就如何利用广东有利条件在中南组会议上发言，"请求中央考虑广东在对外贸易方面的特殊情况，对开展对外经济技术交流的审批权限适当下放，对外汇分成更多地予以照顾，对资金、物资安排大力给予支持，使广东能因地制宜，充分利用本省的有利条件，把外汇做得更活一些，更大一些，为国家多做贡献"。④ 17 日，习仲勋在中央工作会议各组召集人汇报会议上向华国锋、邓小平等中央领导人郑重提出：广东打算效仿国际经验和运用国际惯例，在深圳、珠海和汕头建立"贸易合作区"。上述构想当即得到了中央政治局常委的赞同和支持，在邓小平的倡议下，中共中央正式讨论了这一重大问题，并最终形成了《关于大力发展对外贸易增加外汇收入若干问题的规定》。为了推动《关于大力发展对外贸易增加外汇收入若干问题的规定》的具体落实，中共中央和国务院派出由时任国务院副总理谷牧率领的工作组到广东和福建，会同两省主要领导干部以及专家学者共同起草对外经济活动中实行特殊政策、灵活措施的文件。谷牧鼓励广东改革要快一些，要以巨大的政治魄力和勇气"杀出一条血路，创造经验"，争取利用沿海有利条件，把广东建设成为

---

① 《习仲勋文选》，中央文献出版社 1995 年版，第 481 页。
② 《习仲勋、王全国同志在中央工作会议中南组的发言》，1979 年 4 月。
③ 《习仲勋、王全国同志在中央工作会议中南组的发言》，1979 年 4 月。
④ 《习仲勋、王全国同志在中央工作会议中南组的发言》，1979 年 4 月。

"东方大工业区"。① 在中央工作组的帮助下,中共广东省委于6月6日向中共中央、国务院上报了《关于发挥广东优越条件,扩大对外贸易,加快经济发展的报告》,提出实行新体制和试办出口特区的要求。7月15日,中共中央、国务院批转广东和福建两省的报告,决定"对两省对外经济活动实行特殊政策和灵活措施,给地方以更多的主动权,使之发挥优越条件,抓住当前有利的国际形势,先走一步,把经济尽快搞上去"。② 而与此同时,中共中央特别强调"这是一个重要的决策,对于加速我国的四个现代化建设,有重要的意义"。③ 就特殊政策和灵活措施的主要内容而言,主要包括:外汇收入和财政实行定额包干,一定五年不变的办法;在国家计划指导下,物资、商业实行新的经济体制,适当利用市场的调节;在计划、物价、劳动工资、企业管理和对外经济活动等方面,扩大地方管理权限;试办深圳、珠海、汕头三个出口特区,积极吸收侨资、外资,引进国外先进技术和管理经验。

至此,中共广东省委积极谋求"特殊政策,灵活措施",终于由最初的建设构想变成政策现实,广东各界人士以及海内外华人华侨和港澳同胞欢欣鼓舞,广东也终于在对外开放的时代大潮中,迎来了先走一步的重大历史机遇。

3. 解放思想助力广东"真特殊,真灵活,真先走"

中共中央决定广东在对外开放中实行"特殊政策,灵活措施"之后,中共广东省委为了加强对经济工作的领导,成立了由刘田夫、王全国和吴南生组成的三人小组,同时还专门制定了省经济工作办公会议制度,协调和解决经济战线以及各条战线间的关系及问题,研究、制定和贯彻落实中共中央50号文件的具体措施。1980年3月24日,为了检查总结中央对广东和福建两省实施"特殊政策,灵活措施"一年来的贯彻执行情况,谷牧受中共中央和国务院的委托,在广州召开广东和福建两省会议。这次会议肯定了两省以及国务院相关部门在推进贯彻对外开放方针和试办经济特区

---

① 中共广东省委办公厅编:《中央对广东工作的指示汇编(1979—1982)》,(内部资料)1983年版,第9、16页。

② 中共广东省委办公厅编:《中央对广东工作的指示汇编(1979—1982)》,(内部资料)1983年版,第18页。

③ 中共广东省委办公厅编:《中央对广东工作的指示汇编(1979—1982)》,(内部资料)1983年版,第18页。

第二章 解放思想:开创广东党的建设新局面(1982—1992年)

等工作中的初步成绩,同时重点研讨了如何进一步贯彻落实中央关于两省实行对外开放方针的指示。5月16日,中共中央和国务院批准《广东、福建两省会议纪要》,肯定在两省进行的经济体制改革既有利于加快本省经济发展,也有利于促进全国经济体制改革。

为了深入贯彻落实中共中央关于《广东、福建两省会议纪要》批示精神,同年6月19日,中共广东省委专门召开省、市直属机关处以上党员干部报告会,特别强调要"继续解放思想,肃清极左路线流毒,充分发挥广东省的优势,积极稳步地进行经济体制改革,切实把经济搞活,创造性地闯出一条加快四化建设的路子来,为国家做出更大的贡献"。[①] 究其缘由,在实行特殊政策和灵活措施初期,一部分人因受到"左"的、右的以及其他错误思想的干扰和影响而忧心忡忡,担心政策的推行会带来"资本主义泛滥",担心外资投资办厂会"被剥削",担心办特区会"丧失主权",担心社会主义经济会被"搞乱",担心对建设精神文明有害无利等,因而社会上出现了不敢改革开放和不愿改革开放的思想倾向。针对上述状况,中共广东省委要求各级干部要积极解放思想,反对"左"和右的思想干扰,切实提高改革开放的自觉性,真正做到充分利用广东有利条件,发挥优势、扬长避短、搞活经济,不断开创改革开放的新局面。

9月23日和24日,中共中央书记处第52次会议在北京召开。中共广东省委负责人向中央书记处做关于贯彻落实特殊政策和灵活措施工作的汇报,并提出进一步扩大广东改革的权限等问题。中央书记处领导人对广东实行特殊政策和灵活措施等问题进行了讨论并做出指示,鼓励广东在对外开放中先行一步富裕起来,借以"成为全国'四化'建设的先驱和排头兵,为全国社会主义经济建设和体制改革探索道路,积累经验,培养干部"。[②] 与此同时,中共中央要求广东省委一方面要"思想更加解放,在深思熟虑、周密计算的基础上,发挥创造力和闯劲,以很大的魅力去打开局面";另一方面,鼓励广东"要有远大的眼光,面向全国,面向世全界,路子要想的宽一点,远一点",借以消解一些干部在经济工作中墨守成规、

---

① 《习仲勋传》编委会编:《习仲勋传》下卷,中央文献出版社2013年版,第476页。
② 深圳市档案馆编:《建国30年深圳档案文献演绎》第4卷,花城出版社2005年版,第3049页。

缺乏顽强的进取精神等不利于对外开放的思想问题。①

1980年10月，中共中央决定由任仲夷和梁灵光接替习仲勋和杨尚昆，开始主政广东及领导对外开放工作。任仲夷和梁灵光上任伊始即有干部反映，现在广东是特殊政策不特殊、灵活措施不灵活、先走一步不先走。有鉴于此，任仲夷在1981年春代表中共广东省委提出，在不违背党的路线、方针，不偏离四项基本原则轨道的前提下，对不适应现实情况的原有规定，允许灵活变通执行；确实利国利民的改革，如果从现有文件中找不到根据，可以试点并在试点中允许突破现有规定。1981年4月20日至5月4日，中共广东省委召开学习讨论会，针对政策实践过程中出现的问题，提出要进一步肃清经济工作中"左"的思想影响，破除旧的条条框框，进一步解放思想，推动广东更加坚定地迈开改革开放的步伐。而与此同时，国务院也在北京召开广东、福建两省工作会议和经济特区工作会议，针对两省负责人提出的中央还没有给予两省"真特殊、真灵活"的东西，特别指示"两省在对外经济活动中实行特殊政策、灵活措施和试办经济特区，是一项重大的改革，必然会遇到大量复杂的新情况，需要解决许多新的问题。在这种情况下，要把工作做好，必须具有敢于试验、敢于创新的革命精神，凡是符合党的路线、方针、政策，对两省和全国的经济调整和发展有利的事，都要大胆放手去干"。② 这次会议的召开，为两省对外开放和特区建设进一步放权松绑，有利于两省切实实现"真特殊，真灵活，真先走"，广东也由此进入了对外开放和经济体制改革的新阶段。

从上可见，解放思想、更新观念既为广东营造了改革开放和现代化建设的良好社会环境和积极社会心态，也为更好地发挥党中央赋予的"特殊政策，灵活措施"的最大功用奠定了重要的思想基础。毋庸讳言，没有思想的大解放，没有观念的大更新，无论是对外开放还是体制改革，广东想要做到先行一步均属奢谈。

二、用足用活政策，逐步提升党的执政能力

特殊政策和灵活措施的实行，改变了过去中国长期奉行的闭关政策，

---

① 深圳市档案馆编：《建国30年深圳档案文献演绎》第4卷，花城出版社2005年版，第3050页。

② 中共广东省委办公厅编：《中央对广东工作的指示汇编（1979—1982）》，（内部资料）1983年版，第161-162页。

第二章 解放思想：开创广东党的建设新局面（1982—1992年）

促进了对外经济开放。然而，"在学到一些资本主义经营管理方法、加快'四化'建设的同时，也势必会有一些资本主义的腐朽的生活方式和意识形态渗透进来，侵蚀我们的干部和群众，广东更是首当其冲"。① 对此，《中央书记处会议纪要》（1980年9月28日）强调，"既不要害怕，也不要麻痹，要针对这种现象主动地采取预防措施"，"要做好政治思想工作，增强我们的队伍抵抗腐蚀的能力"。② 不难发现，对外开放既考验着党的执政能力，也考验着党的自身建设能力。

（一）以"三严"保证"三放"，理顺党的建设与改革开放的关系

如何用足用活中央给予的特殊政策和灵活措施，直接关乎广东对外开放的成败。从1981年4月中共广东省委学习讨论会开始，到1983年2月24日中共广东省第五次代表大会的召开，中共广东省委逐步酝酿、提出和践行了"对外更加开放、对内更加放宽、对下更加放权"的方针。特别是在面对对外开放中遭遇的一系列新问题、新情况时，中共广东省委以"三严"力促"三放"，同时坚持反对"三特"，切实提升了自身领导经济建设和对外开放的能力。

1. "三放"是用足用活政策的关键

如前所述，广东在实施特殊政策和灵活措施的过程中，如何才能"真特殊，真灵活，真先走"呢？一方面，需要在经济建设中发扬"敢于试验、敢于创新"的革命精神；另一方面，需要在政治建设中确保安定团结的政治局面。前者可以为改革开放厘定方向，后者可以为改革开放夯实根基。因此可以说，所谓的"对外更加开放、对内更加放宽、对下更加放权"，实际上是因应对外开放和社会主义现代化建设需要的重要创新和探索。

从政策过程来看，中共广东省委早在1981年7月17日至26日召开的四届四次（全体）会议上就明确提出：广东要进一步贯彻特殊政策和灵活措施，实行对外开放、对内放宽、对下放权，力争在短时间内为人民多

---

① 中共广东省委办公厅编：《中央对广东工作的指示汇编（1979—1982）》，（内部资料）1983年版，第111页。
② 中共广东省委办公厅编：《中央对广东工作的指示汇编（1979—1982）》，（内部资料）1983年版，第111-112页。

办几件好事。其中,"对外开放、对内放宽、对下放权"的提出,实际凝聚了广东对外开放两年来的经验总结和认识拓展。不仅如此,这次会议还特别强调广东在对外开放过程中必须着力加强党的建设,要通过加强党员教育和党的纪律检查工作,通过严格执行党的民主集中制,以及培养和选拔德才兼备、年富力强的各级干部,为广东改革开放确立坚定的政治基础和组织基础。9月25日,广东省三级干部会议在广州召开,任仲夷在会上进一步指出:"中央给我们特殊政策、灵活措施,让我们搞得更活一点,我们相应地就必须管得更好一点。中央采纳了我们的'对外要开放、对内要放宽、对下要放权'这几句话。其实这三句话对每个省都适用,哪个省都在实验。广东、福建应该加一个'更'字,应该对外更开放、对内更放宽、对下更放权。不加'更'字,和全国一样,就没有什么特殊了。"因此,"为了做到上面这三个'更',就必须管得更严一点,不管得更严一点,这三个'更'字就不能健康地进行。由于对外更加开放,我们党的纪律要更严,执法要更严,党的生活要更严。要想把特区建设好,必须反对另外三个'特':搞特权,搞特殊化,当特殊党员"。① 不难发现,从坚持"三放"到提出"三严",再到反对"三特",是中共广东省委以敏锐的改革意识和清醒的政治意识,对广东改革开放路径、举措和保证的实事求是的擘画。1982年1月19日,中共广东省委召开地、市委书记会议,任仲夷就贯彻落实特殊政策和灵活措施的主要做法做出说明,再次强调坚持对外更加开放就是要步子迈得更大些,坚持对内更加放宽就是要抓好政策和抓好改革,坚持对下更加放权就是要在保证统一领导的前提下坚决下放权力、真正用好权力。② 在这次会议上,坚持"三放"成为广东各级党委实现全省工作目标的内容,而在继续贯彻执行特殊政策、灵活措施的同时,中共广东省委也特别强调任何个人和组织在党风党纪上不能有任何特殊。

1983年2月24日,根据任仲夷在中共广东省第五次代表大会上所做报告的总结,所谓"三放"被具体表述为:一是"对外更加开放",是指放宽利用外资的审批权限,改革外贸体制,落实华侨政策,发挥华侨、港澳同胞在经济建设中的重要作用,打开对外开放的新局面。二是"对内更

---

① 中共广东省委党史研究室编:《任仲夷与广东改革开放》,中共党史出版社2014年版,第333页。

② 中共广东省委党史研究室编:《任仲夷与广东改革开放》,中共党史出版社2014年版,第335-339页。

第二章 解放思想：开创广东党的建设新局面（1982—1992 年）

加放宽"，是指进行计划体制的改革，减少指令性计划，扩大指导性计划，增加市场调节比重。与此同时，扩大企业自主权，增强企业活力，进行物价改革，流通体制改革，财政、税收、金融体制改革，劳动制度改革和农业结构改革。三是"对下更加放权"，是指在一定范围内对地（市）、县和企业下放计划权、基本建设审批权、对外经济贸易权、物价管理权、人财物权等。还有减少指令性计划，因地制宜地调整物价，实行各种形式的经济责任制，责权利相结合，实际上也是放权。①

不难发现，"三放"实际上是根据党的实事求是的思想原则，立足广东对外开放的实际和发展社会主义生产力的客观要求，对中央给予的特殊政策和灵活措施的具体运用和切实践行。基于上述政策过程不难发现，广东最终得以在全国率先提出要以"三严"推进"三放"，立足于通过反对"三特"力保"三放"，借以推进改革开放"更加"全面、系统和顺畅地进行。而在政策实践中，特别是随着以"三放"为主要方法的特殊政策和灵活措施的推行，广东经济得到快速发展，根据 1984 年的统计数据，当年广东全省工农业总产值达到 535.5 亿元；与此同时，广东自实施对外开放以来 GDP 的年均增长率达至 10.3%，远远超出全国平均水平，"三放"政策在改革开放中的重要作用逐渐显现。

2. "三严"是促进"三放"的重要保证

事实上，自从谋划、实施特殊政策和灵活措施以来，中共广东省委就已经充分认识到切实加强党对经济工作领导的重要性。特别是，强调要通过法治建设和制度建设，为改革开放提供稳固的政治基础。然而，由于缺乏领导对外开放工作经验，以及受到内外部各种复杂因素的影响，在特殊政策和灵活措施的实践过程中，仍然出现了诸如走私贩私、行贿受贿、偷税漏税、投机倒把、敲诈勒索、贪污盗窃、道德败坏等一系列犯罪行为和负面现象。上述种种，无不考验着广东各界推进改革开放的智慧，同时也考验着中共广东省委领导对外开放的能力。其间，中共中央发布的《紧急通知》（1982 年 1 月 11 日），使中共广东省委感受到前所未有的压力，同时也"经历了改革开放以来第一次严峻的考验"②。

---

① 任仲夷：《改革，前进，开创新局面——在中国共产党广东省第五次代表大会上的报告》，1983 年 2 月 24 日。
② 梁灵光：《梁灵光回忆录》，中共党史出版社 1996 年版，第 537 页。

《紧急通知》究竟有多紧急？反映的问题究竟有多严重？广东的压力究竟有多大？就《紧急通知》所反映的具体情况看，在广东一些干部甚至担负一定领导职务的干部当中，存在着"极端严重"的走私贩私犯罪行为；而对于这种行为，中央常委将其定性为"严重毁坏党的威信，关系我党生死存亡的重大问题"；再就问题的具体处置而言，中央要求要"雷厉风行"地解决，并给予最严厉的法律制裁，同时还强调中央和国家机关、军队系统、走私贩私严重的省份（广东、福建、浙江、云南等）以及其他各省、市、自治区党委，要以"党性"保证坚决贯彻中央常委的指示。①基于此，中共广东省委第一时间向县以上党委传达了中央指示，并于1982年1月29日至2月2日，召开省委常委会议讨论如何迅速深入地贯彻落实中共中央《紧急通知》，并就走私套汇、投机倒把等8个重大经济犯罪案件进行逐个剖析和严肃处理。2月11日至13日，广东省主要领导人前往北京参加广东、福建两省座谈会，会议的中心议题是"如何更坚决、更有效地贯彻执行中央《紧急通知》，进一步开展打击经济领域中违法犯罪活动的斗争；如何认真总结经验，端正对外经济活动的指导思想，更好地实行特殊政策和灵活措施，进一步发展两省经济"。3月1日，中共中央批转了《广东、福建两省座谈会纪要》，强调此次会议的精神主要包括三点："一、必须充分认识经济领域中违法犯罪活动的严重性、危害性和危险性，一定要在反对资本主义思想腐蚀的斗争中，做坚定的、清醒的、有作为的马克思主义者"；"二、必须加强党的领导，正确掌握方针政策，坚定不移地把打击经济领域中违法犯罪活动的斗争进行到底"；"三、必须认真总结经验，端正对外经济活动的指导思想，促进对外经济活动健康发展，继续试办好经济特区"。②

为了贯彻落实广东、福建两省座谈会会议精神，中共广东省委专门召开常委会议进行部署，广东省政协也召开四届四次会议并通过决议，坚决支持和拥护省委、省政府采取经济措施，严厉打击经济领域中的严重犯罪活动。2月26日，中共广东省委召开省直局以上单位和参加五届人大四次会议的地市县委党员负责干部会议，任仲夷代表省委强调必须严肃处理经

---

① 中共广东省委办公厅编：《中央对广东工作的指示汇编（1979—1982）》，（内部资料）1983年版，第245－246页。

② 中共广东省委办公厅编：《中央对广东工作的指示汇编（1979—1982）》，（内部资料）1983年版，第300－307页。

第二章　解放思想：开创广东党的建设新局面（1982—1992 年）

济领域里的犯罪活动和纠正自由化倾向，同时对经济工作要坚持既要搞活又要严管，要做到活而不乱、管而不死。3 月 2 日，中共广东省委常委听取各地市负责人贯彻落实《紧急通知》的情况汇报，任仲夷再次强调全省各地要做到执法更严、纪律更严、管理更严，用"三严"保证"三放"的贯彻执行。3 月 20 日至 4 月 3 日，中共广东省委召开省、地（市）、县三级党政主要领导干部会议，就打击经济犯罪、加强经济管理、克服自由化倾向等问题，进行具体讨论并制定政策规定和管理办法。也正是在这次会议上，任仲夷提出了"两个坚定不移"的方针，即对外开放和对内搞活经济坚定不移，打击经济领域的违法犯罪活动坚定不移。随后，中共广东省委制定了《关于处理经济领域中犯罪案件的若干具体政策》，广东省政府也发出《关于取缔非法经商和加强市场管理若干问题的决定》《关于整顿社队企业的指示》，并于 7 月 20 日和 23 日分别向中共中央呈报了《广东省半年来打击经济领域中严重犯罪活动情况的报告》以及《关于上半年打击走私活动的情况报告》。及至 10 月 22 日，经过为期九个多月的贯彻落实和反思总结，中共广东省委、省政府向中共中央和国务院报送了《关于试办经济特区的初步总结》，广东对外开放第一次系统的经验总结逐步完成。

概括地说，《关于试办经济特区的初步总结》对广东实行特殊政策和灵活措施以来的经济发展，特别是对外开放和特区建设中的成绩、缺点以及迫切需要解决的问题等进行了详细说明。不仅如此，《关于试办经济特区的初步总结》还就探索和实践中的对外开放工作，做了六点经验总结或体会表达：①必须通过实践，不断总结经验，提高认识；②办特区一定要坚持三中全会的路线，实事求是，解放思想；③特区的建设必须脚踏实地，稳步前进；④特区更应注意抓好社会主义精神文明的建设；⑤与内地实行联合，是加快特区建设的一项重要措施；⑥要十分重视加强特区的领导和管理。[1] 中共广东省委特别强调，加强领导和管理工作是办好特区的关键，因此需要恰当掌握赋予特区自主权和坚持集中统一的界限。一方面，要根据中央的指示赋予特区充分的权力，使之能够独立自主地处理日常工作中的大量问题；另一方面，要加强对特区的管理，"在放宽政策的

---

[1] 中共广东省委办公厅编：《中央对广东工作的指示汇编（1979—1982）》，（内部资料）1983 年版，第 379－383 页。

同时,特区各方面的管理必须特别严,纪律必须特别严,执法必须特别严"。① 不难发现,中共广东省委经由对《紧急通知》的学习、贯彻和落实,以及对两年多来特区工作的回顾和总结,已经在思想认识和行动实践上赋予"三严"更为"特别"的涵义和规范,这也成为继续推进广东实施"三放"的重要条件。

(二)"两手抓,两手都要硬",推动"两个文明"共同发展

特殊政策和灵活措施的实施,造就了广东对外开放先行一步的时代先机,同时也必须直面改革开放带来的双重效应。尽管中共中央和广东早有预判,"随着对外经济活动的开展,势必带来资本主义思想和资产阶级生活作风的影响,要把工作做到前头,加强思想政治工作,坚持四项基本原则,防止和抵制非无产阶级思想的侵蚀和影响",但现实中仍然遭遇了诸多"前进中的矛盾"。② 这就要求广东各级党委要坚持物质文明建设和精神文明建设"两手抓,两手都要硬"。

1. "两手抓,两手都要硬"的提出

1982年1月10日,中共广东省委召开全省地、市委书记会议,提出当年"总的安排"是坚持"两手抓,一手抓物质文明建设,一手抓精神文明建设"。为了更好地完成当年全省的奋斗目标,中共广东省委要求务必要坚持"三放"和加强"四管"(管好计划和综合平衡,管好市场和物价,管好奖金的使用,管好经济纪律),狠抓提高经济效益和科学技术进步。③ 坚持"两手抓,两手都要硬",推动物质文明建设和精神文明建设共同发展,已然成为新时期广东改革开放进程中至为重要的实践命题、政治命题和哲学命题。

首先,从实践命题的维度来看,提出并强调要坚持"两手抓,两手都要硬",并且重点是抓"两手",即在坚持以改革开放推进广东物质文明飞速发展的同时,大力开展社会主义精神文明建设,根本原因在于特殊政

---

① 中共广东省委办公厅编:《中央对广东工作的指示汇编(1979—1982)》,(内部资料) 1983年版,第383页。

② 中共广东省委办公厅编:《中央对广东工作的指示汇编(1979—1982)》,(内部资料) 1983年版,第19—20、60页。

③ 中共广东党史研究室编:《中国共产党广东历史大事记(1949.10—2004.9)》,广东人民出版社2005年版,第334页。

第二章 解放思想：开创广东党的建设新局面（1982—1992年）

策和灵活措施实施过程中产生的现实问题，亟待通过两个文明建设的协调发展加以解决。一方面，自"拨乱反正"时期以来，广东各界在面对打击刑事犯罪、肃清极左路线、整顿社会治安、转变党风政风等社会政治问题时，亟需发挥精神文明建设的社会政治功能，重建广东的政治秩序、文化秩序和道德秩序；另一方面，自确立和实施改革开放重大战略方针以来，广东各界深入解放思想、调整经济结构、改变管理体制、搞活区域经济，离开精神文明建设的动力支撑和智力支持是无法想象的，把广东建设成全国"四化"建设的先驱和排头兵也是不可能的；再一方面，自谋定和实施特殊政策和灵活措施以来，广东需要直面打击走私和投机倒把、严厉惩治贪腐犯罪以及加强对外开放中的反腐蚀斗争等复杂的斗争形势和问题，精神文明建设有助于建构良好的社会秩序、生产秩序、生活秩序，有助于推动广东在经济上进一步调整，以及在政治上实现安定团结的局面。更何况，这一阶段广东打击经济领域中的犯罪活动，实质上已经成为改革开放进程中在政治上、经济上的一场资本主义思想的腐蚀和社会主义思想的反腐蚀的严峻斗争。① 这场斗争的胜败，不仅事关广东各界党风政风、社会风气、社会治安能否根本好转，而且成为改革开放中能否坚持四项基本原则、能否捍卫社会主义制度的关键。

其次，从政治命题的维度来看，强调坚持"两手抓，两手都要硬"，是从历史唯物主义的观点出发，肯定解放和发展社会主义生产力的必要性和重要性，同时特别强调精神文明建设在全面建设社会主义进程中的作用。事实上，就当代中国所面临的主要问题和历史任务而言，主要反映为生产力与生产关系、经济基础与上层建筑之间的矛盾，这就要求从理论和实践两个维度出发，进一步认清"什么是社会主义，怎样建设社会主义"，并在抓好经济建设的同时抓好民主政治建设和精神文明建设，借以彰显社会主义的本质特征及其制度优势。中共中央制定和实施改革开放重大战略方针就是为了解决上述矛盾，并同时强调社会主义建设永远都不是单一维度的，它需要精神文明作为物质文明建设的支撑和保障。对此，十年"文革"的惨痛经历已构成深刻的历史教训，而在改革开放带来中国经济高速发展的同时，接踵而至的思想文化建设方面的短板也构成现实的难题。因此，早在1979年庆祝中华人民共和国成立30周年大会上，叶剑英就代表

---

① 《三中全会以来重要文献选编》（下），人民出版社1982年版，第1243页。

中共中央提出:"我们要在建立高度的物质文明的同时,提高全民族的教育科学文化和健康水平,树立崇高的革命理想和革命道德风尚,发展高尚的丰富多彩的文化生活,建立高度的精神文明。这些都是我们社会主义现代化的重要目标,也是实现四个现代化的重要条件。"① 几乎在同一时期,上述表述经由邓小平在中国文艺工作者第四次代表大会上予以重申。究其要义,不仅提出了"社会主义精神文明"的概念,还明确界定了新时期精神文明建设的主要内容,以及它在两个文明建设相互关系中的重要地位。可以说,坚持两个文明同步发展是在对外开放的"商潮"和资本主义的"西潮"中,推动经济社会发展、增强国家综合国力、真正融入世界现代化潮流的客观需要,它既是当代中国重大的经济命题,更是党执政兴国的重大政治命题。广东提出两个文明建设齐头并进、齐抓共管,正是对上述国家政治生活中的重要时代命题的因应和践行。

再次,从哲学命题的维度来看,之所以强调要坚持"两手抓,两手都要硬",不仅因为它是社会主义本质的根本要求和贯彻党的基本路线的客观需要,更因为它是一种重要的领导方法和领导艺术,同时也是一种符合唯物辩证法基本规律的思想方法和工作方法。一方面,"两手抓,两手都要硬"体现了唯物辩证法的基本精神。可以说,它不仅是一种现代社会建设和国家治理的基本国策,也是一种具有操作性的实践观念,更是一种重要的思维方式和思想方法,是科学运用对立统一规律指导改革开放和社会主义现代化建设要求的体现。另一方面,"两手抓,两手都要硬"彰显了唯物史观的深刻底蕴。根据马克思主义的基本观点,在人类社会的复杂系统中,既包括物质生产、经济基础、物质生活,也相应地包括精神生产、上层建筑、精神生活,必须妥善处理其间对立而又统一的辩证关系,因此改革开放重大战略实践也必须遵循此点。再一方面,"两手抓,两手都要硬"凸显了认识与实践辩证统一的思维逻辑。事实上,"两手抓,两手都要硬"提出的基本依据是对改革开放实践的阶段性认识和初步总结,是以改革开放中出现的一手软、一手硬等两个文明发展不协调问题为中心的。因此,坚持"两手抓,两手都要硬"既是一种认识逻辑,也是一种实践逻辑,具体表现为对社会主义本质特征和历史任务的全面科学的认识,彰显了改革开放进程中改革主体的主观与客观、理论与实践、历史与现实辩证

---

① 《叶剑英选集》,人民出版社1996年版,第540页。

第二章 解放思想：开创广东党的建设新局面（1982—1992年）

统一的思想意识。

概括地说，坚持"两手抓，两手都要硬"，实际成为建设中国特色社会主义的重要思想保证和政治保证，同时也成为党领导改革开放和"四化"建设的重要思想方法和领导艺术。特别是随着我国社会主义现代化建设实践的不断发展，"两手抓，两手都要硬"的内涵和外延还将不断拓展，继续成为推动中国特色社会主义事业发展的重要战略方针。

2. "两个文明"建设在广东的践行

根据中共中央的部署和广东改革开放的实际，"两手抓，两手都要硬"在广东的践行首先聚焦于"一手抓物质文明建设，一手抓精神文明建设"。就物质文明建设而言，广东是在用足用活"特殊政策和灵活措施"中按部就班地进行；就精神文明建设而言，则经历从起步阶段到发展阶段的重要转换。事实上，如果梳理1982年至1992年间广东精神文明建设的轨迹，贯穿始终的是如何培育改革开放的意识，重点强调的是如何坚持"排污不排外"的方针，着力宣传的是共产主义、爱国主义、集体主义，特别重视的是精神文明建设的领导和规划。

1978年至1986年是广东精神文明建设的起步阶段，也是广东贯彻落实特殊政策和灵活措施的重要阶段。在此阶段，广东各地干部群众在党的领导下解放思想更新观念，在对外开放的"风风雨雨"和"香香臭臭"中，坚持不争论、不唯书、不唯上，恪守以经济建设为中心，深入推进对外开放和经济体制改革。特别是，在面对改革开放进程中的消极负面问题时，如因受到资产阶级腐朽思想侵蚀而出现的拜金主义现象，对外经济活动中出现的走私贩私、投机倒把、行贿受贿等严重经济犯罪问题，中共广东省委提出要坚持"改革开放坚定不移，打击经济犯罪坚定不移"的方针，在对外交往中既要"有所引进"，又要"有所抵制"，切实做到在吸收国外的先进技术、管理经验和思想文化成果的同时，坚决抵制资本主义和封建主义腐朽的落后的思想。其中，尤为值得一提的是，针对社会上有关"特区是污染源""特区等于资本主义""反对特区精神污染"等负面言论，中共广东省委根据"提倡有益的，允许无害的，取缔有害的，打击犯罪的"精神文明建设方针，提出越是对外开放，越是要坚持"排污不排外"。① 与此同时,广东各界一方面通过不断加强思想政治建设,在全省范围内深入开展"五讲四美三热爱"活动、"学雷锋树新风"活动和"全民文明礼貌月活动",全方位推进精神文明建设;另一方面,加强精神文明制度建设,在全国率先建立了精神文明建设表彰制度,先后确立了一整套系统的评估、考核和激励机制。经过起步阶段的精神文明建设实践,广东不仅在改革开放事业中提高了经济效益和工作效率,而且推动了党风政风、社会风气和社会治安的好转。

1987年至1992年是广东精神文明建设关键性的发展阶段。特别是随着《中共中央关于社会主义精神文明建设指导方针的决议》的发布,中共广东省委进一步加强了对精神文明建设的领导和规划。一方面,在原先设立的"五讲四美三热爱"委员会和办公室的基础上,先后成立了广东省精神文明建设领导小组和广东省精神文明建设委员会以及广东省社会主义精神文明建设战略规划领导小组,负责加强对全省精神文明工作的领导;另一方面,广东省先后通过了《广东省社会主义精神文明建设规划》(1987年)、《广东省"八五"期间社会主义精神文明建设规划要点》(1990年),为推动广东精神文明建设逐步走向规范化、系统化和科学化奠定了重要基础。经过近五年的努力建设,广东精神文明建设取得了长足的发展和进步。1991年4月7日至10日,中共广东省委、省政府召开精神文明工作会议,时任广东省委书记谢非在《认清形势,总结经验,进一步加强社会主义精神文明建设》的讲话中,对广东精神文明建设的主要成绩做了四点概括:一是各级干部通过实践,加深了对社会主义精神文明建设重要性的认识,为克服"一手比较硬,一手比较软"的状况做出了积极努力,取得了明显成效;二是树立社会主义新风,培育一代"四有"新人的工作,在更广阔的领域和更高的层次上取得了进步;三是创建文明单位的活动已经形成了点面结合、条块结合、城乡互相促进、向全社会覆盖的新局面;四是加强思想、文化阵地和教育、科学设施的建设,使传播和培育精神文明的"硬件"与"软件"建设配套发展。②

毋庸讳言,1982年至1992年的十年是广东在改革开放中先行一步,

---

① 林雄主编:《文明足迹:广东精神文明建设纪实》,南方日报出版社2009年版,第42-43页。

② 广东省档案馆编:《改革开放三十年重要档案文献·广东》第2卷,中国档案出版社2008年版,第632页。

第二章 解放思想：开创广东党的建设新局面（1982—1992 年）

推动全省经济建设飞速发展和物质文明程度大幅度提高的十年，同时也是广东人民大胆探索和大胆实践精神文明建设的十年。在此期间，中共广东省委、省政府坚持"两手抓，两手都要硬"的基本方针，取得了社会主义精神文明建设的累累硕果。就其价值而言，一方面，它推动了广东进一步解放思想和更新观念，促进了广东各界道德风尚的变化和健康文明生活方式的形成，同时还极大地提升了全省精神文明基础设施建设的质量和水平；另一方面，广东精神文明建设的成绩也充分表明，坚持"两手抓"是两个文明相互促进和协调发展的保证，培育"四有"新人是社会主义精神文明建设的主线，坚持党的领导、建立健全机制、完善法制建设、创新建设载体等是其关键。上述种种，构成了广东精神文明建设重要的经验总结，为继续深化改革和扩大对外开放创造了重要的思想政治条件。

3. "两手抓，两手都要硬"方针在广东的深化

党的十一届三中全会公报指出："实现四个现代化，要求大幅度地提高生产力，也必然要求多方面地改变同生产力发展不相适应的生产关系和上层建筑，改变一切不适应的管理方式、活动方式和思想方式，因而是一场广泛、深刻的革命。"① 不难发现，这场"革命"并非仅限于物质文明建设和精神文明建设"两手"齐抓共管，它还是一个系统的、综合的社会主义现代化建设工程。从本质意义上看，坚持"两手抓，两手都要硬"，既是一种发展目标的政策表达，也是一种改革思维的政治叙述，实际蕴涵了全面建设社会主义的客观要求。因此，广东在聚焦物质文明建设和精神文明建设同步发展之时，必然要在改革开放实践中持续深化"两手抓，两手都要硬"的理论的、政策的和实践的多样化内容。

正如前文所言，坚持物质文明和精神文明"两手抓"，已经成为改革开放以来广东省历年工作部署的重要内容。总的说来，它一方面强调要继续深入推进经济改革和对外开放，另一方面强调坚决同经济领域中的违法犯罪活动进行斗争，为两个文明建设做出新的贡献。因而，在具体的实践中，它不断衍生出新的"两手抓，两手都要硬"的思想。首先，在狠抓两个文明建设的过程中，实际衍生了"一手抓改革开放，一手抓打击各种犯罪"的重要思想。究其缘由，深化改革是社会主义制度的自我完善，对外开放是我国长期的基本国策，各种犯罪活动不仅破坏了社会主义经济秩

---

① 《三中全会以来重要文献选编》（上），人民出版社1982年版，第4页。

序,而且侵犯了国家和公民的利益。中共广东省委强调坚持改革开放和打击各种犯罪"两手抓",二者可谓是相互促进、相得益彰。在推进改革开放的实践过程中,中共广东省委、省政府仅在1982年至1985年11月间,就先后立案查处经济犯罪案件11124宗(结案处理9763宗,占总数的87%),依法判处严重经济犯罪罪犯2315人(其中死刑20人,死缓7人,无期徒刑46人),① 这在很大程度上促成了广东经济秩序和社会风气的好转,为继续推行特殊政策和灵活措施创设了重要条件。

其次,在规划和部署广东经济社会发展的年度纲要时,加强法制建设和政权建设也成为历年政策设计的核心内容之一,并且被置于与深化改革、扩大开放和"把精神文明建设提高到一个新的水平"等发展目标等量齐观的地位。② 在此之中,"一手抓经济建设,一手抓民主法治"的政策思想呼之欲出,它也实际构成广东改革开放中"两手抓,两手都要硬"的重要指导思想和政策内容。不难想象,如果没有高度的民主和完备的法治,社会主义经济建设将缺乏重要的政治保障,进而社会主义民主法治建设也将缺乏必要的经济基础。并且,如果没有经济建设和法治建设并驾齐驱,广东经济社会发展想要实现并继续彰显"放得开,搞得活,上得快"的特点和目标,几乎是完全不可能的。为此,中共广东省委先后制发一系列文件,一方面强调要在党员干部中加强四项基本原则教育,特别是加强法治教育和纪律教育,一方面多次将"加强精神文明建设,加强社会主义法制"写进政府工作纲要,借以保证继续深化体制改革和进一步对外开放的顺利进行。③

再次,在积极推进"两手抓,两手都要硬"的过程中,中共广东省委强调在加快经济发展的同时,要大力加强社会主义精神文明建设,要坚持不懈地抓好党风建设,要全面加强党的纪律检查工作。实际上,"两手抓,两手都要硬"的政策内涵在此得到了极大的丰富,但从广东经济社会发展的阶段性特征来看,其重要旨归是强调要坚持"一手抓改革开放,一手抓

---

① 广东省地方史志编纂委员会编:《广东省志·大事记》,广东人民出版社2005年版,第699-700页。

② 中共广东省委党史研究室编:《广东改革开放大事记(1978.12—1998.12)》,广东人民出版社1999年版,第226、257、287、364页。

③ 中共广东省委党史研究室编:《广东改革开放大事记(1978.12—1998.12)》,广东人民出版社1999年版,第257页。

第二章 解放思想：开创广东党的建设新局面（1982—1992 年）

惩治腐败"。正如前文所言，广东改革开放必然要直面其双重效应，而其中一个消极面就是给党风廉政建设带来的挑战。基于此点，中共广东省委从20世纪80年代中后期开始提出"从严治党，加强党的建设"，其根本目的即是因应上述挑战。因此，落实到具体的工作部署中，一方面是强调要坚持从严治党、加强党风廉政建设，另一方面是强调要加大反腐败的力度。在此期间，中共广东省委以严厉查处以权谋私、以权谋房为重点，全力抓好惩治腐败和党风廉政建设，强调坚持"两手抓"方针（一手抓经济建设和改革开放，一手抓党的建设和思政工作），其中特别是要"把党的建设摆到各级党委的重要议事日程上来"，借以防止和克服"一手比较软，一手比较硬"的状况，防止和克服党不管党的现象出现。①

由上可见，"两手抓，两手都要硬"的提出与践行、拓展与深化，实际内含了一个基本的政策逻辑：它是以改革开放的时代任务为基点，以经济社会发展的矛盾问题为中心，以坚持党的领导和指导为根本，以深化改革和扩大开放为目标，首先从物质文明建设和精神文明建设"两手抓，两手都要硬"出发，进而根据实践需要衍生出"一手抓改革开放，一手抓打击各种犯罪""一手抓经济建设，一手抓民主法治""一手抓改革开放，一手抓惩治腐败"等一系列"两手抓"政策思想。可以说，上述思想不仅丰富了改革开放的策略宝库，同时也极大地丰富了中国特色社会主义建设理论的思想内容。

三、通过全面整党，构建改革开放事业的领导核心

整党是党自我净化的重要方式和选择，构成党的优良传统和经验遵循。党作为新时期改革开放重大战略的制定者和四个现代化建设的领导者，能否继续通过全面整党建构坚强有力的领导核心，直接关系到我国社会主义事业的兴衰成败。1983年至1987年，中共广东省委组织领导的全省整党活动，即是在完成拨乱反正的政治任务之后，以党的十二大和十二届二中全会的精神为指引，在经济体制改革和对外开放的背景下，针对广东党的基层组织和党员思想与改革开放新形势不相适应的状况所进行的全面整顿。

---

① 《中共广东省委关于加强党的建设的决定》，1989 年 11 月 30 日。

(一)"新起点"与"新战略":中共中央发布整党决定

1982年9月1日至10日,党的十二大召开,会上郑重提出:"认真整顿党的作风和组织,争取实现国家财政经济状况的根本好转,实现社会风气的根本好转,实现党风的根本好转。"① 由此,整顿党的组织和作风成为"到本世纪末的近二十年内"必须紧抓不放的"四件工作"之一。② 此后,随着《中共中央关于整党的决定》发布,一场在全国范围内进行的全面整党运动,作为社会主义现代化建设新起点上的重要战略任务被确立和推行下来。

1. 整党是推进党的建设的重要抓手

整党和整风都是加强党的自身建设的主要方法。但二者之间又有所不同:整风注重于整顿党内特别是领导机关和领导干部的思想工作作风问题,整党同时还要重点整顿党的组织和纯洁党的队伍;整风除了特别突出的问题外,一般不对党员做组织处理,而整党则不然。③ 其实,无论是整党还是整风,每当党处于重大历史转折时期,二者均构成进一步坚持党的领导和加强党的建设的重要抓手,同时也成为关乎党的事业兴衰成败的关键举措。

首先,整党有助于克服党内的各种不良倾向。从一般意义上看,整党是党的自我净化、自我完善和自我提高的政治运动。但是,几乎每一次整党任务的提出,无不是基于党内存在的各种不良倾向。比如,延安时期整党主要是针对党内存在的"左"的和右的错误倾向,进而展开的一场无产阶级对非无产阶级思想的斗争,④ 意在通过开展一场普遍的马克思主义教育运动,批判宗派主义、主观主义和党八股等错误思想倾向。解放战争时期的整党运动,主要是为了揭批党的基层组织及党员中存在的剥削思想,以及背离党的路线的错误思想,特别是重点揭批官僚主义、命令主义、宗派主义、自由主义、军阀习气等不良习气。新中国成立初期的整党运动,也主要是为了消解党内存在的骄傲自满情绪、官僚主义作风、贪污浪费和脱离群众的不良倾向和消极现象,希望借助开展一场普遍的党员教育活

---

① 《十二大以来重要文献选编》(上),人民出版社1986年版,第13页。
② 《十二大以来重要文献选编》(上),人民出版社1986年版,第3-4页。
③ 杨礼宾、成云雷:《简明廉政文化词典》,山东人民出版社2015年版,第209页。
④ 《毛泽东选集》第3卷,人民出版社1991年版,第875页。

第二章 解放思想：开创广东党的建设新局面（1982—1992年）

动，帮助党员坚定政治信念、明确政治方向，从而树立全心全意为人民服务的正确思想。从上可见，整党重在克服不良倾向和消解党内错误思想，就其实际效果来看，不仅有助于推进党的思想建设、组织建设和作风建设，同时也为党的革命事业和建设事业的发展铸就强大的领导核心和组织力量。

其次，整党有助于解决党内外存在的各种矛盾。纵观党的历史，历次整党运动多发生于党内党外遭遇重大挑战和发展难题之际，整党由此也成为消解党内外矛盾以及推进党的建设伟大工程的重要举措。正如前文所述，无论是民主革命时期还是社会主义建设时期，整党的主要问题指向或为党短时间内迅速发展带来的内部思想、组织和作风建设难题，或为从革命党转向执政党而提出的新的组织发展要求和能力建设要求。因此，无论是以"巩固组织"作为整党的"中心工作"，[1] 还是以"三查三整"（查阶级、查思想、查作风和整顿组织、整顿思想、整顿作风）作为整党的中心内容，抑或以共产党员的"八项条件"作为检查教育对象，整党的根本旨归皆为解决党面临的内外部矛盾。若再就其具体的整党目标和效果来看，在清除党内各种错误思想的同时，不仅纯洁和巩固了党的组织，而且达成了党在思想上和组织上的统一，同时也切实解决了党的组织发展难题、思想建设难题和执政能力提升难题。毋庸讳言，整党是立足于特定历史方位，依据党的思想、政治和组织路线，有领导、有步骤、自上而下展开的思想政治教育运动。

再次，整党有助于培育党的优良传统和作风。整党是推进党的建设的重要实践，是根据党的建设的实际和中国革命建设的需要，化解党建难题、应对时代挑战和提升自身能力的重要政治行动。在整党过程中，党依据马克思主义的基本原理和党建原则，确立整党的对象、目标和手段，制定整党的方针、方式和方法，总结整党的经验、教训和启示，并最终凝聚为党的优良传统和作风，进而表现为党的性质、宗旨和纲领的稳定的外在形象，为党和人民的事业胜利前进奠定重要的基础。其中，理论联系实际、密切联系群众、批评和自我批评、艰苦奋斗、求真务实等优良传统和作风，不仅成为党在各个时期战胜艰难险阻的精神指针和政治保证，也为新时期党的建设，特别是通过强化思想教育、健全完善制度、集中治理整

---

[1] 《毛泽东文集》第2卷，人民出版社1993年版，第385页。

顿和严肃党纪党规等，构建党的优良传统和作风的新机制，提供了重要的精神资源和历史支撑。

以整党为契机和抓手，推进党的建设和加强党的领导，对于提高党的建设科学化水平，以及推进党领导的革命、建设和改革事业具有重要意义。其中尤为重要的是，整党不仅可以克服党内不良倾向和解决党面对的内外部问题，还关乎党的传统和作风的传承与发扬，并从根本意义上关乎人心向背、关乎党的生命、关乎党和人民事业的成败。

2. 整党是党因应新形势的客观要求

由1983年正式开始的整党是新中国成立以后的第三次整党，与以往历次整党有着迥异的时代背景，因而在整党的目标、方式、步骤和要求上也有着新的特点。此次整党既不是在革命战争条件下的整党，也不是在党的政党角色转换之际的整党，而是在经过拨乱反正之后，特别是实施改革开放的时代背景和历史条件下，在建设四个现代化宏伟目标下的整党。因此，它对于全国以及广东来讲，意味着新的形势、新的起点和新的挑战。

从全国层面来看，党虽然带领全国人民取得了"历史性伟大转变的胜利实现"，但还需要处理"许多相当复杂的思想问题和社会政治矛盾"，特别是需要承当起"新的伟大任务"，把我国建设成为高度文明、高度民主的社会主义国家。① 十一届三中全会以来，党重新确立了马克思主义的思想路线，实现了党和国家工作重心的转移，开展了以经济建设为中心的现代化建设，并取得了可喜的成绩。但是，"党在紧张地进行上述一系列的工作和斗争的过程中，还来不及针对党在思想、作风、组织各方面存在的许多问题进行全面、系统的整顿"。② 一方面，主要是党员教育进行得不普遍、不充分，十年"文革"的流毒尚未完全肃清，对外开放中资本主义腐朽思想和封建主义残余思想的影响和侵蚀却又接踵而至。因此，出现了部分党员思想认识不清、组织观念淡薄、个人主义泛滥、党组织软弱涣散等亟待消解的问题。另一方面，党还面临着进行社会主义现代化建设的新的历史任务，党在上述方面存在的思想、作风和组织上的严重不纯等问题，同我们所面临的新形势和新任务极不适应。所以，这就要求通过整党来加强和改善党的领导，特别是要"在马克思列宁主义、毛泽东思想的指

---

① 《十二大以来重要文献选编》（上），人民出版社1986年版，第7—13页。
② 《十二大以来重要文献选编》（上），人民出版社1986年版，第391页。

第二章 解放思想：开创广东党的建设新局面（1982—1992年）

导下，依靠全党同志的革命自觉性，正确运用批评和自我批评的锐利武器，执行党的纪律，揭露和解决党内存在的思想、作风和组织严重不纯的问题，实现党风的根本好转，提高全党的思想水平和工作水平，更加密切党和人民群众的联系，努力把党建设成为领导社会主义现代化事业的坚强核心"。①

从广东层面来看，党在领导经济体制改革和对外开放的过程中，面临着新的复杂形势和党建任务，迫切需要通过整党来建构改革开放的坚强领导力量。正如前文所言，广东通过积极解放思想，率先实行"特殊政策和灵活措施"，推动了广东改革开放在全国"先走一步"。然而，在经济快速发展和特区建设蒸蒸日上之际，党的建设也面临着新的形势、新的问题和新的挑战，亟需一场有领导、有步骤的整党运动来消解对外开放新环境下的党建难题。究其缘由，在对外开放活动中，由于缺乏试办经济特区的相关经验，加之思想认识不足、制度建设等改革配套工作较为滞后，致使资本主义腐朽思想、生活方式等"很多坏的东西"逐步渗透进来，对党的建设和社会主义精神文明建设带来极大的消极影响。一部分党员干部抵不住金钱利益的诱惑，思想腐化，贪污受贿，致使党的威信严重受损，社会风气日趋败坏。其中，尤为值得一提的是，以走私贩私为代表的经济领域中的严重犯罪行为，已经成为"严重毁坏党的威信，关系我党生死存亡的重大问题"，中共中央要求"一定要抓住不放，雷厉风行地加以解决"。②

基于上述情势、问题以及任务，因循党的建设的优良传统和成功经验，展开一场自上而下的整党运动，无疑是因应新形势、应对新挑战、实现新目标的重要选择。而对于此点，无论是在全党和中央的层面，抑或是在广东地方的层面，二者均不缺乏成功的经验和一定的教训，而藉此推进社会主义建设新起点上的党的建设工作，无疑具有极为重要的政治意义和现实价值。

3. 整党是党的建设新的战略部署

1983年10月11日，中共十二届二中全会审定通过《中共中央关于整党的决定》，明确此次整党从是年冬季全面开始。不仅如此，该决定还将

---

① 《十二大以来重要文献选编》（上），人民出版社1986年版，第392页。
② 中共广东省委办公厅编：《中央对广东工作的指示汇编（1979—1982）》，（内部资料）1983年版，第245页。

这次整党明确为党在新的历史时期为夺取新的伟大胜利所必须采取的一个重大步骤,实现党的十二大确定的宏伟目标的根本保证,以及把我国建设成为现代化的、高度文明高度民主的社会主义国家的根本保证。一个"重大步骤"和两个"根本保证",充分彰显了此次整党的重大战略意义。

首先,就此次整党的任务而言,它具体包括四个方面:一是统一思想,主要是进一步实现全党思想上政治上的高度一致,纠正一切违反四项基本原则、违反十一届三中全会以来党的路线的"左"的和右的错误倾向;二是整顿作风,主要是发扬全心全意为人民服务的革命精神,纠正各种利用职权谋取私利的行为,反对对党对人民不负责任的官僚主义;三是加强纪律,主要是坚持民主集中制的组织原则,反对无组织、无纪律的家长制、派性、无政府主义、自由主义,改变党组织的软弱涣散状况;四是纯洁组织,主要是按照党章规定,把坚持反对党、危害党的分子清理出来,开除出党。① 从整体来看,此次整党以统一思想、整顿作风、加强纪律、纯洁组织作为目标和任务,实际囊括了党的建设的基本内容,同时更彰显了新起点上党的建设的新要求、新特点和新方向。

其次,就此次整党的要求、步骤和方法而言,中共中央强调"全体党员要无例外地积极参加整党",要坚持"从中央到基层组织,自上而下、分期分批地整顿",并且"每个单位党组织的整顿,也要自上而下,先领导班子、领导干部,后党员群众"。不仅如此,在全面贯彻落实《中共中央关于整党的决定》过程中,"在认真学习文件,提高思想认识的基础上,开展批评和自我批评,分清是非,纠正错误,纯洁组织","自始至终都要加强思想教育,着眼于提高广大党员的思想觉悟"。② 不难发现,与改革开放之前历次整党相比,此次整党的范围更广、内容更多、要求更高。究其缘由,一方面是因为"目前党内仍然存在许多严重的问题","对党的危害极大,必须坚决有效地加以整顿";另一方面是因为党正面临着一项"伟大光荣"而又"十分艰巨"的"社会主义现代化建设的新的历史任务",它要求必须"有共产党的坚强领导"。③

再次,中共中央还就整党后期的组织处理、党员登记以及巩固和发展

---

① 《十二大以来重要文献选编》(上),人民出版社1986年版,第393、394、396、397页。
② 《十二大以来重要文献选编》(上),人民出版社1986年版,第399–401页。
③ 《十二大以来重要文献选编》(上),人民出版社1986年版,第391–392页。

第二章 解放思想：开创广东党的建设新局面（1982—1992年）

整党成果等问题做出明确要求。一方面，对于该处分的党员要坚决处分，对于该清除出党的党员要坚决清除，藉以保持党的纪律的严肃性、组织的纯洁性和党的战斗力；另一方面，根据实事求是的原则和党章规定程序，对党员做予以登记、缓期登记和不予登记的处置，并在思想上政治上做好帮助工作。此外，中共中央强调中央整党工作指导委员会要加强对整党工作的领导，党的各级领导干部特别是高级干部必须真正以身作则，要通过上下互相监督和上级党委验收等措施，严防整党活动走过场，并且各级党组织要坚决地、创造性地执行本决定，整党结束后能够从三个方面继续巩固整党成果：一是推进党员思想政治教育经常化和制度化，二是建立健全和改革党内生活各种制度，三是吸收愿为社会主义和共产主义事业献身的优秀分子入党。①

中共中共关于整党的决策和部署甚为周详，既有重大的原则、方向的厘定，也有具体的内容、步骤和要求的规范，同时辅以中央整党工作指导委员会及其办公室的领导和指导，为全面整党战略任务的贯彻落实奠定了重要基础，同时也为全国各地整党活动的切实开展确立了行之有效的指针。广东省的整党活动正是以此为根本准绳，逐步从整党试点最后走向全面整党的。

（二）先"试点"与后"全面"：广东积极组织全省整党

在党的十二大提出全面整党战略任务的同时，身处改革开放最前沿的广东，正在全省范围内深入总结试办经济特区的经验。在呈交给中共中央和国务院的初步总结以及随后相关的会议纪要中，中共中央和广东省委均认为：在"当前需要解决的几个问题"中，广东"特别要加强党的建设"。② 因此，开展一场自上而下的全面整党，无论是对于广东党的建设和组织发展来说，还是对于广东如火如荼的改革开放事业来讲，均具有极为重要的现实意义。

1. "整党试点"工作的开展

党的十二大提出全面整党的战略部署以后，中共广东省委立即将整党

---

① 《十二大以来重要文献选编》（上），人民出版社1986年版，第403-409页。
② 中共广东省委办公厅编：《中央对广东工作的指示汇编（1979—1982）》，（内部资料）1983年版，第420页。

工作提上日程。总的说来,广东的整党工作相较于中共中央的整体要求以及全国其他省份的具体部署而言,提前部署和强调试点是其突出特点。究其缘由,先行"试点"整党,既可以为全省范围的全面整党做好必要的思想准备和干部准备,也有利于积累并推广试点整党的经验。

因此,1983年1月11日至19日,中共广东省委召开全省党员教育工作会议,正式研究部署开展整党试点工作。如前文所言,此次会议的召开大大超前于《中共中央关于整党的决定》的发布时间。根据会议的要求,广东全省各级党组织均要分期分批地把党员轮训一遍,并通过严格实施"三会一课"(定期召开支部党员大会、党支部委员会和党小组会和按时上好党课),以及积极开展"做合格党员"活动,健全党的组织生活,从严教育管理党员,提高党员素质,增强各级党组织的凝聚力和战斗力。在此期间,中共广东省委、省政府还发出《关于加强省、地(市)直属机关干部教育工作的通知》,要求各级党委务必要通过经常化、正规化和制度化的干部教育,为继往开来、保证党的路线的连续性创造重要的组织条件。不仅如此,1月30日中共广东省委转发省委组织部《关于开展整党试点工作的请示报告》,强调各级党委要据此做好全省整党试点工作,为下半年开始的全面整党积累经验和培训骨干。2月24日,中共广东省委又一次发出《关于认真学习和贯彻中共中央2月12日批转的中纪委第二次全体会议的工作报告〈尽快实现党风的根本好转〉的通知》,要求全省全体党员干部认真学习领会文件精神,增强党性、遵守党纪、端正党风,严格按照党章和"准则"办事。

经由上述部署,广东省的整党试点工作逐步展开。省卫生厅以及新会、河源、蕉岭、饶平、广宁、遂溪、屯昌、乐东八个县及其机关,还有两个市属部局和十个国有企业单位率先进行整党试点,先后参加整党试点的党支部629个,参与党员9318人。① 5月5日,为了总结此次整党试点工作的基本情况,中共广东省委办公厅转发省委组织部《关于贯彻中组部整党试点工作座谈会精神的情况报告》,就各地试点工作中以及与会人员反映的问题,提出了四点解决意见:一是注意调查研究,二是抓好党员思想政治教育,三是贯彻改革的精神,四是加强整党试点工作的领导。

---

① 《广东改革开放纪事》编纂委员会编:《广东改革开放纪事1978—2008》(上),南方日报出版社2008年版,第298页。

第二章　解放思想：开创广东党的建设新局面（1982—1992年）

随着整党试点工作的不断推进，1983年7月13日，中共广东省委决定成立省委整党领导小组，由林若担任组长，王宁、杨应彬担任副组长，全省整党工作的正式领导机构由此建立。10月13日，党的十二届二中全会发布《中共中央关于整党的决定》，中共广东省委也随即发出通知，要求全省各级党组织立即组织党员认真学习党中央的决定，为即将开始的全面整党打下坚实的思想基础。11月1日至7日，为了贯彻落实中共十二届二中全会精神，中共广东省委专门召开市、地委书记会议，就搞好整党、防止和清除精神污染以及提高经济效益等工作做出部署，会议决定从1983年冬季开始，力争用三年的时间在全省分两期完成整党工作。11月3日至8日，中共广东省委还专门召开部分党外人士座谈会，就如何搞好整党和清除精神污染听取意见，并积极寻求党外人士帮助整党。11月10日，中共广东省委做出决定，将原省委整党领导小组改为省委整党工作指导小组，加强对全省整党工作的领导和指导。

由此，广东整党试点工作告一段落。此次整党试点从组织发动到具体实施，从思想动员到领导指导，中共广东省委积极谋划，不仅为随后开始的全面整党奠定了重要的思想条件和组织基础，也积累了宝贵的整党试点经验。

2. "全面"整党工作的实施

根据中共中央的要求和广东省委的部署，广东省的全面整党工作分三期进行，每期用时一年多，至1987年5月份结束，前后共计历时三年半的时间。在此期间，为了更好地协助各地各级党组织搞好整党工作，中共广东省委先后派出整党联络员（巡视员）7万人次。[1]

1983年年底至1985年年初，是广东全面整党的第一个时期。在此阶段，中共广东省委力争用一年的时间，分三批对省一级领导机关的党组织进行整顿；每一批整党时间为五个月左右，各批次之间互相有交叉。其中，第一批整党安排的是中共广东省委、省政府和省部委办以上及宣传口厅局共42个单位，总计包括29个党委、党组，289个支部，4844名党员；第二批整党安排的是各局和局级企事业单位及大专院校约130个单位的党组织；第三批整党安排的是各厅局级单位下属的企事业单位的党组

---

[1] 黄勋拔主编：《广东省志·政治纪要》，广东人民出版社2004年版，第259页。

织。① 在此期间，中央顾问委员会中南组专门在广州开会，就带头整党、协助当地党委整党不走过场、整党和工作两不误积极建言献策；中共广东省纪委也专门召开会议，就加强党风党纪建设和搞好纪委自身整党和改革做出部署，并鼓励全党动手，在整党中实现党风明显好转；海南区党委则提出，要将查处倒卖进口汽车和其他物资的违法行为作为全区整党的重点工作，以整党促进改革开放和经济发展。及至1985年5月10日，中共广东省委整党工作指导小组召开省直第三批整党单位经验交流会，第一期整党暂时告一段落。

1985年7月开始，广东省第二期整党全面铺开。该期主要是整顿地（市）、县和相当于这两级的企事业单位的党组织。为此，1985年6月20日至7月9日，中共广东省委专门举办第二期（县级）整党学习班，全省县委书记、县纪委书记参加学习。此次学习班以增强党性、纠正新的不正之风为重点，采取自我教育和互相教育的方法，达到了提高思想、分清是非、增强信心的目的，为搞好县级整党工作奠定了基础。随后，第二期整党工作分两批进行，先是在地市级、大厂矿企业和大专院校的党组织中开展，后是在县和县级市机关、市地直接管理的厂矿企业的党组织中开展。从整体上来看，第二期整党工作涉及全省14个市地机关的党委、党组1116个，党员56505人；106个县的县级市机关党委、党组14407个，党员164298人；41个大厂矿企业和部分大专院校党委，党员26923人。② 在此期间，"海南汽车事件"成为广东整党的一面镜子和重要素材，中共广东省委常委会议要求以此为鉴，着重揭露全省在党风党纪和经济工作指导思想方面存在的问题；中共广东省委还专门召开全省电话会议部署全省整党工作，要求各级党委加强领导，把整党工作进一步引向深入，采取有效措施保证经济工作的顺利进行。

1986年年初至1987年5月，是广东全面整党的第三个时期。该阶段整党工作的部署，从1986年1月8日至14日召开全省农村工作会议时即已开始。1月22日，中共广东省委发出《关于贯彻中央农村整党工作部署的意见》，根据"先区后乡，分期分批进行"的原则，对全省农村整党工作做出具体部署和安排。该意见还要求全省各级党组织注意严格掌握政

---

① 黄勋拔主编：《广东省志·政治纪要》，广东人民出版社2004年版，第259页。
② 黄勋拔主编：《广东省志·政治纪要》，广东人民出版社2004年版，第259页。

第二章 解放思想：开创广东党的建设新局面（1982—1992年）

策界限，切实把农村整党工作部署落到实处。以此为依据，农村整党工作分区级党组织和乡级党组织两批依次展开，全省抽调干部3万多人到农村和乡镇帮助开展整党工作，其中仅从省直机关就先后两次分别抽调500名联络员下乡，帮助全省5万多个党支部和120万党员开展整党。①

从整体上来看，第三期整党是历期整党中最为集中和规模最大的一次，其重点是整顿好领导班子。为了加强对整党工作的领导，此次整党也采用了先行试点的举措。4月5日，中共广东省委整党工作领导小组办公室在农村整党先行试点座谈会上特别强调，要求各级党委根据整党试点总结经验，认真解决以权谋私、不正之风和违法乱纪等问题。5月9日至13日，为了将全省农村整党引向深入，中共广东省委召开农村整党座谈会，特别提出市、地、县委要继续加强对区级整党的指导，必须高标准严要求搞好对照检查，必须认真抓好县、区双重领导单位的整党，认真抓好边整边改工作，从整改上把整党引向深入，以及切实搞好领导班子建设等五项建议。7月7日至13日，中共广东省委召开农村整党工作会议，重点部署全省农村整党工作，强调乡级整党要着力解决四个问题：一是解决如何适应农村改革形势的问题，正确理解和贯彻党在农村的各项方针和政策；二是解决增强党性的问题、党纪观念的问题以及全心全意为人民服务的问题；三是解决党不管党的问题；四是解决党员中受小农经济思想束缚的问题。② 及至1987年1月12日，全省农村整党工作会议在广州召开。此时的农村整党工作已经取得一定成绩，会议强调今后工作的重点是巩固和发展整党成果，善始善终完成农村整党工作。

因此，经由1986年2月至6月的区级整党，以及直至1987年年底结束的乡级整党，广东省农村整党工作以及全面整党工作均告一段落。通过学习中共中央和省委整党文件，认真总结整党经验教训，开展批评和自我批评，广东各期整党工作均取得了较为积极的成果。

3. 广东全面整党工作的总结

从1983年年初酝酿整党试点，到是年年底正式开始全面整党，再到1987年全面整党结束，广东整党工作历时三年多。三年多来，根据中共

---

① 黄勋拔主编：《广东省志·政治纪要》，广东人民出版社2004年版，第260页。
② 中共广东省委党史研究室编：《中国共产党广东历史大事记（1949.10—2004.9）》，广东人民出版社2005年版，第461页。

中央的指示和中共广东省委的部署,广东各期整党工作按部就班地进行,发现了许多问题,也采取了诸多措施,取得了许多成果。对此,中共广东省委从两个重要维度进行了总结和汇报。

一方面,在每一期整党工作结束后,中共广东省委均以整党工作报告的形式,向中共中央和中央整党工作指导委员会进行汇报,并就阶段性整党工作的成效进行初步总结。1985年7月28日,中共广东省委呈交《关于广东省第一期整党工作主要情况的报告》,就省一级领导机关党组织整党工作的内容和成绩做出总结:主要是清除了"左"的影响,端正了业务工作的指导思想,整顿了作风,提高了党员的思想政治素质,纯洁组织工作等方面取得了进展,加速了改革开放,促进了经济和各项工作的开展等。1986年5月19日,中共广东省委报送《关于广东省第二期整党工作主要情况的报告》,将第二期地县整党工作的主要收获概括为四点:一是突出端正党风,促进了党风的好转;二是突出党性教育,党员的思想政治素质得到了提高;三是突出端正经济工作指导思想,促进了经济发展;四是突出查处大案要案,严肃了党纪。其中,仅就最后一点而言,全省受到党纪处分的党员15426人,占全省党员总数的0.68%(其中,开除党籍4996人,留党察看4039人,撤销党内职务515人,党内严重警告2828人,党内警告3048人;此外,不予登记的9457人,缓期登记的9472人)。①

另一方面,在全面整党工作结束以后,中共广东省委以全省整党工作总结会议的形式,对三年半的全面整党工作及其成就加以系统总结。1987年7月14日至18日,时任省委整党工作指导小组副组长王宁代表省委做整党工作报告,将这次整党工作的主要收获概括为以下四个方面:一是在统一思想方面,克服各种错误思想,进一步提高对中共十一届三中全会路线的认识,增强了贯彻执行党的路线、方针、政策的自觉性;二是在整顿作风方面,严肃查处以权谋私和违法犯罪行为,刹住了新的不正之风,促进了党风的进一步好转;三是在加强纪律方面,注意健全民主集中制,改变党组织的软弱涣散状况,加强了基层组织的管理和教育,增强了党支部的战斗力;四是在纯洁组织方面,认真清理"三种人",做好组织处理和

---

① 广东省地方史志编纂委员会编:《广东省志·中共组织志》,广东人民出版社2002年版,第365页。

第二章 解放思想：开创广东党的建设新局面（1982—1992年）

党员登记工作。①

广东历时三年半的全面整党工作成绩喜人，不仅较好地完成了中共中央关于整党决定的工作任务要求，同时也起到了统一思想、整顿作风、加强纪律和纯洁组织的作用。虽然也在一定程度上存有整党工作进展不平衡和存在问题解决不彻底的问题，但从整体上来说，此次整党大大推进了广东地方党的建设，为继续深化改革和扩大开放，为推进四个现代化建设铸就了坚强的组织力量和领导力量。

四、开展党风廉政教育，加强党员干部队伍建设

1982年10月22日，中共广东省委、省政府向中共中央、国务院呈报了《关于试办经济特区的初步总结》。其中，述及两年多来特区建设的体会，中共广东省委特别强调特区是引进外资和技术的基地，是对外宣传社会主义思想文化的橱窗，同时更是反腐蚀的前哨。② 基于该认识，中共广东省委强调推动广东经济社会发展，既要搞好党风廉政教育和开展反腐蚀斗争，也要提高党员干部思想认识，推进党员干部队伍建设，保持和发扬社会主义精神文明和道德风尚，借以为广东改革开放事业的健康发展创造思想、政治和组织条件。

（一）深入开展党风廉政教育

反腐蚀斗争和党风廉政建设均是改革开放以来党的建设和政权建设的重要内容之一，应该坚持紧抓不放和常抓不懈。如前所述，广东在扩大开放和搞活经济的同时，走私贩私、投机倒把、贪污受贿等严重违法犯罪案件迅速攀升。对此，党和国家领导人高度重视，将其定性为"严重毁坏党的威信，关系到我党生死存亡的重大问题"，③ 纷纷批示对严重经济犯罪分子"要严办几个"。④ 可以说，相较于国内其他地区，广东面临更为繁

---

① 《广东改革开放纪事》编纂委员会编：《广东改革开放纪事1978—2008》（上），南方日报出版社2008年版，第299页。
② 中共广东省委办公厅编：《中央对广东工作指示汇编（1979—1982）》（内部资料）1983版，第382页。
③ 中共广东党史研究室编：《中国共产党广东历史大事记（1949.10—2004.9）》，广东人民出版社2005年版，第334页。
④ 中共中央文献研究室编：《陈云年谱》下卷，中央文献出版社2000年版，第287页。

重的党建任务，加强党风廉政教育势在必行。

1. 开展党风廉政建设是治党治国的根本经验依据

顾名思义，"党风"即党的作风，"廉政"即廉洁从政。党风廉政建设是党的建设和政权建设的重要内容之一，是中国共产党作为执政党的重要历史使命。从本质意义上看，它既是马克思主义政党推动本国政治发展的普遍要求，也是新时期推进党的建设新的伟大工程的客观需要，同时还是保证改革开放和社会主义现代建设事业顺利进行的重要举措。

众所周知，马克思和恩格斯在创立科学社会主义学说之初就曾指出，无产阶级政党在夺取政权以后，要同党内出现的腐败风气和腐败分子做斗争，要用民主监督的方法防止"社会公仆变成社会主人"。① 回顾历史，我们还可以发现：无论是世界上第一个执掌社会主义国家政权的苏联共产党，还是在取得新民主主义革命胜利后执掌新中国政权的中国共产党，都特别重视党风廉政建设。十月革命胜利以后，列宁针对党和国家机关中部分党员干部严重铺张浪费、贪污受贿、特殊化等腐败现象，提出了一系列关于党风廉政建设的重要观点。概括地说，主要包括共产党执政后要坚持从严治党和反腐防变，要坚持不断完善监督机制和消除权力腐败，要不断加强法制建设和严惩腐败分子。新民主主义革命时期，中国共产党虽然尚未获得全面执政的机会，但在陕甘宁边区政府的宪法性文件当中，早已将厉行廉洁政治、肃清贪污腐化作为重要的法律原则加以规定，并制定了一系列条例、规定和实施办法，作为党在边区施政过程中兴廉肃贪的基本制度规范。新中国成立以后，中国共产党秉持"赶考"的政治信念，将党风廉政建设融入整党整风的群众运动和社会政治运动中，通过惩腐倡廉、监督保廉、整党促廉、自律思廉等多项举措，不断加强党风廉政教育和建设。改革开放以来，党风廉政建设的战略地位越来越突出，同时也逐步实现了从加强党内教育到健全党内监督检察体制和制度建设的重要转变。

因此可以说，重视和加强党风廉政建设，既是无产阶级政党建设经验的重要总结，也是基于从严治党战略目标而提出的时代任务。一方面，党风廉政建设关系党和国家的生死存亡，它既与党的作风建设、思想建设、组织建设和制度建设紧密相连，同时又与它们相互作用、互相配合，并藉此形成党的建设的合力，共同推进党的建设和执政兴国的伟大工程。另一

---

① 《马克思恩格斯选集》第3卷，人民出版社2012年版，第55页。

第二章 解放思想：开创广东党的建设新局面（1982—1992 年）

方面，党风廉政建设是一个历久弥新的重大课题，是党的建设和政权建设的大事，务必要坚持常抓不懈。不仅如此，每当党和国家处于重要的历史转折时期，党风廉政建设的重要性和紧迫性就愈加凸显，而其中彰显的问题、矛盾和任务也愈加尖锐、复杂和繁重。改革开放以来党和国家高度重视党风廉政建设，无不与中国正在经历的经济体制、社会结构、利益格局和思想观念的深刻变动直接相关。而与此同时，其间客观存在的社会矛盾冲突凸显，经济社会机制体制不够成熟，贪污腐败现象多发易发，甚至出现发展蔓延的趋势，无不考验着中国共产党的政治智慧和治国能力。

改革开放以来，中国共产党依据马克思主义的党建学说和国家政权建设学说的基本理论，全面总结、继承和发展党领导党风廉政建设的历史经验，同时根据改革开放政策实施以来的新情况和新问题，总结全国各地实践中的党风廉政建设新经验，积极服务于改革开放和经济建设的大局。具体说来，主要包括：一是维护党的纪律和改善党的领导，必须从狠抓党风建设入手；二是严肃党的纪律，必须把维护党的政治纪律放在首位；三是整顿党风必须走群众路线，但不要搞群众运动；四是做好纪律检查工作，必须坚定不移地运用社会调查的根本方法；五是对待犯错误的同志，既要避免"左"倾错误做法，又要维护党纪的严肃性。① 上述经验的总结和概括，为改革开放环境下解决党的思想不纯、作风不纯、组织不纯的问题，特别是对于化解党内和部分地方存在的不正之风和违法乱纪行为，以及从根本上转变党风奠定了重要基础，为进一步推进改革开放、发展经济和保持稳定创设了政治前提。

2. 加强党风廉政教育是广东党的建设的客观要求

如前文所言，广东积极开展党风廉政教育实践，既是源于对党的建设经验与优良传统的遵循，也是因由党的建设和国家政权建设所面临的新任务与新挑战。更何况，借助于党风廉政教育实现广东党风、政风和社会风气的根本好转，不仅是广东实施全面整党的主要抓手和重要内容，同时也是广东落实从严治党方略的关键举措。究其缘由，单就广东党风廉政建设面临的形势来说，改革开放以来广东在反腐蚀斗争和党风廉政建设方面均取得了可喜成绩，但消极腐败现象尚未从根本上遏制，并有在适当气候下

---

① 《尽快实现党风的根本好转——王鹤寿同志在中纪委第二次全会上的报告（1983 年 1 月 30 日）》，见《纪检干部手册》，吉林人民出版社 1988 年版，第 169－172 页。

反弹的趋势,甚至相关党风廉政建设难题还在继续滋生蔓延。

具体说来,一是反映在思想维度上,经过改革开放以来的实践锻炼和教育学习,广东全省党员干部的马克思主义理论与思想政治教育水平有了提升,但还存在部分党员干部经不起对外开放和执政治政的考验,忽视马克思主义理论学习和世界观改造,以至于头脑中马克思主义少了而个人主义多了,直至最后丧失理想信念;二是反映在政治维度上,全省绝大多数党员干部都能够与党中央保持一致,坚决贯彻执行"一个中心,两个基本点"的基本路线,坚持"两手抓,两手都要硬"的方针,但也存在部分党员干部不讲政治、不顾大局,对党的路线方针政策不认真学习、贯彻和执行,在工作中偏离建设中国特色社会主义方向;三是反映在组织维度上,全省各级组织经受住了改革开放的时代考验,党的组织建设得到了不断加强,执政水平和领导能力日渐提高,但也存在一些地方或基层的党组织缺乏战斗力、一些领导班子软弱涣散、一些党员干部破坏党的组织原则等问题;四是反映在作风维度上,经过系列化的整风整党运动和党风廉政建设实践,全省党风状况较改革开放初期有了好转,党的优良传统和作风得到了积极弘扬和贯彻,但也存在着享乐主义、官僚主义、形式主义等不良倾向。由此可见,在继续推进改革开放的伟大历史进程中,广东面临的党风廉政建设任务可谓任重道远,不断加强党风廉政教育势在必行。

基于上述复杂状况和多维缘起,中共广东省委在中共中央领导下,除大力开展前述有关打击经济领域严重犯罪活动之外,立足于纠正"全民经商"歪风以端正经济工作指导思想,开展以查处干部以权谋房为突破口的反腐败斗争,深入开展反腐保廉教育和扫除"黄、赌、毒"专项斗争等,在多个领域运用多种形式开展党风廉政建设实践。若就其阶段性特征和建设目标来说,主要反映为如下两个维度:一是从1982年9月至1987年10月,也即党的十二大召开至党的十三大召开之前,这是在全面实施改革开放政策以后,中共广东省委全力应对党风廉政建设新情况和新问题的首个重要历史阶段,其核心问题是解决资本主义腐朽思想和生活方式对党员干部队伍的腐蚀问题,以及在经济生活领域中出现的违纪违法案件大量滋生等问题;二是从1987年10月至1993年10月,也即党的十三大召开至党的十四大召开之前,这是中共广东省委针对国内外政治风波对广东改革开放和党风廉政建设提出的新挑战,以及我国多项改革措施加快出台以后,由此而出现各种钻政策空子的谋私犯罪行为,特别是党政机关和领导干部

第二章 解放思想：开创广东党的建设新局面（1982—1992年）

腐败现象激增等问题，而开展有针对性的党风廉政教育实践阶段。

不难发现，上述两个阶段可谓前后相继且密切关联，从中也折射出新时期广东的党风廉政建设和教育实践任重道远，这不仅是事关广东对外开放和经济建设的重要问题，同时也是服务和服从于广东地方和全国层面改革开放、发展经济和稳定大局的客观要求。

3. 多措并举助推广东党风政风社会风气实现根本好转

有鉴于此，广东全省党风廉政教育实践率先从抓思想认识、抓机构健全、抓落实措施开始。从1983年5月16日的全省纪检工作会议开始，广东省几乎每年都召开纪检监察工作会议或以党风廉政教育为主题的会议，一方面纠正抓党风廉政建设是"软工作""过界击球""耕别人的田，荒自己的田"等错误思想，另一方面着力加强纪检监察机关干部队伍建设和宣传教育机构建设，为领导和指导全省党风廉政教育工作取得实效奠定思想和组织基础。与此同时，依据"要使全党在思想上政治上和精神状态上有显著的进步，党员为人民服务而不谋私利的觉悟有显著的提高，党和群众的关系有显著的改善"的教育目标，① 中共广东省委、省纪委充分联系实际，有的放矢地部署和开展党风廉政教育工作。具体说来，主要包括以下几个方面：

一是开展反腐保廉教育。全省统一组织多次大规模的教育活动，先是在全省开展打击经济领域犯罪活动的斗争，并以海丰县委原书记王仲、副书记叶妈坎严重违法犯罪作为反面典型，开展反腐蚀教育；紧接着，针对部分党员干部以权谋私、违法乱纪问题比较严重的情况，全省党政机关从1988年8月起开展以廉洁为主题的纪律教育；在1991年12月至1992年4月期间，中共广东省委还以原中信实业银行深圳分行行长高森祥等五个反面典型案例为教材，在全省范围内开展反腐蚀教育和法制教育。

二是开展政治纪律教育。主要是对党员干部进行坚持四项基本原则和反对资产阶级自由化的教育，同时也特别注重运用1986年年底省内少数报纸杂志违反党和国家宣传纪律，公开发表违反中央精神的报告文学和新闻报道的反面典型，对全省各级党组织、党员和干部进行教育；在1989年爆发政治风波期间，中共广东省委还就个别违反政治纪律的党员和党组织，及时、坚决地执行党的纪律，教育全省党员干部以实际行动维护局势

---

① 《邓小平文选》第3卷，人民出版社1993年版，第38页。

稳定、站稳政治立场，真正做到在政治上和行动上与党中央保持高度一致。

三是开展党的优良传统作风教育。改革开放以来，经济快速发展、生活水平提高、工作条件改善，致使广东一些地方出现追求个人享受、热衷于经营自己的"安乐窝"，以及以权谋私建私房、用公款超标准装修住房等问题。1989年年初中共广东省委决定把查处干部以权谋房作为反腐败斗争的突破口来抓，并结合清房工作对全省党员、干部进行一次深刻的反腐败、反"和平演变"和发扬党的艰苦奋斗优良传统作风的教育。通过教育实践，党的艰苦奋斗、廉洁奉公的优良传统作风进一步发扬光大，增强了广大党员、干部和群众反腐败的信心和决心，密切了党群关系，促进了全省的党风廉政建设。

四是开展党纪政纪条规教育。自1985年1月中共广东省委批转省纪委关于《加强党风党纪建设，保证改革开放的胜利进行》的报告起，全省积极贯彻中央和省领导关于纠正新的不正之风的讲话精神，具体区分党风党纪问题的政策界限，①并以海南进口汽车案等作为典型案例，在全省开展广泛的党风建设和法治纪律教育。及至1991年，中共广东省委还根据省纪委的建议，在全省范围内开展了以学习党章、"准则"和中央纪委制定的党员违反党的纪律处分八个规定为主要内容的党内法规教育，全省有98%的党员参加了学习。

通过开展多种形式和内容的党风廉政教育活动，广东各界不仅实现了在贯彻执行党的基本路线中保持改革开放的正确航向，而且实现了在严肃党纪政风中维护积极健康的经济秩序，实现了在加强政策引导中保护党员干部群众改革开放的积极性和创造性，以及实现了在不断强化监督中促进广东改革开放和四个现代化建设顺利发展。可以说，如果没有党风廉政教育实践活动的积极开展，便不能造就广东1978年至1995年间国内生产总值年均增长14.2%的发展奇迹。换言之，积极开展党风廉政教育，既为广

---

① 主要内容包括："（一）关于党员干部利用职权压价购买高档商品问题；（二）关于收受外商、港商送'红包'问题；（三）关于违反党的政策和国家的有关规定，倒卖汽车等17种进口物资问题；（四）关于用公款请客送礼问题；（五）关于临时出国和赴港工作人员带进高档物品等问题；（六）关于收取'介绍费''手续费'问题；（七）关于受聘领取报酬问题。"参见中共广东省委党史研究室编《中国共产党广东历史大事记（1949.10—2004.9）》，广东人民出版社2005年版，第424页。

第二章 解放思想：开创广东党的建设新局面（1982—1992年）

东改革开放和经济建设提供了精神动力和思想保障，也为广东地方经济腾飞提供了有利的精神环境和政治基础，充分保证了党的各项路线方针政策在广东的贯彻实施。

（二）重点查处干部以权谋房问题

"以权谋房"是20世纪80年代中国政治生活领域催生的一个新词汇，它主要是指（干部）凭借职权来营建私房，如多占地，压低或低价购买地皮建筑材料，损害国家和集体的利益，挤占国家资金等。① 作为改革开放以来严重损坏党群关系的不正之风，以权谋房已经成为群众反映强烈和社会影响巨大的治理难题，构成全国以及广东党风廉政建设和反腐败斗争的重要工作。中共广东省委和省政府以清房为基点，以干部特别是领导干部为重点，针对住房方面以权谋私、搞特殊化问题进行专项治理，为推动全省党风政风好转创造了重要条件。

1. 广东治理以权谋房的多维肇因

客观地说，以权谋房不正之风并非是广东特例，而是改革开放背景下党风廉政建设实践中带有一定普遍性的治理难题。其中，党政干部建私房和使用公款超标装修房屋是以权谋房不正之风的典型表现，并且已经发展到相当严重的程度。就其具体表现而言，一是有的党政干部利用职权多占地皮，大部分建私房的干部占地面积均超过国家规定的私房用地面积的标准；二是有的党政干部利用职权或工作之便压价购买建筑材料，严重损害国家或集体的利益；三是有的党政干部无偿使用公家的运输工具和施工力量；四是有的党政干部不惜动用巨额公款超标准装修个人住房；五是有的市县主要领导使用公款建造超标准单家独院式高级住房；六是有的党政干部为营建私房和装修住房大量贪污公款，大搞权钱交易，索贿受贿；七是有的地方趁机向干部滥发建房补贴；八是有的党政干部利用职权向银行贷款来建私房。②

针对上述问题，广东全省各地群众反应颇为强烈，干部所建住宅群一度被称为"官僚街""蚂蟥街""臭虫村""高级动物保护区"，在社会上

---

① 姚汉铭主编：《新词新语词典》，未来出版社2000年版，第399页。
② 肖伟昌：《春雨的奉献 学习研究与实践党风廉政建设文论集》，当代中国出版社2000年版，第299–300页。

产生了极为恶劣的负面影响。以权谋房问题何以如此严重呢？从历史的维度来看，新中国成立后由于受计划经济体制的影响，我国并未按照国际惯例施行官邸制，公职人员的住房制度具有典型的福利性。加之，改革开放以来我国在住房问题上的历史欠账较多，社会上无房户和住房困难户为数不少。以广东省统计数据为例，1976年全省城镇居民人均住房面积仅为5.47平方米，及至1994年才增至15.72平方米。[①] 从现实的维度来看，改革开放带动了广东区域经济的快速发展，同时在对外开放中也出现了少数党员干部享乐思想和特权思想抬头的现象，特别是一些领导干部经受不住改革开放的考验，受到西方资本主义腐朽思想和生活方式的腐蚀，利用职权在建房、分房、购房和装修住房等方面以权谋私，出现严重脱离群众的不正之风。不难发现，不管是主观上的资产阶级享乐主义和拜金主义等腐朽思想的腐蚀，还是客观上的福利型和等级制住房分配制度的影响，以及实际存在的住房困难或住房紧张等问题，它实际反映了中国经济社会转型期党和政府所面临的治理难题。而由此催生的带有一定普遍性的以权谋房不正之风，既提出了改革开放和市场经济条件下住房制度改革的新课题，也提出了党风廉政建设和反腐败斗争的新使命。

因此可以说，全面把握改革开放以来以权谋房现象的由来，是正确处理和解决该问题的关键。虽然自20世纪80年代以来，广东以及全国层面的以权谋房不正之风不断出现新的表现，如"一是超标建房，屡禁不止；二是乱拉资金，负债建房；三是压价购房，索要住房；四是集体决策，化公为私；五是手段翻新，由明转暗；六足倒卖出租，优惠住房"[②]，但经由对以权谋房多维表现及其发生肇因的科学厘定以后，作为新时期党风廉政建设和反腐败斗争的"热点"问题，实现对以权谋房不正之风的有效治理是值得期待的。

2. 广东查处以权谋房的过程举要

梳理改革开放以来广东查处以权谋房工作的历程，主要可以分为三个阶段，每个阶段的工作重点、存在问题和应对举措各有不同，但根本目标均是为了纠正以权谋房不正之风，推进广东党风廉政建设和反腐败斗争，

---

① 肖伟昌：《春雨的奉献 学习研究与实践党风廉政建设文论集》，当代中国出版社2000年版，第299页。

② 中国行政体制改革研究会研究部编：《行政体制改革行与思》，国家行政学院出版社2015年版，第202页。

第二章　解放思想：开创广东党的建设新局面（1982—1992 年）

为广东改革开放政策的深化实施保驾护航，为四个现代化建设的顺利进行夯筑基础。

1982 年 10 月至 1984 年年底，是广东省查处以权谋房的第一个阶段。事实上，在此之前广东部分县市领导干部中已经出现住房方面以权谋私、搞特殊化的问题。有鉴于此，1979 年 9 月中共广东省纪委专门印发《关于部分领导干部搞住房特殊化情况的通报》，提出全省各级领导干部特别是县级以上领导干部，要根据省纪委的专门部署和工作要求，同以权谋房不正之风做坚决斗争。此后，根据中纪委《必须坚决刹住建房分房中的歪风》（1982 年 10 月 9 日）、《必须坚决制止党员、干部在建房分房中的歪风——致全国党政机关、企业事业单位各级领导干部的公开信》（1983 年 3 月 17 日）两个通报的精神，广东省各级党政机关在抓好严厉打击经济领域犯罪活动的同时，组织力量纠正党员干部在建房、分房中的歪风，切实做到"该退赔的退赔，违反纪律该处分的处分，触犯刑律的，必须追究刑事责任"。中共广东省委还专门印发省纪委起草的《对党员、干部在建房分房中不正之风问题的处理意见》，明确处理违反纪律问题的政策界限。截至 1984 年年底，广东全省狠刹建房、分房中歪风的专项斗争基本结束。在此期间，全省共清理出在城镇非法建私房的党员干部 15793 人，多分多占公房 7133 人。[①] 不仅如此，对于上述党员干部除做经济处罚外，同时给予 283 人党纪政纪处分，77 人开除党籍，103 人行政撤职，50 人予以刑事处罚。[②] 1985 年以后，广东全省各级纪检把"以权谋房"和在建房中的经济违法违纪问题列为查处的重点之一，继续推动治理以权谋房不正之风工作走向深入。

1989 年 3 月 24 日，是广东正式开始第二个阶段查处以权谋房工作的起点。1982 年至 1984 年的清房工作虽然取得了一定成绩，但由于治理经验不足、制度规范缺乏，加之西方资产阶级自由化思想在社会上有所发展和蔓延，致使部分党员干部组织观念淡漠、纪律松弛，以权谋私、私建住房问题在 1986 年至 1988 年间再次掀起热潮。有鉴于此，中共广东省委特别批转了省纪委起草的《关于对党政领导干部建私房和住房装修情况实行

[①] 广东省地方史志编纂委员会编：《广东省志·中共组织志》，广东人民出版社 2002 年版，第 471 页。

[②] 丘海主编：《邓小平党风廉政建设理论与广东的实践》，广东人民出版社 1998 年版，第 210 页。

公开监督的意见》，从狠抓思想认识、加强领导、公开监督、认真核查和制度建设五个重点环节出发，迅速打开查处以权谋房工作的局面。截至1991年年底，全省累计立案830件，处分违纪党员干部607人，移送司法机关追究刑事责任75人，收回应交、补交、应退、应补款1.07亿元，收回地皮60万平方米，收购私房488幢（套）、没收私房36幢（套）。[①] 纵观此次查处以权谋房工作，其中最为显著的特点是制度配套日趋完善，为此中共广东省委、省政府和有关部门先后下发了《关于处理党政干部建私房及超标准装修住房问题的规定》《关于处理党政干部建私房及超标准装修住房问题的补充规定》《关于在建房、住房方面有违纪违法行为的党员、干部纪律处分的若干规定》《关于查处干部以权谋房的十项规定》等文件，为推进全省第二次清房工作的顺利开展，明确了政策界限，厘定了处理标准，同时还确立了制度化的治理依据。

自1993年起，广东开始了第三次查处以权谋房的治理工作。经过前述两次有效的治理，广东全省大范围的以权谋房不正之风已被刹住，但新的问题也随着住房制度改革的逐步展开而不断涌现。就其具体表现来说，主要反映为六个方面：一是利用职权多占公房或为亲属占住公房，以便在房改中购买住房，或买一套占一套；二是违反规定参加集资建房；三是在房改中购买了公房，又违反规定进行换购；四是违反规定在城镇自筹自建单家独院住房；五是在房改前用公款超标准装修个人住房；六是用公款为领导干部购买超标准豪华商品房。[②] 针对上述问题，中共广东省委、省政府根据中共中央、国务院《关于反腐败斗争近期抓好几项工作的决定》的精神，坚持把解决干部以权谋房问题作为全省领导干部廉洁自律的重要工作内容来抓，在具体工作部署中每年重点解决一两个突出问题，通过逐步深入和稳步前进的治理方式妥善解决以权谋房问题。及至《关于我省党政机关县（处）级以上领导干部在集资建房和建私房方面廉洁自律的实施和处理意见》下发和对照检查以后，全省自查违反规定参加集资建房的领导干部36人（36套），自查参加集资建房面积超过规定标准112人，自查

[①] 广东年鉴编纂委员会编：《广东年鉴·1991》，广东人民出版社1991年版，第167页。
[②] 丘海主编：《邓小平党风廉政建设理论与广东的实践》，广东人民出版社1998年版，第220页。

第二章 解放思想：开创广东党的建设新局面（1982—1992年）

租住公房又参加集资建房的49人，均按规定进行整改。① 自此以后，随着干部住房、分房以及相应管理制度的建立健全，广东全省在干部以权谋房方面的问题明显减少。

纵观广东查处以权谋房工作的历程，从最初将其作为经济违纪违法问题加以重点治理，及至将其视为党风廉政建设和反腐败斗争的重要工作内容，是党在改革开放新的历史条件下构筑拒腐防变坚固防线的重要实践，对于实现广东党风政风社会风气的根本好转，以及进一步密切党群关系具有重要现实意义。

3. 广东查处以权谋房的经验启示

根据广东三次查处以权谋房工作的治理过程、存在问题和具体经验来看，第一次治理工作的开展和处理表现出一定程度上的不平衡性，主要原因是广东全省各级党委和政府部门将主要精力投入到经济建设以及打击经济领域严重犯罪活动，所以清房力量单薄、缺乏治理经验和配套的制度规范。第二次治理工作则从思想认识到制度配备均有较大提升，有效遏制了全省大范围的以权谋房的不正之风。第三次治理工作更加注意住房、建房、房改方面的制度建设和现有制度的规范与完善，并特别强调加强制度监管力度，对以权谋房不正之风的制度化查处进入更为严肃、规范和系统的层次。纵观三次治理工作的得失与成效，下述几个方面的经验与启迪尤为值得肯定和记取：

一是从思想认识上看，作为一种"摆在马路两旁的腐败现象"，查处干部以权谋房问题是改革开放以来党风廉政建设和反腐败斗争的重要内容之一。为此，必须清醒地认识到，查处以权谋房不正之风关乎党风、法纪和民心，更关乎党的执政能力和执政的合法性。正如邓小平反复强调的，对此"必须狠狠地抓，一天不放松地抓，从具体事件抓起"。②

二是从发展特征上看，在广东全省乃至全国出现的以权谋房不正之风，既有相近的缘起与表现，也有不同阶段的发展特点，这就意味着干部以权谋房具有着持续发生和反复出现的特点。有鉴于此，在未能建立一套比较健全完善和公平公正的住房制度体系之前，查处以权谋房不正之风绝

---

① 丘海主编：《邓小平党风廉政建设理论与广东的实践》，广东人民出版社1998年版，第222页。

② 《邓小平文选》第3卷，人民出版社1993年版，第152页。

不可能毕其功于一役或一劳永逸，必须坚持常抓不懈、狠抓不放。

三是从治理方法上看，发动和依靠群众、实施公开监督是查处以权谋房不正之风的有效方法。正如邓小平所言，必须"要有群众监督制度，让群众和党员监督干部，特别是领导干部。凡是搞特权、特殊化，经过批评教育而又不改的，人民就有权依法进行检举、控告、弹劾、撤换、罢免，要求他们在经济上退赔，并使他们受到法律、纪律处分"。①

四是从实施路径上看，在统一思想认识和开展公开监督的基础上，能否严格掌握政策和制定正确策略，就成为治理以权谋房不正之风的关键。对此，中共广东省委、省政府奉行从严治党、从严治政的政治原则，坚持既要坚决惩治腐败、狠刹以权谋房不正之风，又要教育团结大多数、挽救犯错误的干部，同时推进经济社会发展和维护政治稳定大局的政策思想，严肃查处以权谋房的不正之风。

五是从长效机制上看，建立一套规范化的制度体系，以及形成有效的监督防范机制，才是从根本上解决以权谋房不正之风的根本出路。广东三次清房工作的得失恰好可以证明此点，除了主观层面的思想问题，客观层面存在的制度不健全、监管不得力是以权谋房不正之风的重要原因。因此，务必建立一套"不敢谋、不能谋、不想谋"的长效机制，彻底从制度层面上解决以权谋房问题。

总的说来，干部以权谋房在实质意义上就是为了追求住房上的特殊化。关于此点，正如邓小平所言："我们确实要冷静地想一想，有些现象是不像话呀! 有的人追求舒适生活，房子越住越宽敞，越漂亮，越高级。有的人为了自己的方便，可以做出各种违反规章制度的事情。这使我们脱离群众，脱离干部，把风气搞坏了。"② 不难发现，以权谋房不仅是一个严肃的"党风问题"，还一度成为一种"社会风气"，构成改革开放进程中亟待解决的"社会问题"。③ 自20世纪80年代初期以来，中共广东省委、省政府和有关部门以清房工作为突破口和着眼点，严厉查处损害党和国家利益、侵占党员群众利益和破坏党群关系的以权谋房不正之风，不断总结和积累经验教训，为全国其他省市和地区的清房治理工作，以及新时

---

① 《邓小平文选》第2卷，人民出版社1994年版，第332页。
② 《邓小平文选》第2卷，人民出版社1994年版，第217页。
③ 《邓小平文选》第2卷，人民出版社1994年版，第216页。

第二章 解放思想：开创广东党的建设新局面（1982—1992年）

期党风廉政建设和反腐败斗争提供了重要镜鉴与启迪。

（三）全面加强党员干部队伍建设

毛泽东曾经指出："政治路线确定之后，干部就是决定因素。"[①] 在改革开放的新形势下切实加强党的建设，党员干部队伍建设构成党的组织建设的核心内容。它要求各级党组织既要努力提升领导经济建设的能力，又要全面提高党员干部拒腐防变的能力。为完成新时期党的建设的两大任务，中共广东省委从做好发展党员工作和发挥党员作用出发，依据干部队伍建设的"四化"方针和要求，提升干部队伍素质、加强领导班子建设、推进干部人事制度改革，切实推动了广东经济建设和党的建设的协调发展。

1. 发挥党员干部的先锋模范作用

中国共产党是中国工人阶级的先锋队，是中国人民和中华民族的先锋队，共产党员是具有共产主义觉悟的先锋战士，是中国革命、建设和改革事业的主心骨，能否充分发挥党员干部的先锋模范作用，对于党所领导的伟大事业意义重大。改革开放以来，广东高度重视谋划新形势下加强党员干部队伍建设的新课题，首先是从发展党员、教育党员和发挥党员干部先锋模范作用开始的。

首先，根据党员标准认真做好发展党员工作，是充分发挥党员干部先锋模范作用的前提。自改革开放以来，中共广东省委根据中共中央关于新时期发展党员工作的指示，按照"坚持标准、保证质量、改善结构、慎重发展"的方针，仅在1980年至1990年间就发展新党员48.5万名。就新发展党员的社会构成而言，一是从企业、农村、科研生产一线吸收大批优秀的工人、农民、专业技术人员和其他劳动者入党；二是根据中共中央组织部下发的《发展党员工作座谈会纪要》和《关于加强在中年知识分子中发展党员工作的报告》的文件精神，着力解决优秀知识分子"入党难"的问题，1983年至1990年全省吸收入党的大中专文化程度的优秀知识分子占到同期发展党员总数的35.65%；三是吸收大批先进青年入党，其中35岁以下和25岁以下青年党员占全省发展党员总数的58.47%和19.2%，

[①]《毛泽东选集》第2卷，人民出版社1991年版，第526页。

逐步改善了党员队伍的年龄结构。① 就发展党员工作的特点而言，特别强调此项工作要为新时期党的基本路线服务，要坚决按照工人阶级先锋战士的标准吸收党员，要坚持有领导、有计划和制度化、规范化地发展，借以保证党员的质量，为更好地发挥新党员的先锋模范作用奠定基础。

其次，以教育党员为中心环节提高党员素质，是充分发挥党员干部先锋模范作用的基础。从1983年2月《关于加强党员教育工作的通知》下发之日起，中共广东省委要求各级党委要将党员教育作为全省党建工作的大事来抓，既要一级带一级、层层抓教育，更要坚持从省委常委做起，重点抓好县以上领导干部的教育。根据国情教育与省情教育、常规教育与重点教育、贯彻中央方针的教育与搞好本省改革开放的教育相互结合的方针，中共广东省委对全省党员干部开展了以坚持社会主义方向、坚持改革开放、坚持艰苦奋斗以及坚决反对资本主义腐蚀为重点的思想教育，努力推进党员教育工作贴近实际和富有成效。不仅如此，中共广东省委还多方面探索党员教育的新路径和新机制，构建以乡镇党校为主体的党员阵地和教育网络，并借助党员电化教育、群众性的党员自我教育活动和优秀共产党员先进事迹的宣传教育等形式，丰富全省党员教育工作实践手段和方式。特别是，经过各级党组织党员教育工作的实践和总结，全省逐步形成了党员活动日制度、轮训党员干部制度、领导班子成员民主生活会制度、民主评议党员制度和党建工作检查评比制度，为党员干部的经常性教育提供了制度保证。

再次，充分发挥党员干部的先锋模范作用，是改革开放新形势下加强党的建设的必然要求。正如前文所言，无论是提高党组织领导经济建设的能力，还是提高党员干部反腐防变的能力，均有赖于党员干部先锋模范作用的发挥。改革开放以来，根据党所担负的搞好两个文明建设的时代使命，以及广东党员干部队伍建设的实际情况，全省不断探索充分发挥党员干部先锋模范作用的形式，主要包括以下几个方面：一是积极开展"党员联系户"活动，每个党员向3至5户群众宣传党和国家的大政方针，帮助联系户解决实际困难、学习科学技术、勤劳致富和协调处理各种关系；二是开展"党员联户文明组"活动，建构党员骨干与若干群众户在资金、技术、劳力和信息等方面相互帮助、相互支持的新型组织，推动地方物质文

---

① 傅锐主编：《改革开放中广东党的建设》，广东人民出版社1991年版，第129页。

第二章 解放思想：开创广东党的建设新局面（1982—1992年）

明和精神文明建设双丰收；三是开展"党员责任区"活动，在农村、厂矿和学校等组织中划分党员责任区，明确党员责任区任务，推动党建工作责任制在基层党组织建设中落地生根；四是推行"党员目标管理"制度，根据党章和党的中心工作，针对不同层次的党员提出工作要求，通过开展"达标竞赛"和"争先创优"等活动，切实加强对党员的目标管理；五是开展"党员参政议事"活动和"党员奉献"活动，充分调动党员的积极性，增强党员光荣感、责任感，切实发挥党员联系群众、服务群众的作用。

由上可见，在改革开放以来的10多年中，广东已就新形势下发挥党员干部先锋模范作用进行了全面探索，并就此形成一系列较为成功的做法和经验总结。其中，既需要切实做好发展党员工作、加强党员教育和提高党员素质，更需要从实际出发采取多种形式因地制宜地发挥党员先锋模范作用。

2. 加强领导班子的"四化"建设

领导班子是党和国家各级组织的领导核心，是贯彻执行党的政治路线、领导推进改革开放和四个现代化建设的核心力量。邓小平曾经指出，加强领导班子建设"是个带根本性质的问题"，[①] 务必按照干部"四化"方针予以进行。改革开放以来，广东依据中央制定的领导班子建设原则，因地制宜地加强全省各级领导班子的建设，力求从组织上为推进全省社会主义建设事业发展提供保障。

所谓"四化"方针，即干部队伍和领导班子要实现革命化、年轻化、知识化和专业化，是党中央依据党的干部队伍状况和四个现代化建设的客观需要，所制定的有步骤、有计划、高标准、严要求抓好领导班子建设的重要方针。该方针经由党的十二大写进党章，成为新时期各级领导班子和整个干部队伍政治、思想、组织和作风建设的重要指针。为此，务必正确认识、理解和贯彻"四化"方针，特别是要在辩证处理好"德"与"才"的关系、"文凭"与"水平"的关系、"进"与"退"的关系、"个体"与"群体"的关系、"选用"和"培养"的关系等基础上，根据党的章程对各级领导干部规定的基本条件，切实加强领导班子建设。具体说来，一是要把提高政治素质放在首位，彰显革命化要求；二是要实现年龄的梯形

[①] 《邓小平文选》第2卷，人民出版社1994年版，第222页。

配备，解决年轻化问题；三是要实现高文化结构，打造知识化班子；四是要实现合理的专业结构，体现专业化特点与优势；五是要坚持精干原则，提高班子领导效能；六是要注意发挥领导班子中知识分子干部的特长和优势。①

  自改革开放以来，广东各级领导班子建设经历了三个重要发展阶段。1979年至1982年，中共广东省委根据中共中央提出的"三位一体"原则，对广东省原有的各级领导班子进行了初步调整，使之适应对外开放和地方经济社会发展的需要。1983年至1985年，按照中共中央提出的领导班子建设八年规划，广东省利用三年时间全面调整全省各级领导班子。在此期间，知识化、年轻化和精干原则得到较好的贯彻，地市领导班子人数从平均的10.8人降至7人，平均年龄也由57.8岁降至49.4岁，其中大专以上文化程度的人员由占比从7.6%上升至40%。② 1986年2月17日，经中共广东省委同意，省委办公厅转发省委组织部《关于结合县（市）党代会、人代会换届，做好党政领导班子调整配备工作的几点意见》，强调要以领导班子换届为契机，切实做到"（一）继续执行干部'四化'的方针；（二）加强领导班子的思想建设；（三）坚持走群众路线；（四）坚持干部能上能下"。③ 此后，全省各级党政部门根据省委制定的"基本稳定、局部调整、完善结构、提高素质"的建设要求，进一步推进领导班子的"四化"建设。截至1990年年底，全省117个县区党政领导班子成员平均年龄51.6岁，其中50岁以下的占总比60.4%，大专以上文化程度的占68.88%。④

  除了按照"四化"要求从组织上调整、选配和充实好各级领导班子成员外，加强领导班子的思想建设和逐步建立一支素质较好的后备干部队伍，也是这一阶段广东全省领导班子建设的重要内容。其间，针对机构改革和领导班子调整以后出现的新情况，特别是改革开放环境下领导干部在思想上、政治上和作风上出现的新问题，中共广东省委从三个方面狠抓领

---

  ① 惠紫肖：《新时期干部队伍建设》，黑龙江人民出版社1986年版，第50—57页。
  ② 傅锐主编：《改革开放中广东党的建设》，广东人民出版社1991年版，第129页。
  ③ 中共广东省委党史研究室编：《广东改革开放大事记（1978.12—1998.12）》，广东人民出版社1999年版，第256页。
  ④ 李萍、王丽荣主编：《党建工程的排头兵——广东党的建设30年》，广东人民出版社2008年版，第31页。

第二章 解放思想：开创广东党的建设新局面（1982—1992 年）

导班子思想作风建设。一是狠抓领导班子的学习教育，提高领导干部的马克思列宁主义理论素养，仅在 1985 年至 1990 年期间，全省就有厅级领导干部 230 多人次被选送到中央党校培训，县处级以上领导干部 3340 多人次被选送到省委党校培训；二是狠抓领导干部的党性锻炼，通过坚决贯彻民主集中制和参加双重组织生活等，增强各级领导班子的凝聚力和战斗力；三是狠抓肃贪倡廉工作，通过开展反腐教育、廉政制度建设和严查违纪案件，切实推动广东物质文明和精神文明"两手抓"。① 此外，为了进一步确保广东各级领导班子"四化"建设目标的实现，全省从 1983 年起实行了后备干部制度，通过建立后备干部名单、培养和提高后备干部素质等方式，为全省各级领导班子建设提供了重要保障。

20 世纪 80 年代至 90 年代初期，是广东加快对外开放和深化经济改革的重要阶段，也是国内外形势风云变幻的重要阶段，以干部队伍建设的"四化"方针为引领加强领导班子建设，具有极为重要的意义。面对艰巨的发展任务、复杂的国内外形势，务必建立一支与广东经济社会发展战略相适应的领导班子，务必把各级领导班子建设成为精干、高效、廉洁、协调的战斗集体，以此保证各级领导班子真正成为带领全省人民进行改革开放和四个现代化建设的坚强领导核心。

3. 推进干部培训和队伍素质提升

切实加强干部教育工作，以多种渠道和形式培训各级党政干部，是坚持干部教育为干部队伍"四化"建设服务，以及为改革开放和四个现代化建设服务的基本要求。改革开放以来，中共广东省委依据党的干部路线和干部标准，认真考察识别和培养提高干部，通过大力提高干部队伍素质，增进服务广东对外开放和经济社会发展的能力。

党的十一届三中全会以来，中共广东省委、省政府高度重视干部培训工作。自 1983 年 1 月发出《关于加强省、地（市）直属机关干部教育工作的通知》起，广东省专门成立了干部培训工作领导小组及其办事机构，负责协助省委、省政府加强对全省干部培训工作的宏观指导，各市、县和省直部门也成立了相应机构领导本地本部门的干部培训工作。此外，广东省政府还从 1982 年起多次拨出专款，在中山大学等 5 所高等院校开办干部专修科，并筹建广东省科技干部管理学院和行政干部管理学院，以及 4

---

① 傅锐主编：《改革开放中广东党的建设》，广东人民出版社 1991 年版，第 148 - 149 页。

个新建市的市委党校,加强干部培训基地和师资队伍的建设。截至1990年年底,全省设有各类干部培训基地389个(其中包括省市县三级党校114所,管理干部学院12所,各类干部学校115所),干部培训教职人员1.19万人。上述干部培训机构、基地和师资队伍的创立,为建构广东省现代干部教育体系奠定了基础,同时也为广东干部培训规划的落实准备了条件。与此同时,根据中共广东省委组织部1984年和1989年制定的《关于我省干部培训的规划》《省管干部1990年至1992年培训规划》,全省干部培训工作进一步明确任务、目标和重点,在立足本省经济社会发展需要和干部队伍实际状况基础上,逐步走出了一条多形式、多层次、多渠道的干部培训路径。并且,通过制发《关于完善党员干部培训轮训制度的规定》和加强全省党政领导干部马克思主义理论教育的几个文件,进一步从经常化、制度化层面健全了干部培训机制,有力地推进了全省干部培训工作的顺利开展。

经过几年的实践,广东干部培训工作取得了显著成绩:一是提高了各级领导干部的理论修养,仅1990年广东各级党校就培训了市厅级领导干部645人、县处级领导干部6039人、优秀中青年干部105人,全省参加马克思主义哲学、政治经济学、科学社会主义和中共党史课程学习的干部超过41.2万人次。二是改善了全省干部队伍的文化结构,借助多种类型的学历培训和课程学习,全省初中以下文化程度的干部人数从1982年的41.7%下降到22.1%,大专以上文化程度的干部人数从16.2%上升到30.9%。三是培养了一大批外向型经济人才,并有重点地开展了干部岗位职务培训,仅深圳市通过联合办班的形式就培训了3000多名涉外工作干部,全省超过8600人的乡镇领导干部也在1990年年底前轮训一遍。① 纵观这一时期广东干部培训工作实践,强调理论教育、注重宏观管理、重视制度建设是其鲜明特色,此举全力提升了广东各级各类干部的素质,为广东深化改革和扩大开放造就了大批合格的干部。

4. 深化干部人事制度改革创新

干部队伍要走向革命化、年轻化、知识化和专业化,干部管理工作要走向制度化、科学化和现代化,离不开干部人事制度的改革与创新。改革开放以来,广东积极谋划干部人事制度改革,既是为了因应我国经济和政

---

① 傅锐主编:《改革开放中广东党的建设》,广东人民出版社1991年版,第159-163页。

第二章 解放思想：开创广东党的建设新局面（1982—1992年）

治体制改革的需要，也是为了进一步加强新时期广东干部队伍建设。

长期以来，党在领导革命和建设的过程中，已经形成一套识别、使用、管理和爱护干部的制度，但随着改革开放和四个现代化建设的深入发展，这一制度逐渐显露出不适应形势发展的缺陷或弊端。如干部岗位责任不清、赏罚不明，干部队伍结构不适应四个现代化建设的需要，对专业技术干部管理统得过死、过严，干部正常交流困难等。20世纪80年代广东干部人事制度改革正是从上述问题入手的。因此，从1983年广东省机构改革开始，广东率先从下放干部管理权限开始改革干部管理体制，并在1984年和1985年间开始实施干部分级管理，将省管干部由原来的6700多人减少到1800多人。① 同时，为了贯彻中共广东省委关于"管少、管好、管活"的原则，省委组织部还专门下发《关于严格履行干部任免报批手续的通知》和《关于加强省直机关处级干部管理工作的通知》，进一步做好对全省干部的宏观管理。为了扩大干部工作的民主化程度，广东省认真总结广州、深圳、佛山等市干部管理的积极做法，相继推出了"民主考评干部""民主推荐干部"和"民主选举干部"等举措，并且将其与干部任用制度改革相联系，逐渐形成了一系列行之有效的制度创新举措，如"选举任期制""聘用任期制""委任任期制""考任制""选聘合同制"等。不仅如此，在1984年全省县级机构改革完成以后，部分市和省直单位开始尝试推行岗位责任制改革，经过几年的实践、总结和完善之后，该制度进一步落实到全省绝大多数的乡镇以上的机关部门。此外，根据中共中央、国务院相关文件精神，至1990年年底，广东全省办理离休退休手续302640人，在1983年至1990年间全省市、县两级领导干部实现了3300人次的交流，② 干部离休、退休和干部交流、回避两项制度在全省得到了切实的贯彻和执行。

毋庸置疑，干部人事制度改革是一场深刻的革命，改革的成败直接关系到我国四个现代化建设大局。因此，深入推进干部人事制度改革，既不能鲁莽行事也不能畏首畏尾，既必须积极谨慎又必须扎扎实实，1982年至1992年间广东的干部人事制度改革，正是依据上述原则砥砺前行的。

---

① 中共中央组织部研究室编：《组织工作研究文选·1991》，辽宁大学出版社1992年版，第148页。

② 中共中央组织部研究室编：《组织工作研究文选·1991》，辽宁大学出版社1992年版，第150页。

就其具体特点来说，一是在改革中坚持党管干部的原则，着力解决好集中统一领导和分级分类管理的关系，处理好党委推荐重要干部和人大依法选举任免干部的关系，以及处理好宏观管理和微观管理的关系；二是在改革中明确服从和服务经济建设中心工作的原则，通过改革干部调配制度和干部培训制度，以及建立人才交流服务机构解决全省人才短缺问题；三是在改革中坚持实事求是和分类指导的原则，人事制度改革不搞"一刀切"和"齐步走"，坚持因地制宜、区别对待和分类指导；四是在改革中坚持循序渐进的原则，既因应经济、政治体制改革的需要，又遵循干部人事制度自身的发展规律，既能够发扬过去的优良传统，又能够真正做到除旧布新。也正是基于上述特点，广东的干部人事制度改革才能有领导、有步骤地进行，也才能够为广东经济社会的快速发展准备力量。

1982年至1992年，是广东全面贯彻落实改革开放政策的十年，也是广东开创党的建设新局面的十年。如何正确处理经济建设与党的建设的关系，如何提高各级党组织领导经济建设的能力和提高党员干部反腐防变的能力，作为新时期广东党的建设的两大历史任务，考验着同时也检验着广东党员干部的能力、魄力和智慧。为适应改革开放的新形势，广东省提出要以解放思想助力广东对外开放政策"真特殊，真灵活，真先走"，要以"用足用活政策"推动广东逐步提升党的执政能力，要以"两手抓，两手都要硬"夯实广东"两个文明"建设的时代根基，要以全面整党、党风廉政教育和干部队伍建设构建引领广东改革开放事业的坚强领导核心。经由上述实践，广东党的建设实现了与改革开放的"两手抓"，防止了"两张皮"的现象，规避了忽"左"忽"右"的不良倾向，并在自身建设中充分彰显了改革创新精神，切实推动了党的建设与经济发展的有机结合与协调发展。

第三章 与时俱进:构建广东党的建设新格局(1992—2002年)

习近平总书记指出,中国特色社会主义是与时俱进的事业。其中,坚持党的领导是其最本质特征,加强党的建设是其最根本保障。因此,从这个意义上说,改革开放只有进行时没有完成时,而全面从严治党也将永远走在路上。① 从1992年"南方谈话"到2002年党的十六大这十年间,中共广东省委按照中央的整体部署和对广东工作的指示精神,进一步解放思想、实事求是、与时俱进、开拓创新,团结和带领全省各级党组织和广大党员干部群众先行一步、勇闯新路,加快推进广东改革开放和现代化建设步伐,积极探索社会主义市场经济条件下党的建设的新路子,在全面改革发展中不断推进党的建设新的伟大工程,构建了面向21世纪广东党的建设的新格局。

一、依据"南方谈话"精神,确立党的建设新航向

继1984年邓小平同志第一次视察南方,并将深圳、珠海经济特区作为改革开放的试验平台、基地后,广东改革开放的进程深入到关键发展期。在此背景下,邓小平同志于1992年1月19日起,开始了视察广东之行。1月19日至23日,视察深圳;1月23日至29日,视察珠海;29日经顺德、广州回北京。在视察广东期间,邓小平同志多次发表谈话,并为即将召开的党的十四大奠定总的精神基调。在谈话中,邓小平同志对党的各方面建设包括思想路线、政治路线、组织路线以及领导方法和工作作风

---

① 《习近平关于协调推进"四个全面"战略布局论述摘编》,中央文献出版社2015年版,第56页。

等方面，都做出了精辟的论述，通篇贯穿着必须坚持和改善党的领导，同时必须加强和改进党的建设的思想，是全面加强和改进党的建设的指导性文件，为在新时期从理论和实践上全面加强广东党的建设指引了新航向。以学习贯彻邓小平同志视察广东期间的谈话为契机，广东党的建设步入新阶段。

（一）在改革开放中必须坚持党的领导，加强党的建设

党的领导、党的建设是我们过去、现在和未来取得一切胜利的根本保证。在改革开放新的历史条件下，面对伟大的历史转折和繁重的改革与建设任务，必须坚持党的领导、加强和改善党的建设。进入改革开放新时期后，邓小平同志多次论述坚持党的领导问题，并明确原则、亮出观点："要建设社会主义，没有共产党的领导是不可能的。"在"南方谈话"中，邓小平同志更是坚定有力地指出："在整个改革开放的过程中，必须始终注意坚持四项基本原则。"① 而在四项基本原则中，坚持党的领导毫无疑问是居于首要地位的。四个坚持，最核心的就是坚持党的领导，没有党的领导，坚持社会主义道路、坚持人民民主专政和坚持马列主义毛泽东思想就都成了一句空话。与1965年邓小平同志所提出的"一个国家的革命，核心问题是党。有了一个好党才能引导革命走向胜利。革命胜利后，搞社会主义也要靠一个好党，否则胜利就靠不住"的论断遥相呼应，② 突出了他对革命和建设都要靠一个好的党来领导的一贯思想。只有真正坚持党的领导，才能坚持改革开放和中国特色社会主义的正确方向。

要坚持党的领导，必须加强党的建设。在"南方谈话"中，邓小平同志一针见血地指出："中国要出问题，还是出在共产党内部。"③ 因此，他特别强调："说到底，关键是我们共产党内部要搞好"，要"把我们的专政机构教育好，把共产党员教育好"。④ 他高瞻远瞩地告诉我们，肩负伟大历史任务的中国共产党，必须高度重视并切实抓好自身建设，坚持党的团结和统一，永葆党的生机和活力。在坚持和深化改革开放的过程中，领导中国人民取得了举世瞩目的现代化建设成就。但同时也必须看到，在这

---

① 《邓小平文选》第3卷，人民出版社1993年版，第379页。
② 《邓小平文选》第1卷，人民出版社1994年版，第348页。
③ 《邓小平文选》第3卷，人民出版社1993年版，第380页。
④ 《邓小平文选》第3卷，人民出版社1993年版，第380页。

第三章 与时俱进:构建广东党的建设新格局(1992—2002 年)

一过程中,党内也出现了一些不良风气,党的建设在改革开放进程中面临着种种新问题和新考验,如何在改革开放的进程中加强党的建设,是首先需要思考和解决的重要问题。

广东的党组织在改革开放新的历史条件下,经受着严峻的考验。居于改革开放的前沿地带,面对着纷繁复杂的内外部环境,既要大胆吸收人类社会一切文明进步成果,又要坚决抵制拜金主义、个人主义和腐朽生活方式的侵蚀。在这种情况下,作为执政党的各级党组织所发挥的作用,显得更为重要。而党的作用能否发挥得好,关键在于党的建设是否抓得好。中共广东省委明确提出"思想更加解放,对外更加开放,改革更加深化,管理更加严格,纪律更加严明"的要求,提出"越是改革开放,越要重视抓好党的建设;越是任务艰巨,越要发挥党的作用"。① 中共广东省委强调指出,广东省面临力争 20 年基本实现现代化的历史重任,要在改革开放和现代化建设方面先行一步,这更加需要充分发挥党的领导和组织保证作用。因而必须在搞好党的建设方面下足力气,坚持高标准、严要求,使广东党组织与其所承担的新任务、面临的新形势相适应。改革开放以来,在中共广东省委的正确领导下,全省各级党委和有关部门层层抓党的建设,做了不少工作,取得了明显的成效,但也还存在不少问题。如一些地方和单位的领导班子满足现状,不思进取;有的领导干部工作作风漂浮,形式主义严重;有的领导班子不团结,搞内耗;一些党员领导干部追求名利享受,干群关系紧张;等等。为此,1993 年 5 月召开的省第七次党代会明确提出:"必须切实加强和改善党的领导,认真抓好党的建设,把全省各级党组织建设得更加坚强有力。"② 1994 年 10 月召开的中共广东省委七届三次全会再次强调:"我们必须充分认识到,对我省来说,抓党的建设不但非常重要,非常现实,也非常迫切。只有各级党委深刻认识,高度重视,才有可能主动地自觉地去抓好党的建设。"③ 抓党建工作,重在落实,讲究实效。抓落实的关键在第一把手,第一把手应当好第一带头人。为此,中共广东省委向各级领导班子的班长明确提出抓好党建工作的四点要求:(1)党政第一把手要对党的建设负起第一责任。中共广东省委强调,各级

---

① 谢非:《为广东二十年基本实现现代化而奋斗——在中共广东省第七次代表大会上的讲话》,1993 年 5 月 21 日。
② 同上。
③ 《谢非同志在中共广东省委七届三次全会上的讲话》,1994 年 10 月 8 日。

党的第一把手要对同级领导班子建设负责，上级班子要对下级班子建设负责。建立定期检查、考核制度，层层建立责任制，一直落实到基层班子。(2) 第一把手要成为贯彻民主集中制的模范。中共广东省委强调，实行民主集中制，可以使党内民主生活比较正常地开展起来，形成领导班子内的自我监督机制。因此，第一把手要带头贯彻落实《中共中央关于加强党的建设几个重大问题的决定》，首先就要带头贯彻执行民主集中制，实行群言堂、集体领导，提高班子的凝聚力和战斗力。(3) 带头严于自律。中共广东省委强调，严格要求自己，就能严格要求别人。对班子成员的问题，一经发现，就要立即过问。从苗头抓起，提醒注意，及时解决，不能回避矛盾，任其酿成大错。(4) 从解决现实问题入手，从长远战略着眼。中共广东省委强调，各级班子的第一把手一定要重视对现任班子整体精神的培养，重视对接班人的培养，使我们党的优良传统代代相传，发扬光大，保证我们的现代化建设事业兴旺发达。

(二) 党的建设必须服从和服务于党的基本路线

党的领导和党的建设，历来是同党的历史任务、同为实现这些任务而确立的理论和路线紧密联系在一起的，是在制定和全面坚持正确的政治路线中得到加强和实现的。在"南方谈话"中，邓小平同志语重心长地提出："基本路线要管一百年，动摇不得"①，并进而强调："要坚持党的十一届三中全会以来的路线、方针、政策，关键是坚持'一个中心，两个基本点'"②，"谁要改变三中全会以来的路线、方针、政策，老百姓不答应，谁就会被打倒"。③ 这是在坚持改革开放新的历史条件下，把共产党内部搞好，加强党的建设必须坚持的基本原则。

邓小平同志指出，坚持党的基本路线不动摇，关键是坚持以经济建设为中心不动摇。"抓住时机，发展自己，关键是发展经济。"④ 他强调："发展才是硬道理。"⑤ 在"南方谈话"中，邓小平同志还首次阐明了"革

---

① 《邓小平文选》第 3 卷，人民出版社 1993 年版，第 370 - 371 页。
② 《邓小平文选》第 3 卷，人民出版社 1993 年版，第 370 页。
③ 《邓小平文选》第 3 卷，人民出版社 1993 年版，第 371 页。
④ 《邓小平文选》第 3 卷，人民出版社 1993 年版，第 375 页。
⑤ 《邓小平文选》第 3 卷，人民出版社 1993 年版，第 377 页。

第三章　与时俱进：构建广东党的建设新格局（1992—2002年）

命是解放生产力，改革也是解放生产力"的思想。① 这表明，邓小平同志提出围绕党的基本路线抓党建工作，其实质就是把解放和发展生产力作为党的建设的根本出发点和最高原则。如果离开了经济建设这个中心，就离开了基本路线的根本点，党的建设也就成了无源之水、无本之木。从这个意义上说，"南方谈话"提出的"三个有利于"标准，既是评价改革开放与经济建设成效的标准，也是评价党的建设成效的标准。

鉴于广东在改革开放中的重要地位，邓小平同志在"南方谈话"中专门对广东提出了殷切的希望。他语重心长地嘱托广东，经济建设要上几个台阶，力争用20年的时间赶上亚洲"四小龙"。按照邓小平同志在"南方谈话"中的精神指引和党中央的一系列重大部署，广东始终抓住经济建设这个中心不动摇，越是形势严峻，越是千方百计抓住机遇，加快发展。中共广东省委不断教育和引导广大党员干部牢固树立"围绕经济抓党建，抓好党建促经济发展"的思想。特别是注意引导各级党员干部把党的建设工作放在发展社会主义现代化建设的大背景、大系统中去审视、去思考；明确作为上层建筑的党建工作必须以经济建设为基础，为经济建设服务，把党建工作真正渗透到经济工作的改革环节中去，把为经济服务的成效大小作为考察一个地区、一个单位、一级党组织党建工作成效的主要标准，从而在广东形成了一个聚精会神抓建设、一心一意谋发展的大好局面。全省各级党组织在实际工作中，紧紧围绕党的中心任务，以提高党组织领导经济建设的能力为中心环节，以领导班子建设为重点，以基层组织建设为基础，以制度建设为保证，使党的建设和经济建设相互促进、共同提高。1992年后的5年间，广东国内生产总值年均增长率为17.4%，比1991年前的12年年均增长率高出4.3个百分点。全省也于1995年率先突破人均GDP1000美元大关。② 随后更是不断开创出新的发展局面，创造了比亚洲"四小龙"经济起飞时期更快的发展速度。

（三）确保党和国家的长治久安，关键在人

党的正确政治路线的贯彻执行必须依靠正确的组织路线来保证，而领

---

① 《邓小平文选》第3卷，人民出版社1993年版，第370页。
② 广东省党的建设学会：《邓小平南方谈话蕴涵的执政党建设思想与广东实践》，载于《纪念邓小平同志诞辰100周年论文集》，第169页。

导班子和干部队伍建设是组织路线的核心内容,是实现党的政治路线和思想路线的关键所在。党的组织路线问题中最大、最难、最迫切的问题,是培养和选好接班人。在"南方谈话"中,邓小平同志高屋建瓴地指出:"正确的政治路线要靠正确的组织路线来保证。中国的事情能不能办好,社会主义和改革开放能不能坚持,经济能不能快一点发展起来,国家能不能长治久安,从一定意义上说,关键在人。"① 坚持正确的组织路线要按照"革命化、年轻化、知识化、专业化"的"四化"标准,选拔德才兼备的人进入各级领导班子。一个干部是否坚持改革开放路线并且德才兼备,是有标准可循的,其一是工作实绩,其二是得到人民群众公认。二者辩证统一,只有那些在工作中做出实际成绩的党员干部,才能得到人民群众的普遍认可;坚持改革开放是干部取得实绩的基础,也是干部得到人民群众拥护的前提。选拔人民群众公认的、坚持改革开放路线并有实绩的干部,不仅是基本路线得以贯彻执行的保证,更是解决有损党的形象等各种问题的有力武器。为此,就要实事求是,破除论资排辈、求全责备、平衡照顾的陈旧观念,放手让年轻干部到实际工作岗位上去锻炼,促使更多的年轻干部脱颖而出。

邓小平同志在"南方谈话"中的这些重要论述,使广东各级党委更深刻地认识到培养选拔优秀年轻干部的责任感和紧迫感。为此,省第七次党代会着重提出:"各级党组织要破除论资排辈、照顾平衡、求全责备等陈旧观念,开拓视野,不拘一格选拔人才。按照干部队伍革命化、年轻化、知识化、专业化的方针和德才兼备的原则,大胆地把年富力强、敢于开拓、政绩明显、作风正派、群众拥护的干部,选配到关键性的领导岗位。"同时强调"要重视党外干部、妇女干部和少数民族干部的选拔培养。行之有效的干部轮训、考核、交流、使用等制度和干部离退休制度,要在实践中继续完善"。② 1994年10月,中共广东省委审议并通过《中共广东省委关于贯彻〈中共中央关于加强党的建设几个重大问题的决定〉的意见》,强调要"认真做好培养选拔领导干部的工作",并从四个方面做出了具体安排:(1)进一步解放思想,破除论资排辈的陈旧观念,抓紧培养和选拔

---

① 《邓小平文选》第3卷,人民出版社1993年版,第380页。
② 谢非:《为广东二十年基本实现现代化而奋斗——在中共广东省第七次代表大会上的讲话》,1993年5月21日。

第三章　与时俱进：构建广东党的建设新格局（1992—2002 年）

跨世纪、能担当的优秀年轻干部。中共广东省委提出，各级各部门都要注意选拔一批三十多岁、四十多岁的优秀干部进行重点培养，帮助他们尽快成长；对那些经过一定台阶锻炼的优秀年轻干部，要及时大胆起用；要坚持在实践中锻炼提高年轻干部。(2) 积极培养和选拔妇女干部、党外干部。中共广东省委提出，从现在起的三年内，每个市县及乡镇的党政领导班子中至少要配备一名女干部；县以上政府领导班子都要逐步配一名党外人士担任副职，特别是沿海各市县要力争一两年内配齐；要注意使用知识分子，特别是高级知识分子干部。(3) 选拔任用领导干部要坚持德才兼备原则，并严格按照规定程序办事。中共广东省委强调，对于那些坚决执行党的基本路线、勇于开拓创新、政绩突出、廉洁务实、群众信任的优秀干部，要大胆地委以重任；对于那些不胜任现职、不负责任的干部要及时地调整下来；选拔任用各级领导干部，都要按民主推荐、组织人事部门考察、党委（党组）集体讨论等相关程序进行。(4) 大力推进干部交流制度。中共广东省委提出，干部可以在全省范围内进行横向或纵向交流，可以在领导机关以及基层单位的不同岗位之间交流、轮岗；从经济比较发达地区和山区、新建市抽调干部实行双向交流的工作要完善制度，坚持下去；省直机关和经济特区、沿海开放城市要适当选派一些素质较高的干部，到经济发展较缓慢或条件比较艰苦的地区交流、任职。

在党中央的正确领导下，广东认真贯彻党的组织路线，加快选拔任用领导干部制度的改革，改进党管干部的方法，继续扩大民主、完善考核、推进交流、加强监督，拓宽选人渠道，加大工作力度，从高等学校、科研院所和大企业集团等单位选拔了一批年纪较轻、知识层次较高的优秀人才充实到各级党政领导班子，并逐步形成了优秀人才脱颖而出、富有生机与活力的用人机制，选拔任用了一大批"政治上靠得住、工作上有本事"的优秀年轻干部，并通过理论培训、实践锻炼、交流任职等形式，使全省在干部队伍和领导班子的年轻化方面取得了较大突破，极大地改变了各级领导班子和干部队伍的整体面貌。1992 年在全省范围内开展了推荐优秀年轻干部活动，从 1996 年开始在全省范围实施培养选拔高素质人才的"三个一工程"。同时，建立并不断改进后备干部制度。全省实行双向交流的干部到 1995 年共约 400 人，即经济发达地区和山区、新建市各调干部 200 人。到 1998 年，全省县以上党政机关已基本上形成了一支数量可观、门类齐全、质量较好的后备干部队伍，为各级领导班子调整充实新老干部的正常交替奠定了基础，从而为广东经济社会的发展奠定了根本的组织基础。

（四）坚持解放思想、实事求是的思想路线

思想路线是党的思想建设的首要问题。面对改革开放、经济建设和党的建设尤其是党内思想状况等方面出现的新情况、新问题，邓小平同志在"南方谈话"中全面重申了他一贯倡导的解放思想、实事求是的思想路线，强调"实事求是是马克思主义的精髓"，因而，"学马列要精，要管用的"。① 针对当时党内外的思想状况，邓小平同志站在社会主义的本质、"改革也是解放生产力"的理论高度，就姓"社"还是姓"资"、计划与市场是手段还是本质等问题做了精辟的论述。他强调指出："计划多一点还是市场多一点，不是社会主义与资本主义的本质区别。计划经济不等于社会主义，资本主义也有计划；市场经济不等于资本主义，社会主义也有市场。计划和市场都是经济手段。"② 这就彻底地改变了一个时期以来人们犹豫、彷徨的思想认识，为党在改革开放新时期的思想建设确立了新航标。针对当时一些领域存在的"左"和"右"两种错误倾向，邓小平同志在"南方谈话"中进一步深化了既反"左"又反右的重大原则问题。他尖锐地指出："右可以葬送社会主义，'左'也可以葬送社会主义。中国要警惕右，但主要是防止'左'。"③ 纠正了一些人长期以来存在的"左"比右好，宁"左"勿右的错误思想，为进一步推进改革开放和现代化建设指明了前进方向。

邓小平同志发表的"南方谈话"，极大地推动了广东各级党组织和广大党员干部的思想大解放。中共广东省委第七次代表大会报告鲜明指出："学习建设有中国特色社会主义的理论，必须努力掌握解放思想、实事求是这一马克思主义的精髓。……全体党员尤其是领导干部，要警惕以否定四项基本原则为主要表现的右，更要防止以否定改革开放为主要表现的'左'。共产党员要带头强化改革意识、市场意识、竞争意识和现代化意识，充分发挥主观能动性和创造性，敢闯、敢冒、敢试，勇于坚持正确

---

① 《邓小平文选》第3卷，人民出版社1993年版，第382页。
② 《邓小平文选》第3卷，人民出版社1993年版，第373页。
③ 《邓小平文选》第3卷，人民出版社1993年版，第375页。

第三章 与时俱进：构建广东党的建设新格局（1992—2002年）

的、纠正错误的，争当改革开放的闯将。"① 中共广东省委七届三次全会进一步强调："坚持实事求是，继续解放思想""要适应建立社会主义市场经济体制和现代化建设的要求，继续解放思想，更新观念，勇于开拓，创造性地工作。要坚持讲真话办实事的求实务实作风，注意克服盲目自满、不思进取的思想；克服不开动脑筋研究新情况新问题，凭老经验老办法办事的作风，不断开创工作新局面"。② 在中共广东省委七届四次全会上，时任中共广东省委书记谢非再次强调指出：各级党组织要"进一步解放思想，力戒骄傲，增强信心，保持开拓进取的精神状态"。③ 广东乘"南方谈话"的东风，认真贯彻落实党的十四大精神，解放思想，坚定信心，从"左"的思想框框中解放出来，进一步摆脱姓"社"姓"资"的思想束缚。遵照邓小平同志关于"看准了的，就大胆地试，大胆地闯""每年领导层都要总结经验，对的就坚持，不对的赶快改，新问题出来抓紧解决"的教导，④ 在扩大改革开放和加快现代化建设的道路上，全面贯彻执行党的思想路线，坚持党要管党、从严治党，不断提高各级党组织的创造力、凝聚力和战斗力。在广东改革开放和现代化建设进程中，全面加强党的自身建设，充分发挥党的领导核心作用，各级党组织以"抓住机遇、深化改革、扩大开放、促进发展、保持稳定"为基本方针，坚持求真务实，敢为人先，不争论，不刮风，只要符合"三个有利于"标准，就大胆地试，大胆地闯，看准了就赶快做，做错了就马上改。邓小平"南方谈话"以后，中共广东省委全面深刻地推进各项改革，进一步扩大开放，掀起了新一轮改革与发展的热潮。不仅为全国改革开放和建立社会主义市场经济体制"杀出了一条血路"，探索出丰富的经验，而且一跃成为全国经济最发达的省份之一，并以更新的面貌大步迈向改革开放和现代化建设新的发展阶段。

---

① 谢非：《为广东二十年基本实现现代化而奋斗——在中共广东省第七次代表大会上的讲话》，1993年5月21日。
② 《中共广东省委关于贯彻〈中共中央关于加强党的建设几个重大问题的决定〉的意见》，1994年10月8日。
③ 谢非：《广东改革开放探索》，中共中央党校出版社1998年版，第106页。
④ 《邓小平文选》第3卷，人民出版社1993年版，第372页。

(五) 加强党风廉政建设，坚决反对腐败

在"南方谈话"中，邓小平同志对党风廉政建设的论述言简意赅又掷地有声，主要集中在反对形式主义和反腐倡廉法治化两个方面。他指出："现在有一个问题，就是形式主义多。电视一打开，尽是会议。会议多，文章太长，讲话也太长，而且内容重复，新的语言并不很多。重复的话要讲，但要精简。形式主义也是官僚主义。"① 他提醒各级领导干部"要腾出时间来多办实事，多做少说"。② 在反腐倡廉建设上，邓小平深刻指出："在整个改革开放过程中都要反对腐败。"③ "廉政建设要作为大事来抓。"④ 他总结改革开放以来的经验，认为反腐败"还是要靠法制，搞法制靠得住些"。⑤ 这是他"制度建设是根治腐败的治本之策"思想的继续和延伸。与此同时，为了保证改革开放和现代化建设事业的健康发展，邓小平同志在"南方谈话"中还突出强调了坚持"两手抓、两手都要硬"的方针。他指出："要坚持两手抓，一手抓改革开放，一手抓打击各种犯罪活动。这两手都要硬。打击各种犯罪活动，扫除各种丑恶现象，手软不得。"⑥

邓小平同志在视察南方时做出的重要论述，特别是亲临广东时发表的谈话，对于提高广东各级党委的领导水平和执政能力意义非常重大，指引着广东经济建设与党风廉政建设的协同发展。加强党风廉政建设和反腐败斗争，是保持党的先进性和纯洁性，保持党同人民群众的血肉联系，进而保证改革开放和社会主义现代化建设健康发展的一个不可或缺的条件。1993年5月召开的省第七次党代会强调指出："当前反腐保廉的任务十分艰巨，决不能掉以轻心。"⑦ 同年9月，谢非在中共广东省委常委扩大会议上的讲话中明确指出："反腐败斗争一要坚决，二要持久，三要抓紧。抓紧抓实，才能抓出成效。我省要力争二十年基本实现现代化，这个过程

---

① 《邓小平文选》第3卷，人民出版社1993年版，第381页。
② 《邓小平文选》第3卷，人民出版社1993年版，第382页。
③ 《邓小平文选》第3卷，人民出版社1993年版，第379页。
④ 《邓小平文选》第3卷，人民出版社1993年版，第379页。
⑤ 《邓小平文选》第3卷，人民出版社1993年版，第379页。
⑥ 《邓小平文选》第3卷，人民出版社1993年版，第378页。
⑦ 谢非：《为广东二十年基本实现现代化而奋斗——在中共广东省第七次代表大会上的讲话》，1993年5月21日。

第三章 与时俱进：构建广东党的建设新格局（1992—2002年）

也是不断反腐败的过程。实现这一宏伟目标的时间紧迫，加强反腐败斗争也显得紧迫。"① 为此，广东各级组织在实际工作中一抓教育，二抓制度，三抓严肃查处大要案件，各级纪检监察机关不仅明确划清一系列政策界限，还加大了对金融、证券、基建、土地出租批租、房地产等"热点"部位和市场经济的重点领域及改革的重点、难点领域内的大案要案的查处力度。在加强党风廉政建设的具体做法上，各地区各部门坚持了五个结合：一是有所引进与有所抵制相结合。在精神文明建设、党风廉政建设中正确处理好引进与抵制的关系，大胆吸收西方的进步思想文化和先进的管理方法、经验，吸收包括港澳地区在内的健全法制、加强对公职人员监督管理的经验；同时，在引进中抵制资产阶级腐朽思想和生活方式的侵蚀。二是经常性查办案件与集中清理相结合。在执纪办案的基础上，中共广东省委、省政府针对每个时期的突出问题开展集中清理和专项治理工作，巩固党风廉政建设和反腐败斗争的成果。三是抓党风与净化社会风气相结合。坚持从推动社会全面进步着眼，把党风廉政建设与搞好整个社会风气相联系，通过抓党风，带动社会风气的好转；通过综合治理，净化社会风气，进一步促进党风廉政建设的深化。四是严格执纪执法与加强教育、建立监督约束机制相结合。在坚决打击违纪违法活动，严厉惩处少数腐败分子的同时，立足于教育、团结大多数，通过查案发现问题，找出薄弱环节，堵塞漏洞，铲除腐败现象和不正之风赖以滋生的土壤。五是发挥专门机关、职能部门的作用与加强党内外的监督相结合。在专门力量方面，广东省注重加强执纪执法监督部门的联系，发挥其整体优势，并在此基础上，充分发挥人大、政协及各民主党派监督和群众监督、舆论监督的威力，形成反腐败斗争的强大声势。

二、因应市场经济浪潮，破解党的建设新课题

"南方谈话"和随后召开的党的十四大，标志着改革开放和社会主义现代化建设进入新阶段。党的十四大提出了建立社会主义市场经济体制的改革目标，积极探索在社会主义市场经济体制下党的建设的具体路径，是党的建设工作中面临的新的重大课题。随着原有的计划经济体制不断向社会主义市场经济体制转型，原本就在改革开放领域先行于全国的广东，在

---

① 谢非：《广东改革开放探索》，中共中央党校出版社1998年版，第631页。

邓小平理论的指引下,紧紧抓住"一个中心、两个基本点",围绕发展经济这一根本任务,进一步以创新性、全面性的改革,继续领先于全国,取得了显著成效。进入20世纪90年代,广东进一步加快经济建设的步伐,将党的建设与经济建设的中心任务紧密联系,在思想、组织、作风等领域中全面加强和推进党的建设,不断提升党的执政能力和领导水平;于改革开放的时代浪潮中,走在时代前列,努力提高省内各级党组织的战斗力、凝聚力和防腐拒变的能力,使得党的建设与经济发展、社会进步实现相互促进、协同发展,进而将广东的改革开放和现代化建设事业推进到崭新的阶段。

(一) 以思想解放促进改革开放浪潮中的党建工作

由于广东地处改革开放前沿地带,作为实验地区,且位于"一国两制"的地理交界线上,广东党的建设在改革开放和发展社会主义市场经济进程中经受着严峻考验和挑战。因而,在这样的改革开放浪潮中促进党的建设工作的深入开展,既要大胆吸收人类社会一切文明进步成果,又要坚决抵制拜金主义、个人主义及各种腐朽生活方式的侵蚀,则必须做到进一步解放思想。

1. 更加明确解放思想对党建工作的关键作用

历史上任何一次真正的改革,总是以解放思想、更新观念为先导。作为党的思想路线的精髓,解放思想、实事求是成为推进改革开放和社会主义现代化建设的核心原则。在"南方谈话"中,邓小平同志就反复强调要坚持解放思想、实事求是的思想路线,提出"不要提倡本本",指出"过去我们打仗靠这个,现在搞建设、搞改革也靠这个"。① 改革开放以来,广东改革开放和党的建设每前进一步,都以解放思想开辟道路。因而,十多年来,广东立足于自身实际,成功探索出了一条建设有中国特色社会主义的新路,也为党的建设开创了新局面。

党的十四大报告严格遵循、贯彻并发展、弘扬了解放思想的思想路线,着眼于解决社会主义建设实践中的新问题,明确"不仅要认真学习邓小平同志的战略思想和理论观点,更要学习他运用马克思主义立场、观点

---

① 《邓小平文选》第3卷,人民出版社1993年版,第382页。

第三章　与时俱进：构建广东党的建设新格局（1992—2002 年）

和方法研究新情况、解决新问题的科学态度和创造精神"。① 要求全党在改革开放与现代化建设的新阶段，做到解放思想、更新观念、突出重点，从而创造性地开展改革开放和社会主义建设中的各项工作，并将这一宗旨深化为新形势下党的建设的基本要求。党的十四大之后，广东党建工作从自身实际出发，紧紧围绕经济建设这一中心，在加快建立社会主义市场经济体制的同时，适应改革需要和发展要求，既坚持实事求是，又进一步解放思想，在改革开放的关键时期，积极研究新出现的情况、加紧探索新问题的解决方案。

进入 20 世纪 90 年代初，广东经济发展迅速，人民生活水平显著提高。1993 年 5 月召开的省第七次党代会上，中共广东省委明确提出广东要力争在 20 年内基本实现现代化，并对 20 年后广东社会主义现代化建设的宏伟蓝图进行了描绘：全省经济发展总体上达到世界中等发达国家的水平，精神文明水平更高。科学技术发达，经济实力雄厚，人民生活富足，民主法制健全，社会风气良好。对此，时任中共广东省委书记谢非在省第七次党代会报告中指出，广东要力争 20 年基本实现现代化，思想解放仍然是关键。党的十四大明确提出我国经济体制改革的目标是建立社会主义市场经济体制，使改革开放事业迎来了新的里程碑。为响应党的十四大号召、落实党的十四大精神，中共广东省委明确指出："改革要有大的突破，必须彻底冲破小农经济思想、传统计划经济观念和旧习惯的束缚。要善于把中央的方针政策同本地区、本部门的实际结合起来，大胆试验、积极开拓，创造性地开展工作。"② 这就要求全体党员尤其是领导干部，既要警惕以否定四项基本原则为主要表现的右的问题，又要防止以否定改革开放为主要表现的"左"的问题；共产党员要带头强化改革意识、市场意识、竞争意识和现代化意识，充分发挥主观能动性和创造性，争当改革开放的勇士、闯将。

1993 年 10 月，人民出版社出版了《邓小平文选》第三卷，紧接着中共中央做出关于学习《邓小平文选》第三卷的决定。广东全省各级党组织将学习《邓小平文选》第三卷作为加强党的思想建设和干部理论教育的重

---

① 《江泽民文选》第 1 卷，人民出版社 2006 年版，第 246 页。
② 李萍、王丽荣：《党建工程的排头兵——广东党的建设 30 年》，广东人民出版社 2008 年版，第 50 页。

要抓手，做出了科学、周密的学习安排，取得了明显的学习成效。在计划经济体制向社会主义市场经济体制转型过程中，广东省各级党组织坚持一切从实际出发，解放思想、实事求是，通过组织广大党员干部学习社会主义市场经济理论，以地方实践为基础，破除"唯上、唯书"的观念和"恐资病"思想的束缚，思想认识水平获得持续不断的提高，大胆地改革开放、发展社会主义市场经济。以顺德市（现为佛山市顺德区）为例，进入20世纪90年代，顺德市委提出在社会主义市场经济条件下再创顺德经济发展优势。结合学习中国特色社会主义理论，顺德市委抓住改革中的重大理论和实践问题开展讨论活动，以启发党员进一步解放思想、更新观念，从以下五个关键方面，确立社会主义现代化发展的观念：（1）破除计划经济意识，确立社会主义市场经济观念；（2）破除小农经济意识，确立城市化观念；（3）破除生产经营中的狭隘意识，确立规模经济和效益观念；（4）破除"以工业为主"的意识，确立三大产业协调发展的观念；（5）破除小富即安、自满自足的观念，确立现代文明和不断开拓进取的观念。以新观念的树立，促进顺德经济迈上新台阶。

2. 围绕发展社会主义市场经济开展党建工作

在改革开放新的历史时期，党的十四大确立了我国经济体制改革的目标是建立社会主义市场经济体制。与此同时，在发展社会主义市场经济条件下，党的建设出现了前所未见的新情况、新特点。为坚持和改善党的领导，加强和改进党的建设，党的十四届四中全会通过了《中共中央关于加强党的建设几个重大问题的决定》，作为加强和改善党的建设的长期纲领性文件。文件指出：新时期党的建设是一项"新的伟大工程"。为贯彻落实文件指示精神，中共广东省委于1994年9月召开七届三次全会，会议通过了《中共广东省委关于贯彻〈中共中央关于加强党的建设几个重大问题的决定〉的意见》，对广东党的建设做了整体部署和具体要求：（1）要解决认识问题。需要从社会主义现代化建设事业的成败兴衰高度，对广东省党建工作现状进行准确判断，直面广东面临的新任务、新形势，充分认识加强党的建设的必要性和紧迫性。（2）要有明确的目标和具体的措施。把工作抓实，要立足于抓素质、打基础；抓制度、立规矩，在实际行动中讲求实效。（3）着重指明第一把手在抓落实问题中的关键地位。明确各级一把手对同级领导班子的建设负责，并建立定期检查、考核的制度，层层建立责任制，明确责任归属；同时第一把手要成为贯彻落实民主集中制的

第三章 与时俱进:构建广东党的建设新格局(1992—2002 年)

模范,提高班子的整体凝聚力和战斗力。

基于对党建工作新形势的准确把握,广东全方位地规划了加快建立社会主义市场经济体制进程中的党建总布局。在新的里程碑上,先行一步的广东在进行社会主义市场经济建设过程中,表现出了强大的改革开放魄力、能力和劲头。中共广东省委紧紧围绕经济建设的中心,围绕建立社会主义市场经济体制的目标,制定了在新形势下加强和改善党的建设和党的领导,使党能够更好地领导建设中国特色社会主义事业的总体思路,具体表述为:"改革开放给党的建设注入新的活力,同时党的建设也遇到许多复杂情况",因此,"党必须在改革开放的新形势下认识自己、加强自己、提高自己;认真研究和解决在自身建设中出现的新矛盾新问题。"[①] 在这样的总体思路统筹下,中共广东省委提出了解决党建工作中突出问题的思路和方法,其要点主要包括:

第一,以学习掌握邓小平建设有中国特色社会主义理论为抓手,落实和做好党员教育和干部培训的工作。中共广东省委指导省内各地、各单位分期分批搞好党员干部全面轮训,组织党员干部学习建设有中国特色社会主义理论,增强党员干部贯彻执行党的基本路线的自觉性和坚定性。尤其注重组织干部学习党章和《邓小平文选》第三卷,特别是对邓小平同志"南方谈话"基本论点的提炼与总结,使全省广大党员深刻领会邓小平同志视察南方特别是亲临广东指导时的重要谈话精神,进而全面掌握邓小平同志建设有中国特色社会主义理论。这一方面提高了全省党员贯彻执行党的基本路线及党中央《关于建立社会主义市场经济体制若干问题的决定》的坚定性和自觉性,另一方面促进了全省各级党组织和党员干部主动性、创造性的发挥。

第二,发扬党内民主,落实、抓好领导班子建设。1997 年 6 月,时任中共广东省委书记谢非在全省县委书记学习会上明确指出:"在新的历史时期,我省的县委领导班子必须成为高举邓小平建设有中国特色社会主义理论伟大旗帜,自觉坚持党的基本路线,胜任领导改革开放和社会主义现代化建设的工作,得到人民群众衷心拥护,有凝聚力、号召力、战斗力的坚强领导核心。"[②] 在此基础上,中共广东省委以贯彻民主集中制为重点,

---

[①] 《十四大以来重要文献选编》(中),人民出版社 1997 年版,第 957 页。
[②] 谢非:《广东改革开放探索》,中共中央党校出版社 1998 年版,第 730 页。

抓好领导班子的思想作风建设。中共广东省委组织部对各地贯彻执行中共广东省委关于加强县处级以上党政领导班子思想作风建设决定的情况进行检查，要求对县级以上领导干部集中进行党性党风教育。按照江泽民同志在党的十四届五中全会上关于"思想政治建设是党的建设的首要任务，是带动其他方面建设的根本性建设，必须抓紧抓实"的指示，中共广东省委提出要把领导班子思想政治建设作为广东省党的建设的一件大事精心研究、切实抓好；强调要以"三学""六抓""三健全"为主要内容，着力加强领导班子的思想政治建设，通过学理论、学党章、学楷模等具体路径，促进各级领导干部和领导班子不断提高思想政治水平。

第三，加强和改进党的基层组织建设。党的基层组织建设，必须适应新形势、新任务的要求，努力加强党组织的凝聚力、吸引力和战斗力，实现党的工作的全面覆盖。党的十四届四中全会通过的《中共中央关于加强党的建设几个重大问题的决定》明确指出："必须用改革的精神研究新情况、解决新问题，运用已有的成功经验并进行革新和创造，改进基层党组织的活动内容和工作方式。"① 突出强调抓好农村、国有企业、机关、学校、街道等基层党组织建设及基层组织内的党员队伍建设。在具体落实中，根据党的十四届四中全会的决定，结合广东的实际情况，中共广东省委通过了《关于进一步加强农村基层组织建设的决定》，强调贯彻落实《关于加强乡镇党委领导班子建设的意见》，以县为单位，对农村党支部情况进行全面分析。一方面整顿后进党支部，一方面增强乡镇党委领导经济工作的能力。全省各地在加强农村基层组织建设中，实行机关部门定点包干和组派工作队驻点协助相结合的方式，加强农村基层组织建设的责任不仅落实到工作队，而且落实到每个派出工作队的机关部门，从而强化了机关部门的责任。省内普遍采用了各级领导干部挂钩办点制度，1995年以来，全省有2300多名省、市、县的领导成员与2499个农村管理区建立了联系点，并重点抓好1300多个后进党支部和550个先进示范点的建设工作。至1996年，全省22611个农村管理区中，已有占73.1%的16527个农村管理区通过了检查验收，初步达到了中央和广东省委提出的"五个好"的要求。在企事业单位党建方面，重点总结推广国有企业在转换经营机制的过程中，党组织发挥政治核心作用的经验，研究、分析、解决股份

---

① 《十四大以来重要文献选编》（中），人民出版社1997年版，第966页。

制企业、企业集团的党组织设置、职能定位等问题。从加强领导搞好现代企业制度试点、落实党组织参与重大问题决策的实施,发挥党组织的政治核心作用、坚持党管干部的原则,建立现代企业新型人事管理机制三个方面,总结外资企业党的工作创新、落实新鲜经验,以加强教育和管理,抓好党员队伍建设,提高党员的整体素质。来自工人、农民、知识分子、军人、干部的党员,是党的队伍的最基本组成部分;同时,把承认党的纲领和章程、自觉为党的路线和纲领而奋斗、经过长期考验的社会其他方面的优秀分子吸收到党内来,是党发展壮大的保障和基层党组织得以丰富、发展的前提。1995年11月,中共广东省委表彰模范乡镇党委和先进企业党委各十个,并要求全省党的基层组织以这些模范为榜样,在建设有中国特色社会主义理论的指导下,从本地、本单位的实际出发,制定、完善、实施经济发展与改革开放的目标和规划,从而适应改革开放的新形势,围绕经济建设抓好党的建设,努力把省内各级基层党组织建设成为全面贯彻党的基本路线的坚强核心,为加快广东省改革开放和现代化建设步伐做出更大贡献。

第四,加强党风廉政建设。党的十四届四中全会指出,党的作风直接关系党的形象,关系人心向背,关系党的生命,必须把加强和改进党的作风建设摆在突出位置。为将中央精神与广东实际相结合,时任中共广东省委书记谢非在省委常委扩大会议上指出:当前反腐败斗争,要实现"三个结合",即将完成反腐败的阶段性任务与建立反腐保廉机制的长远目标紧密结合;将加强反腐败斗争与精神文明建设紧密结合;将反腐败斗争与深化改革、发展经济紧密结合。在具体落实中,强调所有党员干部,必须真正代表人民掌权、用权,而绝不允许以权谋私,绝不允许形成党内既得利益集团;强调结合新形势、新任务,解决当前思想作风、学风、工作作风、领导作风和干部生活作风等方面存在的突出问题,培育符合时代需要的新作风。

(二)大力加强民主集中制建设

作为马克思主义政党区别于其他类型政党的显著标志,民主集中制是中国共产党的根本组织制度、领导制度,是保障决策科学性、民主性不可或缺的制度保证。早在广东省庆祝中国共产党成立70周年大会上的讲话中,时任中共广东省委书记谢非就明确指出,民主集中制是"实现决策科学化、民主化，充分调动广大党员的积极性和创造精神的可靠保证"。①1994年10月，中共广东省委七届三次全会审议通过的《中共广东省委关于贯彻〈中共中央关于加强党的建设几个重大问题的决定〉的意见》更是强调要"进一步坚持和健全民主集中制"，并从六个方面提出了具体要求：一是要提高领导集体决策的民主化、科学化水平；二是要坚持集体领导和个人分工负责相结合的制度；三是要正确处理好领导集体成员之间的关系；四是要正确处理好上级组织与下级组织的关系；五是要正确处理好党委和政府的关系；六是要疏通和拓宽党内外民主渠道。这就为广东党的建设特别是领导班子建设指明了前进方向。

1. 发展市场经济，必须加强民主集中制建设

一方面，就践行群众路线和强化群众对党的认同而言，中共广东省委认为"民主集中制是更高层次的群众路线的体现"②，在社会主义市场经济深入发展和经济体制改革有序深化的过程中，人们的思想在活跃性、独立性和政治参与性等特点上表现得愈发明显，要形成领导干部与人民群众在思想上的可靠沟通、党内外同心同德的环境氛围，就必须要求"各级领导机关要做到'重大问题让人民群众知道，重大决策让人民群众讨论'"③，从而为经济社会的全面发展奠定基础。另一方面，就增强党的创造力、凝聚力、战斗力和增进党内团结而言，中共广东省委强调坚持和执行民主集中制是"领导班子和领导成员减少失误、分清是非、化解矛盾、增强免疫力的有效途径"。④ 因而，充分运用批评与自我批评这个武器，用党内民主监督来强化领导班子建设，进而形成讲团结、讲统一、顾大局的党内气氛，实现民主基础上的集中与集中指导下的民主相结合，既有助于充分发挥各级党组织与广大党员的工作积极性和创造性，又有益于保障党委决策的科学性和实施效率，全面增强党的创造力、凝聚力和战斗力，使党和国家的建设事业顺利向前发展。

2. 自觉维护党的权威，保证政令畅通

在计划经济向市场经济过渡的过程中，社会中各类利益关系所形成的既有格局都发生着深刻而重大的变化，由这种利益关系格局变动而产生的

---

① 谢非：《广东改革开放探索》，中共中央党校出版社1998年版，第673页。
② 谢非：《广东改革开放探索》，中共中央党校出版社1998年版，第719页。
③ 谢非：《广东改革开放探索》，中共中央党校出版社1998年版，第497页。
④ 谢非：《广东改革开放探索》，中共中央党校出版社1998年版，第735页。

第三章 与时俱进：构建广东党的建设新格局（1992—2002年）

矛盾和问题也比过去更为突出、更为复杂。在此情况下，如果没有严格的政治纪律作为支撑，党组织极易出现软弱涣散的危险。为此，1995年11月召开的中共广东省委七届四次全会上，时任中共广东省委书记谢非要求全省各级党组织和党员干部"坚决贯彻中央提出的方针政策，自觉维护中央的权威"。① 中共广东省委强调，在自觉与党中央保持高度一致，坚决维护中央权威和党的基本路线、基本方针、各项政策的同时，要保证中央政令在具体问题中得到切实贯彻落实。为此，中共广东省委从三个方面进行了细化规范：（1）要求全体党员干部坚决地做到"四个服从"，在任何时候、任何情况下，都必须坚决地贯彻落实党和国家的指导思想、奋斗目标、大政方针和法律制度以及重要的相关工作部署。（2）要求全体党员干部在坚持服从、服务于大局的前提下，"以'三个有利于'作为检验标准，创造性地贯彻执行上级的指示决定，创造性地开展工作"，保持开拓进取的精神状态。（3）要求党员干部合理协调、正确处理"服从"与"创造"的关系，一方面杜绝以"服从"为名，照抄照转、懒于动脑、疏于实践；另一方面也不能以创造性工作为名，实际搞"上有政策，下有对策"和地方、部门保护主义。

在具体工作中，中共广东省委严肃政治纪律，确保政令畅通，坚决查处"七种行为"：（1）违反党的政治纪律的行为；（2）反对党的基本路线、传播政治谣言的行为；（3）有令不行、有禁不止，搞地方保护主义的行为；（4）违反民主集中制，个人或者少数人决定重大问题造成严重后果的行为；（5）阳奉阴违、弄虚作假的行为；（6）侵犯人民群众合法权益的行为；（7）在组织人事工作中任人唯亲、买官卖官的行为。据统计，从1993年6月至1998年3月，全省纪检监察机关立案查处违反政治纪律的案件93件，处分党员干部147人；立案查处违反组织、人事纪律案件305件，处分党员干部348人；立案查处严重官僚主义渎职案件1455件，处分党员干部1843人。

3. 发扬党内民主，活跃党内政治生活

党内民主氛围和状况，影响和制约着党内监督的水平，如果党内民主发扬、发展得不够充分，批评与自我批评的氛围不浓郁，就很有可能导致监督难以落到实处。发扬党内民主是党内政治生活得以正常、顺利进行的

---

① 谢非：《广东改革开放探索》，中共中央党校出版社1998年版，第106页。

必要前提，只有大力发展党内民主，尊重并保障广大党员的知情权、监督权，才能够遏制住主观主义、官僚主义、家长制作风和腐败行为等不良党内风气。因而，中共广东省委认为，加强党的建设必须大力发扬党内民主、活跃党内政治生活。

不受监督、管制的权力势必导致腐败。因而，中共广东省委及其主要领导多次强调，"要健全党内民主，对领导干部实行民主监督"，"要完善和坚持党内民主生活会、干部谈话、民主评议、开展批评与自我批评等制度，在领导班子内部形成监督约束机制"。中共广东省委认为，这样的党内民主建设路径，既能够自觉纠正之前的违反规定、纪律的行为，又能防范日后不廉、不洁行为的发生，从而夯实拒腐防变的思想底线和道德规范。1993年至1994年，全省各级党组织的专题民主生活会只在县处级以上干部中进行。为了发扬党内民主、活跃党内政治生活，从1995年起，中共广东省委将民主生活会的对象范围扩大到县直属科级干部、乡镇领导干部和基层站（所）负责人，以及国有企业领导人员。此后，这一规定得以长期坚持下来，并取得明显成效。从1993年至2002年10年间，全省有164万人次参加了民主生活会，约有2万人次的领导干部查出有不廉洁问题。从1993年起，每年参加自查自纠民主生活会的领导干部占领导干部总数的95%以上。①

4. 贯彻执行民主集中制，"一把手"起关键作用

在推进改革开放和发展社会主义市场经济中，中共广东省委突出强调要发挥领导班子中的"班长""一把手"的表率、带头作用，建立健全民主集中制、民主生活会、民主评议党员和领导干部制度，完善党内集体领导、民主监督等相关的监督制约机制。

一方面，中共广东省委明确要求"第一把手要成为贯彻民主集中制的模范"，确立了要当"班长"、不要当"家长"，要果断、不要武断，要善于协调、善于总揽、不要包揽，要诚心、不要疑心的"四要四不要"原则。省第七次党代会报告进而强调指出："党政主要负责同志更要率先垂范，立党为公；胸怀宽广，从善如流；严于律己，宽以待人；努力成为执行民主集中制的模范，并使这一根本原则贯彻到社会政治生活的各个方

---

① 《中共广东省委纪律检查委员会向省第八次党代表大会的工作报告》，载《党风》1998年第6期。

面,以推进社会主义民主建设。"① 另一方面,中共广东省委明确指出:"在广东,凡是党组织民主集中制贯彻执行得好的地方,党的领导就有力量,经济工作也搞得比较好。事实证明,党作为领导我们事业的核心力量,需要高度民主,也需要高度集中,两者结合起来就是我们的战斗力所在。"因而中共广东省委反复强调,各级党组织特别是县以上党委一班人,要切实加强民主集中制,实行集体领导和个人分工负责相结合,领导干部要过好民主生活会,增强相互间的谅解和支持,加强团结合作,以形成最大的合力。在具体的工作中,以时任中共广东省委书记谢非为代表的省委一班人,在实践中做到身体力行、率先垂范。中共广东省委健全完善了常委会决策制度,对关系到方向性、全局性、战略性的问题,对领导干部的选拔任用、经济社会发展等方面的重要决策,坚持做到不经过常委会集体研究就不做决策,积极推进决策科学化、民主化;同时,讨论、决定问题时,严格执行规定程序,坚决克服议而不决、决而不行、内耗严重等软弱涣散现象。为加强班子成员之间的沟通,中共广东省委制定了省委常委之间谈心制度,要求省委主要负责同志与班子成员之间、班子成员与成员之间开展多种形式的谈心交心活动,相互征求意见、沟通思想、交流看法,促进班子的团结。

5. 疏通民主渠道,完善民主集中制建设

中共广东省委高度重视人民代表大会和政治协商制度在加强民主集中制建设中的作用,并指出我国的政党体制具有明显的民主集中制属性。而人民代表大会及其常委会是"联系群众、反映民意、解决矛盾的主要民主渠道",人民代表"扎根在人民群众之中,是党和国家权力机关联系人民群众的一支重要力量,是联系人民群众的桥梁和纽带"。② 这就要求高度重视人大和人大代表在加强民主集中制建设中的重要作用。因此,必须站在密切联系人民群众的高度,努力加强地方人大及其常委会建设,通过地方人大及其常委会密切联系人民代表,疏通和拓宽党与人民群众联系的渠道,使党和国家政权机关与人民群众的联系更为紧密,进而妥善解决各种社会矛盾,保障社会安定团结,保证党的决策的正确和有效贯彻执行。

与此同时,中共广东省委提出政协"能反映各方面的意见,集中各方

---

① 谢非:《广东改革开放探索》,中共中央党校出版社1998年版,第40页。
② 谢非:《广东改革开放探索》,中共中央党校出版社1998年版,第558页。

面的智慧""这一点是其他组织所不能代替的""这支队伍是我们国家十分宝贵的财富,我们千万千万要珍惜它、重视它,没有任何理由来轻视它、忽视它"。① 因此,在具体的事务研究和决策过程中,中共广东省委高度重视、充分发挥各民主党派、各社会团体在政治协商、民主监督、参政议政等方面的重要作用,并诚心诚意地倾听政协的各种意见,强调对尖锐、直接、"逆耳"批评意见的接纳和鼓励,创造充分民主的协商氛围。在有效监督的实行、实现中,保证党和国家的干部在领导工作中更好地为人民服务,保证党不脱离群众,少犯、不犯错误。

(三) 抓好领导班子建设

各级党组织的领导班子担负着率领党员群众推进改革开放和建设现代化的重任,他们的能力、素质和状态直接决定着党组织的凝聚力、创造力和战斗力。在抓好党的建设工作中,时任中共广东省委书记谢非多次强调指出:"领导班子有战斗力了,真正起作用了,才能把党的队伍带好,才能使各行各业和基层的工作得以开展。"② 为此,全省各级党组织坚决贯彻落实中共广东省委的指示精神,采取了一系列措施加强和改进领导班子建设,在调整和改善领导班子年龄、文化结构,改革干部管理体制等方面,取得了较为明显的成效。

1. 提出领导班子建设的 64 字要求

领导班子建设是系统性、全面性、长期性的事业。1994 年,中共广东省委针对各级领导班子的发展状况与要求,对全省各级班子提出了 8 句话 64 字要求,即"善于学习,永不自满;解放思想,勇于开拓;胸怀大局,乐于奉献;拒腐防变,保持廉洁;务实创业,为民造福;团结一致,形成合力;敢管善管,两手都硬;结构合理,富有活力",③ 从思想、作风、结构、体制等各方面对领导班子建设提出了全面要求,并在具体实践落实中强调要做好以下五个方面的工作:

第一,打造团结的班子。团结是党的群众路线的具体体现,只有形成了团结的领导班子才能有统一、向心的力量。真正做好团结工作,在工作

---

① 谢非:《广东改革开放探索》,中共中央党校出版社 1998 年版,第 561 页。
② 谢非:《广东改革开放探索》,中共中央党校出版社 1998 年版,第 681 页。
③ 《谢非同志在中共广东省委七届三次全会上的讲话》,1994 年 10 月 8 日。

第三章 与时俱进:构建广东党的建设新格局(1992—2002年)

中调动好人的积极性,要求领导班子严于律己、以身作则,拥有博大无私的胸怀,公正、客观地待人处事,进而通过团结的班子,带动、带领、团结全体同志、群众同心同德去工作。

第二,密切联系群众。衡量领导班子优秀与否,关键是看它与群众的关系如何,在决策、办事过程中能否依靠群众、是否走群众路线、是否全心全意为人民服务,为群众谋利益。这要求各级领导班子树立领导就是服务的观念,摆正与群众的关系。在发展市场经济新的历史条件下,中共广东省委清楚地认识到,要解决好密切联系群众的问题,一是要坚定不移,全面正确地执行党的"一个中心、两个基本点"的基本路线,这是从根本上保证为群众谋利益的关键,"班子好不好,首先要看执行这条路线好不好"。二是党的队伍要消除腐败现象,保持清正廉明。三是要克服官僚主义,反对衙门作风,提高办事效率。四是要发扬民主,民主决策。五是要深入基层,深入群众,调查研究。①

第三,充分发挥第一把手的模范作用。中共广东省委高度重视第一把手在现代化建设各领域中的带头作用,谢非强调:"第一把手应当好第一带头人。"② 一是要求党政第一把手对党的建设负起第一责任,要求各级党组织的第一把手对同级领导班子的建设负责、上级班子对下级班子负责,各级党政一把手相互联动、共同负责、互相配合、齐抓共管。二是打造贯彻民主集中制的模范,进而要求一把手带头严于自律。主要领导干部首先要有理想,有事业心和责任心,有只争朝夕为民造福的精神。三是重视对现任班子成员和接班人的培养,使党的优良传统薪火相传、代代相袭。③

第四,强调第一把手要多干实事。谢非反复强调,"社会主义现代化是艰巨的事业,不是靠说说就能实现的,而是一步一个脚印、扎扎实实干才能达到目的","我们反对只说不干、互相推诿、互相扯皮的坏作风。办事要讲效果,看实绩"。④ "我们不是讲空话的书记,我们是干实事的书记。如果一个书记是讲空话、不干实事的,不解决问题的,那么这个书记

---

① 谢非:《广东改革开放探索》,中共中央党校出版社1998年版,第684-686页。
② 谢非:《广东改革开放探索》,中共中央党校出版社1998年版,第718页。
③ 谢非:《广东改革开放探索》,中共中央党校出版社1998年版,第719-720页。
④ 谢非:《广东改革开放探索》,中共中央党校出版社1998年版,第707页。

肯定得不到干部群众的拥护。"① 这些论述实际强调的，是提醒各级党组织第一把手只有不回避矛盾，直面热点、难点问题，扎实、尽力地落实工作，才能继承和弘扬共产党人、领导干部的应有作风。

第五，明确领导干部不能回避监督。中共广东省委强调，领导干部要自觉将自身置于组织、群众的监督之中，通过双重组织生活，全面接受党组织的监督；针对领导干部本人，还要求他们必须自觉地接受权力机关、职能部门和民主党派、无党派人士所带来的全方位的党内外监督，并以谦虚、正确的态度对待来自党内外群众、社会各界人士的检举和批评。

2. 以群众路线作为领导班子建设的抓手

选拔、培育德才兼备的领导干部，是关系到党的建设全局的重大问题，直接影响党的路线、方针、政策能否顺利贯彻执行及执行效果，同时又直接决定了党和国家的各级领导权掌握在什么人手中。党的十二大把"努力实现干部队伍的革命化、年轻化、知识化、专业化"作为新时期加强干部队伍建设的基本方针。根据中央有关干部队伍建设的原则与指示，广东坚持以不断完善的干部选拔任用制度，适应改革开放新形势，争取和尽量从源头上防治腐败，取得了良好效果。

改进干部选拔任用制度，目标是要培养、选拔优秀年轻干部，并安排到领导岗位上，而选拔的标准则以理想与实干并存、德才兼备为主。这其中的"德"，主要指的是忠于马克思主义的基本原则，有崇高理想和坚定信念，兼备胸怀大局、明辨是非、清正廉洁的品质；这其中的"才"，指的是富有开拓创新的能力，既能抓大事、又能干实事，善于调动积极因素促进工作新局面的不断开拓。这些标准和要求的达成，实质上指向的都是以坚持走群众路线作为选拔任用干部的前提和原则。换言之，要对干部表现进行充分了解，最需要了解的是该干部所在工作地区、工作单位的群众的意见，干部的德和才都表现在他的工作实践之中，这种工作实践情况究竟是怎样的，这些地区、范围内的群众最清楚、最了解。与此同时，注重群众的意见有利于优化干群关系，同时又能使干部心中有群众，并感受到群众赋予的责任与重托，进而促使他们自觉地为群众谋利益；另一方面也能使群众更关心干部的成长，更自觉地支持干部开展工作。

只有走好群众路线，实行领导与群众相结合，才能真正把人选准用

---

① 谢非：《广东改革开放探索》，中共中央党校出版社1998年版，第726页。

第三章　与时俱进：构建广东党的建设新格局（1992—2002年）

好。强调走群众路线与强调任人唯贤相互补益，既体现了对制度的尊重，更突显了对群众的重视。走群众路线侧重的是选拔中的制度因素，在根本上保障了对"四化"方针的落实和对德才兼备原则的遵循，有利于促进党内民主和人民民主的有机结合。同时，它表明党的干部政策全面体现了党的群众路线和群众观点，在落实群众路线这一根本工作路线的同时，强调发扬密切联系群众的优良作风，因而与党管干部原则在本质上保持了一致。在具体的工作实施中，中共广东省委提出需要从以下几个方面加以落实和保证：

第一，在选拔、任用干部的标准上，坚持注重实绩和群众公认的立体判断。在选拔配备干部上，中共广东省委坚持主要从对党的基本路线的态度和执行党的基本路线的实绩上衡量干部的德与才，对政绩突出、群众信任的优秀干部，大胆委以重任，坚决杜绝跑官买官、搞小圈子。

第二，在选拔、任用干部的过程中，严格按照规定程序办事。程序公正是制度落实的有力保证，在选拔任用各级领导干部的过程中，中共广东省委坚持按民主推荐、组织人事部门考察、党委（党组）集体讨论的程序进行。属于上级党委管理的干部，报上级党委讨论审批；在选拔任用国家机关的领导干部上，严格履行有关的法律程序，同时严格把好关，防止利用程序假公济私。

第三，改进和完善干部考察的工作制度和评价标准。干部考察是干部选拔任用过程中的关键一环，在干部工作实践中，中共广东省委强调把民主考评、民主评议与干部责任制和任期目标制相结合，通过群众评议和组织考察相结合，采取听取单位介绍、找人个别谈话、开小型座谈会以及现场实地考察等形式，对领导干部做全面、客观、公正的评价，把考评的结果与干部的任用、奖惩挂钩。

第四，改革干部任用制度。改革开放以来，全省逐步改革了单一的干部委任制，探索实行了选任制、聘任制、考任制、合同制等多种形式的干部任用制度。1997年5月，中共广东省委首次在全省范围内公开选拔7名副厅级领导干部，在广大党员干部中产生了热烈反响，有效地拓展了选人用人渠道，并形成了可供其他地区借鉴的干部任用制度改革路径。

第五，加强对干部的实时动态管理。对于经过实践证明不称职、有严重问题的干部，对软弱涣散、难以解决自身问题的领导班子，对严重脱离群众、造成群体性事件不断发生的，及时地进行组织调整；对涉及违纪违法的，认真落实查处和处分。

第六，加大干部交流力度。中共广东省委结合领导干部的换届选举和调整、培养后备干部、干部回避、支援经济不发达地区等工作制定计划，使之逐步制度化、经常化。

第七，加强对群众宣传党的干部工作。中共广东省委努力通过各种形式，把党的干部政策传达给群众并为群众所掌握。在抓好干部工作中，中共广东省委明确指出，选拔、任用干部走群众路线不是一件简单的事情，需要做许多工作。要通过宣传，帮助广大群众正确理解和掌握新时期的用人标准和是非标准，使广大群众善于识别人才、发现人才，以防止出现公道正派、敢抓敢管的好干部选不上，不能干事、是非不分的"老好人"却选上的现象。在这样的党建工作理念指引下，一大批年富力强、敢于开拓、政绩显著、作风正派、群众拥护的干部被选配到重要领导岗位，为广东现代化建设的顺利进行提供了强有力的组织保证。

（四）在发展市场经济中反腐保廉

改革开放以来，针对类似"经济要发展，纪律要松绑"的议论，中共广东省委始终坚持鲜明的态度，指明"越是对外开放，越是搞活经济，就越要加强管理"，一手抓改革开放、一手抓惩治腐败，坚持"两手抓，两手都要硬"的方针；强调"越是发展市场经济、越是要加强反腐保廉工作"。同时在系统思维的指引下进行综合治理，切实加强党风廉政建设和反腐败斗争，这成为广东在市场经济建设大环境下落实反腐保廉工作的关键思路。

1. 越是发展市场经济，越要反腐保廉

进入扩大改革开放、建设社会主义市场经济体制的新时期，党中央不断以清晰、有力的思路和政策加强党风廉政建设和反腐败斗争。在"南方谈话"中，邓小平同志就特别指出，在整个改革开放过程中都要反对腐败。对干部和共产党员来说，廉政建设要作为大事来抓。1993年8月，中央纪委第二次全体会议在北京召开，会议以反腐败斗争为重点，明确指出：我们既要看到反腐败斗争是一项长期的艰巨任务，又要有现实的紧迫感，采取有力措施，坚决制止腐败现象蔓延的势头，把突出问题解决好，并要求各级党委、政府把反腐斗争作为重大政治任务进一步抓紧、抓实。

在1993年5月发布的广东省第七次党代会报告中，谢非突出强调，

第三章 与时俱进：构建广东党的建设新格局（1992—2002 年）

加强党风廉政建设、密切党群关系，是关系执政党的生死存亡和现代化事业兴衰成败的大事。中共广东省委认为，反腐保廉是党在新形势下加强自身建设的关键工作。为此，省第七次党代会提出，在发展市场经济、建设现代化的过程中，共产党人必须发扬党的优良作风，坚持把人民群众的利益放在首位，坚持按公开、公平的市场经济原则办事，反对"权钱交易"；坚决同各种腐败现象做斗争，模范遵守党纪国法；进而坚持密切联系群众，为群众排忧解难，帮助群众更快地富裕起来，克服形式主义和官僚主义。党员干部在涉及经济利益分配时，要从经济整体发展的大局着想，正确处理当前与长远的关系、局部与全局的关系、个人与集体的关系。同时，当前反腐保廉的任务十分艰巨，需要针对性地下功夫建立一套有效的约束、监督机制，遏制"权钱交易""以权谋私"的苗头、倾向和行为；通过强化教育、健全法规、加强管理、严厉惩处等传统方案，以及随市场经济发展而逐步实行的以体养廉等综合措施，营造为政清廉的氛围、打造全面反腐的系统。1995 年 11 月，中共广东省委七届四次全会强调指出，坚持不懈地开展反腐败斗争，"这是关系到我党的兴衰存亡的大事，是贯彻整个社会主义现代化建设过程的长期战略任务"，因而，"必须下足决心，一抓到底，确保党的纯洁，提高党的凝聚力和战斗力"。[①] 1997 年 10 月，中共广东省委七届七次全会进一步强调指出，要"继续狠抓反腐败工作，加强党风廉政建设"。[②]

为此，中共广东省委按照中央的整体部署，并紧密结合广东实际，提出了新形势下加强反腐败斗争的思路和方法：（1）反腐败工作紧密结合重大改革措施和行政经济决策的实施；（2）反腐败需做到既坚决惩处腐败分子，又坚决克服各种消极腐败现象的"两手都要硬"；（3）反腐败工作的长效落实和全面落实，必须加强对相关法规和政策的研究；（4）反腐败必须加强综合治理，既治标又治本；（5）对广大党员干部进行正确的人生观、价值观和道德观的教育，增强党员干部对腐朽思想侵蚀的抵制能力。在具体的反腐败工作中，中共广东省委强调要以高森祥等五个案例为反面教材，开展反腐遵纪守法教育；召开县委书记以上级别的领导干部参加的经验交流会，总结反腐倡廉经验，建立有效的制约机制，把建立反腐保廉

---

① 谢非：《广东改革开放探索》，中共中央党校出版社 1998 年版，第 107 页。
② 谢非：《广东改革开放探索》，中共中央党校出版社 1998 年版，第 120 页。

长效机制摆上重要工作议程,并在全省范围内开展党风廉政建设情况大检查。

2. 反腐保廉要综合治理

为有效开展反腐保廉工作,1993年9月21日,中共广东省委出台《关于深入开展反腐败斗争加强廉政机制建设的决定》。在《决定》中,中共广东省委指出:改革开放以来,广东各级党委、政府和全省共产党员、各级干部,充分认识深入开展反腐败斗争的重要性和紧迫性,坚决贯彻党的路线、方针、政策,坚持"两手抓",在反腐保廉工作、精神文明建设中做了大量努力,积累了大量宝贵经验。为进一步贯彻从严治党、反腐保廉的方针,中共广东省委明确当前反腐保廉的三大抓手:一是领导干部要廉洁自律、以身作则,带动党风廉政的扩散、弘扬;二是严肃查处一批大案要案,实现方针与落实的全面结合;三是紧紧抓住问题,坚决刹住几股不正之风。在明确抓手的同时,中共广东省委注重从整体上建立反腐保廉的有效机制:首先,建立健全反腐保廉的预防机制,加强廉政教育,实现以教保廉;同时重用德才兼备的干部,以清正廉洁作为选拔任用各级干部的关键条件。其次,建立健全反腐保廉的监督机制,打造囊括党政机关的内部监督、人大对行政与执法部门的工作监督和法律监督、人民政协对党政机关的工作监督、党的民主生活的自我监督以及群众监督、舆论监督的多维度、全方位立体监督体系。

1994年7月,中共广东省委常委扩大会议就"反腐保廉,以法治省"问题进行了专题讨论和研究,充分体现了省委坚定不移地实践邓小平同志建设有中国特色社会主义理论、坚持"两手抓"工作原则的决心。会后不久,中共广东省委要求全省各级党政领导干部保持清醒头脑、总结经验、吸取教训,进一步统一思想认识,加大反腐保廉工作的投入力度。根据当前存在的问题、面临的形势,要求对党员干部落实有针对性的思想政治工作,加强党性党纪教育和世界观的改造,增强党员干部拒腐防变的能力,保证反腐败各项要求和措施的落实;要求省内各级党组织坚持从严治党方针,对党员干部实现严格要求、严格管理、严格监督,坚决惩治腐败现象,同时要进一步建立健全党内监督、制约机制,增强党组织解决自身问题的能力;在面向经济的工作中,要求党员干部着眼于发展生产力,靠真本事、走正道来发展经济,进而不断推进改革、扩大开放并实现"两个根本性转变",加强建立和完善社会主义市场经济体制的工作,削弱、进而

第三章 与时俱进：构建广东党的建设新格局（1992—2002年）

消除滋生腐败的条件和引发不稳定的因素。

在具体工作中，全省各级党组织根据中共广东省委部署和有关文件精神，深入开展反腐保廉工作，着力建立和健全有效的权力约束机制，制定党政机关、司法机关、行政执法部门、经济管理部门及其工作人员职权条例，并对大众公开，以接受社会监督与约束。具体做法是：建立执纪执法检查制度，以强化行政监察和执法检察；理顺决策机关、执行机关、监督机关三者之间的关系，建立权力相互约束的有效机制；加快机构和行政管理体制改革，进一步转变政府职能；建立健全领导班子廉政工作责任制，确立廉政工作责任制的奖惩制度。根据各级党组织的工作情况与反馈，中共广东省委采取一系列重大措施，以加强法纪教育、加大惩治腐败的力度，严肃查处了多起违法违纪案件，努力遏制腐败现象。仅1993年，全省就开除违法乱纪的干部460多名，其中副处级以上干部44名，1名副厅级、3名处级干部被判死刑。这一时期，全省各级纪检监察机关还查处了一大批大案要案，主要有：1994年，全省纪检监察机关查处了原广东地质勘查局局长兼党委书记张吉庆贪污公款8万元和受贿4.5万元案；原大埔县委书记丘福金利用职权为个体户办理单程赴港澳手续从中受贿13万元案等。1995年查处了原省食品企业集团公司总经理兼党委书记谢鹤亭贪污公款1500万元、挪用公款港币1023万元案；省民政厅副厅长、徐闻县委原书记苏凤娟利用职务之便，在批转土地、批给贷款和批准人事变动过程中收受贿赂及礼金、"红包"案；省人大常委会原副主任欧阳德在兼任东莞市委书记期间，利用职权收受他人钱物总值人民币51.7万元、港币1.6万元及以权谋私、违法乱纪案。1996年，查处了韶关市原副市长张建良利用职务之便，帮助他人取得工程承包权和借贷资金及安排他人就读重点中学，从中收受贿赂和财物折价共计人民币16.5万元案；韶关市原副市长吴承建利用职权，为个体包工头和一些单位谋取利益，从中收受贿赂人民币23.2万元案等。1997年查处了丰顺县原县委书记陈仰贤、省乡镇企业集团公司原副总经理林长溪、东莞市打私办主任王兆才等人受贿案等。1998年，查处了汕尾市原副市长马红妹以虚开发票等手段贪污公款人民币6.4万元及受贿（含实物折价）6.3万元案；深圳市南山区人大常委会原主任彭虎受贿案等重大案件；等等。① 对这些大案要案的依法查处和惩办，昭示了中共广东省委反腐保廉的决心，有利于改革开放和广东经济的健康发展。

（五）探索非公有制经济领域党建新路子

所谓非公有制经济，是指国有、集体、联合经济等公有经济以外的多种经济成分，包括个体工商户、私营企业、外资企业、港澳台资企业等等。个体经济是指公民个人或公民以家庭血缘关系组成的生产经营单位，也称个体工商户；私营经济则指企业资产属于私人所有，雇工8人以上的营利性的经济组织。如何加强这些经济领域中的党建工作，是市场经济条件下面临的一个全新课题。在探索非公有制经济领域党的建设新思路、新方法上，广东各地在实践上先行一步，涌现出大批敢为人先的典型案例，为其他省市、地区的非公领域党建思路开拓和实践提供了宝贵的启迪与经验。

1. 非公领域党建：一个全新的党建领域

随着改革开放的深入进行和市场经济的深度发展，新经济和新社会组织发展迅速，非公有制经济领域从业人员日益增多，对经济发展的推动与社会和谐的促进，发挥着日益重要的作用。如何在非公有制经济领域加强党的建设，积极探索其中的普遍规律，并以此增强党的渗透力和影响力，成为全党迫切需要破解的时代课题。

改革开放以来，广东的个体、私营经济从服务业向生产型、科技型的方向发展，在理论探索、思想观念和政策措施上都有了突破性的进展，全省非公有制经济保持稳定发展的趋势。邓小平同志"南方谈话"发表以后，广东非公有制经济发展更为活跃。1993年7月，广州市颁发了《中共广州市委、市政府关于加快个体和私营经济发展的决定》，"一方面，提出了'个体、私营经济是国民经济的重要组成部分，是社会主义市场经济的主体之一'的论断；另一方面，在政策措施上提出资源配置市场化、服务社会化、指导全面化，并在放宽经营范围、保障合法权益、财税支持、受聘技术人员待遇、参与对外贸易等政策上有了一系列的重点突破，为个

---

① 参见《政治纪要》（下编），广东省情网，http://guangdong.gd-info.gov.cn/shtml/guangdong/Index.shtml。

第三章 与时俱进：构建广东党的建设新格局（1992—2002 年）

体、私营经济发展创造了一个平等竞争的平台。"① 按照中国共产党的建党原则，党的基层组织必须建立到每一个社会基层组织中去。非公有制经济的出现和发展，一方面给党的组织建设提出了新的课题，使党建立基层组织的工作出现了一时难以解决的障碍；另一方面，使党的一些规定在实践过程中有所滞后，给党的战斗力带来了新挑战。一些共产党员在党的号召下，投身发展非公有制经济，成为个体、私营企业主，在实现个人致富的过程中也为社会主义建设加砖添瓦。如果对他们的政策不能与其他党员一视同仁，或对他们有所限制，将会使他们的积极性受挫，对社会生产力的发展也会造成一定影响。

2. 先行一步：探索非公领域党建新路子

在改革开放和发展市场经济过程中，中共广东省委高度重视非公有制经济领域党建工作的探索，全省自上而下成立领导机构、确定目标和任务，针对非公有制经济领域发展快、变化多、规模小、差异大且具备高度的多样性和复杂性的特点，在坚持党建原则、遵循党建规律的基础上，既创新性地开展灵活多样的党建活动，又稳健地打造了行之有效的党建工作思路和机制，探索出一条加强非公领域党建的新路子。

深圳市是我国吸引外资最早的城市，率先在深圳市对外资企业的党建工作进行全面规范，自然地具备在全国范围内的首创地位和示范意义。深圳市委按照细致分类和准确定位的思路，对外资企业党建工作进行规范和管理，根据不同类别和分布差异，实施具有针对性的差异性管理，极大地提高了党建工作的实效性。1992 年，深圳市委先后下发《关于加强外商投资企业党建工作的意见》《深圳市中外合资合作企业党组织工作暂行规定》《深圳市外商独资企业党组织工作暂行规定》等重要指导性文件，对"三资"企业内党组织的地位、功能、任务和具体的工作方法、活动方式等提出了系统要求，并按照"产权管理""归口管理""属地管理""指定管理"等管理办法理顺对各种类别、各个区域的外资企业党组织的管理关系。1995 年 4 月 10 日，深圳市在全国率先成立了市总商会民营企业党委，统一管理深圳市外商投资企业、私营企业的各级党组织和党员，为全国成立市级民企统管党委和非公领域党建的加强提供了宝贵经验。1998 年 7

---

① 中共广东省委党史研究室编：《广东党史资料》第 47 辑，广东人民出版社 2010 年版，第 270–271 页。

月,深圳市总商会民营企业首次党员代表大会召开,并通过了《民营企业党组织工作的暂行条例》,深圳市非公有制经济组织党建由"地区性零散的自发实践"正式转向"统一指导下的整体推进"①,从而实现了党建工作在非公领域的全覆盖。

在没有先例可循、没有直接经验可借鉴的情况下,早在1994年,广州市便积极探索私营企业党建工作的新路子。广州市委制定并下发了《关于加强私营企业党建工作的意见》,指明私营企业协会需要成立相应的党组织。随后广州市于1996年4月成立了私营企业协会党委,在全国范围内率先成立个体、私营企业协会党委,统一管理全市个体私营企业党员,把全市私营企业内党员纳入组织管理,改变了过去私企党员管理不到位甚至无人管理的状况,进而打造了私企党建的"广州模式",建构了以市私营企业协会党委—区、县级市私营企业协会党总支—基层分会党支部为一体的三级管理架构。②

与此同时,全省各地党组织围绕非公有制经济领域的生产和经营活动,开展党的建设活动,把党组织的政治引领职能融合于非公有制经济领域的生产和经营任务中,以非公有制经济领域各项活动为平台宣传党的路线、方针、政策,进而实现党组织战斗力的巩固和强化。在实际工作中,各地针对非公有制经济领域的情况和特点,转变工作方式,采取符合非公有制经济领域发展需要的灵活形式,增强非公有制经济领域党组织活动的吸引力和感召力。以广州市石牌街道为例,一方面抓住非公有制企业工作节奏快、劳动强度大、开展活动时间紧的实际,利用工作休息、工作闲余时间开展相关活动;另一方面根据非公有制经济领域工作人员工作时间不固定、人员分散的实际,以自我教育与组织管理相结合的方式,以结合员工个人实际的鲜活方式,使得党建工作在具体问题中启发式进行。非公有制经济实体往往由于企业、组织、机构具有普遍的私人所有性质、规模较小等特点,在为党组织提供经费、场地、设备等方面资源上缺乏主动性。广东各地对此高度重视,一方面争取非公有制经济领导者的支持,一方面各上级党组织采取从财政或党费中拨出资金予以引导的方式,充分利用非

---

① 中国人民政治协商会议广东省委员会:《敢为人先——改革开放广东一千个率先》(政治卷),人民出版社2015年版,第564页。

② 中国人民政治协商会议广东省委员会:《敢为人先——改革开放广东一千个率先》(政治卷),人民出版社2015年版,第569页。

第三章 与时俱进：构建广东党的建设新格局（1992—2002年）

公有制经济组织的自身资源，解决非公有制经济领域党的建设上硬件欠缺的困难。

三、立足新世纪、新起点，推进党的建设新工程

党的十四大后，党的建设迈上新高度。党的十四届四中全会全面总结了新的历史条件下党的建设的经验，提出推进党的建设"新的伟大工程"。面向21世纪，以党的十五大为新的历史起点，以江泽民同志为核心的第三代中央领导集体，高举邓小平理论伟大旗帜，紧紧围绕"建设一个什么样的党、怎样建设党"这个根本问题，开创了21世纪党的建设的新局面。此后，中共广东省委继续解放思想，更新观念，勇于探索，开拓创新，敢创新路，团结和带领全省广大党员干部和群众在推进改革开放和发展中国特色社会主义伟大事业的历史进程中，开创了21世纪广东党的建设新局面。

（一）迈向新世纪党的建设新布局

1998年5月22日至5月27日，中共广东省第八次代表大会在广州隆重举行。时任中共广东省委书记李长春代表七届省委做了题为《增创新优势，迈向新世纪，全面推进广东现代化建设》的报告。5月27日，大会选举产生了新一届中共广东省委员会、广东省纪律检查委员会，并通过了关于七届省委报告的决议，批准了李长春同志代表七届省委所做的报告。

省第八次党代会是在世纪之交的关键时刻和广东省现代化建设的关键时期召开的一次重要会议。大会以高举邓小平理论伟大旗帜，全面贯彻落实党的十五大提出的各项任务和江泽民同志对广东做出"增创新优势，更上一层楼"的重要指示精神，把广东改革开放和社会主义现代化建设事业全面推向21世纪作为主题，提出"实现广东迈向新世纪的宏伟目标，关键在于坚持、加强和改善党的领导，进一步把全省各级党组织建设好"。大会强调指出："我们必须紧紧围绕新时期党的建设总目标，坚持从严治党的方针，从思想上、组织上和作风上全面加强党的建设，增强各级党组

织的战斗力。"① 大会还对新时期加强和改善党的建设做出了一系列新的部署，并且提出了四项重要工作：

在思想建设方面，大会强调必须坚持不懈地用邓小平理论武装党员干部。大会提出，学习邓小平理论，要完整、准确地把握其科学体系，领会基本观点和基本精神，坚持理论联系实际，着眼于研究和解决改革、发展、稳定中的新情况、新问题。要与学习党的十五大精神和江泽民同志重要讲话结合起来，与继续深入开展以"讲学习、讲政治、讲正气"为主要内容的党性党风党纪教育和学党章活动结合起来。在全省大兴学习探索之风、调查研究之风、求真务实之风，使广大党员干部进一步解放思想，更新观念，勇于探索，开拓创新，增创思想观念上的新优势，更加自觉、坚定地贯彻执行党的基本路线，牢固树立正确的世界观、人生观和价值观，不断提高政治思想和理论政策水平，增强政治敏感性和鉴别力。大会强调，各级党组织必须把认真学习和掌握邓小平理论作为加强自身建设的基础工程来抓，切实加强领导，制定规划，精心组织，持之以恒。县以上领导干部尤其要增强学习的自觉性和紧迫感，做学习、掌握和运用邓小平理论的带头人。

在领导班子建设方面，大会提出要把各级领导班子建设成为领导现代化建设的坚强核心。大会要求必须切实抓好各级领导班子的组织建设，建立优上庸下的机制，把政治坚定、年富力强、勇于开拓、政绩突出、清正廉洁、群众拥护的优秀干部，及时选拔到重要的领导岗位上；必须加快干部制度改革步伐，按照扩大民主、完善考核、推进交流、加强监督的要求，努力创造公开、平等、竞争、择优的识才用人环境，形成与发展社会主义市场经济相适应、能够让德才兼备的优秀人才脱颖而出的选人用人机制；必须大力加强民主集中制教育，提高各级干部执行民主集中制的自觉性，建立健全相应的各项具体制度；必须不断提高各级领导干部驾驭全局和领导现代化建设的能力，提高"两手抓"和总揽全局的水平。

在基层党建方面，大会强调切实增强基层党组织的战斗力。大会指出，基层党组织是党的全部工作和战斗力的基础，必须努力探索在新的历

---

① 李长春：《增创新优势，迈向新世纪，全面推进广东现代化建设——在中共广东省第八次代表大会上的报告》，见《中国共产党广东省历届代表大会及全会文献汇编》第3卷（内部资料）2006年版，第531页。

第三章 与时俱进：构建广东党的建设新格局（1992—2002年）

史条件下加强和改进基层党组织建设的有效途径，把全省基层党组织建设成为能够坚决贯彻党的路线方针政策，团结和带领群众开拓前进的坚强战斗堡垒。大会分别就农村、企业、机关、学校、街道、科研院所等基层党组织的党建工作做出要求。

在作风建设和反腐败斗争方面，大会提出党风问题的核心是党和人民群众的关系问题，号召各级党组织和广大党员特别是党的领导干部，必须牢记全心全意为人民服务的宗旨，保持和发扬党的艰苦奋斗、密切联系群众的优良传统和作风，正确行使人民赋予的权力，当好人民的公仆，带头做到廉政勤政、为民爱民。在反腐败问题上，大会强调反腐败是关系党和国家前途命运的严重政治斗争，必须从战略和全局的高度认识广东省反腐败的复杂性、艰巨性和长期性，深入持久地开展反腐败斗争，提出要继续坚持党中央确定的反腐败的指导思想、基本原则、领导体制和工作格局，做到党委统一领导、党政齐抓共管、纪委组织协调、部门各负其责，依靠群众的支持和参与，坚决遏制腐败现象。

（二）扎实推进党的各方面建设

党的十五大及省第八次党代会之后，全省各级党组织紧密结合改革开放和发展社会主义市场经济的实践，紧紧围绕面向21世纪党的建设总目标和总要求，坚持从严治党的方针，全面落实党的建设的工作部署，以改革创新精神扎实有效推进党的各方面建设，取得新的重大进展。

1. 抓好党的理论武装工作

思想理论建设是党的建设的根本。邓小平同志指出："我们现在要建设有中国特色的社会主义，时代和任务不同了，要学习的新知识确实很多，这就更要求我们努力针对新的实际，掌握马克思主义基本理论。"[①]领导干部和领导班子的马克思主义理论水平如何，直接关系到党的路线、方针、政策的贯彻落实，关系到一个地区、一个部门改革发展稳定的大局。坚持马克思主义在意识形态领域的指导地位，是改革开放前沿的第一道防线和任何情况下不能失守的政治高地。广东在改革开放中先行一步，特殊的地理位置和相对发达的市场经济，使其面对各种非马克思主义意识形态滋长、西方敌对势力意识形态渗透的情况更加复杂，形势发展对广东

---

① 《邓小平文选》第3卷，人民出版社1993年版，第146-147页。

的理论武装工作提出了更高要求，需要全省广大党员干部具备较高的理论修养，不断提高运用党的基本理论解决实际问题的能力，不断研究新情况、解决新问题、总结新经验，不断有所发现、有所创造、有所前进。党的十五大后，中共广东省委把抓好各级领导干部和领导班子学习、掌握和运用邓小平理论作为改革开放和现代化建设新时期党的建设的一项重点工作。中共广东省委不仅带头执行学习制度，学好邓小平理论，而且要求各级党政领导干部，定期脱产参加党校理论培训，建立健全各级党委理论学习中心组的学习制度。为推动全省党员干部和群众深入学习邓小平理论，中共广东省委认真组织开展邓小平理论学习研讨活动。继召开"邓小平理论与广东改革开放实践""邓小平理论与广东改革发展""邓小平党建理论在广东的实践"等理论研讨会后，又召开了"邓小平理论与广东改革发展新阶段"理论研讨会。《人民日报》1998年8月11日第4版刊登题为《讲形势 摆问题 谈认识 议对策 广东联系实际学习邓小平理论》的文章，并用较长的篇幅报道了广东党员干部学习邓小平理论的情况和经验。随着"三讲"教育和"三个代表"重要思想学习教育活动的深入开展，全省各级党组织将抓好县以上领导干部和领导班子的理论武装工作作为党的建设的重大政治任务和重大战略决策，有针对性地解决领导干部和领导班子思想政治建设中出现的突出问题。

2. 加强党员干部队伍建设

政治路线确定以后，干部就是决定性的因素。面向21世纪，建设一支适应改革开放和社会主义现代化建设需要的高素质干部队伍，是党的事业不断取得成功的组织保障。各级党的干部是党的事业的骨干，是党的建设的关键。1998年，中共广东省委提出全面规划、整体联动、系统推进、突出重点的干部制度改革思路之后，接着又下发了《关于进一步深化干部制度改革的若干意见》，随即中共广东省委组织部在深圳召开了全省干部人事制度改革座谈会，有力地推动广东省干部人事制度改革深入开展。

在干部选拔任用方面，以扩大民主为改革方向，努力实现干部工作的科学化、民主化、制度化，落实群众对干部选拔任用的知情权、参与权、选择权和监督权，注重提高选拔任用干部工作的质量。2001年上半年，中共广东省委在对部分地级市党政主要领导进行届中调整时，在省、市两级分别进行了两次大范围的民主推荐，并首次运用了考察预告制，还在个别谈话的基础上，大范围地发放《征求意见表》，广泛征求干部群众的意

第三章 与时俱进：构建广东党的建设新格局（1992—2002年）

见；同时，在对部分市党政领导班子的补缺考察中，又实行了干部差额考察制。2002年4月3日，中共广东省委召开八届九次全体会议。会议首次对3名地级市党政正职拟任人选和推荐人选进行审议和表决。出席会议的中共广东省委委员对由省委常委会提名的拟任人选和推荐人选进行了认真审议和无记名投票表决，3名人选均获通过。这是广东扩大用人民主，深化干部人事制度改革的又一重要举措。与此同时，为力求实现选准、用好人，1999年8月，中共广东省委批准下发了《广东省党政领导干部考察工作实施细则（试行）》，2000年中共广东省委组织部又拟定了《县（市、区）党政领导班子及党政一把手实绩考核试点方案》，扩大考察范围和改进考察方法，保证考察工作的客观、全面、公正；会同江门市委组织部在台山市进行试点，在推动干部考核工作科学化和规范化方面进行了有益的尝试，为干部的升降去留提供了更具说服力的依据，也为今后党政领导干部的实绩考核提供了经验。

在实现干部能上能下方面，以"干部能上不能下"为突破口，积极探索干部"能下"的途径。许多地方通过推行试用期制、任期制、聘任制、调整不胜任现职干部制度等办法，打破以往"一纸任命定终身"的弊端，进一步解决干部能上能下的问题。中共广东省委、省政府工作部门机构改革竞争上岗后的干部全部实行任期制。阳江市通过全面实施党政领导干部任期制，既增强了干部的责任意识和危机意识，又为解决干部能上能下问题进行了积极的探索。湛江市、深圳市还制定了引咎辞职制，大多数市、县制定了调整不胜任现职领导干部的具体办法。

在加强干部监督方面，以加强管理，完善制约制度和措施，探索对干部实施监督的有效途径。2001年，中共广东省委组织部制定下发了《党委组织部门干部监督工作试行办法》。按照中央决定，进行省部级现职领导干部报告家庭财产试点工作的部署，对全省52名省级现职领导干部进行了家庭财产登记。全省各级党委政府领导班子努力建立健全有效的干部监督机制，形成多层次、全方位、强有力的监督体系，发挥各种监督渠道的作用，将各级党政领导干部置于有效的监督之下。加大贯彻执行《党政领导干部选拔任用工作暂行条例》情况的监督检查力度，将监督关口前移，把好推荐关、考察关、讨论关，明确干部选拔任用工作中推荐、考察、决定等各个环节的责任主体和责任内容，把领导班子特别是"一把手"在政治立场、民主决策、选人用人、廉洁纪律等方面的情况作为监督的主要内容。此外,绝大多数市、县都建立健全了干部谈话制度、谈话诫勉制度、岗位职责管理制度、干部离任审计和在任审计制度;全省乡、镇、村普遍建立了村务公开、政务公开、党务公开制度,通过各种有效的监督,较好地提高了各级领导班子和领导干部严格执行党的方针政策、遵守党纪国法的自觉性。

3. 大力推进党的基层组织建设

党的基层组织在整个党和国家组织架构及政治生活中有着至关重要的政治地位。党的重要性的发挥是通过一个个基层组织体现出来的,没有基层组织作用的发挥,党的重要性自然就失去了支撑和载体。党的十五大报告明确指出:"党的基层组织是党的全部工作和战斗力的基础。加强和改进党的基层组织建设,要围绕党的基本路线,为党的中心任务服务;用改革的精神研究新情况新问题,改进工作方法、工作作风和活动方式;认真做好对党员的教育、管理和监督,增强解决自身矛盾的能力。党的基层组织都要从各自的特点出发,认真履行党章规定的职责,努力成为贯彻党的路线方针政策、团结和带领群众完成本单位任务的坚强战斗堡垒。"① 因此,必须加强党的基层组织建设,使之成为坚强的战斗堡垒。中共广东省委第八次代表大会以后,中共广东省委制定印发了《关于进一步加强街道社区党的建设工作的意见》《关于资产重组后省属国有企业党组织领导关系等问题的通知》《广东省村务管理办法(试行)》和《〈广东省村民委员会选举办法〉实施细则(试行)》等文件,中共广东省委组织部制定印发了《关于开展街道社区党的建设试点工作的通知》《关于加强个体私营企业党建工作的意见》《广东省2001—2003年非公有制企业党组织组建工作规划》等文件,有力地指导和推动了各个领域党的基层组织建设。全省各级党组织突出工作重点,狠抓薄弱环节,加强分类指导,以农村、企业、街道社区党的建设为重点,同时不放松非公有制经济组织的党建工作,不断拓宽党建工作新领域,扩大党建工作覆盖面,整体推进党的基层组织建设。

在农村,以全面发展农村经济、奔小康、促共富统揽农村基层组织建设工作全局,以班子建设为重点,采取了一系列强有力的措施,投入了大量的人力、物力和财力,扎实推进农村基层组织建设工作,使广东省农村

---

① 《江泽民文选》第2卷,人民出版社2006年版,第45页。

第三章 与时俱进：构建广东党的建设新格局（1992—2002年）

面貌发生了明显的变化。1999年以来，全省采取动态管理的方式，分三批先后排查和集中整顿了问题相对突出的县、镇、村共689个，其中县（市）8个、镇124个、村548个。特别是2000年对潮阳、普宁、陆丰、恩平、雷州、吴川、电白、连山等8个县（市）的重点整治，成效显著，受到当地干部群众的广泛好评，其中恩平市代表还在全国村级"三个代表"重要思想学习教育活动电视电话会议上做了典型发言。全省以省、市、县、乡镇党校为阵地，采取分级负责、分期分批的方式，坚持每年大规模培训农村基层干部，提高农村基层干部队伍的整体素质。1999年至2002年，在中共广东省委党校连续举办了三期农村基层干部培训示范班，共有140名乡镇党委书记、140名村党支部书记参加了培训。全省先后有4万多名农村党支部书记和村委会主任通过了任职资格培训，实行持证上岗；有2400多名40岁以下未达到高中文化的农村基层干部参加了中专学历培训；有60多万名农村党员、基层干部接受了实用技术培训。到2001年年底，全省1589个乡镇，已有占74.7%的乡镇党委初步达到了"六个好"的目标要求；22005个行政村，已有占81.6%的村党支部初步达到了"五个好"的目标要求。此外，2002年初，中共广东省委、省政府制定下发了《广东省村务管理办法（试行）》和《〈广东省村民委员会选举办法〉实施细则（试行）》，进一步协调了村级组织运作，健全了以村党支部为核心的村民自治机制。

在国有企业，与推进改革攻坚、建立现代企业制度相适应，在深化改革中进一步加强党的建设。一是结合法人治理结构，积极推行国有独资和国有控股企业党组织负责人和董事会、监事会、经营班子及工会中的党员负责人"双向进入、交叉任职"的办法，完善企业领导体制，规范党组织参与企业重大问题决策的途径和方法，保证企业党组织在企业改革和发展中充分发挥政治核心作用。从2000年开始，全省实行国有企业领导人员"双向进入，交叉任职"领导机制，有力地促进了这一工作的深入开展。二是抓领导班子的调整充实。1999年以来，按照中央、中共广东省委关于加强国有企业领导班子建设的意见，对全省10583个企业领导班子进行了考核，调整了2000多个企业的领导班子，调整企业领导班子成员4700多名，其中新补充3000多名，处理违法违纪人员400多名。三是适应形势，制定下发了《关于资产重组后省属国有企业党组织领导关系等问题的通知》，按照有利于企业改革发展、有利于企业党的建设和党组织与产权关系相一致的原则,理顺了改制企业党组织隶属关系。四是大力加强停产关闭破产和困难国有企业党建工作。中共广东省委专门召开全省停产关闭破产和困难企业党的工作会议,对维护企业和社会稳定问题做出部署。各级党组织通过开展思想政治工作,开展送温暖活动等形式,积极帮助下岗职工再就业,同时调整党的组织设置,有力地保证了企业和社会的稳定。

在城市街道社区,适应城市基层管理体制改革和推进社区建设的需要,注重抓好社区党建试点,培育党建工作载体,建立党建工作机制。2000年,中共广东省委下发了《关于进一步加强街道社区党的建设工作的意见》,把街道社区党建工作摆在与农村、国有企业党的建设同等重要的位置来抓。2001年,中共广东省委组织部下发了《关于开展街道社区党的建设试点工作的通知》,要求每个地级以上市都要选择1到2个街道,开展街道社区党建工作试点,并对试点工作各项任务和要达到的目标提出具体要求,全省共抓试点街道24个。同时,各级党委把建设一支高素质的街道党(工)委领导班子、社区党支部书记队伍作为加强街道社区党建工作的关键环节来抓。据统计,到2001年年底,全省293个街道中的182个街道党委改为党(工)委。全省街道党(工)委领导班子成员平均年龄41.2岁,比1999年下降3.1岁,大专以上学历的达到82.3%,比1999年提高了7个百分点;全省"一居一支部"率为62.8%,并有60%的社区党支部书记与社区居委会主任实行"一肩挑"。此外,街道社区党建工作的组织载体和活动载体不断健全和完善,社区党建工作机制初步建立。到2002年,全省293个街道社区中已有269个建立了社区党建工作联席会,有54%的社区居委会建立了社区党建工作协调会,有80%以上的街道社区建立了在职党员和流动党员活动站、联络站,参加社区党建活动的在职党员达8万多名。广大党员深入开展"一个党员一面旗,党的宗旨进社区"活动,充分发挥了党员的先锋模范作用。

在非公有制经济组织,坚持把党建工作的需要与企业的健康发展有机结合起来,把坚持原则性和灵活性结合起来,坚持抓组建与规范化建设并重,积极探索党的工作进入这些新领域的方式方法。中共广东省委要求,凡是有正式党员3名以上的非公有制经济组织,都应建立党的基层组织。2000年,中共广东省委组织部制定了《关于加强个体私营企业党建工作的意见》,并转发了中组部《关于在个体和私营等非公有制经济组织中加强党的建设工作的意见(试行)》。各地按要求全部建立了非公有制企业

第三章 与时俱进：构建广东党的建设新格局（1992—2002年）

新建党组织情况季报制度。据统计，到2002年上半年，全省有非公有制企业17.1万家，具备建立党组织条件的有6278家，已建立党组织的有4612家，占符合建立党组织条件的非公有制企业的73.5%，占非公有制企业总数的2.7%，比1999年提高了2个百分点，接近全国3%的平均水平。2001年，中共广东省委组织部又制定了《广东省2001—2003年非公有制企业党组织组建工作规划》。明确规定，到2003年年底，外商投资企业中组建党组织数应占外商投资企业总数的15%，私营企业中组建党组织数应占私营企业总数的3%。

在党员队伍建设方面，紧紧围绕建设一支素质优良、结构合理、规模适度、作用突出的党员队伍这一目标，积极做好发展党员工作，党员队伍不断发展壮大，结构明显改善，分布更加合理，增强了党组织的力量。1998年至2001年，全省共发展党员44万多名，平均每年11万多名。新党员中高中以上文化程度的有36.7万，占83.4%，比"八五"时期提高9个百分点；35岁以下的有32.7万，占74.3%，比"八五"时期提高3.6个百分点；女党员近12万，占27.4%；"推优"入党的比例大幅增加，新党员中原是共青团员的有14.5万，其中经过"推优"的达9.6万，占21.8%。各地在发展党员工作中，特别注意加强在生产一线、知识分子和青年中发展党员，加强在党的力量薄弱的地方和单位发展党员。1998年以来，有近1万名农村优秀青年被吸收进党组织，其中有60%进入了村级"两委"班子，改善了农村党员队伍结构，提高了农村基层党组织的战斗力。各级党组织还下大力气抓好入党积极分子队伍建设，全省每年要求入党的积极分子都保持在41万名以上。在做好工人、农民、干部、知识分子、军人发展党员工作的同时，广东省还积极稳妥地做好在新的社会阶层中发展党员试点工作。2001年以来，按照中组部的要求，中共广东省委选择深圳、佛山两市的5个单位试点在新的社会阶层中发展党员工作，达到了预期效果，得到了中组部的肯定。

4. 深化党风廉政建设和反腐败斗争

自省第八次党代会以来，广东结合自身实际，突出重点，狠抓党风廉政建设和反腐败工作的落实。经过几年的努力，全省党风廉政建设和反腐败斗争取得新的成效，党政机关和干部队伍中腐败现象蔓延的势头得到有效遏制，人民群众对反腐败斗争的信心不断增强，为改革开放和社会主义现代化建设提供了坚强的政治保证。

全省各级党委、纪委认真执行《中国共产党党员领导干部廉洁从政若干准则》（2016年1月1日《中国共产党廉洁自律准则》实施后，该法规废止）《广东省党政领导干部廉政守则》以及中央和中共广东省委一系列廉洁自律的规定。中共广东省委下发了《关于严禁党和国家机关及其工作人员接受和赠送"红包"的规定》，对县处级以上干部配偶、子女从业情况进行登记，严禁领导干部违规乘坐小汽车、用公款为领导干部住宅配备电脑、支付上网费。全省还停建、缓建了一批办公楼；取消了一批用公款出国（境）旅游的团组；对领导干部持有的因私护照及其本人、配偶办理前往港澳的通行证、外国居留证的情况进行检查；对领导干部参与用公款支付的高消费娱乐活动的问题进行了纠正，全面清理了各类干部培训中心。实行了领导干部收入申报、礼品登记、个人重大事项报告、住房、工作用车制度和小汽车定编管理、会议审批、接待费开支在财务上单独列项、国有企业业务招待费使用情况向职代会报告等制度，进一步规范了领导干部从政行为。

全省各级党委、政府和有关职能部门坚持标本兼治、纠建并举的方针，深入开展专项治理工作，解决群众反映强烈的不正之风。对医药购销市场进行清理整顿，逐步规范市场秩序，推行了药品集中招标采购。各地普遍制定了农民负担"一项制度、八个禁止"的配套管理办法，农民提留统筹费连续多年控制在上年农民人均纯收入的2%以内。狠抓治理公路"三乱"、中小学乱收费等工作的落实，查处了一批顶风违纪的案件。先后在政府办公室（厅）、建设、教育、电力、交通、公安、卫生、国土等12个系统开展行风评议工作，促进行业风气好转。

全省各级党委、政府和纪委坚持教育为主、预防为辅的方针，组织广大党员干部认真开展警示教育专题活动。中共广东省委、省纪委先后对恩平严重金融风险案、省国投破产案、湛江特大走私受贿案、梁耀华集团特大走私受贿案件等进行深入剖析，教育党员干部从中吸取教训，做到警钟长鸣。省纪委先后组织拍摄电教片《权与钱》《公仆情》《惊世大案》和电视连续剧《雷霆出击》，排演大型话剧《浪淘碧海》，举办"广东省党风廉政建设和反腐败斗争成果展览"，还在全省开展党纪政纪条规学习及竞赛活动。

此外，全省一些地方和部门还结合实际，依靠群众，创造性地开展反腐倡廉工作。如佛山、广州、中山等地按照标准化、规范化、货币化的原

第三章　与时俱进：构建广东党的建设新格局（1992—2002年）

则对干部的福利分配制度进行了改革，促进了机关的廉政建设。深圳市在推进行政审批制度改革的基础上，针对腐败现象易发多发的环节，研究和制定了制约权力滥用的防腐保廉机制。南海市（现佛山市南海区）利用现代信息网络技术，积极推进电子政务系统，进一步拓宽群众监督的渠道。

经过四年的努力，各级执纪执法机关查处了一大批党员干部违纪违法案件，特别是大案要案，保证了党员干部队伍的纯洁性。1998年至2002年6月，全省纪检监察机关共立案查处党员干部违纪违法案件20389件。其中大案7072件，要案1504件；涉及县处级领导干部1516人，地厅级干部135人；给予党纪政纪处分的21572人。通过办案，为国家和集体挽回直接经济损失32.16亿元。除配合中央查处省人大原副主任于飞以权谋私案、湛江特大走私受贿案、梁耀华集团特大走私受贿案、潮阳和普宁虚开增值税专用发票骗取出口退税案外，重点查处了省商检局原党组书记李军索贿受贿案，省国际信托投资公司原总经理黄炎田等人严重违纪违法案，深圳市原副市长王炬严重渎职受贿案，深圳市南山区原区委书记虞德海等人受贿案，省交通厅原副厅长李向雷等多名领导干部受贿案，省公安厅原副厅长刘广润严重违纪违法案，广州市公安局交警支队原支队长张林生等人受贿案，翁源县原县委书记黄福印卖官受贿案，深圳市城建集团原董事长、党委书记李育国重金买官案，和平县委原副书记钟洪茂贿选案等大案要案。① 这些大案要案的查处，有力地惩处了腐败分子，教育了广大党员干部，增强了人民群众反腐败的信心。

（三）全面深入开展"三讲"教育活动

世纪之交，在机遇与挑战并存的国内外新形势面前，我国的社会主义现代化建设能否迎接挑战、抢抓机遇，关键在党，关键在党要管党、从严治党。在全国县级以上党政领导班子、领导干部中用整风精神和整风形式开展的以"讲学习、讲政治、讲正气"（以下简称"三讲"）为主要内容的党性党风教育，是在改革开放和发展社会主义市场经济环境中把党的建设这一"新的伟大工程"，全面推向21世纪的一次成功实践，是我们党为迎接新世纪、完成新的历史任务所做的重要思想准备、政治准备和组织准备。

---

① 中共广东省委政策研究室：《在率先基本实现社会主义现代化的道路上阔步前进：广东省第八次党代会以来的决策与实践》第3卷，广东人民出版社2002年版，第245-246页。

1. "三讲"教育:迎接新世纪的"新整风"

2000年6月24日,《解放军报》头版刊登了一篇述评文章。该文章的开篇即重温了这样一幅浓墨重彩的历史画面:58年前的2月1日,在延安中央党校开学典礼上,一位年轻的八路军战士在聆听一次著名演讲——《整顿党的作风》。毛泽东同志用幽默而犀利的语言抨击从"防空洞里跑出来的"三种歪风,即主观主义、宗派主义、党八股。一年前的一天,这位当年听毛泽东同志演讲的八路军战士的后代、新疆军区装备部副部长王百会坐在党委会议室里,聚精会神地学习江泽民同志关于讲学习、讲政治、讲正气等重要论述。王百会回到家中将教育情况向父亲做了"汇报",老父亲边听边感叹:"真像当年的延安整风!"①

整风精神是中国共产党历代领导集体一以贯之倡导和始终坚持的,并贯穿于我们党发展的各个历史时期。但在每个历史时期,都有特定的重大时代性课题。世纪之交,江泽民同志指出:"改革开放以来,党所处的国内外环境、肩负的历史任务以及党员、干部队伍的构成情况,已经和正在发生很大变化。社会经济成分和组织形式的多样化,社会成员对物质利益和其他利益要求呈现出的种种差异,这些都不可避免地会反映到党内、反映到领导干部队伍中来。这是党的建设面临的过去没有遇到过的新情况新问题。"② 当改革开放和社会主义现代化建设的伟大事业步入攻坚阶段,在风云突变的国内外形势面前,一个共产党的领导干部,能否在重大政治原则问题上始终保持头脑清醒,立场鲜明,能否对党的事业始终忠诚执著,奋斗不息,从思想上、政治上分清大是大非,能否在作风和行为上始终严于律己,拒腐防变,直接关系着党和国家的前途与命运。对此,1995年11月8日,江泽民同志在北京市视察工作时鲜明地提出:"根据当前干部队伍的状况和存在的问题,要强调讲学习,讲政治,讲正气。"③ 1996年10月10日,党的十四届六中全会做出决定,要对县处级以上领导干部进行一次以讲学习、讲政治、讲正气为主要内容的党性党风教育。1997年9月,党的十五大提出:"继续在县级以上领导干部中深入进行以讲学习、讲政治、讲正气为主要内容的党性党风教育。"④ 1998年6月,中共

---

① 杜献洲:《"三讲"教育,新时期的"延安整风"》,载《解放军报》2000年6月24日。
② 《江泽民文选》第2卷,人民出版社2006年版,第368页。
③ 《江泽民文选》第1卷,人民出版社2006年版,第483页。
④ 《江泽民文选》第2卷,人民出版社2006年版,第43页。

第三章 与时俱进：构建广东党的建设新格局（1992—2002年）

中央发出在全党深入学习邓小平理论的通知，再次对开展"三讲"教育提出明确要求，并强调讲学习的主要任务之一就是深入学习邓小平理论。同年7月，党中央召开了学习邓小平理论工作会议，江泽民同志就开展"三讲"教育做了深刻论述。此后经过反复听取各方面的意见，认真分析县以上党政领导班子和领导干部队伍的状况，拟定了教育活动实施方案。11月21日，党中央正式发出《关于在县级以上党政领导班子、领导干部中深入开展以"讲学习、讲政治、讲正气"为主要内容的党性党风教育的意见》，明确"三讲"教育的总体要求、指导原则和方法步骤。12月5日，中共中央召开全国电视电话会议，胡锦涛同志发表动员讲话，并从当月起，在山东、广西、内蒙古及国土资源部、教育部、广电总局、团中央等7个地区和单位进行教育试点。

党中央以极其严肃和慎重的态度逐步把"三讲"教育推向深入，因为这是一次全新的党内自我教育。"一片陌生的水域，一场庄严的挑战，一次难得的机遇，将迎接并考验着中华民族和中国共产党人。把握和驾驶这艘巨轮，使其沿着建设有中国特色的社会主义航道，顺利驶入21世纪，需要一种新的精神、一种新的姿态、一种新的智慧，来武装我们的船员和水手。"[①] 而开展"三讲"教育，就是中国共产党在世纪之交面对世情、国情、党情出现的新情况、新问题与新挑战，从而加强领导班子建设、提高干部队伍素质、加强执政党自身建设的一次创造性探索。江泽民同志指出，开展"三讲"教育就是为了更好地推进党的建设，为党在21世纪的奋斗进一步做好思想、政治和组织准备。"三讲"教育"运用批评与自我批评的思想武器来解决党性党风方面存在的突出问题，发扬党内民主、走群众路线，不搞'文化大革命'那样的大民主，不搞群众运动，使整个教育都是在党的坚强领导下进行，以达到教育干部、提高干部思想政治素质的目的"。[②] 正是从这一意义上说，"三讲"教育无论在内容还是方法上都与延安整风有着诸多相似之处，是新的历史条件下对延安整风运动的继承和创新，成为迎接新世纪的"新整风"。

2. 搞好"三讲"教育：广东党建工作的重中之重

1999年4月，胡锦涛同志在中央、国家机关领导干部大会上做了关于

[①] 马利、单向前：《迎接新世纪的伟大工程——"三讲"教育的回顾与思考》，载《人民日报》2000年2月18日。

[②] 罗韬：《论延安整风与"三讲"教育》，载《甘肃社会科学》2002年第3期。

"三讲"教育的报告,强调要充分认识中央深入开展"三讲"教育的重大意义;指出它是我们党为迎接21世纪、完成新的历史任务所做的重要思想准备和组织准备,是从实际出发加强领导班子建设、提高领导干部队伍思想素质的重要任务,是推动全党兴起学习邓小平理论新高潮,从根本上加强全党的思想政治教育的新举措,也是对在改革开放和发展社会主义市场经济条件下,如何有效解决党内尤其是领导干部中党性党风方面存在问题的一次创造性探索。在"三讲"教育进行过程中,江泽民同志在广东考察工作并参加茂名高州市领导干部"三讲"教育会议时,就如何搞好广东县(市)"三讲"教育并更好地推进党的建设发表重要讲话,强调"三讲"教育是当前党建工作中的重中之重。搞好"三讲"教育作为面向21世纪广东党建工作的重中之重,中共广东省委要求各级党委及领导班子严格按照中央要求做好各项工作,以整风精神扎实开展"三讲"教育,努力做到确保质量,不走过场。

1999年4月5日,中共广东省委在广州召开省级领导班子"三讲"教育工作会议,动员和部署广东省省级领导班子、领导干部"三讲"教育工作。时任中共广东省委书记李长春做动员讲话,并就开展"三讲"教育的重大意义、"三讲"教育要达到的目标要求和工作中的具体落实等问题传达中央精神。时任省委副书记、省长卢瑞华,时任省委副书记高祀仁等省领导同志分别做了学习体会发言。6月17日至19日,中共广东省委八届三次全体(扩大)会议在广州举行。全会的议题是:总结省级领导班子、领导干部"讲学习、讲政治、讲正气"教育工作,并对全省开展"三讲"教育工作提出实施意见。会议审议通过了《中共广东省委关于在县处级以上党政领导班子、领导干部中深入开展以"讲学习、讲政治、讲正气"为主要内容的党性党风教育的实施意见要点》,并就广东省开展"三讲"教育的指导思想和基本原则要求、开展"三讲"教育的基本内容和要着重解决的主要问题、开展"三讲"教育的时间安排和步骤方法等做出明确规定和详细部署。

第一,开展"三讲"教育的指导思想和基本原则要求。以邓小平理论和党的十五大精神为指导,紧紧围绕改革、发展、稳定大局和党的中心工作,结合广东的实际,将开展"三讲"教育与贯彻落实江泽民同志对广东提出的"增创新优势,更上一层楼"和率先基本实现现代化的重要指示结合起来,与贯彻中共广东省委八届二次全会通过的《关于加强各级领导班

第三章 与时俱进：构建广东党的建设新格局（1992—2002 年）

子思想政治建设的决定》结合起来，发扬整风精神，切实解决存在的突出问题。通过"三讲"教育，努力使各级领导班子成为政治坚定、开拓创新、团结实干、廉洁为民的坚强领导集体；领导干部做到思想上有明显提高、政治上有明显进步、作风上有明显转变、纪律上有明显增强，以良好的精神状态带领广大人民群众努力奋斗，夺取广东社会主义现代化建设事业的新胜利。

开展"三讲"教育，要以思想作风建设为重点，立足于教育和提高认识。要发扬理论联系实际的学风，努力做到"两个深入"，即读书要深入、联系实际要深入；开展"三讲"教育，要充分发扬党内民主，坚持走群众路线，坚持开门搞"三讲"；开展"三讲"教育，要抓住重点，有针对性地解决党性党风方面存在的突出问题，要认真开展批评与自我批评，进行积极、健康的思想斗争，坚持"不埋怨、不争论、不刮风，有什么问题解决什么问题"的"三不一有"方针；开展"三讲"教育，要紧紧围绕全面贯彻党的基本路线，把开展"三讲"教育同推动当前工作结合起来，全面推动广东省经济建设和社会各项事业的发展。

第二，开展"三讲"教育的基本内容和要着重解决的主要问题。从全省层面上来讲，要着重解决好以下问题：一是理想信念问题。认真学习邓小平理论，坚定建设有中国特色社会主义的信念，坚持党的基本路线不动摇，在重大政治原则问题上立场坚定，旗帜鲜明。坚持理论联系实际，运用马克思主义的立场、观点和方法，研究解决改革和建设中的重大现实问题，不断提高政治敏锐性和政治鉴别力，树立正确的世界观、人生观和价值观。二是认真贯彻党的路线方针政策和全局观念问题。坚持同党中央在思想上、政治上、行动上保持高度一致，自觉维护中央的权威，服从中央的号令，保证政令畅通。坚决贯彻党和国家的方针政策和一系列重大部署，在实践中不断加深对"两手都要硬""发展才是硬道理"的理解，确立加快两个根本性转变的指导思想，处理好速度与效益的关系、放开搞活与加强管理的关系、发挥市场作用与有效宏观调控的关系。防止和克服在方针政策和一系列重大原则问题上搞片面性、绝对化，以及阳奉阴违、自行其是等错误思想和做法。三是民主集中制问题。自觉遵守党章和《中国共产党地方委员会工作条例（试行）》，坚持民主集中制原则，重大问题集体讨论、民主决策。正确认识和处理上级与下级、个人与组织、"班长"与领导班子成员之间的关系，加强团结，增强凝聚力和战斗力。严格执行

《党政领导干部选拔任用工作暂行条例》,坚决抵制用人上的不正之风。防止和纠正违反民主集中制,把个人凌驾于党组织之上,独断专行、各自为政、拒绝接受党的教育与监督等错误思想和行为。四是作风建设和群众观念问题。牢固树立全心全意为人民服务的宗旨,坚持从群众中来到群众中去的群众路线,正确对待和行使人民赋予的权力,把人民拥护不拥护、赞成不赞成、高兴不高兴、答应不答应作为想问题、办事情、做决策的出发点和落脚点,关心群众疾苦,密切同人民群众的联系。坚持依法行政,依法办事。防止主观主义、形式主义、官僚主义和虚报浮夸,坚持说实话、办实事、鼓实劲、求实效。五是思想观念和精神状态问题。要进一步解放思想、实事求是,开展"五破五树"的再教育,防骄破满,坚定信心,知难而进;正确认识和处理改革和建设中遇到的困难和问题,保持旺盛斗志,抓住机遇,开拓进取。防止和克服贪图安逸、追求享受、不思进取、怨天尤人等错误思想和弄虚作假、只图形式不重实效的不良习气。六是廉洁自律问题。自觉执行中共中央、中共广东省委有关规定,不断增强拒腐防变的能力,树立艰苦奋斗、勤俭办事业的思想,保持清正廉洁。切实对所属部门和单位的党风廉政建设负起责任,做到自重、自省、自警、自励,严格教育管理家属、子女和身边工作人员。带头厉行节约,制止奢侈浪费,反对讲排场、摆阔气,坚决反对和抵制损害国家、集体和人民群众利益的腐败现象。

第三,开展"三讲"教育的时间安排和步骤方法。按照中央有关指示精神,结合广东实际,中共广东省委决定从1999年6月开始到2000年上半年,采取自上而下、分级分批的方式,在全省县级以上领导班子和领导干部中开展"三讲"教育。整个"三讲"教育分"思想发动、学习提高;自我剖析、听取意见;交流思想、开展批评;认真整改、巩固成果"4个阶段进行。"三讲"教育的4个阶段一环扣一环,但每一个环节的侧重点都有所不同。在学习阶段,要认真学习中央指定的必读篇目以及有关文件精神,既在阅读原著上狠下功夫,又明确"三讲"教育的基本要求、原则和方法;在自我剖析阶段,要从世界观、人生观、价值观上,深刻剖析自1992年以来党性党风和工作方面存在的突出问题;开展批评阶段要真正拿起批评和自我批评的武器,开成高质量的民主生活会;在整改阶段,要有针对性地提出整改措施。

此外,为了切实抓紧抓实"三讲"教育这一党建工作的重中之重,中

第三章 与时俱进：构建广东党的建设新格局（1992—2002年）

共广东省委要求各地各部门要切实加强领导，精心组织。搞好"三讲"教育，关键在领导。领导到位，认识到位，工作到位，是"三讲"教育顺利进行的保证。各地各部门领导班子要把"三讲"教育作为当时党建工作的头等大事，严格按照中央和中共广东省委的要求，加强领导，抓实抓好。要实行"三讲"教育工作责任制，一级抓一级，一级带一级，层层抓落实。各级各单位第一把手要以高度的政治责任心、足够的领导精力、良好的精神状态，把这次"三讲"教育抓紧抓好。在"三讲"教育中，第一把手要以身作则，带头学习，带头自我剖析，带头开展批评和自我批评，带头整改。同时要切实加强具体指导，狠抓各阶段工作的落实。

3. 旧貌换新颜：全省"三讲"教育显成效

根据中央精神，广东省于1998年12月在韶关市、台山市和省国土厅、教育厅开展"三讲"教育试点工作。在试点工作的基础上，中共广东省委于1999年4月5日召开了动员大会，部署省级及省纪委领导班子"三讲"教育。历时两个多月的省级领导班子"三讲"教育，取得了圆满成功，中共广东省委于6月17日召开八届八次全会对省级领导班子"三讲"教育工作进行了总结，并对全省开展"三讲"教育进行全面部署，按照自上而下、分级分批的原则，先后在省直机关、地级以上市、县及普通高校领导班子中开展了"三讲"教育，至2001年1月9日基本告一段落。

据统计，全省参加"三讲"集中教育的县级以上党政领导干部共24767人，其中省级领导班子成员35人，地厅级领导班子成员2280人，县级领导班子成员和处级干部22452人。县（市、区）纪委、组织部、宣传部及公检法机关领导干部5547人，也参加了这次"三讲"集中教育。为了加强对这次"三讲"教育的指导，中共广东省委派出巡视组361个、督导组19个。全省共有1900多名干部参加了巡视组、督导组工作，其中副省级干部5人次，厅级干部137人次。

"三讲"教育开展的两年期间，广东省各级党委始终坚持把学习理论武装头脑同整顿思想、改进作风紧密结合起来，始终坚持把党委的领导和充分发动群众开展"三讲"教育紧密结合起来，始终坚持把"三讲"教育的政策和李长春同志提出的"不埋怨、不争论、不刮风，有什么问题就解决什么问题"的方针紧密结合起来，始终坚持把"三讲"教育工作同促进当时工作、推动全省率先基本实现社会主义现代化这一总目标、总任务紧密结合起来。在"三讲"教育中始终注意保护好、引导好、发挥好广大干部群众勇于开拓,大胆创新的积极性,始终维护好良好的干事创业的大环境,使"三讲"教育始终沿着健康有序的轨道前进,取得了明显成效。主要体现在:

第一,领导干部进一步提高了学习理论的自觉性,坚定了建设有中国特色社会主义的信念。通过"三讲"教育,各级领导干部认识到,改革开放以来,我们党带领全国人民排除各种干扰,经受各种考验,克服了各种困难,取得了举世瞩目的伟大成就,成功的经验归根到底是靠邓小平理论的指导,始终不渝地坚持走建设有中国特色的社会主义道路。这也是广东20多年来改革开放实践的最重要体会。21世纪之初,广东的改革开放和现代化建设正处于一个新的关键时刻,领导干部能不能带领广大人民群众战胜各种困难和风险,不辜负党中央和江泽民同志要求广东"增创新优势,更上一层楼,率先基本实现社会主义现代化"的殷切期望,最重要、最根本的仍然是靠邓小平理论的指导,靠坚定走中国特色社会主义道路的信念。

第二,领导干部进一步提高了全面贯彻执行党的基本路线的坚定性和自觉性。通过这次"三讲"教育,领导干部普遍受到了一次深刻的党的基本理论、基本路线、基本纲领的再教育,进一步增强了政治意识、大局意识,提高了坚决贯彻执行党的路线方针政策和中央的重大决策,在思想上、政治上、行动上同党中央保持一致的坚定性、自觉性。通过"三讲"教育,各级领导干部认真总结了任何时候都必须全面正确理解和把握党的基本路线、必须坚持"三个有利于"和"三个代表"的标准、必须始终一贯地坚持党的民主集中制原则、必须始终坚持"两手抓、两手都要硬"的方针、必须聚精会神地抓好领导班子建设等五个方面的宝贵经验;并体会到:在广东的改革开放和现代化建设新的实践中,只有认真吸取这些经验,才能不断地推动广东的各项工作沿着正确的方向健康发展。

第三,领导干部进一步增强了群众观念和宗旨意识,密切了党群、干群关系。通过"三讲"教育,各级领导干部切实转变了工作作风,深入群众听取意见,解决群众反映强烈的热点难点问题,真正体现了广大人民群众的根本利益。为切实减轻农民负担,启动农村市场,中共广东省委、省政府把降低农村用电价格作为一项"民心工程"来抓,经过艰苦努力,1999年年底实现了农村到户电价降低到每千瓦时1元以下的目标,全省农

第三章　与时俱进：构建广东党的建设新格局（1992—2002年）

村用电量增长了17%，一年减轻农民负担35亿元。各级领导干部还普遍实行了领导包案责任制处理信访大要案制度，省领导以身作则，在"三讲"教育期间排查出22宗信访大要案，亲自包案协调解决，为广大群众解决了一批实际问题。存在问题较多的8个县、40个镇、229个村，认真贯彻中共广东省委"重典治乱"的精神，结合整改加大治理力度，努力给人民群众创造良好的工作和生活环境。各县（市、区）领导干部自觉到贫困落后、矛盾多、困难多、群众意见强烈的乡村去与群众"三同"（同吃、同住、同劳动），切实为群众做了一批实事好事，深受群众欢迎。各高校把事关学校改革发展的全局性问题作为整改的重点，并认真清理群众反映强烈的"小钱柜"问题，取得了明显的成效。

第四，领导干部进一步振奋了精神，增强了率先基本实现社会主义现代化的紧迫感和责任感，推动了各项工作。在这次"三讲"教育中，通过学习查摆，各级领导干部感到，当前广东在前进道路上虽然遇到了许多困难，但也有不少有利条件，大发展小困难，小发展大困难，不发展更困难。大发展就是率先基本实现社会主义现代化。大家体会到，在建设有中国特色社会主义的跨世纪的征程中，广东继续担负着走在全国前面、提供新经验的重任。广东能否率先基本实现社会主义现代化，关系全局，影响全局，意义重大。大家表示一定要增强历史责任感，进一步振奋精神，把中央的要求与广东省的实际紧密结合起来，创造性地开展工作，求真务实，开拓进取，迎接挑战，抓住机遇，继续带领广大干部群众开创广东两个文明建设的新局面。

全省各级领导干部在"三讲"教育中焕发出来的良好精神风貌和饱满的工作热情，极大地推动了各项工作向前发展，全省经济社会发展态势良好。2000年全省完成国内生产总值9662亿元，比上年增长10.8%；全年出口完成919亿美元，增长18.3%；社会消费品零售总额4072亿元，增长11.4%；全社会固定资产投资3234亿元，增长6.8%；财政收入911亿元，增长11.8%。[①]

[①] 中共广东省委政策研究室：《在率先基本实现社会主义现代化的道路上阔步前进：广东省第八次党代会以来的决策与实践》第3卷，广东人民出版社2002年版，第223页。

四、践行"三个代表"重要思想,增创广东发展新优势

实践是理论的源泉,理论是实践的指南。实践永无止境,党的理论创新也永无止境。马克思主义中国化的过程,就是我们党在实践的基础上不断进行理论创新的过程。改革开放以来,党中央要求广东"先走一步",发挥"排头兵"作用,并为广东指明发展的方向。20多年以来,广东各级党组织和广大党员干部群众坚持党的路线、方针、政策,积极开拓前进,"杀出一条血路来",创造了许多新鲜经验,为党的理论创新提供了实践基础和丰富素材。与之相适应,党的理论创新又为广东的改革发展指明了前进的方向,为推动广东的改革开放和现代化建设提供了强大的政治动力。

(一)"三个代表"重要思想在广东的首先提出

党的十三届四中全会以来,以江泽民同志为主要代表的中国共产党人,高举邓小平理论伟大旗帜,以马克思主义的巨大理论勇气进行理论创新,逐步形成了"三个代表"重要思想这一系统的科学理论,并成为全党的行动指南。"三个代表"重要思想,是江泽民同志站在历史发展和时代要求的高度,敏锐把握国际国内形势的发展变化,经过长期思考,集中全党的智慧,于2000年2月在广东深入调查研究、指导工作时首次提出来的。

2000年2月20日至25日,江泽民同志赴广东进行调研考察。在广东考察工作期间,江泽民同志有过许多重要的讲话和指示,而其中最大的贡献就是明确提出了"三个代表"。2月25日上午,江泽民同志在听取了中共广东省委常委的工作汇报后发表了重要讲话,并在这次讲话中第一次明确提出了"三个代表"重要思想。他指出:"总结我们党70多年的历史,可以得出一个重要结论,这就是:我们党之所以赢得人民的拥护,是因为我们党在革命、建设、改革的各个历史时期,总是代表着中国先进生产力的发展要求,代表着中国先进文化的前进方向,代表着中国最广大人民的根本利益,并通过制定正确的路线方针政策,为实现国家和人民的根本利益而不懈奋斗。"[①] 他还向全党提出了在新的历史条件下,必须做到"四

---

① 江泽民:《论"三个代表"》,中央文献出版社2001年版,第2页。

第三章 与时俱进:构建广东党的建设新格局(1992—2002年)

个紧密结合":紧密结合国内外形势的变化,紧密结合我国生产力的最新发展和经济体制的深刻变革的实际,紧密结合人民群众对物质文化生活提出的新的发展要求,紧密结合我们党员干部队伍发生的重大变化。

事实上,江泽民同志这次广东之行的重要目的,就是围绕加强新时期党的建设进行调查研究。调研考察工作期间,他于2月20日首先到广东茂名高州市就关于搞好县(市)领导干部"三讲"教育进行动员。他指出,在全国县级以上党政领导班子和领导干部中用整风精神开展"讲学习、讲政治、讲正气"教育,着重解决党性党风方面存在的突出问题,这是我们党面向21世纪为加强自身建设而采取的一项重大举措。在新的世纪里,我们要巩固和发展一个多世纪以来中国人民的伟大奋斗成果,把老一辈无产阶级革命家开创的社会主义事业全面推向前进,达到预期的宏伟目标;我们要正确应对国内外错综复杂的环境,坚定不移地完成改革和建设的各项任务;我们要使党始终保持工人阶级先锋队的性质,始终代表最广大人民群众的利益,始终成为社会先进生产力的代表,始终领导全国各族人民促进生产力的发展,始终坚强有力地发挥好领导核心作用,必须结合新的历史条件进一步从思想上、组织上和作风上把党建设好。江泽民同志出席了广东茂名高州市领导干部"三讲"教育会议之后,于2月21日至25日继续在深圳、顺德、广州等地考察。22日,到深圳龙岗区布吉镇南岭村,与村党支部成员、村民党员代表就基层党的建设进行座谈。23日上午,在顺德主持召开企业党建工作座谈会,听取了顺德市委和部分国有企业、合资企业、私营企业党组织负责人的汇报,详细了解顺德市企业党建的做法和经验。24日上午,在广州市视察上下九路商业步行街;下午,在广州市主持召开党建工作座谈会,与部分企业事业单位和街道党组织负责人共同探讨新时期如何加强党的建设。在多个场合(特别是几次座谈会上),江泽民同志反复提问人民群众对我们党的看法和要求,并与各级领导和群众进行深入交谈。同年5月,江泽民同志从江苏、浙江、上海等地考察工作结束回到北京后,先后两次讲话谈及广东考察与"三个代表"。6月,他在全国党校工作会议上的讲话中指出:"今年2月,我在广东考察工作时提出,各级党的组织和全党同志都应该按照'三个代表'的要求,全面加强和改进党的建设,使我们党永远立于不败之地,永远得到全国各族人民的衷心拥护并带领人民不断前进。"并强调:"我提出这个问题,是经过了长时期思考的。在实行改革开放和发展社会主义市场经济的条件下,'建设一个什么样的党、怎样建设党',是一个重大的现实问题,直接关系到我们党和国家的前途命运。"① 10月,江泽民同志在党的十五届五中全会上又指出:"今年初,我在广东考察工作时,讲了我们党要始终代表中国先进生产力的发展要求,代表中国先进文化的前进方向,代表中国最广大人民的根本利益。"② 江泽民同志的这三次重要讲话,肯定了"三个代表"的提出和完整表述是在广东。2001年6月28日,《人民日报》头版刊登题为《春风春雨润南粤》的文章也明确指出:"2000年2月,江总书记出席了高州市领导干部'三讲'教育动员会并发表了重要讲话,随后,在广东其他城市考察期间,提出了关于'只要我们党始终成为中国先进社会生产力的发展要求、中国先进文化的前进方向、中国最广大人民的根本利益的忠实代表,我们党就能永远立于不败之地,永远得到全国各族人民的衷心拥护并带领人民不断前进'的重要思想。"③ "三个代表"重要思想在广东的首先提出,成为广东党的建设历史上不同凡响的盛事,反映出改革开放以来广东党的建设探索实践对党的建设理论创新的突出贡献。

(二) 全面理解和学习贯彻"三个代表"重要思想

江泽民同志提出的"三个代表"重要思想,是对党的性质、宗旨和历史任务的新概括,是对马克思主义建党学说在改革开放和发展社会主义市场经济新的历史条件下的创造性运用和发展,是对各级党组织和广大党员的新要求。"三个代表"重要思想从理论与实践的结合上,深刻回答了在充满希望与挑战的21世纪,我们要"建设一个什么样的党、如何建设党"的根本问题,因而是新的历史条件下全面推进党的建设和指导全党工作的伟大纲领。"三个代表"重要思想在广东提出后,中共广东省委就把认真组织各级党员干部学习领会江泽民同志视察广东的重要讲话精神和学习贯彻"三个代表"重要思想,作为加强新时期党的建设的一项重大政治任务来抓。

2000年2月25日下午,江泽民同志离开广州后,时任中共广东省委

---

① 江泽民:《论"三个代表"》,中央文献出版社2001年版,第32页。
② 江泽民:《论"三个代表"》,中央文献出版社2001年版,第71页。
③ 《春风春雨润南粤》,载《人民日报》2001年6月28日。

第三章 与时俱进：构建广东党的建设新格局（1992—2002 年）

书记李长春主持召开中共广东省委常委会议，传达了江泽民同志的"三个代表"重要思想。他要求各级党组织聚精会神抓好党的建设，使各级党组织和共产党员，真正代表中国先进生产力的发展要求，代表中国先进文化的前进方向，代表中国最广大人民的根本利益，经受住各种考验而永立于不败之地。

3月3日，中共广东省委发出了关于认真组织学习贯彻江泽民同志视察广东重要讲话精神的通知。中共广东省委认为，江泽民同志的重要讲话充分体现了党的基本路线和基本纲领，是邓小平理论与广东改革开放实际相结合的结晶，是继邓小平同志"南方谈话"后，党中央对广东发展方向做出的又一次全面深刻的重要指示。这为广东在跨世纪征程上增创新优势，更上一层楼，率先基本实现社会主义现代化提供了强大的精神动力和宝贵的思想武器。为此，中共广东省委决定，立即在全省认真组织学习贯彻江泽民同志的重要讲话。中共广东省委要求，各级党组织要把组织学习重要讲话作为当时一项大事抓紧抓好；要深刻理解江泽民同志关于"广东以及经济特区的进一步发展，主要应该依靠科技创新和体制创新"的指示精神，切实重视抓好技术创新，推动经济建设再上新水平；要大力推进社会主义精神文明建设，着力建设文明法治环境；要全面加强党的建设，为广东率先实现现代化提供有力保证。通知要求各地紧密结合实际，精心研究、制定贯彻措施，做出具体部署，狠抓落实。

7月6日至7日，中共广东省委八届五次全会在广州召开。全会主要议题是：认真学习江泽民同志"三个代表"重要思想，分析广东省改革开放、现代化建设和党的建设工作面临的新形势，研究如何按照"三个代表"的要求抓好广东省党的建设和现代化建设各项工作。时任广东省委书记李长春在会上做重要讲话，他强调："各级党组织要从讲政治、讲大局的高度，加强对学习'三个代表'重要思想的组织领导。各地各单位要订出学习计划，做好具体安排，注重学习效果。县以上领导班子和领导干部要把学习'三个代表'重要思想作为'三讲'集中教育和'三讲'教育'回头看'的重要内容。宣传、党校、社科、新闻传媒等部门要充分发挥职能作用，采取各种有效形式，加强对学习'三个代表'重要思想的宣传和引导，把学习不断引向深入。"① 会上，时任省委副书记、省长卢瑞华，时任省委副书记黄丽满、刘凤仪等同志分别就学习贯彻"三个代表"重要思想问题做专题发言。中共广东省委八届五次全会号召：全省各级党组织要认真学习领会、全面贯彻落实江泽民同志"三个代表"重要思想；广大党员要身体力行、带头实践"三个代表"的要求，做自觉贯彻执行党的基本路线的表率，做加强学习、坚定理想信念的表率，做弘扬社会主义先进文化的表率，做努力实践党的全心全意为人民服务宗旨的表率，做廉洁奉公、拒腐防变的表率，为广东省率先基本实现社会主义现代化而努力奋斗。

7月7日，中共广东省委八届五次全会审议通过了《中共广东省委关于深入学习贯彻江泽民同志"三个代表"重要思想的决议》（以下简称《决议》）。《决议》指出："三个代表"集中体现了党的根本性质和社会主义的本质，具有丰富的思想内涵。先进生产力是社会进步和变革的最根本因素，当代中国先进的社会生产力是在社会主义条件下推动经济现代化和社会文明进步的最终决定力量。先进文化是人类文明进步的结晶，是推动人类社会前进的精神动力和智力支持。全心全意为人民服务是我们党的根本宗旨。我们致力于推进生产力的解放和发展，推进中国特色社会主义文化建设，归根到底都是为了中国最广大人民的根本利益。因此，"三个代表"是相互联系、密不可分的整体，统一于党领导人民建设有中国特色社会主义的伟大事业中。只要我们始终坚持"三个代表"的重要思想，就一定能够经受住各种复杂考验，把建设有中国特色社会主义的伟大事业不断推向前进。《决议》强调，全省各级党组织和广大党员要把认真学习、深刻领会、全面落实"三个代表"重要思想作为一项事关全局的根本任务。新的时期我们党正面临着新的考验，国际形势的发展正带来新的机遇和挑战。随着我国改革开放的深入和社会主义市场经济体制的建立与完善，党领导现代化建设的任务空前繁重；而一部分党组织和党员的状况还未能真正适应新形势、新任务的要求，党的建设也要进一步探索新思路。"三个代表"重要思想是指导我们在新形势下解决各种复杂问题的有力武器，我们一定要充分认识到认真学习、全面贯彻这一重要思想的重要性和紧迫

---

① 中共广东省委政策研究室：《在率先基本实现社会主义现代化的道路上阔步前进：广东省第八次党代会以来的决策与实践》第1卷，广东人民出版社2002年版，第148页。

第三章 与时俱进：构建广东党的建设新格局（1992—2002年）

性。各级党组织要加强对学习的领导，主要负责同志要亲自抓、带头学；要精心组织，周密安排，紧密结合实际，注重学习实效。引导广大党员紧密结合广东省两个文明建设的实际，深刻领会"三个代表"重要思想的丰富内涵、精神实质及其重大意义。要把贯彻"三个代表"重要思想和落实党的十五大精神、完成省第八次党代会提出的任务、推进党的建设新的伟大工程统一起来。要进一步解放思想，更新观念，教育和激励各级领导干部和全体党员努力实践、身体力行"三个代表"重要思想，把"三个代表"的要求落实到坚定正确地执行党的路线方针政策中去，落实到改革、发展和稳定各项工作中去，落实到建设一支高素质干部队伍和从严治党中去，不断研究新情况，解决新问题，探索新途径。充分发挥党组织的政治核心作用和党员的先锋模范作用，团结和带领全省人民投身于建设有中国特色社会主义事业的伟大实践。《决议》提出，要按照"三个代表"的要求从扎扎实实抓好"三讲"教育、切实加强各级领导班子建设、大力加强党的基层组织建设、进一步加强党风廉政建设和反腐败斗争等方面切实加强党的建设。

2000年12月，时任中共广东省委书记李长春在参加茂名市党政领导班子民主生活会时就如何深入学习贯彻"三个代表"重要思想做了讲话。他指出："各级班子要不断学习，进一步深刻领会'三个代表'重要思想。理论部门，如党校要不断加以阐述，深刻领会'三个代表'重要思想的内涵。要把'三个代表'重要思想用以指导我们方方面面的工作。当前我们正在制定'十五'计划，这是进入新世纪的第一个五年计划。怎样体现'三个代表'重要思想，在十五届五中全会《建议》（注：指《中共中央关于制定国民经济和社会发展第十个五年计划的建议》）里讲到，要以发展为主题，以结构调整为主线，以改革开放和科技进步为动力，以提高人民群众的生活水平作为根本出发点，这就很鲜明地体现了'三个代表'重要思想。我们在制定'十五'计划过程中，也要充分体现'三个代表'重要思想。最近中央召开了经济工作会议，就如何进一步关心群众生活，搞好社会保障，做到'两个确保'（确保退休人员拿到退休金，确保下岗人员领到生活补助费），以及进一步加快农村费改税的步伐，减轻农民负担等等，都做了部署，这些都是贯彻'三个代表'重要思想的重要方面。"①

2001年6月底,广东省庆祝中国共产党成立80周年大会隆重召开。会上,时任中共广东省委书记李长春就深入学习领会"三个代表"重要思想做了重要讲话。他指出,"'三个代表'是密切相关、相辅相成的统一整体,是对党的先进性和代表性的完整概括,体现了建设有中国特色社会主义伟大事业的本质要求。代表先进生产力的发展要求是基础。按照历史唯物主义的观点,谁代表先进生产力的发展要求,谁就掌握了推动历史前进的根本动力,就能有力地推动经济发展和文化繁荣,最大限度地实现人民群众的根本利益。代表先进文化的前进方向,就为发展生产力提供强大的精神动力和智力支持,满足人民群众日益增长的文化需求。代表先进生产力的发展要求和先进文化的前进方向,最终都落脚于代表最广大人民群众的根本利益。面对实际生活中错综复杂的矛盾和困难,我们要完整把握'三个代表'的深刻内涵,把握大局,理清思路,解决问题。这是我们全面贯彻落实'三个代表'重要思想的基本要求",②并强调要按照"三个代表"的要求,把广东各级党组织建设得更加坚强有力。

为了进一步深入阐释"三个代表"重要思想的理论地位、科学内涵等重大理论问题,2001年7月1日,江泽民同志在庆祝中国共产党成立80周年大会上发表重要讲话,指出"三个代表"要求是我们党的立党之本、执政之基、力量之源,也是我们在21世纪全面推进党的建设,不断推进理论创新、制度创新和科技创新,不断夺取建设有中国特色社会主义事业新胜利的根本要求,要按照"三个代表"要求加强和改进党的建设。随后不久,广东以深入学习贯彻江泽民同志"七一"讲话为重要契机,迅速在全省各级党组织和广大党员干部中掀起了学习、研究、宣传和贯彻"三个代表"重要思想的热潮,并紧密结合广东的实际,把学习贯彻"三个代表"重要思想引向深入。

2001年8月12日至14日,中共广东省委学习中心组召开"七一"讲话学习会。学习会强调:认真学习贯彻好江泽民总书记的重要讲话,是当前全党的一件大事,全省各级党组织必须深入学习,全面贯彻"三个代

---

① 中共广东省委政策研究室:《在率先基本实现社会主义现代化的道路上阔步前进:广东省第八次党代会以来的决策与实践》第1卷,广东人民出版社2002年版,第161页。

② 中共广东省委政策研究室:《在率先基本实现社会主义现代化的道路上阔步前进:广东省第八次党代会以来的决策与实践》第1卷,广东人民出版社2002年版,第415—416页。

第三章　与时俱进：构建广东党的建设新格局（1992—2002年）

表"重要思想。随后，时任中共广东省委书记李长春分别到河源、韶关、湛江等市考察或指导工作，并就全省各级党组织如何贯彻"三个代表"重要思想做了大量讲话和指示。在河源考察工作时，李长春同志指出："江总书记'七一'重要讲话是面向新世纪的政治宣言，是我们进入新世纪加快改革开放和现代化建设步伐的强大思想武器和政治动力。特别是'三个代表'重要思想，既是党的建设的纲领，也是我们做好各项工作的力量源泉。我们学习'七一'重要讲话，第一阶段主要是自学、表态、谈体会、谈认识。最近中共广东省委学习中心组又组织对'七一'重要讲话进行了一次深入学习，并提出要把全省学习'七一'重要讲话进一步引向深入，引向深入的重要标志就是要把学习'七一'重要讲话与我省的实际紧密结合起来，落实到党的建设和现代化建设的方方面面，全面推进广东率先基本实现社会主义现代化的进程。"① 他强调，我们一定要以"三个代表"重要思想为强大政治动力和思想武器，紧密联系实际，以更加强烈的责任感，更加扎实的工作作风，更加富有创造性的开拓精神，掀起新的发展高潮，推动改革开放和现代化建设迈上新台阶。在韶关考察工作时，他指出："我们前一段学习'七一'讲话主要先从思想上提高认识，现在要把学习进一步引向深入。引向深入的标志，一是进一步统一思想，提高认识。二是要把学习延伸到广大基层干部。中共广东省委组织了宣讲团，并准备把中央宣讲团的报告制成光盘，发放到基层党支部，以便组织广大党员干部认真学习。三是要在抓落实上下功夫，推动党的建设和现代化建设。推动党的建设最终也是为了推动各项工作。因此，我们要进一步解放思想、开拓创新，把尽快帮助山区人民脱贫奔康，作为各级党委和政府的第一要务，并从思想、作风、制度、组织等各方面保证把这个要务突出抓好，切实抓出成效。"② 在参加湛江市党政领导班子民主生活会时，他指出："当前，全党正在认真学习江总书记的'七一'重要讲话，特别是学习江总书记'三个代表'重要思想，这为我们做好各方面的工作提供了强大的动力。因此，我们湛江首先要组织广大干部学习好江总书记'三个代表'重要思想，把它作为进一步解放思想、开拓前进、加快湛江发展的新

---

① 中共广东省委政策研究室：《在率先基本实现社会主义现代化的道路上阔步前进：广东省第八次党代会以来的决策与实践》第2卷（下），广东人民出版社2002年版，第183-184页。
② 中共广东省委政策研究室：《在率先基本实现社会主义现代化的道路上阔步前进：广东省第八次党代会以来的决策与实践》第2卷（下），广东人民出版社2002年版，第192页。

的动力。"①

此外,全省各地区各部门也纷纷组织学习贯彻"七一"讲话精神,特别是学习贯彻"三个代表"重要思想。如中共深圳市委第三次党代会提出,一定要认真领会"三个代表"的深刻内涵,充分认识坚持"三个代表"的重大意义,按照"三个代表"重要思想全面加强特区党的建设,把全市各级党组织真正建设成为体现"三个代表"重要思想的富有战斗力的坚强集体。广东省社会科学院召开学习江泽民同志"七一"重要讲话座谈会,会议认为江泽民同志的重要讲话,以马列主义、毛泽东思想、邓小平理论为指导,全面阐述"三个代表"重要思想的科学内涵,提出了新的历史条件下加强和改进党的建设的重大任务,是新时期全面推进党的建设新的伟大工程的纲领性文件,是马克思主义建党学说的新发展,也是科学理论创新的典范,对社会科学工作者是巨大的鼓舞,我们一定要认真学习、深刻领会。

(三)深入开展广东省农村"三个代表"重要思想学习教育活动

为了把学习贯彻"三个代表"重要思想引向深入,中央决定在全国县(市)部门、乡镇、村领导班子和基层干部中开展"三个代表"学习教育活动。这是我们党在21世纪解决好农业、农村和农民问题的一项重要基础建设,是事关改革、发展、稳定全局的一件大事。开展这项活动,要着眼于提高广大农村基层干部的整体素质,着眼于解决当前农村存在的突出问题,着眼于维护和发展广大农民的根本利益,把学习教育与促进农村工作紧密结合起来。

1. 开展农村"三个代表"重要思想学习教育活动概况及成效

根据中央的整体部署和广东省的实际,广东省农村"三个代表"重要思想学习教育活动从2000年冬开始,至2002年6月底基本结束,历时一年半。中共广东省委要求各级党组织按照"三个代表"重要思想加强党的建设,切实把农村基层党组织建设成为实践"三个代表"重要思想的坚强堡垒。全省学习教育活动分三批进行,第一批是乡镇和站所,第二批是县

---

① 中共广东省委政策研究室:《在率先基本实现社会主义现代化的道路上阔步前进:广东省第八次党代会以来的决策与实践》第2卷(下),广东人民出版社2002年版,第196页。

第三章 与时俱进：构建广东党的建设新格局（1992—2002年）

（市、区）部门，第三批是村级，共有8.1万个基层领导班子，73.87万名基层干部参加了学习教育。这次学习教育活动，参与人数之多、宣传发动面之广、群众反响之强烈、效果之好，都是多年来未有的，基本达到了中共中央和中共广东省委提出的目标要求。主要体现在5个方面：

第一，农村基层干部的思想政治素质有了新的提高。广大基层干部通过认真学习江泽民同志"三个代表"重要思想、"七一"重要讲话和党的十五届六中全会决定等，联系实际进行深入思考，加深了对"三个代表"重要思想的理解，普遍增强了政策法制观念和群众观念，增强了做好农村工作、当好农村干部的责任感和使命感，提高了努力实践"三个代表"重要思想的自觉性。

第二，农村基层干部的思想和工作作风有了明显改进。在学习教育活动中，全省有70多万名基层干部进村入户与群众"三同"，进农家门、听农家言、知农家事、化农家怨、解农家难，与农民群众交朋友。在与群众朝夕相处中加深了对农民群众的感情，为群众办了一批多年来想办但没办的事，解决了一批多年来未能解决的问题。农民群众说："过去干部像影子，看得见摸不着；现在干部是朋友，看得见靠得住。"不少机关部门和基层站所还推出便民措施，简化办事程序，提高办事效率，方便了群众办事。

第三，发展农村经济的思路进一步理清。通过学习教育活动，广大基层干部进一步强化了发展意识，在深入调查研究的基础上，找准影响当地农业和农村经济发展的突出矛盾，围绕发展经济、农民增收这个中心环节，因地制宜确定发展思路，讲求实效，落实发展措施，加快了农村经济发展步伐，增加了农民收入。2001年全省农业增加值1004亿元，比上年增长2.3%；农民人均纯收入3770元，比上年增长3.5%。

第四，群众关心的热点难点问题得到较好解决。各地着眼于维护和实现群众的根本利益，对群众反映强烈的热点难点问题，做到边学边改，边查边改，不拖不等，逐一解决。学习教育活动期间，各地着力解决了各种突出问题15万多宗。全省还投入资金158亿元，为群众办好事实事28.8万件。通过上点下排，全省排查出280个问题相对突出的镇村，作为重点整治对象；省市县派出工作队驻点帮助整治，推动了农村突出问题的解决。各地还取消了一大批不合理的收费项目，降低了收费标准。2001年涉农收费公示率达90%以上，减轻农民负担6.1亿元；将农村电价降到每千瓦时 1 元以下,为农民减负 35.5 亿元,使广大农民真正得到了实惠。

第五,农村基层组织建设得到进一步加强。各级党委把开展学习教育活动,作为提高干部素质,增强农村基层党组织创造力、凝聚力和战斗力的极好机遇,按照"三个代表"要求,大力加强农村基层组织建设。2002 年,广东省抓住镇村换届选举契机,把一批政治觉悟高、具有带领群众致富本领、得到群众拥护的优秀干部,选拔和充实到领导班子中,增强了农村基层组织的战斗力。通过认真贯彻执行《广东省村务管理办法(试行)》,进一步规范了村务管理,解决了部分村"两委"关系不协调的问题,使村级管理走向规范化。同时,结合学习教育活动,丰富"三级联创"(以创建"五好"党支部、"六好"乡镇党委和农村基层组织先进县为主要内容的村、乡镇、县三级联动创优)内涵,深化"三级联创"活动,取得了显著成效,涌现出一批农村基层组织建设典型。

2. 开展农村"三个代表"重要思想学习教育活动的基本经验

通过开展"三个代表"重要思想学习教育活动,为广东解决 21 世纪农业、农村和农民问题进行了成功探索,为广东省与时俱进做好农村基层党组织建设工作积累了许多宝贵经验。概括起来主要有以下四条:

第一,必须建立健全加强农村基层组织建设的领导机制,形成齐抓共管、上下联动的工作格局。各地坚持和完善了"一把手"负总责,党政领导干部包点抓,各级部门分工负责抓的做法,形成一级抓一级、上下联动、齐抓共管的工作格局。在学习教育活动的每个阶段,各级党政领导干部都到联系点进行指导,帮助解决实际问题。与此同时,全省先后从机关单位抽调了 7.8 万名干部分别组成督查组、督导组、指导组,对学习教育活动实行全程指导。

第二,必须坚持正面教育、自我教育为主的学习方法,建立健全农村基层干部定期培训制度,形成干部经常受教育的学习机制。各地根据基层干部的特点,把正面教育与自我教育结合起来,把学习理论与总结经验、推动工作结合起来,把对干部的关心爱护、充分信任和严格教育、严格要求结合起来,把着力点放在调动基层干部求提高、求进步的内在动力上。通过专题辅导、专题讨论、互相交流、典型启发、实地考察、组织测试等多种学习方式,帮助干部领会"三个代表"重要思想的精神实质;通过运用先进典型对干部进行正面教育,运用反面典型进行警示教育,增强学习教育的直观性。

第三,必须坚持分类指导,把解决思想问题与解决实际问题结合起来,进一步建立健全解决农村基层突出问题的机制。在学习教育活动中,各地坚持从实际出发,针对不同地区的经济状况、地理环境、基层组织的实际情况,对学习方法和要着重解决的问题,提出不同要求,实行分类指导。通过上点下排,确定了一批问题相对突出的镇、村作为重点整治单位,制定分类整治方案,建立领导责任制,派出工作队驻点整治,使这些地方的突出问题得到较好解决。

第四,必须坚持把学习与工作结合起来,推动农村各项工作任务的落实。各地围绕农村工作的中心任务,把学习教育与做好农村工作结合起来,寻找结合点、找准切入点,做到两不误、两促进,既提高了干部素质,又推动了各项工作任务落实,促进了农村两个文明建设。

(四)实践"三个代表"重要思想,为广东党的建设开创新格局

自江泽民同志视察广东并首次提出"三个代表"重要思想以来,中共广东省委带领全省各级党组织以"三个代表"重要思想作为行动指南和强大的政治动力,紧密结合广东实际,深入开展学习教育活动,全面加强党的建设,取得了显著成效。

1. 广东实践"三个代表"重要思想取得党建新成效

中共广东省委带领全省各级党组织坚持以密切党和人民群众的血肉联系为核心,改进党的作风,切实为群众办实事办好事。突出发展先进生产力,建设先进文化,重点解决困难群众"四难"问题,开展扶贫"两大会战",降低农村电价,使干部受教育、群众得实惠。2001年建党80周年之际,中共广东省委对在全省改革开放和现代化建设中努力实践"三个代表"重要思想、做出显著成绩和突出贡献的50个先进基层党组织、50名优秀共产党员和50名优秀党务工作者进行表彰,进一步激发全省各级党组织和广大党员继承和发扬党的优良传统,提高了党组织的凝聚力、创造力和战斗力,以及广大党员干部实践"三个代表"重要思想的责任感、自觉性。

在学习贯彻"三个代表"重要思想中,全省各地党的建设也取得了新成就。如广州分三批在全市农村的84个镇、5448个镇属部门和283个县级市部门、1286个村、38284名领导班子成员和基层干部中进行了"三个

代表"重要思想学习教育活动,为群众办实事好事 16185 件,达到了中央"让干部受到教育,使农民得到实惠"的基本要求。① 惠州市以建立、推广"党员联系村务工作责任制"为突破口,开拓农村党建新思路。至 2001 年年底,全市农村 29434 名党员联系农户 121227 户,占全市农户总数的 30.1%,得到了中央组织部和中共广东省委的肯定。② 2001 年,汕尾市委以市、县、镇三级机构改革为契机,对中层领导干部全部实行了竞争上岗,把一批政治素质好、群众威信高的中青年优秀干部充实到各级领导班子和重要岗位中,各级班子的凝聚力和战斗力明显提高,全市上下形成了讲团结、讲大局、讲发展、讲贡献的新局面。③

2. 实践"三个代表"重要思想,为广东党建工作开创新格局

进入 21 世纪,广东改革开放和现代化建设处在一个新的发展起点上,面临着新机遇、新挑战、新任务。如何确保广东全面发展,加快率先基本实现社会主义现代化的步伐,在全面建设小康社会的进程中更好地发挥排头兵作用,是摆在广东省改革发展面前的一项重大时代性课题。2002 年 5 月 20 日,省第九次党代会隆重召开。大会的主题是:以"三个代表"重要思想为指导,加快率先基本实现社会主义现代化。会议认为,加快率先基本实现社会主义现代化,关键在于按照"三个代表"重要思想的要求,坚持党要管党、从严治党的方针,着眼于提高领导水平和执政水平,增强拒腐防变和抵御风险能力,全面深入地推进党的建设新的伟大工程,把全省各级党组织建设好。因而,省第九次党代会对全面加强党的建设提出了新要求,并从"加强党的思想建设,坚持解放思想、实事求是,统一思想、团结奋进""加强领导班子建设,造就一支高素质干部队伍""加强党的基层组织建设,不断增强党组织的战斗力和社会影响力""加强党风廉政建设,进一步增强拒腐防变和抵御风险的能力"等四大方面做了具体部署。

实践证明,只要坚持以"三个代表"重要思想为指导,聚精会神抓好

---

① 中共广东省委政策研究室:《在率先基本实现社会主义现代化的道路上阔步前进:广东省第八次党代会以来的决策与实践》第 3 卷,广东人民出版社 2002 年版,第 261 页。
② 中共广东省委政策研究室:《在率先基本实现社会主义现代化的道路上阔步前进:广东省第八次党代会以来的决策与实践》第 3 卷,广东人民出版社 2002 年版,第 319–320 页。
③ 中共广东省委政策研究室:《在率先基本实现社会主义现代化的道路上阔步前进:广东省第八次党代会以来的决策与实践》第 3 卷,广东人民出版社 2002 年版,第 324 页。

第三章　与时俱进：构建广东党的建设新格局（1992—2002年）

党的建设，坚持把"三个代表"重要思想贯穿于党的建设的全过程、落实到党的建设的各个方面，实现改革开放与党的建设的有机结合、相互促进，就能够卓有成效地加强党的自身建设，就能够在全面推进党的建设这一"新的伟大工程"上开创新的格局。

1992年至2002年，改革开放和社会主义现代化建设事业处于从计划经济体制向社会主义市场经济体制转变的重要历史阶段。改革开放先行一步的广东，在邓小平理论的指导下，紧紧围绕"一个中心，两个基本点"的基本路线，抓住发展经济的根本任务，根据江泽民同志对广东做出的"增创新优势，更上一层楼"的重要指示精神，更大胆地改革、更全面地开放，提出力争20年率先基本实现现代化的发展目标。邓小平同志"南方谈话"和党的十四大以来，广东在进一步加快经济建设步伐，率先基本实现现代化的历史征程中，紧紧围绕新阶段党的建设的总目标和总任务，坚持从严治党的方针，从思想上、组织上和作风上全面加强和推进党的建设，不断提高党的执政水平和领导水平，增强各级党组织的战斗力。世纪之交，随着深入学习贯彻"三个代表"重要思想，广东党的建设又一次沿着解放思想、实事求是、与时俱进、开拓创新的正确道路迈进，在新世纪新阶段下各级党组织把握时代脉搏，引领时代潮流，走在时代前列，努力提高各级党组织的凝聚力、战斗力和防腐拒变的能力，党的建设与经济、社会发展相互促进、交相辉映，从而把广东改革开放和社会主义现代化建设伟大事业全面推进到21世纪。

第四章　固本强基：谋划广东党的建设新举措（2002—2012年）

欲流之远，必先浚其源；欲树之高，必先固其根。同时也正如习近平总书记所言："麻绳最容易从细处断。越是情况复杂、基础薄弱的地方，越要健全党的组织、做好党的工作，确保全覆盖，固本强基，防止'木桶效应'。"[①] 2003年中共广东省委审时度势，提出实施"固本强基"工程。所谓固本强基，即固为民之本，强执政之基。前者要求保持党同人民群众的血肉联系，切实把最广大人民的根本利益实现好、维护好、发展好，不断巩固和扩大党执政的群众基础和社会基础；后者重点是提高基层党组织的创造力、凝聚力和战斗力，夯实党执政的组织基础。从2002年到2012年，广东各级党组织借助"固本强基"工程推进全面从严治党，以保持党的先进性为核心，以提高党的执政能力为重点，稳步推进党的基层组织建设，使党成为推动科学发展和深化改革的坚强堡垒。

一、思想固本，保持党的先进性

政党的先进性，就其内涵而言有两层含义：一是指一个政党在思想、理论、纲领等方面所具有的优于其他政党的特质；二是指一个政党在人类社会历史发展进步中所起作用的性质。先进性是马克思主义政党的根本特征。中国共产党的先进性体现在以马克思主义的理论和纲领武装全党，解放思想、实事求是、与时俱进，始终代表社会发展的正确方向。胡锦涛同志指出，加强党的先进性建设，始终是党生存、发展、壮大的根本性建设。抓住了先进性建设，就抓住了党的建设的根本，就抓住了加强党的执

[①]《十八大以来重要文献选编》（上），中央文献出版社2014年版，第352页。

第四章 固本强基：谋划广东党的建设新举措（2002—2012 年）

政能力建设、巩固党的执政地位的关键。从 2002 年到 2012 年，广东通过推进新一轮解放思想，开展党员先进性教育，加强学习型政党建设来积极推进党的先进性建设。

（一）推进新一轮解放思想

解放思想、实事求是、与时俱进，是改革开放成功经验的重要总结。广东是中国改革开放的先锋、解放思想的热土。20 世纪 70 年代末，广东率先吹响了改革开放的号角，广东人发扬"敢为天下先"的精神，解放思想，使人们从教条主义的精神枷锁中解放出来，从长期闭关自守的状态中解放出来，迈开了探索中国特色社会主义道路的第一步。1992 年春，邓小平在广东发表"南方谈话"，解决姓"资"姓"社"问题，把人们的思想从计划经济的桎梏中解放出来，推进改革开放深入发展，迎来了广东继续解放思想的"春天"；2000 年春，江泽民同志在广东最先提出"三个代表"重要思想，要求广东深入解放思想，增创新优势，更上一层楼，率先实现社会主义现代化；2003 年春，胡锦涛同志又在广东提出科学发展观的思想，要求广东进一步解放思想，加快发展、率先发展、协调发展，在全面建设小康社会、加快推进社会主义现代化进程中更好地发挥排头兵作用。纵览 30 多年来广东解放思想的历史进程，解放思想为党的先进性建设注入了丰富的思想活力，成为广东经济社会发展的强大精神力量。

1. 广东新一轮解放思想的背景与原因

一直以来，解放思想都是广东扫除发展障碍、引领改革发展的重要"法宝"。在胡锦涛同志首先在广东提出科学发展观后，党的十七大提出深入贯彻落实科学发展观的根本要求。如何争当践行科学发展观的排头兵，推动广东新一轮的大发展，这就需要新一轮的思想解放。

首先，完成科学发展的时代课题需要新一轮的解放思想。广东是中国经济总量、税收、出口额最大的省份，也是实际管理人口最多的省份，在改革与发展中发挥着"主力省""实验区""先行地"的独特作用。中共广东省委对广东实践贯彻科学发展观继续起带头、示范作用有着深刻的理解。时任中共广东省委书记汪洋曾经多次对广东各级干部指出，再不解放思想、锐意进取，用改革创新来解决问题，广东排头兵的位置将难以自保，全面实现小康的目标将难以实现，邓小平同志托付的任务就难以完成。总结 30 多年来广东改革开放的经验和存在的问题，在政策领先的优势已经不再独有,税收、审批权等优惠政策不再具有,传统的发展模式受到质疑,在珠三角资源、能源、环境等多方面条件受到制约的情况下,思考和探索今后广东如何继续保持改革开放前沿阵地的地位,实现和引领广东的科学发展,成为广东面临的时代课题。通过新一轮解放思想,转变不适合、不符合科学发展观的思想观念,以继续解放思想助力科学发展,成为广东顺应时代要求的必由之路。

其次,突破观念局限和思想掣肘需要新一轮的解放思想。十一届三中全会以来,党中央一直把广东作为破解改革开放难题,探索中国特色社会主义道路的先行区和试验区。经过多年实践,广东经济社会发展成绩斐然,但也出现了不适应科学发展观要求的新情况、新问题、新挑战,尤其在对改革和发展的认识上出现了激烈的争论和分歧,导致思想观念落后于科学发展的要求。概括起来主要表现为:意得志满缺乏忧患意识,视野狭隘缺乏世界眼光,"见物不见人"缺乏人本理念。尤为关键的是,改革开放在打破计划经济模式的同时,人们逐渐形成了片面强调以 GDP 为中心、以物的增长为重点的思维定式和发展观念。这些思想观念和思维方式日益成为深入贯彻落实科学发展观的思想障碍。再加上,"广东的长期高速发展,使我们的一些干部逐渐产生了某种优越感,甚至盲目骄傲自满,三十年前解放思想、改革开放的勇气,敢闯敢干的锐气,探索新路的朝气逐步钝化和退化"。① 上述观念极易导致广东发展的动力不足、后劲不足,这就迫切需要来一次思想解放,破除广东科学发展进程中的观念局限和思想掣肘。

再次,破解改革发展的难题和挑战需要新一轮的解放思想。广东在改革开放的过程中,赢得了先走一步的发展优势,经济总量长期居于全国第一,主要经济指标也排在全国前列。但是,在取得经济增长的巨大成就的同时,一些制约广东改革发展的问题也日益凸显。从整体上看,主要表现为经济发展较快,但发展不够全面;经济总量大,但发展方式仍然粗放;城乡区域发展有新进步,但发展不够协调、不够平衡;资源环境保护有进步,但可持续发展压力较大;经济建设速度快,但民生问题仍然突出。② 从横向上对比,广东与苏、浙、沪三省市相比在某些方面明显落后,表现

---

① 林雄:《继续解放思想 推动广东科学发展》,载《光明日报》2008 年 9 月 2 日。
② 林雄:《继续解放思想 推动广东科学发展》,载《光明日报》2008 年 9 月 2 日。

第四章 固本强基：谋划广东党的建设新举措（2002—2012年）

在主要人均指标、自主创新能力、居民收入增长、区域协调发展水平、城乡环境建设等方面。① 因此，通过新一轮解放思想，转变与科学发展观不相适应的思想观念，转变传统的发展模式，是广东处于经济社会全面发展和转型期突破难题、应对挑战的必然选择。

2. 广东新一轮解放思想的部署与实施

2007年12月25日，中共广东省委十届二次全会第一次全体会议召开，时任中共广东省委书记汪洋做《继续解放思想，坚持改革开放，努力争当实践科学发展观的排头兵》的报告，由此拉开了广东新一轮解放思想的序幕。汪洋在报告中指出，科学发展观是发展中国特色社会主义必须坚持和贯彻的重大战略思想，广东全面建设小康社会、率先基本实现社会主义现代化的当务之急就是要深入贯彻落实科学发展观，而要争当实践科学发展观的排头兵，就必须以解放思想为"纲"。② 在这次全会上，汪洋连用22个"解放思想"，向全省发出了"以新一轮思想大解放推动新一轮大发展"的动员令。2007年12月30日，中共广东省委发出《关于开展"继续解放思想，坚持改革开放，努力争当实践科学发展观的排头兵"学习讨论活动的通知》（以下简称《通知》），要求全省以解放思想为先导，以科学发展为主题，以党员干部为重点，以争当实践科学发展观的排头兵为目标，以学习讨论和调查研究为主要形式，深入开展解放思想学习讨论活动。《通知》还强调要着力查找深入贯彻落实科学发展观中有待进一步解放的思想空间，克服制约科学发展的观念障碍和体制障碍，探索促进科学发展的新思路、新途径、新举措。根据《通知》要求，中共广东省委从2008年1月开始分三个阶段开展解放思想学习讨论活动：第一阶段为学习宣传阶段（2008年1月初至2月上旬），主要任务是抓好组织发动，加强学习宣传，营造解放思想、改革创新的舆论声势和社会氛围，为整个学习讨论活动奠定思想基础。2008年1月5日，中共广东省委发布《关于全省解放思想学习讨论活动的组织领导及工作分工的意见》（以下简称《意见》），决定成立汪洋同志任组长、黄华华同志任副组长的"省学习讨论活动领导小组"。《意见》要求通过召开领导小组成员单位协调会讨论完

---

① 参见《改革开放30年：八必须体现观念冲击 广东解放了什么》，载《瞭望新闻周刊》2008年第27期。
② 中共广东省委宣传部：《广东省解放思想学习讨论活动文件汇编》，广东人民出版社2008年版，第13页。

善工作方案，组织新闻媒体策划解放思想大型主题宣传，发动各级党组织、机关干部特别是领导干部参加学习讨论活动，组织开展读书学习活动和省市两级宣讲团，发动社会各界参与解放思想学习讨论活动。2月2日，汪洋在全省宣传思想工作会议上进一步强调，在学习宣传阶段要加大舆论引导的力度，把解放思想凝聚到推动改革开放、促进科学发展上来。尤其是要针对干部群众在学习讨论中存在的"为什么要解放思想""解放什么思想""如何解放思想""什么是科学发展""为什么要科学发展""如何实现科学发展"等重大问题释疑解惑，引导广大干部深刻认识解放思想与科学发展观的科学内涵、精神实质、根本要求。① 第二个阶段为讨论调研阶段（2008年2月中旬至3月底），主要任务是在加强学习、提高认识的基础上，围绕广东改革创新实现科学发展的主题开展调查研究和讨论交流，为下一阶段科学决策奠定基础。《意见》要求省领导同志组织专题调研活动，各地各部门找准问题进行解放思想专题讨论和相关工作调研，组织有关社科专家成立专门课题组和召开专题理论研讨会，成立巡视督查组指导学习讨论活动。根据《意见》精神，中共广东省委书记汪洋率领70多人的庞大党政代表团，专程赶赴沪、浙、苏三地学习考察。2月下旬，广东省发展与改革委员会组成6个调研组，到上海、江苏、浙江、重庆、山东、天津、河北和香港等地调研。同时，中共广东省委常委牵头开展12项专题调研，汪洋牵头"深化粤港澳合作"专题，黄华华担任"建设现代产业体系，提高产业国际竞争力"专题课题组组长。3月29日，中共广东省委发出《关于进一步做好讨论调研阶段工作的通知》，要求全省讨论调研工作扎实深入开展，以八个"更加"提高调研质量，即思想更加重视、主题更加鲜明、重点更加突出、视野更加开阔、决策更加民主、督查更加有力、宣传更加活跃、调研更加深入。通过"走出去"调研学习，广东解放思想、广借外力，为决策部署科学发展奠定了重要基础。第三个阶段为决策部署阶段（2008年4月至5月底），主要任务是总结学习和调研的成果，集中研究改进工作的意见，形成科学发展的政策和制度，指导部署今后的工作。5月初，中共广东省委办公厅发出《关于认真做好解放思想讨论活动第三阶段工作的通知》，要求紧紧抓住科学发展这一主题，围

---

① 中共广东省委宣传部：《广东省解放思想学习讨论活动文件汇编》，广东人民出版社2008年版，第28页。

第四章　固本强基：谋划广东党的建设新举措（2002—2012年）

绕突破阻碍科学发展的思维定势，突破影响科学发展的利益格局，突破制约科学发展的体制机制，着力在消化调研成果、制定科学决策、解决突出问题、指导推动工作上下功夫，扎实推进学习调研成果的转化应用，促进广东经济社会加快转入科学发展轨道。根据通知精神，广东具体从六个方面深入开展第三阶段工作：一是继续深化对科学发展观的学习，夯实科学决策部署的思想基础；二是认真组织"回头看"，确保决策部署和整个学习讨论活动的质量；三是高度重视调研成果的交流，切实抓好成果的转化应用；四是广泛听取社会各界意见建议，促进决策部署的民主化、科学化；五是把学习讨论活动成果体现到加强领导班子和干部队伍建设上，为争当实践科学发展观排头兵提供坚强的组织保障；六是认真做好活动总结，坚持不懈地推进思想解放和科学发展。[1] 2008年6月22日，中共广东省委办公厅、广东省人民政府办公厅发布关于学习贯彻《中共广东省委省政府关于争当实践科学发展观排头兵的决定》的通知，至此广东解放思想学习讨论活动暂告结束。通知要求全省深化认识、把握重点、结合实际、广泛宣传、加强领导，把广东解放思想学习讨论活动的积极成果落到实处，进一步推动广东经济社会的科学发展。

3. 广东新一轮解放思想的总结和评价

经过为期半年的学习讨论活动，广东新一轮解放思想各项活动顺利完成。此次解放思想，是广东面对新的国际国内环境，探索从自身过时的观念、经验、思维方式和既得利益的樊笼中解放出来的有益尝试。总结广东新一轮解放思想的经验，科学评价解放思想的成果，对于创新改革开放举措、推动广东科学发展意义重大。具体说来，可以概括为以下几点：

一是主题明确。新一轮解放思想以科学发展为核心主题，即在解放思想中，运用科学发展观统一思想、提高认识、查摆问题、指导决策。[2] 明确围绕科学发展这一主题，新一轮解放思想精心组织、广泛发动、成果显著，在全省形成了以思想大解放推动科学大发展的热潮。通过第一阶段的学习宣传，全省上下对于科学发展问题取得了重要认识成果。通过第二阶段的讨论调研，"找准了科学发展面临的主要问题，初步形成了破解科学

---

[1] 中共广东省委宣传部：《广东省解放思想学习讨论活动文件汇编》，广东人民出版社2008年版，第231-234页。

[2] 中共广东省委宣传部：《广东省解放思想学习讨论活动文件汇编》，广东人民出版社2008年版，第184页。

发展难题的思路对策"。① 通过第三阶段的决策部署，围绕科学发展展开的解放思想活动，最后形成了《中共广东省委省政府关于争当实践科学发展观排头兵的决定》，奠定了广东"今后实践科学发展观排头兵的重要思想基础"②，完成了从解放思想到政策措施的成果转化。

二是领导得力。各级领导干部身体力行，率先垂范，积极发挥带头作用，是此次思想解放运动的一大亮点。中共广东省委常委会专题研究部署解放思想讨论活动，前后下发了《中共广东省委关于开展"继续解放思想，坚持改革开放，争当实践科学发展观的排头兵"学习讨论活动的通知》《关于全省解放思想学习讨论活动的组织领导及工作分工的意见》等十几份指导性文件。中共广东省委成立专门的领导小组，由省委书记和省长亲任正副组长领导学习讨论。全省各地各部门也成立由主要负责同志为组长的领导机构，迅速组织动员，结合各地实际，制定具体学习活动方案。省委常委及各级党政领导班子，带头参加学习讨论，带头撰写调研报告，带头把自己摆进去查找问题，带头联系实际提高思想认识，在全省上下掀起了人人关心解放思想、人人学习关注科学发展学习讨论活动的热潮，在学习讨论活动中增加科学发展意识，锻炼和提高用科学发展统领工作的能力。③

三是形式多样。深入开展解放思想学习讨论活动，科学发展是主题，领导干部是关键，而灵活多样的学习形式是重要抓手。具体说来，第一，"集中起来"。根据中共广东省委组织部的部署要求，各地各部门围绕解放思想，认真组织领导干部座谈会、党委中心组学习会、专题组织生活会和解放思想大家谈活动，形成全省统一部署、统一行动和整体推进的学习局面。第二，"沉下去"。一方面，中共广东省委派出15个巡视督察组分赴各地各部门进行解放思想学习讨论的督促检查工作，组织省市两级宣讲团深入基层进行13500多场宣讲辅导；另一方面，省、市、县各级领导干部深入基层调研制约广东科学发展的难题。第三，"走出去"。组织高层次党

---

① 中共广东省委宣传部：《广东省解放思想学习讨论活动文件汇编》，广东人民出版社2008年版，第72页。
② 中共广东省委宣传部：《广东省解放思想学习讨论活动文件汇编》，广东人民出版社2008年版，第97页。
③ 中共广东省委宣传部：《广东省解放思想学习讨论活动文件汇编》，广东人民出版社2008年版，第189页。

第四章 固本强基：谋划广东党的建设新举措（2002—2012年）

政代表团，赶赴上海、江苏、浙江等地学习考察，全省各地各部门也联系实际分赴省内外开展调研。第四，"请进来"。专门邀请时任中国经济体制改革研究会会长高尚全、时任国家发改委副秘书长杨伟民、阿里巴巴董事长马云等，到"广东学习论坛"为中共广东省委中心组成员做专题学习讲座。第五，"敞开门"。在各地各级部门根据密切联系实际、促进科学发展的原则，开展自下而上的"建言献策"活动。通过灵活多样的形式，有效地保证了解放思想学习讨论活动的深入开展。

四是举措科学。解放思想的目的，在于形成科学举措，解决制约广东科学发展的实际问题。从2007年12月底至2008年6月，为期半年的学习讨论活动汇集成指导广东科学发展实践的科学举措：第一，达成广东科学发展共识，发布了《中共广东省委省政府关于争当实践科学发展观排头兵的决定》，确立了广东以科学发展观为指导，解放思想，面向未来，确立国际化战略思维，全面创新改革开放发展之路。第二，亮出广东科学发展指挥棒，发布了《广东省市厅级党政领导班子和领导干部落实科学发展观评价指标体系及考核评价办法（试行）》，让善于科学发展的人上、不善于科学发展的人让、阻碍科学发展的人下，打造一支善于科学发展的高素质干部人才队伍。第三，提升珠三角带动粤东西北，发布《中共广东省委省政府关于推进产业转移和劳动力转移的决定》。该决定按照"政府引导、市场运作、优势互补、互利共赢"的方针，着力优化区域产业布局，提升珠三角地区产业竞争力，带动东西两翼和粤北山区加快发展。第四，探索"广东版"现代产业体系，发布《中共广东省委省政府关于加快建设现代化产业体系的决定》，提出重点建设"八大载体"，体现了广东作为科学发展排头兵的探索意识和先行意识。

广东怀抱科学发展的理想，以宏大的战略视野和英勇气魄，主动突破思想障碍和体制障碍，以解放思想破解发展难题，以科学发展创造崭新路径，以转型升级开辟新生天地。新时期，处于新旧发展模式交替"十字路口"的广东，唯有继续深入解放思想，勇于改革创新，才能始终保持先进性，为全国性的经济体制改革探路，发挥广东改革实践的示范作用。

（二）开展党员先进性教育

马克思认为，共产党员是无产阶级群众中具有共产主义觉悟的最不知疲倦的、无所畏惧的和可靠的先进战士。列宁在创建和领导俄国布尔什维克党时也强调，马克思主义政党是由无产阶级先进分子所组成的，党的成员不能同一般群众等量齐观。可见，党员的先进性是党的先进性的基础和前提，党的先进性最终要靠党员的先进性来体现。毛泽东在领导中国革命时提出，保持党员先进性的根本途径是加强马克思主义思想理论教育，把党员教育和锻炼成坚定的共产主义战士。因此，对党员进行先进性教育是加强党的先进性建设的基本要求。

在新形势下，全国和广东的党员队伍均发生了一些新变化，出现了一些新问题。如有的党员信念不坚定，对建设中国特色社会主义心存疑虑；有的党员丢掉了全心全意为人民服务的宗旨，考虑个人利益多，履行党员义务少，个别的甚至争名逐利，挖空心思捞"好处"；有的党员意识弱化，纪律观念淡薄，不讲党性讲"交情"，不讲原则讲"关系"等。① 这些问题严重损害了党的形象、党的威信。江泽民同志多次讲，"基础不牢，地动山摇"，"如果不及时解决这个问题，任其发展下去，就会使我们党失去民心、丧失执政资格，甚至会亡党亡国！"② 开展党员先进性教育，就是要进一步贯彻"党要管党、从严治党"的方针，切实解决党员在思想上、组织上、作风上存在的突出问题，不断提高党员素质，进一步推进新时期党的建设的基础性工程。

1. 党员先进性教育在全国的部署和实施

党的十六大以后，胡锦涛同志针对党的先进性教育做出重要批示，提出先进性教育是新阶段党的建设的基础工程，涉及全党，政策性强，任务繁重，意义重大。必须切实加强领导，认真搞好试点，精心谋划，周密组织，务见成效。为此，中央选择19个单位进行试点，积累经验。2002年12月，试点工作开始后，胡锦涛先后到广东、四川考察，提出要把学习实践"三个代表"重要思想贯穿于先进性教育活动始终。2003年"七一"讲话中，胡锦涛又强调要把兴起学习贯彻"三个代表"重要思想新高潮，同开展保持共产党员先进性教育活动结合起来。2004年9月，党的十六届四中全会提出在全党开展以实践"三个代表"重要思想为主要内容的保持共产党员先进性教育活动。2004年11月7日，中共中央印发《关于在全

---

① 都红岩：《深入开展党员先进性教育的重要意义》，载《中州学刊》2004年第2期，第14页。

② 《江泽民文选》第2卷，人民出版社2006年版，第180页。

第四章　固本强基：谋划广东党的建设新举措（2002—2012 年）

党开展以实践"三个代表"重要思想为主要内容的保持共产党员先进性教育活动的意见》，对开展先进性教育活动做出部署。2005 年 1 月 5 日至 6 日，中央召开保持共产党员先进性教育活动工作会议。胡锦涛在会上要求全体共产党员都要积极投身先进性教育活动，领导干部尤其要发挥表率作用，并第一次提出了"党的先进性建设"这一重大命题。会上，中共中央统战部、中共广东省委、中共四川省委等 8 个单位介绍了开展先进性教育活动试点工作的经验。

按照中央的部署，全党从 2005 年 1 月起开展了为期一年半的以实践"三个代表"重要思想为主要内容的保持共产党员先进性教育活动。教育活动分批进行，每批大约半年时间，分为学习动员、分析评议、整改提高 3 个阶段。第一批先进性教育活动从 2005 年 1 月开始，在全国县及县以上党政机关和部分企事业单位开展，共有 80 多万个基层党组织、1300 多万名党员参加。此阶段活动紧紧抓住学习实践"三个代表"重要思想这条主线，牢牢把握"取得实效""成为群众满意工程"的要求，基本实现了中央提出的预期目标。第二批先进性教育活动从 2005 年 7 月开始，到 12 月底基本结束，主要有生产、教育、科研、文化及社会服务等 180 多万个一线基层党组织参与，约占基层党组织总数的 52%，参与党员 3000 多万名，约占党员总数的 43%。这批先进性教育活动进展顺利，取得了比较明显的成效。各级党组织普遍开展扶贫帮困活动，促进群众反映强烈的住房难、就业难、看病难、上学难等问题的解决，使群众切身感受到先进性教育活动带来的实惠。同时，各地区各部门各单位加大了基层党组织的组建力度，大力整顿软弱涣散、不起作用的基层组织，认真开展"党组织找党员、党员找党组织"活动，使基层党组织建设得到切实加强。第三批先进性教育活动从 2005 年 12 月初开始，到 2006 年 6 月前基本结束。这批先进性教育活动主要是在农村开展，共涉及 80 多万个基层党组织，约占基层党组织总数的 23%，涉及 2600 多万名党员，约占党员总数的 37.3%。第三批先进性教育活动紧紧围绕建设社会主义新农村这一主题展开，着力提高农村党员素质，切实加强农村基层党组织建设。各地从省、市、县、乡（镇）党政机关抽调 113 万名党员干部，派驻 58 万多个村，"面对面"地指导帮助农村基层党组织开展先进性教育活动。共调整充实农村党组织负责人近 8 万名，培训农村党组织负责人 94 万名。

到 2006 年 6 月底，历时一年半、在全党 7000 多万名党员中开展的保持共产党员先进性教育活动基本结束。2006年6月30日，胡锦涛同志在庆祝中国共产党成立85周年暨总结保持共产党员先进性教育活动大会上的讲话中，对这次先进性教育活动所取得的显著成效进行了最后总结。这次先进性教育活动，是我们党在新的历史条件下用发展着的马克思主义武装全党的一项重大举措，是加强党的执政能力建设和先进性建设的一次成功实践。

2. 党员先进性教育在广东的部署和实施

广东是全国最早开展党员先进性教育的省份之一，东莞市从2003年2月至9月展开党员先进性教育试点工作，探索如何抓好非公有制经济组织流动党员的先进性教育活动。在2005年1月5日至6日中共中央召开的保持共产党员先进性教育活动工作会议上，中共东莞市委介绍了《结合非公有制经济组织特点，抓好流动党员先进性教育活动》的经验，不仅得到中央的肯定，而且为广东全面开展先进性教育活动积累了经验。2005年1月14日，中共广东省委召开常委会，深入学习贯彻中共中央先进性教育活动工作会议精神，研究部署先进性教育活动。次日，中共广东省委下发《关于开展以实践"三个代表"重要思想为主要内容的保持共产党员先进性教育活动的实施意见》。1月17日，中共广东省委召开保持共产党员先进性教育活动工作会议，对广东省保持共产党员先进性教育活动进行全面部署，要求全省各级党委要充分认识到此次教育活动的重要意义，认真落实各项工作，以确保取得成效。

根据中央部署，广东的党员先进性教育活动也分三批进行，每批先进性教育活动都分为学习动员、分析评议、整改提高三个阶段。第一批先进性教育活动从2005年1月开始至6月基本结束，参加单位主要是党政机关，整个工作持续了4个半月，完成了集中教育的各项任务，基本做法主要有：一是超前谋划，加强组织领导；二是坚持"重在联系实际，抓好学习培训；重在讲求质量，抓好分析评议；重在取得实效，抓好整改提高"，高标准严要求；三是用好"三有一好"（有理想、有责任、有能力、形象好）、固本强基和"十百千万"干部下基层驻农村工程、"十项民心工程"、"四个建设"（建设经济强省、文化大省、法治社会、和谐广东）等"四个载体"，全面落实四项目标；四是采取"五个结合"，统筹安排，扎实推进。2005年6月6日，中共广东省委召开第一批先进性教育活动总结大会，省委保持共产党员先进性教育活动领导小组副组长刘玉浦总结了全

第四章 固本强基:谋划广东党的建设新举措(2002—2012年)

省第一批先进性教育活动情况,肯定了第一批先进性教育活动的主要成效,具体表现在学习实践"三个代表"重要思想、树立和落实科学发展观的自觉性明显提高,机关作风明显改进,基层党组织的凝聚力明显加强,一批存在的突出问题得到了有效解决,为新形势下加强党的建设进一步积累了经验。

第二批先进性教育活动从2005年7月至12月在城市基层和乡镇机关展开。广东省针对参加第二批先进性教育活动的单位分布领域广,绝大多数处于第一线,直接面对各种社会矛盾,难点热点问题较多,且离退休老党员、流动党员、下岗失业人员中的党员较多,素质参差不齐的情况,按照"精心组织、分类指导、突出针对性、注重实效性"的要求,采用"七针对"的方法,区别对待各行各业和各种群体的党员,找准着力点,扎实开展第二批先进性教育活动。一是针对学校师生缺乏社会实践的实际,在学校开展"三走进三了解三提高"活动①。二是针对新的经济、社会组织中党组织不够健全的情况,把着力点放在建立健全党的组织上,开展"为党旗添光彩、为企业做贡献""我为企业发展献一策"等活动。三是针对各类困难党员长期无法过组织生活、与党组织感情疏远的现状,广泛开展"送学、送温暖"活动。四是针对街道社区党员居住分散的实际,实施"访万户、送温暖、促和谐"行动。五是针对国有企业缺乏活力和创新能力的情况,开展"三比一创"活动②。六是针对农村基层党组织建设薄弱、发挥作用有限等问题,继续扎实推进"十百千万"干部下基层驻农村活动,强化乡镇党委龙头作用。七是针对基层单位文化活动少、文化读物匮乏等实际,编写面向基层单位的三字歌、新格言、警句等书刊读物,开展送戏下基层活动。③ 通过针对性的教育活动,全省近7万个基层党组织、130.8万名党员参加到学习活动的热潮中来,建立健全8.6万项相关制度,保证了第二批先进性教育活动获得实效。

---

① 所谓"三走进三了解三提高",是指在学生党员中开展以"走进社区、走进农村、走进企业,了解省情、了解社情、了解民情,提高党员意识、提高思想素质、提高实践能力"为内容的主题实践活动。

② 所谓"三比一创",是指在国有企业各级党组织和党员干部中开展以"党员比思想政治觉悟,比操作业务技能,比生产工作业绩,基层党组织争创先进党组织"为内容的党建主题活动。

③ 参见《广东以"七针对"为抓手扎实推进第二批先进性教育活动》,载《光明日报》2005年7月30日。

第三批先进性教育活动从2005年12月上旬至2006年6月在农村的基层党组织展开。广东省第三批先进性教育活动紧紧围绕建设社会主义新农村的主题，把先进性教育活动作为一次思想动员、工作动员和组织动员，用新农村建设的实践来检验党的先进性建设成效，为建设社会主义新农村提供强大的推动力。第一，在促进农民素质教育上下功夫，着力培育新农民。第二，在促进农村设施建设上下功夫，着力营造新环境。第三，在促进农业结构优化上下功夫，着力发展新产业。第四，在促进农村精神文明上下功夫，着力树立新风尚。第五，在促进农村民主管理上下功夫，着力形成新机制。同时，为推动农村先进性教育活动深入扎实开展，2005年12月5日，中共广东省委常委会决定，省委常委、党员副省长在第三批先进性教育活动中发挥指导示范作用，开展"三项活动"：一是到农村基层联系点调查研究，指导先进性教育活动的开展；二是结合到农村基层联系点调研进行访贫问苦，慰问农村基层党员和其他困难群众；三是做好农村党支部书记的培训工作，为农村基层联系点所在的县或镇的村党支部书记集体上一次党课。12月31日，时任中共广东省委书记张德江率先垂范，带头前往自己的联系点阳江市阳东县北惯镇平地村开展"三项活动"。据统计，全省各级领导干部共建立2万个农村先进性教育活动联系点，深入联系点9万次，讲党课、做报告4万次，走访慰问党员18.5万名、群众29.7万户。① 通过第三批先进性教育活动，全省农村基层党组织领导班子的思想政治建设得到加强，实践"三个代表"重要思想和用科学发展观统领经济社会发展全局的自觉性明显提高，广大农村党员受到了教育、群众普遍得到了实惠、基层干部树立了威信、党组织增添了活力、新农村建设更有动力。

2006年6月26日，中共广东省委召开纪念中国共产党成立85周年暨保持共产党员先进性教育活动总结大会，标志着历时一年半的广东先进性教育活动基本结束。全省共有17万多个基层党组织、350万多名党员参加了先进性教育活动，194万多名党员参加了扶贫济困活动，为群众办好事实事153万件，全省各级党组织建立长效机制19.4万项，群众对先进性教育的满意率达到98.6%，先进性教育活动取得了预期效果。

---

① 《广东省第三批先进性教育活动特色鲜明成效显著》，载《南方日报》2006年6月8日。

第四章 固本强基:谋划广东党的建设新举措(2002—2012年)

3. 广东党员先进性教育活动的特色和亮点

广东在省委领导的精心策划和推动下,发扬求真务实的精神传统,既贯彻中共中央的政策部署,做好"规定动作",又结合广东实际,创新"自选动作",围绕"四个载体",系统谋划,整体推进,使先进性教育活动取得了扎实的实践成果、制度成果和理论成果。除了"四个载体"之外,广东各地区各单位各部门也探索出不少有成效、有特色的'自选动作'。

一是中山搭建"五个平台",实施"七大亮点工程"。搭建"五个平台"包括:坚持正面教育,搭建党性教育平台;坚持广开言路,搭建社会沟通平台;坚持利益向下,搭建服务群众平台;坚持注重实效,搭建促进发展平台;坚持制度建设,搭建长效机制平台。实施"七大亮点工程"包括:干部综合素质培养工程;创建全国文明城市工程;东部沿海地区开发工程;产业升级工程;公共财政阳光工程;全面社会保障工程;"强镇富村"工程。通过"五个平台"和"七大亮点工程",中山市把先进性教育活动与经济社会协调发展紧密结合,增强中山发展的能力和后劲,促进了经济社会的协调发展和"两个适宜"①的和谐中山的建设;把先进性教育与帮助群众解决切身利益紧密结合,为群众解困难、办实事。中山将先进性教育活动与中山的实际情况紧密结合,做到中央要求的"规定动作"不走样,结合实际开展有自己特色的活动,为先进性教育活动提供了经验。②

二是惠州树典型,促教育。原人民日报社华南分社记者潘小平和时任惠州市作协副主席杨城合作长篇报告文学《心碑——百姓心中的好村官黄俊红》,讲述博罗县公庄镇矮岗村原党支部书记、省"模范农村基层干部"黄俊红带领村民修路、修水利,在身患绝症后仍然拄着拐杖去巡渠的先进事迹。《心碑》出版发行后,在社会上引起了强烈反响,成为惠州和广东深入开展保持共产党员先进性教育活动的生动教材,得到了广大党员干部的好评。

三是中共广东省委先进性教育活动领导小组办公室、省总工会举办"三比一创""六比六赛"活动。结合保持共产党员先进性教育活动和"理想、责任、能力、形象"教育活动,中共广东省委先进办、省总工会

---

① 所谓"两个适宜",是指中山市提出建设"既适宜居住又适宜创业"的城市构想。
② 《一个"实"字带出一片"亮点"——中山经验得到中央保持共产党员先进性教育活动驻广东督导组充分肯定》,载《中山日报》2005年5月27日。

在全省企事业单位广大职工中开展"三比一创"和"六比六赛"主题实践活动,"三比一创"即"比学习、比技术、比贡献,争创三有一好","六比六赛"即比科学管理,赛工程质量;比精打细算,赛成本控制;比以人为本,赛科技创新;比完成任务,赛工程进度;比规章制度,赛安全生产;比遵纪守法,赛廉政建设。通过"三比一创""六比六赛"活动,进一步拓展了党员先进性教育活动的空间,极大地激发和释放了广大职工党员的劳动热情和聪明才智。①

四是中共广东省委先进性教育活动领导小组办公室、省委教育工委、团省委举办保持共产党员先进性大专院校辩论赛。中山大学、华南理工大学、暨南大学、华南师范大学等16所高校围绕"立志与理想""报国与责任""博学与能力""修身与形象"四个方面展开8场激烈辩论。辩论赛创造性地让"立志、修身、博学、报国"的主题通过灵活生动的方式表现出来,形成反映大学生党员先进性的具体要求和标准,使大学生党员学习有目标、评议有标尺、整改有方向。②

广东省把握中央精神、结合地方实际,以"四个载体"作为党员先进性教育活动的特色和亮点,并结合各地各部门实际创新教育形式,使先进性教育活动与中心工作、日常工作紧密结合起来,把先进性教育活动的目标放到更多更大的平台上加以推行和落实,既丰富了教育活动的内容,拓展了教育活动的方式,也提高了教育活动的质量和效果。

(三)加强学习型政党建设

中国共产党历来重视学习,这是党制胜的重要法宝。民主革命时期,党在延安开展了对全党进行马克思列宁主义教育的整风运动。新中国成立后,面对全新的任务,毛泽东告诫全党必须学会自己原来不懂的东西。改革开放新时期,邓小平号召全党"在不断出现的新问题面前,我们党总是要学,我们共产党人总是要学"。③ 党的十六大以后,胡锦涛提出了"建设学习型政党"的重大任务。在党的十七大报告中,胡锦涛进一步提出"要按照建设学习型政党的要求"来加强党的建设,将学习型政党建设纳

---

① 《千万职工大比武 广东"三比一创"主题实践硕果累累》,载《南方日报》2006年5月16日。
② 《广东先进性教育出新招》,载《南方日报》2005年10月17日。
③ 《邓小平文选》第2卷,人民出版社1994年版,第270页。

第四章 固本强基：谋划广东党的建设新举措（2002—2012 年）

入党的建设新的伟大工程之中。

广东是全国最早建立党组织的六个地区之一，探索学习型政党建设起步较早，拥有较强的党建基础。同时，广东作为改革开放的前沿阵地，较早地面临产业升级、知识转型等发展问题。中共广东省委原书记汪洋强调，每当历史进入转折点，广东都会掀起学习热潮。广东正处于改革攻坚期、发展关键期、矛盾凸显期，倡导学习之风，让学习成为常态，比以往任何时候都显得更加迫切。面对新形势新要求，广东根据中央《关于推进学习型党组织建设的意见》，以创建学习型党组织为抓手，提高本领，攻坚克难，与时俱进地加强学习，使广东在以学习型政党建设引领社会建设上走在全国前列。

1. 广东建设学习型政党的内容

马克思主义学习型政党要学习什么？从学习内容的理论架构来看可分为三个层次：第一个是信仰层次，学习马克思主义基本理论，真正理解马克思主义，确立对于社会主义、共产主义的信仰，这是党作为工人阶级先锋队不可缺少的理论武装和思想旗帜；第二个是知识层次，以工具性内容为主，执政党要学习自然科学知识、人文社会科学知识，以此为基础制定出正确的方针政策；第三个是方法层次，这是连接知识和信仰之间的纽带，知识只有化为方法才能为信仰在实践中的具体化提供保障。[1] 根据《关于建设学习型党组织的实施意见》（以下简称《意见》）要求，结合广东实际，以创建具有科学理论武装、具有世界眼光、善于把握规律、富有创新精神的马克思主义学习型政党为目标，广东建设学习型政党主要围绕五个方面的内容展开：

一是学习领会中国特色社会主义理论体系。共产党人要以马克思主义为指导，在自觉掌握马克思主义的前提下，运用马克思主义来武装党员头脑。习近平指出：马克思主义理论素养是领导干部的必备素质，是保持政治上清醒坚定的基础和前提。要引导干部系统掌握马克思主义科学真理，深化对中国特色社会主义理论体系的理解和运用。[2] 根据《意见》内容，广东建设学习型政党要学习领会邓小平理论、"三个代表"重要思想以及

---

[1] 程美东：《马克思主义学习型政党建设的历史定位和理论架构》，载《马克思主义研究》2010 年第 9 期。

[2] 习近平：《马克思主义理论素养是领导干部的必备素质》，人民网，http://theory.people.com.cn/GB/12843368.html，2010 年 9 月 28 日。

科学发展观,系统掌握中国特色社会主义理论体系。唯有如此,广东各级党员干部才能从理论和实践、历史和逻辑中加深对中国特色社会主义理论体系的理解,并将其与广东改革开放的实践经验相结合,增强广大党员干部贯彻中国特色社会主义理论的自觉性和坚定性。

二是深入学习实践科学发展观。深刻领会科学发展观的科学内涵和精神实质是新时期学习型政党组织学习的重要内容。《意见》要求总结学习实践科学发展观活动的成功经验,运用科学发展观着力解决影响和制约广东科学发展的突出问题,积极创新发展理念、理清发展思路、破解发展难题、转变发展方式,形成有利于科学发展的政策导向、舆论导向、用人导向和体制机制,把广东各级党组织建设成为贯彻落实科学发展观的坚强堡垒。

三是学习践行社会主义核心价值体系。《意见》指出,马克思主义指导思想、中国特色社会主义共同理想、以爱国主义为核心的民族精神和以改革创新为核心的时代精神、以"八荣八耻"为主要内容的社会主义荣辱观、党的优良传统、民族优秀文化传统都是社会主义核心价值体系的组成部分,都应该广泛开展学习教育,增强广大党员干部的政治敏锐性和鉴别力。同时,还应当发挥广东的地区优势,大力宣传有理想、谋发展、促和谐的先进典型,弘扬"敢为人先、务实进取、开放兼容、敬业奉献"以及"厚于德、诚于信、敏于行"的新时期广东精神。

四是学习掌握现代化建设所必需的各方面知识。知识作为一种信息、一种存在,具有明显的工具理性特征。任何一个人、组织或群体,都可以利用知识来改造客观和主观世界。毛泽东说过:"我们的方针是,一切民族、一切国家的长处都要学,政治、经济、科学、技术、文学、艺术的一切真正好的东西都要学。"[①] 因此,党的路线方针政策和国家的法律法规以及现代市场经济、现代国际关系、现代社会管理、现代信息技术等反映当代世界发展趋势的知识都应当成为党员干部学习的内容。

五是学习总结实践经验。实践是检验党已有思想方法工作方法有效性的一面镜子。《意见》提出:"既要向书本学习,又要向实践学习、向群众学习。"具体来看,一方面要学习党的历史经验,从历史中找寻智慧和力量。另一方面要学习人民群众的智慧。人民群众是历史的创造者,是中国共产党不断走向胜利的力量源泉,坚持向人民群众学习,解放和发展社

---

① 《毛泽东文集》第7卷,人民出版社1999年版,第41页。

第四章 固本强基：谋划广东党的建设新举措（2002—2012年）

会生产力，不断提升党的执政能力。最后，学习中国特色社会主义建设实践的经验。中国共产党所领导的中国特色社会主义建设是一个正在进行的伟大实践，时刻都有很多经验和教训，尤其是广东作为改革开放和中国特色社会主义建设的排头兵，及时总结推广成功经验和纠正制止错误经验，对于推动中国特色社会主义伟大事业的发展意义重大。

2. 广东建设学习型政党的举措

广东学习型政党建设着力于为党员干部提供"加油站"和"动力源"，打造适合不同对象的学习平台，营造重视学习、善于学习、自觉学习的常态化氛围，进而转化为推动科学发展的决策和措施。总体而言，主要包括以下几个方面：

一是强化党委中心组学习模式。党委中心组组织本级领导班子成员开展以党的理论和路线方针政策为主要内容的学习活动，是党员领导干部学习理论、加强思想政治建设的重要形式。广东各级党委（党组）按照建设学习型政党的要求，创新党委（党组）中心组学习形式。其中，"广东学习论坛"是省委中心组理论学习的品牌活动。"论坛"邀请中央、国家部委有关领导、国内外知名专家学者，围绕国际国内政治经济形势、广东改革发展稳定的重大问题以及哲学、政治学、经济学、法学、历史学、科学技术、文学艺术等方面的内容做报告，为广东省"领导干部构筑一个高层次、多视角、宽领域的接受知识和信息的学习平台，提供一个良好的学习交流场所"。① 从2007年到2011年，广东学习论坛共举办约50期，每一期都契合形势，主题鲜明。同时，在总结全省中心组学习情况的基础上，中共广东省委办公厅还积极推进党委（党组）中心组学习制度化。中共广东省委中心组每月举办一次"广东学习论坛"，市、县两级党委中心组每两个月至少举办一次集体学习论坛或集中学习讨论会，各级党委（党组）中心组集中学习时间每年不少于8天，每年举办一期市厅级主要领导干部理论研讨班。建立领导干部中心组学习联系点制度，县处级以上主要党政领导干部每年到联系点讲党课或做形势报告不少于一次，并带头参加所在基层党组织的集体学习。总之，创新党委中心组学习模式，推进学习模式的制度化常态化建设，成为广东学习型政党建设的品牌和特色，为领导干部了解世界、把握国情开设了窗口，为创新观念、启迪思维提供了土壤，

---

① 《广东学习论坛》，南方网，http://theory.southcn.com/llzhuanti/gdxxlt/。

为互相学习、交流经验构筑了平台，为研究问题、酝酿决策建立了阵地。

二是大规模培训党员干部。为贯彻落实党的十七大和中共广东省委十届三次全会精神，努力建设一支善于领导科学发展和参与国际竞争的高素质干部队伍，中共广东省委组织部出台了《广东省干部培训学时学分管理办法》《广东省干部培训在线学习管理规定》等相关制度，在干部认真学习的问题上下功夫，把学习型党组织建设由"软指标"变成"硬任务"。① 按照《关于广东省2008—2012年大规模培训干部工作的实施意见》和《干部教育培训工作条例（试行）》的要求，各级党委把干部教育培训工作作为一项战略性、基础性工作列入重要议事日程，纳入本地区本部门的工作规划，整体部署、明确分工、落实责任。力争用5年时间，把全省干部普遍轮训一遍。其中，厅局级、县处级党政领导干部每年参加脱产培训的时间不少于110学时，其他干部每年参加脱产培训的时间不少于100学时。充分发挥党校、行政学院、干部学院在教育培训中的主渠道作用。进入2011年，全省各级党校共举办主体班次1086期，举办领导干部专题研讨班1132期，专题讲座、学习论坛、读书活动等12436期，培训干部193万人次。② 除此之外，为深入开展农村党组织书记、新党员、大学生党员"村官"、工人、农民、非公有制经济组织和社会组织以及外来务工人员中党员群体的培训工作，广东基层党组织充分利用党员干部现代远程教育平台，建立基层党员培训基地。截至2012年年底，全省基层党员全部轮训一遍。通过构建科学系统的党员干部培训制度和体系，全省逐步营造起良好的学习氛围，为提高党员干部的政治素质和业务能力，建设学习型政党奠定了重要基础。

三是精心培育集体学习品牌。从社会心理学角度来看，集体对成员学习具有强有力的影响。构筑集体学习品牌是广东学习型政党建设的一大亮点。除了精心建设以"广东学习论坛"为代表的党委（党组）中心组学习品牌之外，广东还在各领域各层次打造了多个集体学习品牌。首先是"万人大宣讲"为代表的基层学习宣讲品牌。"万人大宣讲"是2006年中共广东省委宣传部、省委基层办正式启动的"保持先进性、建设新农村"

---

① 《建学习型党组织不再是"软指标"，知识型、专业型年轻干部挑起新重担 以党建创新助建幸福广东》，载《南方日报》2011年8月30日。
② 《培训干部要看培训效果》，载《广州日报》2011年7月14日。

第四章　固本强基：谋划广东党的建设新举措（2002—2012年）

的万人宣讲活动。宣讲活动坚持贴近实际、贴近生活、贴近群众，注重宣讲的导向性、针对性和创新性，把党员干部和人民群众的思想统一到推进社会主义新农村建设的各项任务上来，同心同德为建设有广东特色的社会主义新农村而奋斗。其次是以"岭南大讲坛"为代表的社科知识普及品牌。岭南大讲坛是中共广东省委宣传部、广东省社会科学界联合会创办的一个高品位、大众化、公益性讲坛。它包括每月一期的学术热点系列、每周一期的社科普及系列和覆盖全省的地方特色系列。通过讲座、研讨、访谈等形式，利用省内外专家资源，打造影响力强的重要文化品牌，成为广东传播新思想、新观念、新知识的重要窗口和高端平台。最后是以"南方网理论学习频道"为代表的网络学习品牌。南方网理论学习频道是由中共广东省委宣传部理论处主办、南方网承办的网上学术交流平台。频道充分整合广东省社科资源，结合时下理论热点问题策划专题，成为广东党员干部获取权威信息、学习理论动态的重要平台。通过集体学习品牌建设，为广大党员干部创设了更广泛、更高端的学习平台，以更高标准、更严要求，推动广东学习型政党建设向广度和深度拓展。

　　四是深入基层调查研究。深入基层，通过与群众面对面的谈话获得一手信息，是一种重要的学习手段。《意见》指出，"党员领导干部要每年选取一个全局性、战略性重大问题开展调研。省级领导干部每年到基层调研时间不少于30天，市、县级领导干部不少于60天。领导干部每年要撰写1至2篇高质量的调研报告，加强调研成果汇报交流，促进调研成果转化成指导工作的科学决策"。① 在2008年全省解放思想学习讨论活动中，中共广东省委领导以身作则，研究确定了12个关系广东科学发展全局的重大课题。中共广东省委十届二次全会后，省委领导就12个重大专题分别下基层调研，完成了12项专题研究总报告以及一大批子报告，形成了《广东省市厅级党政领导班子和领导干部落实科学发展观评价指标体系及考核评价办法（试行）》等一批推动广东科学发展的重要文件，为中共广东省委的决策部署奠定了坚实基础。此外，中共广东省委办公厅机关干部还利用春节回乡探亲机会，开展调研活动，形成了一批对省委决策层有参考价值的调研报告，先后汇编了《读书与思考》《青春的火花》《激发心

---

① 中共广东省委办公厅：《关于建设学习型党组织的实施意见》，载《南方日报》2010年5月21日。

灵的力量》《调研与思考》等系列丛书文集。① 上述理论学习与调查研究的有机结合，有效促进了理论向政策的成果转化。中共广东省委、省政府在学习调研的基础上先后出台了《关于加快建设现代产业体系的决定》《关于加快经济发展方式转变若干意见》等重大决策部署，提出了扶贫开发"双到"（扶贫"规划到户、责任到人"）等战略，推动广东在科学发展道路上不断迈出新步伐。

五是充分运用新兴媒体。新兴媒体是新技术支撑体系下出现的媒体形态，包括数字杂志、数字报纸、手机短信、移动电视、触摸媒体等。相对于传统媒体，新兴媒体具有信息传递快速、便捷、互动等优势。广东紧跟时代步伐，充分认识到利用新兴媒体推进党员干部学习的重要价值。从2009年1月开始，中共广东省委宣传部和广东移动推出集手机彩信、手机网站、手机邮件和互联网站于一体的"网络学习天地"信息服务系统，每天早上向党员干部免费发送一条彩信，每条彩信包括5至7个栏目，突破了传统学习方式的时空制约，使学习更为便捷，覆盖面更为广泛。在学习内容上，《经典重温》等栏目着重从马克思主义基本理论和党的创新理论中精选一些有思想冲击力和实用性的经典语言，如"生产力的保存取决于交往的扩展""共产党员不能把理论学习和思想意识修养割裂开来"等。《高层声音》等栏目，定期发送领导的重要讲话，让广大党员干部时刻掌握国际国内政治经济形势，领会为官从政的理念，保障党员干部思想不掉队。在形式上，"网络学习天地"还力求活泼，增进交流。通过《专家问答》《我有话说》等互动栏目，加强干部群众和专家学者、基层群众与领导干部的互动，并引入音频、视频、动画等新形式，提高党员干部学习积极性。"网络学习天地"作为创新理论宣传和学习形式的一种探索，深受广东党员干部的欢迎，推出不到一年，其服务系统累计用户达497332人，累计发送彩信8376万条，网站访问量累计达120万人次。② 各地市也相继跟进数字平台建设，广州市推出"羊城手机学堂"，内容丰富，言简意赅，阅读便捷，深受党员干部欢迎，用户超过300万。2011年，佛山市高明区率先建立首个县级手机平台，每周向党员干部发布一次理论学习资讯，覆盖全区党员和机关企事业单位干部职工一万多人。利用新媒体，增强了党

---

① 《广东：学习成常态　发展有状态》，载《人民日报》2011年5月3日。
② 《广东打造"网络学习天地"强化党员理论学习》，载《南方日报》2010年8月30日。

第四章 固本强基：谋划广东党的建设新举措（2002—2012年）

员干部学习的趣味性和灵活性，有效提高了党员干部的学习积极性、主动性和参与性。用新媒体学理论、看时事，成为广东党员干部的新时尚。

3. 广东建设学习型政党的成效

广东秉承科学发展观的精髓，以"学以立德、学以增智、学以创业"为精神追求，凭借敢干、敢闯、敢试、敢为天下先的务实向前的精神风貌，推动学习型政党建设，全省学习型政党建设成绩斐然。

一是进一步解放了思想。党的十七大以来，广东坚持将学习作为继续解放思想、提高执政能力、保持和发展党的先进性的重要途径，破解广东这个经济大省遇到的创新乏力、区域不均、环境压迫、民生欠账等迫在眉睫的发展瓶颈。2007年广东开展解放思想学习讨论活动，结合学习型政党建设的要求，党员干部解放思想，积极学习山东、重庆、上海、江苏、浙江等兄弟省份的经验做法，突破原有思维限制，改革创新，切实把学习成效转化为解决问题的实际能力。广东党员干部以"自我革命的勇气"，落实科学发展观，在解放思想中，优化知识结构，在认真学习中，提高综合素质，增强创新能力。

二是促进了党员知识结构转型升级。汪洋指出，"社会要转型，干部学习能力必须提高；经济要升级，干部知识结构必须调整"。[①] 通过学习型政党建设，首先使广大党员干部把握马克思主义基本理论和基本方法，做到真学真懂真信真用。其次使广大党员干部加强现代经济、法律、科技、文化等各种知识的积累，形成复合型知识结构，应对多领域、多层次的岗位需求。再次使广大党员干部成为某些方面的行家里手，带领和组织党员群众和业务骨干，齐心协力推动事业发展。最后使广大党员干部有效地将知识转化、运用到工作实践中来，学以致用，提高解决实际问题的能力，推动经济发展方式转变，为全面建设小康社会、推动科学发展、促进社会和谐做出新的更大贡献。[②]

三是加快了学习型社会建设步伐。广东学习型政党建设以党员干部提升能力为契机，以营造崇尚知识、全民学习、终身学习的社会氛围，促进人的全面发展为根本，从而为学习型社会建设、幸福广东建设保驾护航。如佛山市在2003年正式启动学习型家庭创建活动后，经过七年的探索和

---

① 《培训干部要看培训效果》，载《广州日报》2011年7月14日。
② 汪洋：《领导干部要注重知识结构的转型升级》，载《党建》2010年第4期。

实践，获誉"全国创建学习型家庭示范城市"。① 东莞市通过培养市民的阅读习惯来建设学习型城市，2011年6月东莞学习中心网络平台正式启用，东莞市民足不出户，就可以享用150万种图书、1万种电子期刊、2800万篇学术论文、1万部视频、2000门网络课程等浩瀚的网络资源。市民可以通过网络学习平台，不断进行学习，慢慢改掉打牌、赌博等不良习惯，实现自我提高。② 以学习型政党建设促学习型社会建设，通过机关、企业、社区开展各类学习竞赛、读书节、文化节等活动，全社会学习气氛空前活跃，形成了热爱学习、崇尚知识的良好氛围，使南粤大地成为文化创新的一个重要策源地。

广东在新的历史条件下加强学习型政党建设，推进学习的制度化、机制化，以高度的政治责任感、以开放创新的思路、以务实管用的制度、以理论联系实际的标准，提高党员干部学习的自觉性主动性、凸显学习的针对性有效性、重视学习的自主性多样性、注重学习的科学性规范性、突出学习的应用性实践性，使党在时代的潮流中，始终体现时代性、把握规律性、富于创造性，为广东改革发展事业提供了强有力的保障，也为和谐广东和幸福广东建设增添动力、保驾护航！

二、实践强基，夯实党的群众基础

党的群众基础在基层，党的基层组织是党的根基。中国共产党从诞生以来，一直高度重视党的基层组织建设，充分发挥基层党组织的战斗堡垒作用。这既是党的宝贵经验，也是党的优良传统。广东省以大局意识和战略眼光，首先提出了固本强基工程，将基层党组织作为团结带领群众贯彻党的路线方针政策、落实党的任务的载体，作为党了解民意、赢得民心、紧密联系群众的桥梁和纽带，发挥基层党组织服务群众、凝聚人心、推动发展、促进和谐的重要作用。2003年3月，中共广东省委九届三次全会上做出《关于实施固本强基工程全面推进党的基层组织建设的决定》，要求在农村基层、国有企业、城市社区、非公有制经济组织和各条战线采取一系列措施加强党建工作，使党的基层组织在深化改革、促进发展、保持稳定中显示出强大的战斗力。

---

① 《佛山成创建学习型家庭示范城 东莞江门同入选》，载《南方日报》2010年7月7日。
② 《东莞学习中心网络平台启用 150万种图书免费看》，载《南方日报》2011年6月15日。

第四章 固本强基：谋划广东党的建设新举措（2002—2012年）

（一）"十百千万"干部下基层驻农村，强化农村基层组织建设

实施固本强基工程，全面推进党的基层组织建设，重点和难点都在农村。从党的十四届四中全会以来，广东农村基层党组织建设得到整体加强，但仍然存在不少亟待解决的问题，如部分基层党组织功能不强、软弱涣散、带领群众致富奔小康的能力较弱。对此，中共广东省委九届五次全会决定从2005年起，组织开展"十百千万"干部下基层驻农村活动，切实解决农村基层党组织存在的突出问题，深入推进农村固本强基工程。

1. "十百千万"干部下基层驻农村活动的实施

所谓"十百千万"干部下基层驻农村活动，就是从2005年起广东省每年组织10名以上省级干部、100名以上市厅级干部、1000名以上县处级干部、30000名以上科级以下干部下基层驻农村，实行省领导挂钩地级以上市并联系一所高校，市厅级领导挂钩县（市、区），县处级领导挂钩乡镇（街道），科级以下干部驻村，每个村一般派驻1名干部。对集体经济年纯收入3万元以下的贫困村派驻工作组，并将省直单位干部的驻村点基本上放在粤北、粤东、粤西地区，建立重点帮扶责任制。每年选派一批，一年一轮换，连续三年。

为推进"十百千万"干部下基层驻农村活动，中共广东省委专门下发了《关于组织"十百千万"干部下基层驻农村深入推进固本强基工程的意见》。在2004年12月2日召开的"全省组织'十百千万'干部下基层驻农村暨在党员中开展'理想、责任、能力、形象'教育活动工作会议"上，省委对这一活动进行了具体部署。时任中共广东省委常委、组织部长胡泽君在会议讲话中强调，各级领导干部下基层，要带着责任，带着问题，带着任务，带着情感，既要下得去，还要下得深，既要"身下"，也要"心下"，真正深入基层，深入实际，完成"五个帮助"的任务，即帮助建好班子，帮助加强队伍建设，帮助发展经济，帮助加强农村精神文明和民主法制建设，帮助建章立制。

按照中共广东省委的部署，"十百千万"干部下基层驻农村活动计划三年完成，每年围绕一个工作主题展开：

2005年的主题是"三查两建一发展"，即查作风正不正、查发展路子对不对、查班子强不强，建设一个好班子、建设一支好的党员干部队伍，

发展农村经济。据统计，2005年，广东共落实挂点领导5157名，其中省领导22名，市厅级领导干部562名，县处级领导干部4573名；共选派驻村干部44426名，一次性覆盖了广东所有行政村和以农为主的社区居委会，其中10726个集体经济薄弱村（居）全部派驻工作组。① 各级挂点和驻村的干部，主要做了以下工作：一是通过"三查"，找问题，理思路。各级挂点领导和驻村干部按照"三查"要求，通过召开座谈会、走访群众等方式，对村情民情进行全面摸查。据统计，2005年全省驻村干部累计召开各类座谈会33万场，走访农户273万户，基本找准农村基层组织建设、经济社会发展、村风民风等方面存在的突出问题，以此作为工作着力点和突破口，理清工作思路，有针对性地开展工作。二是通过"两建"，抓班子，强队伍。各级挂点领导和驻村干部以基层领导班子和党员队伍建设为重点，抓住2005年上半年广东省村级组织换届选举这一契机，帮助选好干部、配强班子，大力发展带头致富能力强和带领群众致富能力强的农村"双强"党员，推进党员队伍的年轻化、专业化。同时，各工作组驻村后十分重视基层组织制度建设，通过抓好以政务、村务公开为重点的社会经济管理制度，以发挥党员和人民代表监督作用为重点的监督制度，实现农村基层组织的管理制度化、运作规范化、决策科学化和监督民主化。三是通过"帮扶"，促发展，增收入。在政策、信息、技术、市场、资金等方面给予帮扶，是发展农村经济的重要依托，也是广东"十百千万"干部下基层驻农村的重要目标和责任。各单位发挥自身的职能作用和行业优势，按照"宜农则农、宜商则商、宜工则工"原则，帮助驻点村理清发展思路，找准发展路子。如广东省高院和广东省广弘资产经营公司联手开展帮扶工作，为挂钩的封开县带去近5亿元的投资项目，辐射带动山区经济快速发展。广东省农科院、华南农业大学等单位组织专家下乡，给农民传授科普知识和种养技术，增强了农民致富的本领。

  2006年的主题是"三解决两提高一推进"，即解决农村经济发展的主要问题、解决群众最关心的重点问题、解决农村党组织和党员队伍中存在的突出问题，提高村级领导班子战斗力、提高农村党员队伍素质，推进社会主义新农村建设。在第一批"十百千万"干部打下的比较好的基础上，广东省第二批5672名挂点领导和43773名驻村干部围绕"三解决两提高

---

① 《"十百千万"在基层 怀一腔热情谋万村民生》，载《羊城晚报》2005年7月14日。

第四章 固本强基：谋划广东党的建设新举措（2002—2012 年）

一推进"这一主题，继续开展工作。一是通过党员先进性教育活动，加强农村党组织和党员队伍建设。第二批"十百千万"干部抓住农村先进性教育活动这个重要契机，尤其是充分发挥驻村干部自身文化素质较高、参加过先进性教育活动的优势，帮助指导农村党组织开展先进性教育活动，加强农村基层党组织和党员队伍建设。二是通过增加集体和农民收入，推动农村经济发展。在第一批驻村干部帮助驻点村因地制宜发展农村集体经济的基础上，第二批驻村干部进一步加强道路、农田水利等基础设施建设，推广农业实用技术，提高农民文化素质和致富技能，引导农民发展特色农业和优势产业，拓宽农民就业渠道，促进农业增效、农民增收和新农村建设。三是通过办实事和解难事，构建农村和谐社会新局面。第二批驻村干部与第一批驻村干部一样，把农民群众最盼、最缺、最急和最怨的问题放在首位，帮助解决农民行路难、饮水难、灌溉难、读书难、看病难和最低生活保障的"五难一保"等突出问题，使农民真正感受到"十百千万"干部下基层驻农村活动的实惠。同时，驻村干部还着力解决农民反映强烈的土地承包、征地补偿、村务公开、计划生育、社会治安等热点难点问题，通过建立健全联系群众责任制，加强对群众的政策宣传、思想教育和说服疏导，有效化解了农村各种不稳定因素，维护了农村和谐社会的新局面。

2007 年的工作主题是"一树立两促进三建设"，即树立科学发展观，促进农村经济发展、促进农村社会和谐，建设一个好班子、建设一支好队伍、建设社会主义新农村。第三批驻村干部围绕新农村建设，将各项工作扎实推进。一是以科学发展观为世界观和方法论，建设社会主义新农村。党的十六大以来，中共广东省委要求第三批驻村干部根据中央精神，将树立科学发展观作为建设"生产发展、生活宽裕、乡风文明、村容整洁、管理民主"的社会主义新农村的指导方针。按照中共广东省委要求，第三批驻村干部把落实科学发展观作为谋划新农村建设的正确思路和行动指南。如中科院广州分院、广东省科学院通过对驻点村梅州市丰顺县丰良镇复兴村的党建工作、村情民情、自然资源、社会资源、经济基础等进行深入调研，形成《丰顺县经济社会可持续发展战略研究》调查报告，协助完成《丰顺县中长期经济社会发展规划》，为丰顺县落实科学发展观、建设社会主义新农村做出有益指导。二是以新农村建设为目标，继续巩固和推进各项工作。首先，进一步加强班子和队伍建设。建设新农村，关键在干部，重点在班子。第三批驻村干部以两推一选、双向进入、交叉任职、一肩挑等形式为载体，培养和选拔政治素质强、发展能力强的"双强型"干部，把政治上靠得住、工作上有本事、作风上过得硬、农民群众信得过的党员选进农村基层党组织领导班子。其次，进一步为农民排忧解难，促进农村和谐发展。驻村干部着力解决影响农村社会稳定的问题，如占用农民耕地不兑现补偿款引起的群体性事件，因政务不公开透明引起的农民对立情绪，还有一些盗窃抢劫、流氓恶势力、坑蒙拐骗等犯罪行为和黄赌毒、封建迷信等社会丑恶现象，通过排查调处、疏导教育，有效地解决问题，推进了社会和谐发展。再次，提高农民素质，培育新型农民。农民是建设社会主义新农村的主力军，农民素质的高低决定了新农村建设的速度和质量。驻村干部利用专业知识和技能优势，通过教育帮扶活动，带动农民群众学习新知识、树立新观念、掌握新技术、倡导新风尚，把农民培育成有自立意识、有合作精神、有法制观念、有创业本领的"四有"新型农民，为新农村建设积累了主体力量。

2. "十百千万"干部下基层驻农村活动的成效

"十百千万"干部下基层驻农村活动实施以来，成效显著。时任中共中央政治局委员、中组部部长贺国强对广东"十百千万"干部下基层驻农村活动给予了高度评价，认为中共广东省委连续三年组织"十百千万"干部下基层驻农村活动，"对于加强农村基层组织建设、搞好乡村两级先进性教育活动，锻炼机关干部，是一项非常好的举措。"① 具体看来，其成效主要表现在如下几个方面：

一是农村党组织领导核心地位得到进一步巩固。三年来，全省共整顿后进村党支部598个，调整班子成员4385名，选拔1.7万名经济能人进入村"两委"班子，发展新党员1.5万名，培养入党积极分子5.1万名、村级后备干部6.5万名，新建村级组织活动场所2563个，培训农村党员干部90多万名。党组织的创造力、凝聚力和战斗力显著增强，在群众中的威信明显提高。

二是农村经济发展实现新跨越。全省各级挂点单位帮助驻点村规划和落实发展村级集体经济项目6万多个，1275个贫困村集体经济年纯收入超

---

① 《与农民"零距离"，驻村干部赢得农民心》，人民网2005年11月28日，http://cpc.people.com.cn/GB/47816/3895494.html。

第四章 固本强基：谋划广东党的建设新举措（2002—2012 年）

过 3 万元。省直单位驻点村年集体经济纯收入平均 5.3 万元，增长 176.6%。全省农村居民人均纯收入达到 5079.8 元，比三年前增长了 12.5%。

三是农村基础设施建设得到较好改善。三年来，各挂点单位紧紧围绕新农村建设的总体规划，充分发挥资金、技术和资源优势，在驻点村的交通、水利、学校、办公楼等基础设施建设方面共投入资金 60 多亿元，建设硬底化村道 8536 公里，整治修建各类水利工程 1.2 万处，修建文化娱乐、教育卫生场所和美化村容村貌等项目 2.5 万个。

四是农村热点难点问题得到有效解决。围绕饮水难、读书难、看病难等群众关心的突出问题，挂点领导和驻村干部想方设法，集中各方力量为群众排忧解难。三年来，共为群众办好事实事 20 多万件，慰问基层干部和困难党员群众 5.7 万次，解决了 300 多万群众的饮水问题，修建了学校 1156 所。全省共组织农科技术、医疗卫生、文化教育、法律援助等服务队 1.3 万支，下乡开展支农活动 6.9 万次，为群众送医送药、送种子种苗、送科技送文化送服务，把干部下基层驻农村活动办成了深受群众欢迎的"惠民工程"。

五是农村不稳定因素大幅减少。广大驻村干部积极配合村"两委"及时排查调处、教育疏导、化解矛盾，使群众反映强烈的山林纠纷、征地补偿、村务公开、社会治安等问题得到有效解决。三年来，驻村干部共参与排查和解决农村相对突出问题 18.5 万宗，化解群众矛盾纠纷 6158 宗，有效预防和妥善处置了信访突出问题及群体性事件 856 起。2007 年 1 月至 10 月，全省群众上访人次比 2004 年同期下降了 49.5%，集体上访批次比 2004 年同期下降了 51.8%。

六是人民群众对党的感情明显增进。各级挂点领导和广大驻村干部为群众办好事实事、解决热点难点问题、调处化解矛盾、带领群众致富奔小康、慰问困难群众，群众对党的感激之情进一步激发，党群干群关系进一步密切。三年来，挂点单位和驻村干部共收到群众感谢信 2.3 万封、锦旗 926 面、匾额 1153 块，有的群众甚至千里迢迢到省委报告驻村干部的感人事迹。

七是驻村干部做群众工作的能力普遍提高。"一年驻村，终身受益。"广大驻村干部广泛宣传党的路线方针政策，普及法律法规知识，宣传教育群众的能力不断提高；深入群众，倾听群众意见，与农民交知心朋友，联系、沟通群众的能力不断提高；带领群众走科技兴农、多种经营、勤劳致富、共奔小康的道路，探索经济发展思路，带领群众发展的能力不断提高；帮助群众解决各种矛盾纠纷，解决各种复杂问题，处理复杂矛盾的能力不断提高。一大批优秀年轻干部在驻村工作中脱颖而出，得到提拔重用。据不完全统计，全省共有45.6%的驻村干部受到表彰，有12631名干部被提拔使用，占下派干部总数的10.4%。

八是村级各项规章制度进一步全面规范。三年来，广大驻村干部协助村"两委"进一步理顺村级组织关系，进一步规范村级组织运作，共建立健全各类规章制度11.2万项，其中村党组织活动制度1.9万项，村"两委"议事制度2.1万项，村务、财务公开和民主管理制度3.8万项，各种村规民约3.4万项。①

2008年，中共广东省委围绕"双学双促双建"主题②继续推进"十百千万"干部下基层驻农村工作，并结合城乡基层党组织互帮互助活动，为广东农村基层党的建设积累了宝贵经验。实践证明，组织"十百千万"干部下基层驻农村是新时期加强党的基层组织建设的一次新探索、新创举，是夯实党的执政基础的重要载体，是新形势下坚持党的群众路线的有效形式，是推进社会主义新农村建设的重大举措，是培养锻炼年轻干部的有效途径，是合民情、得民心、顺民意的民心工程和德政工程。

（二）探索社区党建新思路，创建平安和谐社区

所谓社区党建，是指党的组织、党的活动、党的工作通过覆盖和渗透到社区内全体党员、全体群众、各个群体、各个机关事业单位、各个新经济社会组织和社区各项工作、各项事业，从而将社区内所有党的基层组织紧密联系在一起，构筑起社区党建格局的基层党建模式。③党的十七大报告提出了"高度重视社区党的建设，以服务群众为重点，构建城市社区党建工作新格局"的要求。广东地处我国改革开放的前沿阵地，市场经济比较发达，社会生活呈现多样性和流动性的特征，体制转轨和社会转型过程中的矛盾较突出，社区在服务居民群众、协调各种利益和矛盾冲突、实现

---

① 《广东：12.7万驻村干部出力1.9万行政村3年变样》，载《南方日报》2008年1月7日。
② 所谓"双学双促双建"，是指学习十七大报告、学习十七大党章、促进农村经济发展、促进农村社会和谐，建立城乡党组织互帮互助机制、建设美好家园。
③ 樊有平：《构建和谐社会进程中城市社区党建问题与对策》，载《中州学刊》2010年第4期。

第四章　固本强基：谋划广东党的建设新举措（2002—2012年）

城市基层组织整合方面的作用日益凸显。因此，广东高度重视社区党建工作，积极探索社区党建新思路，努力创建和谐平安社区。

1. 探索社区党建新思路

党的十六届四中全会提出了构建社会主义和谐社会的重要战略任务。在构建和谐社会的新时期，社区工作的重要性进一步彰显，因而对社区党建也提出了新的要求和任务。广东各地探索新路，树立典型，以社区党组织为领导核心，以社区全体党员为主体，以服务群众为重点，全面推进社区党的建设。

一方面，探索体制创新新路子，促进社区党建新发展。开展社区党建首先要建立起适合党建工作开展的组织体制，广东各地从体制创新入手，探索社区党建工作新思路。其中，较为典型的做法有：

广州加强社区党的组织体制建设，建立以街道党工委为核心的社区领导体制，扩大党组织在社区的工作覆盖面，增强党组织的凝聚力和渗透力，使街道党组织真正成为地区性、社会性、群众性、公益性工作的主导力量，切实担负起领导、组织、指导、协调社区工作的重要职责。一是建立社区党建联席会。联席会由街道党工委和社区内的机关、企事业单位的党组织组成，设理事会，围绕社区建设、社区管理、社区服务等工作，制定规范的章程和年度工作计划，共商社区事务、共建社区文明。二是改革居民区党组织设置。实现一个居民区一个党支部，在此基础上，分片设置党总支，加强对居民区党支部的管理。三是建立社区流动党员联络站。通过在社区服务中心设立流动党员联络站，把流动、下岗、失业党员管理起来，编入支部，解决流动党员培训、再就业问题，给他们一个温暖的"家"。四是选派社区党建联络员。对社区内不具备建立党组织条件的新经济组织和社会组织，采取选派社区党建联络员的办法，加强这类组织的党建工作。党建联络员协助开展思想政治工作，及时传送和贯彻落实党的路线方针政策，使想建党组织的单位有人帮，想入党的人有人教，想进步的青年有人带，消除社区党建工作的空白点。五是建立覆盖社区的群众组织网络。把群团工作与社区党建工作有机结合起来，做到有群众的地方就有党的工作，使社区团工委、工会和妇联组织在党工委的领导下开展工作。六是联办"社区学校"和"社区党校"。通过与辖区单位联办"两校"，建立辖区内党组织进行党员教育和提高居民思想文化素质的阵地，形成工作岗位、社区学校、家庭环境、社会教育四位一体的教育体系。①

珠海创新社区党组织管理体制,首创并逐步完善社区党组织代表会议制度。社区党组织代表会议制度,就是联合驻区单位党组织共同参与社区工作,形成以街道党(工)委为核心、社区党组织为基础、社区全体党员为主体,社区各类党组织共同参与、齐抓共管的社区党建工作新格局,推动社区建设的资源共享、优势互补、同驻共建、共同发展,从而有效整合驻区党组织力量,巩固社区党组织在城市社区的领导核心地位,开辟了一条社区各党组织联系和服务群众的绿色通道。社区党组织代表会议制度从决策与执行两个层面确立了基本运行机制。从决策层面来看,依据《社区党组织代表会议章程》的有关规定,成员单位党组织不分行政级别,自主推荐产生党组织代表,平等参加三年一届、每年一次的社区党组织代表会议,同等享有审议年度社区党建工作报告、制定修改社区党组织代表会议章程、选举工作委员会等职能。从执行层面看,街道建立起社区党组织代表会议工作委员会,在代表会议闭会期间行使对社区党建工作的动员、协调、指导和监督职能;社区建立党组织代表联络组,具体落实有关工作。社区党组织代表会议制度由试点到建立,是对社区党建模式的有益探索,因此很快在珠海市各社区全面推广实行。社区党组织代表会议制度的建立和实施,为社区内各成员单位党组织之间的联动与合作搭建了平台,使社区内各党组织参与社区党建的覆盖面更为广泛,活动形式更为丰富,活动开展更为有序。

另一方面,发挥党员先进性,促进社区党建新发展。党员先进性是党的先进性建设的基础,如何发挥党员先进性,推动社区党建新发展,广东各地积极探索,动员社区党员参与社区工作,发挥党员的先锋模范作用,积累了丰富的经验。

深圳市南山区:一名党员一面旗。2007年以来,深圳市南山区在全区深入开展社区建设"十百千万"行动。"十"就是树立推广10类社区组织共建典型,"百"就是组织100名党员和国家公职人员进入小区业主委员会,"千"就是组织1000名党员和国家公职人员担任小区楼栋长,"万"就是新发展1万名社区义工。作为一项保持党员先进性的长效举措,"十百千万"行动充分发挥了"一名党员一面旗"的重要作用。按照南山

---

① 王玉云:《党的先进性建设在广东》,广东人民出版社2009年版,第175-176页。

区委实现社区党组织全覆盖、党员管理和服务全覆盖、党员作用发挥全覆盖的要求,各街道、社区以服务群众为重点,把党组织建到街巷、建进楼栋,积极鼓励党员、国家公职人员当楼长、入业委会,延伸党建工作触手,充分发挥党员表率作用,进一步增强社区党组织的凝聚力、战斗力和吸引力,实现了"楼栋无矛盾,邻里无纠纷,群众无上访"的和谐社区目标。

江门市仓后街:党员双重管,社区共同建。"党员双管"制是江门市蓬江区仓后街罗岗社区党总支探索出的发挥在职党员参与社区建设和管理作用的有效举措。在职党员"双重管理"制度,即一方面依托社区党建联席分会,把不同隶属关系的13家社区单位党组织协调起来,制定资源共享制度,统一协调、组织指导在职党员开展活动。另一方面按照"就近、方便、自愿"的原则以单位、楼群、巷道来划分,把社区在职党员编入相应的联络小组,通过建立社区在职党员联络站和联络小组,对在职党员双重管理情况进行汇总、分析和反馈,指导各联络小组开展活动。各联络小组负责本小组党员的联络工作,并根据各自的特点,开展特色活动。同时,设立在职党员联络监督员,聘请责任心强、热心社区工作的老党员、人大代表、政协委员、居民代表为义务监督员,负责对在职党员的联络和监督。为了促进在职党员"双重管理"制度的规范化,罗岗社区党总支还建立了在职党员登记制度、在职党员参加社区共建活动制度和社区党组织与单位党组织"双向"联系反馈制度。通过这些制度的建立和完善,有效地推动了在职党员参与社区自治、拓展社区服务、改善社区环境、活跃社区文化的先锋模范作用。

2. 创建平安和谐社区

在实施固本强基工程和建设和谐广东的进程中,中共广东省委、省政府发出了《关于全面推进平安和谐社区建设的意见》,提出创建自治好、管理好、服务好、治安好、环境好、风尚好的"六好"平安和谐社区,充分发挥社区在构建和谐广东中的基础性作用。创建"六好"平安和谐社区,对新形势下的社区党建工作提出了新要求,广东各地积极探索社区党建新举措,以社区党建促平安和谐社区建设,取得了丰硕的成果。其中较为典型的是广州市在全国首创社区党建工作指导员制度,强化了党组织与社区居民的沟通联系,提升了党组织的工作能力和工作水平,有效促进了平安和谐社区建设。

广州市从2003年8月起在全市推广实施社区党建工作指导员制度，每条街道配备两名社区党建工作指导员，负责协助和指导辖内社区党组织和"两新"组织开展党建工作，为社区党建工作注入了新活力。具体做法如下：一是坚持标准，"选好"党建指导员。党建指导员队伍，是针对社区党建工作任务繁重与组织力量不足的矛盾而建立的，承担着新时期加强社区基层党组织建设的重要历史使命。根据广州市委组织部文件要求，各区、县级市在招聘过程中，按照发布公告、报名、笔试、面试、体检、政审的"六程序"选拔党建指导员，严把质量关，努力做到公开、公平、公正、择优，吸纳了一批既有一定党务工作经验又热爱党务工作、既有工作热情又有开拓精神的同志加入党建指导员队伍中来。二是明确职责，"用好"党建指导员。党建指导员的工作职责明确，主要有社区党建、"两新"党建和党员服务站三大块。具体包括：抓好社区党组织的建设工作、区域化党建和落实党代表任期制等有关工作；指导非公组织、社会组织开展党建工作；加强对国有企业、关、停、并、转、破产企业转到本街道的党组织和党员的管理，帮助他们理顺关系，搞好党员教育；抓好党（工）委一级党员电化教育和远程教育站的建设，指导社区、非公组织、社会组织党员电化教育和远程教育点工作的有效开展。三是建章立制，"管好"党建指导员。党建指导员由各区、县级市党委组织部聘任和管理，并派往辖区内的街道工作。党建指导员对区委组织部负责，在街道党工委的领导下开展工作。市委组织部对各区、县级市的党建指导员进行统一指导；各区、县级市在市委组织部统一指导意见的基础上，制定相应的实施方案、管理办法、考核细则，明确和细化党建指导员的工作目标、工作职责、考核与管理制度、工资待遇等，对党建指导员进行管理和培训，对党建指导员的工作进行业务指导。四是发挥作用，"当好"党建指导员。党建指导员在社区发挥"宣传员""指导员""服务员"的作用。在做好社区及"两新"组织党建工作的同时，党建指导员还成为街道党工委的得力助手，承担了大量党务、行政和劳资等方面的工作，被称为"党建专干""书记助理"，成为街道党工委的"参谋"和"助手"，受到基层的普遍欢迎和好评。通过建立社区党建工作指导员制度，广州社区党建工作呈现出生机勃勃、繁荣发展的态势，为平安和谐社区建设开创了新局面。

除此之外，广东其他市、县也积极探索各具特色的社区党建新路子。如肇庆市端州区开展联合市、区两级直属单位党组织与城市社区党组织的

第四章 固本强基：谋划广东党的建设新举措（2002—2012年）

结对共建活动，实现了整个社区各类资源的有效整合。到2012年，全区66个社区分别与375个市直、省驻肇庆和端州区直单位开展联创共建共享活动，社区全面实现"五个100%"，即100%建立党员服务站、100%配备专职党务工作人员、100%落实党建工作经费、100%的办公场所面积达80平方米以上、100%被评为省"六好"平安和谐社区。①

总之，在改革开放中一路走来的广东，社区党建经历了不断探索创新的过程，全省各地结合自身实际，建立工作机制，找准工作路子，社区党建工作硕果累累，有效巩固了城市基层党组织的执政基础，维护了社会稳定，成为城市社区健康发展的内在动力，推动了和谐广东建设。

（三）创设"三型"机关，探索机关党建新路子

党和国家各级机关是坚持改革开放、推动科学发展、促进社会和谐的指挥部和参谋部。改革开放以来，广东机关党的建设不断探索，勇于创新，取得了一定成绩。特别是党的十六大以来，广东在全面开展党员先进性教育活动的推动下，机关思想、组织、作风、制度和反腐倡廉建设取得新进展，做到了运筹有新思路、创新有新举措、工作有新成效。

1. 创新实践主题，丰富机关党建载体

新形势下机关党建能否取得实效，取决于党建工作者是否具有开拓创新意识。在这点上，广东始终积极探索党的建设与改革开放有机结合、相互促进的新途径，探索党的建设与机关业务紧密结合、高度融合的新载体。通过创新机关党建工作的理念、内容和手段，全面提升机关党建工作水平。

一方面，创新实践主题，服务发展大局。广东机关党的建设以发展为第一要务，紧紧围绕机关中心工作，明确思路，每年确立鲜明的党建工作主题。为了解决影响机关发展的思想认识问题和体制制度问题，2003年广东机关党建开展了"三创新，一优化"（创新观念、创新体制、创新服务和优化发展环境）的党建主题活动。为了巩固机关作风建设年的成效，2004年广东机关党建继续坚持党建与推动中心工作有机结合，提出了"三树立、五落实"（树立科学发展观、正确政绩观、科学人才观，在思想、工作、作风、方法、创新上落实）的目标要求。2005年，随着全党

---

① 肇庆市精神文明建设委员会办公室：《肇庆市精神文明建设工作简报》，2012年9月11日。

保持共产党员先进性教育活动的展开，广东机关党建工作也以保持共产党员先进性教育活动为主线。2006年，广东机关党建坚持与业务工作紧密结合，提出开展争当实践科学发展观"排头兵"主题实践活动。2007年，广东机关党建坚持党建与构建和谐广东有机结合，提出开展服务基层、服务群众、服务大局、促进社会和谐的"三服务一促进"主题实践活动。2008年，为营造"继续解放思想，坚持改革开放，努力争当实践科学发展观的排头兵"的浓厚氛围，广东机关党建坚持党建与机关建设有机结合，提出建设学习型、创新型、服务型"三型"机关，促进解放思想、促进改革开放、促进科学发展的"三创建三促进"主题实践活动。2009年，配合整改实践科学发展观过程中的问题需要，广东机关党建提出了"转变作风抓落实"的实践活动主题。2010年，为进一步深化党的作风建设，广东机关党建提出"抓落实促发展"的实践活动主题。由此可见，广东机关党建一年一个主题，思路新颖而务实，重点突出而鲜明，为广东机关党建取得良好效果奠定了重要基础。

另一方面，创新党建载体，提高党建实效。在履行机关工委职能中，广东各级机关工委把工委"搭台"，各家"唱戏"作为新时期机关党建新载体，进行了卓有成效的探索。所谓工委"搭台"，各家"唱戏"，就是工委为机关党的全面建设主动提供政策指导、组织领导、检查督促、交流沟通、统筹协调、服务保障等多方面的"平台"，为各单位彰显工作业绩、展示精神风采提供多种途径。如省直机关工委为省直193个单位展示三个文明建设的风采搭建"平台"。随着探索的深入，"搭台"不断向纵深发展，各级机关工委先后搭建了省委领导听取省直单位主要负责人汇报会、机关党委书记经验交流会、机关党建创新成果展示、机关先进典型现场会、机关先进人物事迹报告会、机关文化品牌展示、党员和职工个人魅力展示、新闻媒体展示等20多个"平台"。在这些"平台"上，从单位主要负责人到普通党员、群众，只要工作出色，都有机会展示自己的实力、才华和风貌。工委"搭台"、各家"唱戏"作为广东机关党建工作的创新形式，成为广东各级机关展示业务水平、党建成效的窗口和舞台，调动了各级党组织和党员的积极性和主动性。

2. **打造特色品牌，形成机关党建广东特色**

进入21世纪以来，广东各级机关党组织不断加强党建品牌的挖掘和创建，创造了很多亮点，形成了广东特色。如广东省直机关的一年一个主

第四章 固本强基：谋划广东党的建设新举措（2002—2012年）

题实践活动被评为广东党建十大品牌之一。除此之外，"机关作风建设年""排头兵实践活动""纪律教育月""万人评机关"等机关党建品牌，也在全省引起广泛的积极影响。

一是"机关作风建设年"。2002年12月，中共广东省委做出了2003年在省直机关开展作风建设年活动的决定，要求省直机关工委抓省直机关作风整顿。根据省直机关作风建设存在的主要问题，省直机关工委确立了"三创新一优化"的活动主题，明确了活动的指导思想，把"解放思想、推动创新；转变职能、加快发展；深入群众、服务基层"作为活动的主要任务。经过"动员学习，统一思想；敞开大门，查找问题；认真整改，完善制度；评议总结，巩固提高"四个阶段的逐步推进，机关作风建设年活动取得了明显效果，达到了解放思想有新突破、转变职能有新举措、服务水平有新提高、干净干事有新气象的目标要求。

二是"排头兵实践活动"。2003年和2004年，胡锦涛同志两次考察广东，对广东提出了"努力在全面建设小康社会、加快社会主义现代化进程中更好地发挥排头兵作用"的殷切希望。2005年10月，中共广东省委向全省县以上机关下发了《中共中共广东省委办公厅转发省直机关工委〈关于在省直机关开展以"三个走在前面"①为主题的排头兵实践活动的报告〉的通知》，以"三个走在前面"为主题的排头兵实践活动在广东正式拉开序幕。排头兵实践活动既扎扎实实，又轰轰烈烈，形成了省、市、县三级联动的工作格局。从省直机关率先动员，到全省县级以上各级机关全面推进；从开始主要靠推动，到各单位自觉抓；从少数单位讲排头兵，到所有参加活动的单位全面以排头兵实践活动为动力；从机关工委直接抓，到市委、县委和各直属单位"一把手"亲自抓，形成由浅入深、由局部向全面推进的统一行动，出现了省、市、县三级机关联合行动的工作新格局，形成了真抓实干的浓厚氛围和你追我赶的发展态势。

三是"纪律教育月"。为推进党风廉政建设，加强党风廉政建设的规范化、制度化，广东连续20多年开展纪律教育月活动。纪律教育月活动的重点在机关，教育对象主要是各级领导干部特别是"一把手"，每年确定一个主题。如2003年纪律教育月的主题为"艰苦奋斗、廉洁从政"。

---

① 所谓"三个走在前面"，是指广东要在落实科学发展观、构建和谐社会和加强党的建设三个方面走在前面，努力当好排头兵。

2004年纪律教育月的主题是"为民、务实、清廉"。2005年确定"自觉接受监督,密切联系群众"为纪律教育月的活动主题。2006年、2007年、2008年的纪律教育月主题分别是"认真学习贯彻党章,增强拒腐防变能力""加强作风建设,勤政廉政为民""增强党性观念,推进科学发展"。纵观2003年至2008年的纪律教育月活动,除了主题鲜明,还采取丰富多彩的活动形式。如组织观看《青青草》《超级平凡》等话剧或专题片树立正面典型,起到榜样激励作用;观看《欲壑难填》等专题片树立负面典型,起到警示作用。另外,各地也挖掘当地特色资源开展纪律教育月活动。如梅州市开展"廉政客家山歌"征集评选活动,选出100首廉政客家山歌结集出版,掀起了"百首山歌颂廉政"的热潮。河源市充分挖掘利用"颜氏文化"廉政资源,创建"颜氏廉政文化"网页,做大做强本地的廉政文化品牌。云浮市组织市直部分重要部门领导班子成员的家属签订廉政公约。广东各地党政机关通过打造"纪律教育月"这一党建品牌,形成了纪律教育长效机制,营造出工作作风更加扎实、联系群众更加密切、勤政廉政更加自觉、纪律观念更加牢固的广东机关党建新气象。

四是"万人评机关"。万人评机关是提高机关工作效率、促进机关作风建设的有效活动形式。广东各地各级机关积极组织开展万人评机关活动,创造了许多新鲜经验。如江门市政府引入"ISO9001质量管理体系"作为机关评价标准,实现了机关作风建设由治标到治本的跨越,有效地促进了市直机关标准化、规范化建设,提高了机关服务效率和服务质量。东莞市在万人评机关活动中,特别注意体现出真正的民意,参评市民由全国省市镇人大代表、全国省市政协委员、村镇群众代表、外资企业代表、民营企业代表、机关事业单位代表组成,其中村镇群众代表中,外来人员所占比例达到2/3,使得参评主体更具客观性、代表性和权威性,评议结果更加客观真实。潮州市在万人评机关活动中,紧紧抓住机关效能建设这一关键,先后制定出台了《潮州市机关工作人员效能责任追究暂行办法》《潮州市行政效能监察工作暂行规定》等重要文件,建立健全服务承诺制、首问负责制、限时办结制、失职追究制、效能考评制、公示制等各项制度,逐步形成了相对完整的机关效能制度体系。广东各地通过"万人评机关"这一品牌活动,创建服务型政府,提高机关工作效率,受到人民群众的认可和好评。

第四章　固本强基：谋划广东党的建设新举措（2002—2012年）

3. 创建"三型"机关，树立机关党建新理念

党的十六大以后，广东机关党建围绕创建学习型、创新型、服务型机关，开展了大量工作，尤其是2008年广东省直机关工委提出"三创建三促进"主题实践活动后，"三型"机关建设进入高潮。通过创建"三型"机关，把科学发展观与改造主观世界结合了起来，与争当排头兵的任务结合了起来，与群众的诉求结合了起来，使科学发展观的贯彻实施融入到机关党建的各个层次和环节。

首先，创建学习型机关，促进思想解放。学习型机关建设是解放思想、贯彻落实科学发展观的第一道门槛，广东主要从3个方面来推进学习型机关建设。一是创建学习型党支部。一方面，省直机关工委采取集中轮训和各单位培训的办法，加强对党支部书记的培训，先后培训了7万多名党支部（总支）书记。通过集中培训，把科学发展观武装到党的基层组织，实现中央和基层息息相通。另一方面，通过党支部带团支部、带职工学习的"双带"办法，实现学习科学发展观在人员上的全覆盖。通过"双带"，省直机关涌现出一批学习型党支部先进典型，如省委宣传部理论处党支部书记带头刻苦学习，带动了全支部党员学习，形成了"你学我学大家学，一人带动人人学"的良好学习氛围。二是建立学习的长效机制。一方面，建立健全培训制度。广东各级机关党组织通过制定党支部书记培训制度、机关党委办主任（党群工作部负责人）培训制度、党员和入党积极分子培训制度等，建立健全培训制度。通过举办培训班、召开会议、组织名师专家辅导讲座等方式，丰富机关培训形式。另一方面，将集中学习与个人自学相结合、理论学习与业务学习相结合、知识学习与技能学习相结合、"请进来"与"走出去"相结合，形成学习型机关建设长效机制。三是培养学习的先进典型。在创建学习型机关过程中，各级机关党组织始终注意发现学习的先进苗子，悉心培养学习的先进典型，并通过广播电台、电视台、网络、报纸等新闻媒体和《跨越》杂志、主题实践活动简报进行大力宣传。同时，把学习型机关建设列入先进评比的一项重要内容，实现学习与先进表彰挂钩。通过学习型机关建设，广东各级机关建立了长效的学习机制，形成了浓厚的学习氛围，党员干部的学习力、创新力和凝聚力进一步提升，为广东解放思想、科学发展奠定了重要的思想基础。

其次，创建创新型机关，促进改革开放。创新是一切事物发展进步的不竭动力。在建设创新型国家的今天，党的各级机关作为党的路线方针政

策的制定者和执行者，首先应成为创新型组织，才能适应改革开放的新要求。广东各级机关党组织通过思路创新、工作创新、典型示范三个方面带动创新型机关建设。一是以思路创新促创新型机关建设。创新首先是观念思维的转变，是对传统工作思路的革新。广东创建创新型机关，首先从思路创新入手，以思路创新促工作创新。如省高级人民法院创新发展思路，有11项工作被最高人民法院转化为司法解释或作为决策依据。省农垦集团公司党委勇于创新发展思路，提出了"以农为本，优化结构，安居乐业"的农业产业化发展思路，使广东农垦发展实力和规模连年上升，面貌焕然一新。二是以工作创新促创新型机关建设。广东各级机关以创新方式开展工作，突破原有体制机制，推动创新型机关建设。创新干部人事制度就是一个生动的案例。广东把竞争机制的引入作为干部制度改革的重点，把公开选拔和竞争上岗作为推进干部人事制度改革的突破口，拓宽选人用人渠道，增强干部队伍的生机和创新能力。同时，以打破"铁交椅"为突破口，积极探索干部"能下"的途径。许多地方通过推行试用期制、任期制、聘任制以及待岗制等办法，打破了以往"一纸任命定终身"的弊病。三是以典型示范推动创新型机关建设。广东各级机关党的组织始终注重发现、培养和推广业务工作创新典型，并把这种典型的推广作为机关党建的"分内"事，作为创建创新型机关的有力举措。同时，创新成为机关党建工作评选先进的重要衡量条件之一，在同等条件下，创新成果突出的优先选拔。2008年省直机关工委出台了一系列评选创新成果的文件，共表彰了54项创新成果，并通过大会交流等形式在省直机关广泛宣传和推广，产生了积极影响。通过创新型机关建设，广东各级党政机关转变工作思路，创新工作方式，树立创新工作典型，使创新型机关建设成为推动改革开放的"发动机"、科学发展的"加速器"。

再次，创建服务型机关，促进科学发展。创建服务型机关是建设服务型政府的基础和要求，更是落实科学发展观的重要举措。广东各级机关党的组织着眼于建设服务型政府和实践科学发展观的大局，以改革行政审批制度为突破口，倡导服务理念，努力打造服务型机关。一是倡导服务理念。广东各级机关党的组织要求广大共产党员按照"为民、务实、清廉"要求，把服务基层、服务群众、服务大局、促进科学发展和社会和谐作为机关工作的出发点和落脚点，牢固树立求真务实理念和人民公仆意识。各级机关普遍推行行政问责制、服务承诺制、首问责任制、限时办结制等制

第四章 固本强基:谋划广东党的建设新举措(2002—2012年)

度,大力倡导依法办事、公正廉明、热情服务、细致周到的文明行政行为,机关服务人民的意识和能力得到提高,"吃、拿、卡、要、报、占"的不良风气大为减少,"门好进、脸好看、话好听、事好办"的优良作风不断增强。二是推动行政审批制度改革。以省直机关工委为例,他们一方面引导、推动行政部门重视行政审批制度改革,对在这个方面取得的进展和成效及时总结表彰,树立榜样,给予肯定,营造改革和创新氛围。另一方面,要求各行政部门严格执行《行政许可法》,稳步推进行政审批制度改革,有行政审批职权的单位和部门,要公开包括办事项目、内容、时限、程序、结果等所有行政审批事项;要求积极利用科技手段,深化改革行政审批的方式方法,根据实际情况,尽量实行网上审核审批;要求进一步简化审批手续,实行"一站式""一条龙""一个窗口进出"的办事方式。广东各级机关通过打造具有先进的服务理念、完善的服务体制、科学的服务方式的服务型机关,服务意识得到进一步增强,服务效能得到进一步提高,科学发展的能力得到进一步提升,为建设服务型政府奠定了重要基础。

总之,广东以从严治党的要求加强机关建设,明确机关党建的思路,探索机关党建的路径,树立机关党建的品牌,全面开展学习型、创新型、服务型的"三型"机关建设,取得了斐然成绩。随着形势的变化和发展,面对新的挑战,广东机关党建将会与时俱进,继续创新,为广东全面从严治党谱写新的乐章。

(四)开展"四好"班子建设,开创国企党建新局面

党的十六大以后,广东国企在中央和省委的正确领导下,与时俱进,继承创新,将建立现代企业制度与加强改进国企党建有机统一,积极创建政治素质好、经营业绩好、团结协作好、作风形象好的"四好"领导班子,丰富了广东国企党建新模式,积累了广东国企党建新经验,同时也开创了广东国企党建新局面。

1. 探索现代企业制度下国企党建新模式

建立现代企业制度是发展社会化大生产和市场经济的必然要求,是国有企业改革的发展方向。广东顺应改革需求,积极探索建立现代企业制度与党的建设相融合的新模式,围绕企业发展找准切入点,发挥企业党建工作在企业发展中的思想引领、组织建设、队伍提升、文化塑造等方面的作

用，构筑和谐的党企关系，保证国有企业的科学发展。就其具体举措而言，主要包括如下几个方面：

首先，积极推进领导体制改革的新探索。建立现代企业制度的一个突出难题是国有企业的领导体制改革问题。国有企业的领导体制规定了企业行政组织、党组织和群众组织在企业中的地位、作用、职责和相互关系。广东国企领导体制改革适应现代企业制度的要求，着力处理"新三会"与"老三会"① 的关系，重点运用"双向进入、交叉任职"的新体制，开辟党组织在新的领导体制中发挥政治核心作用的新途径。国有独资和国有控股企业党委成员，通过法定程序分别进入董事会、经理班子和监事会；董事会、经理班子和监事会的党员，按照党章及有关规定和程序进入党委会。未设董事会的企业，党委书记和总经理由一人担任，或实行正副职交叉任职。通过全面实行"双向进入、交叉任职"的领导体制，理顺了领导体制、决策机制和监督渠道。这种领导体制的创新极大地促进了广东国企党组织政治核心作用的发挥，促进了广东国企的新发展。

其次，积极推进参与重大问题决策和党管干部的新探索。广东国企党组织在建立现代企业制度过程中，围绕参与重大决策和坚持党管干部原则，进行了许多新的探索，取得了宝贵的经验。在参与重大决策方面围绕三个问题展开：一是进一步完善领导体制。按照"双向进入、交叉任职"的办法，从领导体制上保证党组织参与重大决策。二是进一步明确参与内容。国企党组织所参与的决策是涉及企业改革和生产经营的带有方向性、根本性、长远性、全局性的重大问题。企业结合实际对什么是重大问题做出细化规定，并以制度的形式予以公开。三是进一步规范参与程序。重大问题的决策必须征求党组织的意见，党组织在董事会决策前对重大问题集体研究，充分讨论，形成共识，并以组织的名义向董事会提出意见和建议。在具体操作中，既保证党组织的决策参与权，又落实董事会的决策权，做到参与不干预、把关不包办。贯彻党管干部原则是国有企业党组织始终要把握的另一个重大问题，广东国企党组织探索把党管干部、党管人才原则与董事会依法选择经营管理者和经营管理者依法行使用人权有机结合，积累了不少成功案例和丰富经验。如广东发展银行党委按照党管干部原则，将党政工相结合，党内干部使用由党委决定，事关行政与经营管理

---

① "新三会"指股东会、董事会、监事会，"老三会"指党委会、管委会和职代会。

第四章 固本强基：谋划广东党的建设新举措（2002—2012 年）

人员的使用，由党委组织部门提出意见，经党委研究并与工会沟通后，向高级管理层推荐，形成一致意见后，按照规定程序根据各自的权限发文实施。在分行层面普遍推行党委书记与分行行长"一岗双责"制。

再次，积极推进国企党组织建设的新探索。建立现代企业制度，国有企业需要建设与之相适应的新型党组织。广东国企党组织紧紧围绕企业生产经营这个中心，以促进企业改革发展稳定为目的，积极探索具有时代特征的国企党建新路子。一是以创建学习型、制度型、创新型、服务型、凝聚型的"五型"党支部，强化支部功能。二是创新党组织思想建设、政治建设、组织建设和作风建设，维护国企稳定和发展。三是培育和打造先进企业文化，增强企业发展软实力，以企业文化建设拓展党组织活动空间。

2. 创建国企"四好"领导班子新举措

2004 年 11 月，中共中央组织部在青岛召开全国国有企业领导班子思想政治建设座谈会。会议提出，要紧密结合国有企业改革发展实际，大力加强国有企业领导班子思想政治建设，努力把国有企业领导班子建设成为政治素质好、经营业绩好、团结协作好、作风形象好的坚强领导集体，由此拉开了全国范围的国企"四好"领导班子创建活动的序幕。广东省积极响应中央"四好"班子创建活动，通过机制强化、能力提升、载体创新等路径，国企领导班子的综合素质和能力得到显著提高，国企竞争实力和经济效益得到显著增强。

首先，通过强化机制为"四好"班子创建提供制度保证。广东国企根据制度建设的根本性、全局性、长期性和稳定性等特征，着重从建立健全机制体制入手，在激励机制、约束机制和民主决策机制等方面探索创新，为"四好"班子创建提供了制度保证。从激励机制看，广东省出台了《关于深化国有企业改革的决定》和《省属国有企业增量资产奖励股权试行办法》，进一步完善国有企业领导人员经营业绩考核办法，实施增量资产奖股、期权期股等激励措施，大大提高了国企领导人员的创业热情，使领导人员的人才资本价值充分体现。从约束机制看，广东国企通过建立巡视组制度、定期审计制度，进一步加强国企的外部监督；通过厂务公开、职工评议特别是每年一次的职工代表大会，进一步加强国企的内部监督。同时，广东还出台了《国有企业领导人员廉洁从业若干规定》《广东省省属企业违规决策造成资产损失领导责任追究暂行办法》（2014 年 1 月正式颁发《广东省省属企业资产损失责任追究暂行办法》这一新法规）等 20

多项制度,对国有企业重大决策失误、重大资本流失、重大安全事故、重大环境污染等问题实施监督和责任追究,实现了事前、事中、事后监督相结合,建立了全方位监督体系,有效强化了约束机制,有力推进了企业健康发展。从民主决策机制看,在"四好"班子创建活动中广东建立了党委会、党政联席会议等民主决策机制。凡是涉及发展战略、重大决策、重大项目建设、重要人事任免、大额度资金使用等重大事项,都由党委会或党政联席会议决定。通过集体领导、分工负责,进一步完善了民主决策机制,提高了领导班子决策的科学性和有效性。

其次,通过提升能力为"四好"班子创建提供战略支持。市场经济千变万化,如何应对市场风险和考验,这向国企领导班子提出了更多更高更严的要求。广东在注重机制和制度完善的同时,着力抓领导班子能力建设,提高领导班子的战略决策、经营管理、市场应变、开拓创新、风险防范等能力。一方面,举办各类培训班提升能力,丰富知识。通过大量的教育培训,广东国企领导班子成员的政治意识、责任意识大大增强,战略思维能力和科学发展能力明显增强。另一方面,广东在国企领导班子能力建设上拓宽思路,注重在实践中锻炼干部。如通过干部交流、博士服务团、援疆援藏、挂任科技副职、农村固本强基工程等途径,强化对国企领导班子成员和后备干部的实践锻炼。总之,广东国企领导班子在培训学习中提能力,在实践交流中长才干,有效提升了领导班子驾驭市场经济的能力和水平。

再次,通过载体创新为"四好"班子创建提供实现途径。广东国企在载体创新上下功夫,为"四好"班子创建活动探索丰富多彩的实现途径和形式。一方面把"四好"班子建设与党员先进性教育活动紧密结合,使创建活动有了十分有效的实现方式;另一方面把坚持和完善中心组学习制度作为加强领导班子思想建设、锤炼政治素质的重要载体和平台。通过组织学习邓小平理论、"三个代表"重要思想和科学发展观,进一步坚定了搞好国企改革和发展的信心和决心。此外,广东国企党组织根据各自企业的实际情况,根据"四好"班子创建的共性要求,一切从实际出发,进行了大量的载体创新,如广东电网公司以"三常谈四不讲"为载体、韶钢集团以"五比五有"活动为载体等,形成了广东国企党建一道亮丽的风景线。

进入21世纪,广东国企党建不断根据形势变化积极创新,锐意进取,与时俱进,开创了国企党建新局面。在建立现代企业制度过程中,逐步深

第四章 固本强基：谋划广东党的建设新举措（2002—2012年）

化领导体制改革，坚持党组织参与重大问题决策，加强国企党组织建设。在国企"四好"班子创建中，广东国企走出了"强化机制、提升能力、创新载体"的新路子。这些成功的经验成为进一步加强国企党建的宝贵财富。

（五）创新党建工作模式，引领"两新"组织党建

"两新"组织是新经济组织和新社会组织的简称。随着改革开放的深入和经济社会的不断发展，新经济组织和新社会组织的从业人员不断增多，成为社会中最具活力的元素之一，也成为基层党的建设开拓发展的新生长点。广东是全国拥有新经济组织数量和新社会组织数量最多的省份之一，"两新"建设起步较早，拥有丰富的"两新"党建历史经验，曾经发展出"五羊－本田模式""广州开发区模式"[①] 等一批"两新"党建创新案例，受到中组部肯定。党的十七大提出落实党建责任制后，广东省各级党委贯彻落实中央精神、结合广东"两新"组织发展的实际，通过建章立制，逐步完善"两新"组织工作机制，创新"两新"组织党建工作活动载体，积极探寻"两新"组织党组织发挥作用的多种形式，逐步探索出具有广东特色的"两新"组织党建工作模式，取得了现实成效。

1. 扩大覆盖面的党建工作思路

"两新"组织量大面广、类型多样、各具特色。加强"两新"组织党建工作，首要任务是扩大党组织和党的工作覆盖面。在"两新"组织中成立党组织，开展党建工作，发挥党组织和党员作用，是"两新"组织党建工作的基本前提，也是党的领导的基本实现形式。中共广东省委十分重视"两新"组织党建工作，努力扩大广东"两新"组织党组织的覆盖面，坚持哪里有群众哪里就有党的工作、哪里有党员哪里就有党组织、哪里有党组织哪里就有健全的组织生活和党组织作用的发挥的工作原则，在实际工作中取得很好的效果。

从20世纪90年代起，广东就已经开始从体制上统一对民办非企业单位的登记管理，加强民办非企业单位党建工作。依据条例规定，个体、私营或是承包原国有、集体企业的党组织不能随意取消，隶属和领导关系要加以理顺。这一阶段根据《关于加强私营企业党建工作的意见（试行）》，

[①] 王晓玲主编：《广州改革开放30年》，广东人民出版社2008年版，第146–147页。

对所有"两新"组织，凡具备条件的，都抓紧建立党组织，对新成立的"两新"组织，按照"谁主管、谁组建"的原则，同步建立党组织。党的十七大以后，广东按照贯彻中共中央《关于加强和改进新形势下党的建设若干重大问题的决定》以及中共广东省委《关于贯彻落实中共中央〈关于加强和改进新形势下党的建设若干重大问题的决定〉的实施意见》的要求，着力扩大规模以下非公有制经济组织党组织覆盖面，实现应建尽建。

及至2012年，针对广东非公有制经济组织党组织组建率仍为12.9%，与广东经济社会发展所处的重要地位和发挥的重要作用不相适应的情况，中共广东省委积极开展落实中共中央关于基层组织建设年的部署，从4月初到7月底，集中力量、集中时间、集中资源，展开了抓"两新"组织党的组织和工作覆盖的"百日攻坚行动"，实现了三大历史性跨越。经由上述举措，各级"两新"组织党建工作机构日益健全，截至2013年底，全省已建立非公企业党组织3.7万个，覆盖企业23万多家，党组织覆盖率达到82.48%；已经建立社会组织党组织7600多个，覆盖社会组织2.1万家，党组织覆盖率达到86.61%。党的工作覆盖率达到100%。①

2. 多种模式的党组织设置方式

"两新"组织具有管理体制多样化、从业人员结构复杂化、组织自身变动快、党的力量相对薄弱等特点，按照传统的国企党组织设置方式，往往难以实现党的工作的有效开展。对此，广东对"两新"党组织设置方式进行大胆创新，归纳起来主要有以下几种：一是单建式。即对有3名以上正式党员、具备建立党组织条件的，原则上单独建立党的组织。二是联建式。即对党员人数较少、不具备建立党组织条件的，按照"行业相近，地域相邻"的原则，由两个或两个以上的"两新"组织单位来联合组建党支部。三是派入式。即由上级党组织向没有党员的"两新"组织派驻政治指导员，由指导员来宣传党的路线方针政策，为建立党组织创造条件。党组织建立之后，政治指导员撤出。四是挂靠式。即依托民政、工商、商会、企业家联谊会、人才市场或行业协会等有关团体成立党组织，对本系统"两新"组织中的党员进行管理；也可依托区（县）、镇（街）、开发区、社区等地域基层党组织，对所在区域内"两新"组织中的党员进行管理，建立区域性党组织。五是产业式。即在经济产业链上组建党小组，如

---

① 《党旗在"两新"领域熠熠生辉》，载《中国组织人事报》，2014年1月24日。

第四章 固本强基：谋划广东党的建设新举措（2002—2012年）

广东平远的产业链党组织设置模式，以特色产业为纽带，依托地方农业产业优势，创建"产业党小组"，先后建立起脐橙党小组、南药党小组、油茶党小组、个体经商党小组等"产业党小组"，涌现出一批"脐橙书记""南药书记""蔬菜书记"，走出了一条"围绕产业建组织，建好组织促发展"的党建新路子，实现了基层党建和经济发展双赢。① 六是属资式。即外商企业和接受国际基金捐助的社会组织的党组织工作，按照"谁出资、谁负责"的原则，由出资方党组织负责党的工作。对中外合资或合作企业党的工作，由中方投资单位党组织负责；如果中方有多个投资方，一般由主要投资单位党组织负责。同时根据各单位实际，还可采用改建型或临时型的组建模式。总之，广东不拘泥于"两新"组织党组织设置的固定模式，既坚持"一把钥匙开一把锁"的方式组建党组织，又坚持"党建服务经济发展"的理念，锐意创新、积极实践，真正做到党的组织设置模式为单位所需要、为业主所支持、为职工所拥护、为党员所欢迎。

3. 不断创新的党建活动载体

广东在"两新"组织党建载体的创新上，根据"为企业（社会组织）所需要、为职工所拥护，为党员所欢迎"的原则，按照"业余、小型、灵活、实效"的要求②，积极探索活动形式。一是与"两新"组织生产管理业务相结合开展活动。根据"两新"组织的生产经营和管理发展的需求开展特色主题活动，党建活动才能焕发生机和活力。如五羊-本田公司以生产岗位为平台，开展"一位党员一面旗帜"活动，强化党员的岗位奉献意识，展示共产党员不怕艰苦的党性本色。开展"党员公布栏"活动，公布党员的姓名、职务、照片及格言，自觉接受公司员工的监督，使共产党员成为公司发展的"脊梁"。设立"党员责任区"，实现党员责任区"一责两包"（即分管班组部门思想政治工作的责任，包责任区内积极分子的培养和后进员工的转变）。③ 二是与"两新"组织文化建设相结合开展活动。将党的建设与企业文化相结合，以党建活动促企业文化建设，从而发挥"两新"组织党建活动的功能和影响。如广东蓝月亮公司一直以来构建

---

① 万世成：《广东平远：创新党小组设置模式 加强产业链党建工作》（2010年9月28日），载中国共产党新闻网，http://dangjian.people.com.cn/GB/12846611.html。
② 广州市委组织部组织处：《2010组织工作调研文集》（内部资料），第274页。
③ 李萍、王丽荣：《党建工程的排头兵——广东党建30年》，广东人民出版社2008年版，第211页。

"先进、信赖、群策群力"的企业精神,公司党组织将活动开展与企业精神紧密结合,提出"党员行动宣言",创造了积极的企业文化,起到了凝聚人心、鼓舞公司士气的作用,受到资方与企业员工一致好评。三是与人的发展相结合开展活动。广东"两新"组织将党建工作与人才培养相结合,与维护企业员工的合法权益相结合,在促进人的发展过程中构建人与企业的和谐关系。如华兴公司党支部开展"有困难找党组织、有意见和建议找党组织,党就在你身边"活动和"互助工程"活动,在思想、工作、生活等方面帮助有困难的员工,营造了人与企业共同发展的良好氛围。①

4. 依托群团的党建工作模式

依托群团的党建工作模式是在上级党委的统一领导和指导下,以"两新"组织党组织为核心,以工会、共青团为依托,以党、工、青一体化为载体,通过引导、监督,发挥党领导群众团体组织的作用,起到凝聚人心,促进党的建设和群众团体共同发展的模式。中共广东省委历来重视群团工作,始终把群团的建设纳入党的建设总体格局,积极探索依托群团的党建工作模式。一是在群团组织中扩大党建覆盖面。对已建立工会、共青团或者妇联组织的企业(社会组织),依托群团组织的建设促进党建工作;对还不是党员的工会主席、妇委会主任、共青团书记积极培养,吸收入党,创造条件实现党群工作一体化;对党员少或没有党员的企业,通过结对帮带建立党支部,积极发展群团组织中的先进分子入党。二是通过建立联席会议制度,形成资源共享、统筹协同、互动互进的工作机制。深圳市在2007年建立了由市委组织部牵头,市总工会、团市委、市妇联共同参加的市党建带工建团建妇建工作联席会议,加强党群团的沟通协调,并制定了《深圳市党建带工建团建妇建工作联席会议制度》,明确联席会议各成员单位的职责任务,从制度上保障了党群共建的整体快速推进。三是建立"依托群团、党群一体"的党建工作模式。珠海市在2003年探索出"党群工作一体化"党建工作模式,把党建工作以工青妇组织为依托,机构上对应设置,人员上交叉任职,工作上统一协调,使党务工作与群众工作结合起来,实现优势互补、共建互促,其创新亮点在于有效解决了"两新"组织党建中党组织覆盖和党组织作用发挥的核心问题。时任中共中央

---

① 李萍、王丽荣:《党建工程的排头兵——广东党建30年》,广东人民出版社2008年版,第208-209页。

政治局委员、中共广东省委书记张德江对此给予高度评价,认为"珠海在新经济组织中实行'党群工作一体化'的党建模式带有方向性","珠海市加强非公党建工作的经验很好,应总结推广"。中央党建领导小组秘书处《党建要报》及《人民日报》情况汇编也介绍了珠海市"党群工作一体化"的经验。①

5. 强化保障的党建管理体制

近年来,党中央高度重视"两新"组织的党建工作,特别是在党的十七届四中全会之后,加大力度颁布实施了有关完善"两新"组织党建的管理意见,初步建立起一套"两新"组织管理规章制度。中共广东省委组织部也出台了《关于进一步加强社会组织党建工作的意见》,开篇就开宗明义提出社会组织党建要理顺管理体制,可见建章立制是推动"两新"组织党建工作的重要保证。

一是建立健全规章制度,强化责任保障。一方面,在领导上明确"两新"组织党建工作的责任主体机制。如广州市委颁布实施的《关于建立健全党委(党组)抓基层党建工作责任制的实施意见》,将党委(党组)书记明确为基层党建工作第一责任人,对本地本部门基层党建工作总负责,实现了领导重视,专人负责。市、区(县级市)建立党建工作领导小组,以强化对非公有制企业的领导责任。另一方面,在管理上明确不同性质的企业施行特定的隶属管理体制。如针对"三资企业"党建工作采用"谁兴办企业,谁考虑组建党组织"的以资产为纽带的党建责任制。对包括个体工商户在内的私营企业,采用属地管理的原则,归所在街道管理。对规模特别大的企业则划归区(县级市)直接管理,逐步形成了"以块为主,以条为辅,条块结合,分层管理"的管理体制。

二是创新"两新"组织党建工作制度,提高工作实效。首先,建立"两新"组织党建工作联席会议制度。如广州市由各区(县级市)的组织部、统战部、工商联牵头,定期或不定期召集教育、司法、财政、人力资源和社会保障、工商、妇联、团委以及镇(街)党(工)委等主要负责人参加联席会议,报告党组织组建和活动的开展情况,共同协商、研究和解决问题,形成了上下联动、左右协调、相互支持、齐抓共管的格局。其

---

① 甄欣:《以改革创新的精神推进基层党建工作——珠海市基层党建的创新实践与启示》,载《中共珠海市委党校学报》2009年第6期。

次，建立非公有制企业党建工作指导员和联络员制度。组织一批专职镇（街）党建工作指导员队伍，指导帮助非公有制企业开展党建工作，协调解决工作中存在的问题；设立非公企业党建联络员，收集掌握并及时汇报辖区内的党建工作情况。再次，建立"两新"组织党建工作机构。中共广东省委成立省"两新"组织党工委，21个地级以上市全部成立"两新"组织党建工作机构，53个县（市、区）也成立了相应工作机构，为"两新"组织党建工作的开展提供了组织保障。

三是建立健全党建专项经费保障制度。一方面，充分利用各种资源，加强党组织阵地建设，破解党建活动场所限制的问题。广东各地政府相继出台政策鼓励各镇（街）加强阵地建设，整合各类社会资源为"两新"组织开展党组织活动提供免费场地。如广州市番禺区为街道党员活动中心建设平均给予3万至5万元补贴，从2007年开始，三年投入710万元新建26000多平方米共175个活动场所，使"两新"组织的党员能就近、便利开展党组织活动，享受丰富的活动资源。另一方面，将区（县级市）"两新"党组织的基层党建工作经费纳入年度财政预算，特殊项目的专项经费由市财政负责，并由各区（县级市）配套解决。实行非公有制企业党员缴纳党费全额返还，并将市、区（县级市）两级党委的留存党费及时下拨作为非公企业党组织活动专项经费，以确保党组织活动无后顾之忧。各县市区也制定相应鼓励政策，创新投入机制，为党组织活动开展提供经费保障。

经过多年的探索、创新，广东的"两新"组织党建工作突破了旧模式、旧套路，按照围绕中心、服务大局、拓宽领域、强化功能的要求，在组织设置、活动方式、工作方法上求活、求变、求实，使"两新"组织党建工作真正为单位所需要、为业主所支持、为职工所拥护、为党员所欢迎，把"两新"组织的党组织构筑成了坚持社会主义市场经济改革方向，加快转型升级、建设幸福广东的坚强堡垒。

三、制度创新，助推党内民主建设

党内民主是在党内生活中根据党章和党内其他规定，全体党员一律平等地按照一定的程序和形式，直接或者间接地参与决定和处理党的一切事

第四章 固本强基：谋划广东党的建设新举措（2002—2012年）

务。① 改革开放以来，中国共产党民主建设的观念不断更新，思路不断拓展，方法不断创新，党的十六大做出了"党内民主是党的生命"的重要论断，党的十七大报告提出党内民主是增强党的创新活力、巩固党的团结统一的重要保证，要以扩大党内民主来带动人民民主，将党内民主提到新的地位和水平。

广东作为改革开放的前沿阵地，随着执政环境的变化、改革风险的增加、民主政治发展和党自身建设中的问题等因素的凸显，要求广东进一步增强发展党内民主的责任感和紧迫感，完成发展党内民主的新任务和新要求。因此，推进党内民主建设既是责任，也是推进广东各项事业进一步发展、构建"幸福广东"的内在需要。广东以创新党内选举制度、谋划党代会任期制和实施党务公开化等方面为突破口，探索党内民主建设新举措。

（一）创新党内选举制度

党内民主以党内选举为基础，并以此作为衡量党内民主发展程度的标志。改革和完善党内选举制度，对于发挥其合法授权功能、择优功能和民主监督功能，具有重要意义。胡锦涛同志在党的十七大报告中提出，要改革党内选举制度，改进候选人提名制度和选举方式。广东在党内选举制度的改革上走在全国前列，在候选人提名制度和选举方式上做了大胆探索。

1. 实行差额选举制，创新推出候选人提名"六步法"

党员在党内的选举权要得到真正落实，必须实行差额选举，而非等额选举。差额选举是选举制度的内在要求，在党内提倡差额选举，是对选举人投票权的尊重；对于被选举人来说，也能把竞争压力转化为工作动力。1994年1月印发的《中国共产党地方组织选举工作条例》规定，党的地方各级代表大会代表，委员会委员、候补委员、常委会委员、纪委委员、常委会委员实行差额选举。党的地方各级委员会和纪委常委候选人数，应分别多于应选人数1至2人。但是长久以来，多数省份对此条例的实行情况不佳，基本还是实行等额选举，从而损害了党内选举的公信力。广东省积极贯彻实行和创新差额选举制度，将差额选举贯穿于推荐、考察、票决等选举工作全过程。2012年中共广东省委换届，共有省委政法委秘书长、省直机关工委等8个省直正厅职干部超过省委委员继续提名的年龄界限。

---

① 参见李铁映《论民主》，人民出版社2001年版，第241页。

中共广东省委决定大胆探索,在省委换届和用人民主上首次采用组织提名、全委会民主推荐、常委会差额票决,并突破性地采用"六步法"提名产生这部分正厅职干部暨省委委员初步人选。

所谓"六步法",是指根据有关政策规定及职位的特点和要求,中共广东省委组织部研究制定提名产生人选的原则要求和工作方案,报中共广东省委常委会研究通过;分别听取中共广东省委常委,省人大、政协主要领导以及分管省领导和有关方面意见,按照不少于1:3的比例,对8个职位提出25名推荐人选建议名单;省委常委会审议建议名单;省委全体(扩大)会议按选拔职位1:1的比例,对建议名单进行民主推荐;省委组织部根据省委全体(扩大)会议推荐情况、干部德才条件和人岗相适原则,按1:2的比例,研究提出16名差额人选建议名单;省委常委会采取差额票决的办法,按每个职位1:1的比例,票决出8名正职考察对象,按得票高低当场宣布结果。①"六步法"产生人选有几个亮点:一是规范初始提名,先定原则要求与工作方案,让参与推荐的人员推荐提名人选时"按图索骥";二是扩大党内民主,在推荐、提名和票决环节,书记、常委和委员都是一人一票,推荐权重相同,避免"在少数人中选人"和"由少数人选人";三是全过程差额择优,建议名单从25人到16人到8人,经过"六步法""四个环节"层层筛选,好中选优、优中选强。

差额选举为选举人"投票"表达自己的意志提供了一定的选择空间,中共广东省委换届选举,通过组织提名、民主推荐、差额票决的方式,创造性地采取"六步法"提名初步人选,更大程度地扩大差额选举比例,保证选人用人制度上的公开、公平、公正,这无疑是对党内选举制度改革的一次可贵尝试和创新。

2. 实行公推直选,创新基层党组织直选方式

党的十七届四中全会提出,要"推广基层党组织领导班子成员由党员和群众公开推荐与上级党组织推荐相结合的办法,逐步扩大基层党组织领导班子直接选举范围"。2011年,发起于广东省佛山市顺德区公安局刑侦大队、涉及90余名党员的机关党组织公推直选试点,为广东创新基层组织直选方式提供了生动样本。

顺德区公安局刑侦大队党总支领导班子候选人采取"三推"方式产

---

① 《广东首次差额票决正厅职干部暨省委委员人选》,载《南方日报》2012年3月19日。

第四章　固本强基：谋划广东党的建设新举措（2002—2012年）

生，即党组织推荐，包括上级党组织推荐和本级党组织推荐；3 名以上本单位党员或群众联名推荐；党员个人自我推荐。顺德区公安局还专门成立了换届选举公推直选领导小组对被推荐人选进行资格审查，在此基础上确定委员、书记、副书记候选人的初步人选，并向党员群众公示 3 天。公示期间发现问题，经党组织调查核实并认定影响任职资格条件的，取消该人选资格，通知本人并向推荐人说明情况。对于公示合格的候选人进行民主测评，民主测评以各党支部组织无记名投票的方式进行，参加民主测评的党员不得少于本党支部党员人数的五分之四，所有党员无记名投票后统一集中计票，测评结果及时公布。新选举办法的采用，改变最明显的就是差额比例。在区公安局刑侦大队党总支公推直选中，要求以不低于应选名额的 20% 的差额比例研究确定委员候选人预备人选，书记和副书记候选人预备人选可不低于应选人数 20% 的差额比例差额确定，也可等额确定。除了差额比例的扩大，党员们还意识到了选举主体的变化。参选的党员开始重视现场竞选，不同于很多现场竞选的"走过场"，竞选演讲不能讲"套话"，必须加入工作想法和承诺。最终，2011 年 5 月 31 日，刑侦大队召开全体党员选举会议，采取无记名投票方式同时选举产生委员、书记和副书记。①

公推直选尽最大可能规避了"少数人选人"的弊端，真正做到了优中选优，也最大程度地实现了与民意的对接。它把选举人和被选举人联系在了一起，被选举人参选时承诺、当选后践诺，选举人投票时慎重、选后支持当选者开展工作，双方实现了责任上的对接。顺德区推出的公推直选制度，是对党中央提出的扩大基层党组织直选范围的新探索，成为全省党内基层民主选举的新典范。

3. 广东党内选举制度创新的有益启示

广东对差额选举和公推直选的探索和尝试，得到了三个方面的有益启示，为进一步深化广东党内选举制度改革奠定了思想前提和实践基础。

一是党内民主选举应实现提名程序的优化。纯粹的"自上而下"组织提名候选人方式往往不够民主，存在搞形式、走过场等问题，而纯粹的"自下而上"推举制又缺乏现实条件和可操作性，可见"上下结合"才是实现提名程序优化的最可行方式。中共广东省委换届选举过程中，采取

---

① 《广东顺德党内民主新探索　公推直选"千里马"》，载《南方日报》2012 年 3 月 30 日。

"六步法"的程序设计,由组织在综合省委常委,省人大、政协主要领导以及分管省领导和有关方面意见的基础上产生候选人选,经常委会审议、全委会推荐、二次会议差额推荐、差额考察等方式酝酿候选人。实践证明,只要推荐程序设计合理、执行严格,由上级党委酝酿提出候选人不但符合自上而下提名和自下而上提名相结合的制度,也是民主集中制在党内选举中的具体体现。而顺德基层民主选举采取党组织推荐、3名以上本单位党员或群众联名推荐、党员个人自我推荐的"三推"方式更体现了"上下结合"的提名原则。广东的实践证明,实行"上下结合"的候选人提名程序是扩大党内民主的有效路径,也是进一步优化党内民主选举提名程序的主要方向。

二是党内民主选举应实现选举方式的竞争性。竞争是古今中外选拔和培养优秀人才行之有效的途径,缺少竞争性的选举称不上真正民主的选举。竞争性选举必须实行差额选举,广东党内选举采取差额选举,并提高差额比例,如省委换届选举差额比例达到8:25,2008年深圳市福田区委书记、深圳市科协主席的选举就采取二选一的差额选举,深圳市妇联主席采取了三选一的方式,差额选举比例超过50%以上,远高于中央20%的要求。广东的实践证明,要将竞争机制真正纳入党内选举中,以选举的程序正义来实现实体正义。

三是党内民主选举要实现选举意识的转变。党内民主选举中出现的问题,很大一部分是选举意识上的问题。如党员的竞争意识、责任意识、主体意识等。公推直选的选举方式,在某种程度上实现了党员选举意识上的转变。由公推产生的候选人,公平参加竞选,提高了竞争意识;在"对上""对下"负责的双重压力下,提高了责任意识;选举人根据候选人的演讲慎重投票,选举后配合和支持当选人的工作,提高了主体意识。公推直选还改变了当选人传统的"当官"意识,让他们真切感受到权力来自于民,理应服务于民。党内民主选举制度的改革,必须注重党内选举文化的建设,而党员选举意识的转变是党内民主选举文化建设的题中之义,广东对公推直选选举方式的探索和实施,正是转变党员选举意识、推进党内选举文化健康发展的有效举措。

总之,改革党内选举制度,是推进党内民主建设的重要任务。广东按照党中央要求,紧密结合本地实际,将改革党内选举制度的着力点放在候选人提名制度和选举方式上,不断推进党内选举制度的理论探索与实践创新,为加强党内民主建设、推动党的建设"新的伟大工程"提供强有力的保障。

(二)谋划党代表任期制

党代表任期制的最初含义是相对于代表年选的非任期制而言的。基于种种历史原因,党代表任期制在党内未能得到贯彻执行。改革开放以后,党代表任期制改革重新提上日程。党的十六大提出"积极探索党的代表大会闭会期间发挥代表作用的途径和形式"后,党的十七大做出了"实行党的代表大会代表任期制"的决定,并将其写入党章。2008年5月,中共中央印发《中国共产党全国代表大会和地方各级代表大会代表任期制暂行条例》,提出党代表应邀可列席同级党的委员会全体会议并发表意见,党代表可联名向党代会提提案;党代表还应采取适当方式与基层党员和群众加强联系等。这意味着党代表在5年一届的党代会闭会后,在5年任期内仍可继续行使职权。2010年党的十七届四中全会进一步明确了党代表任期制下代表活动的领域和范围,包括建立健全代表参与重大决策、参加重要干部推荐和民主评议、列席党委有关会议、联系党员群众等制度和办法,做好代表联络工作,保障代表充分行使各项权利,充分反映党员意见和建议。

根据中央指示精神,中共广东省委在2008年8月14日颁发了《中国共产党广东省各级代表大会代表任期制实施办法》,规定实行党代表提案制度、提议制度、质询制度、询问制度、视察与调研制度、联系党员和群众制度和参加民主评议制度,更加具体地规定了党代表的功能。2010年,中共广东省委出台了《中国共产党广东省代表大会代表提案暂行办法》《中国共产党广东省代表大会代表提议暂行办法》《中国共产党广东省代表大会代表询问暂行办法》和《中国共产党广东省代表大会代表质询暂行办法》,明确规定了各部门对省党代表的提案、提议、询问、质询的答复时限,倒逼各部门落实党代表权利。除了在制度上保障党代表发挥作用,广东省从2003年2月开始在惠州市、深圳市宝安区、阳江市阳东县开展党代会常任制试点,党的十七大后又扩大到惠州市惠阳区、鹤山市、中山市三角镇等地。在党代会常任制试点中,这些单位积极探索党代会闭会期间发挥代表作用的途径和形式,为党代表任期制的实施提供了新鲜经验。

1. "1+12"制度文件，党代表任期制的制度创新

党代表任期制得以实行，首先需要制度上的保证。深圳市委在中央及广东省出台的各项制度基础上，颁布了党代表任期制"1+12"制度文件，为深入推进深圳市党代表任期制工作、充分发挥党代表作用进行了制度创新。

"1+12"制度文件包括1个总的制度——《中国共产党深圳市代表大会代表任期制实施办法》，以及党代表进社区、提案、提议、询问、质询、社情民意办理、编团分组、视察和调研、列席党内有关会议、参加民主评议、参加工作室管理、提案提议督办等12个单项制度。其中，党代表进社区、社情民意办理、代表编团分组、视察和调研、列席党内有关会议、参加民主评议、提案提议督办7个制度，是深圳市创新出台的单项制度；其他6个制度，是根据广东省相关制度，结合深圳市实际，突出深圳市特色制定的。这些文件从三个方面对党代表的权利职责进行了规范。一是在发挥党代表议党议政作用的制度规范方面，包括了代表提案、提议、提案提议办理与督办、列席党内有关会议4个制度。为充分发挥党代表在议党议政上的作用，规定市党代会召开期间，8名以上党代表联名可以提出提案；市党代会闭会期间，党代表可以通过个人或联名的方式，向市委提出提议，每名党代表在每届任期内应当提交两份以上提议；全市各有关单位按照职能定位，负责做好党代表提案、提议的办理工作，在接办之日起3个月内书面答复党代表，并征求党代表对办理工作的评价意见。二是在发挥党代表桥梁纽带作用的制度规范方面，包括了党代表进社区、党代表工作室、社情民意办理3个制度。2010年11月，深圳市统一启动了市党代表进社区活动，464名市党代表定点联系全市634个社区，党代表每两个月进社区不少于1次，每年入户走访群众不少于10户。与此同时，深圳市还建立了648个党代表工作室，覆盖全市634个社区、4个行业系统、2个工业园区和8个机关单位。三是在发挥党代表民主监督作用的制度规范方面，包括了党代表视察和调研、询问、质询、参加民主评议4个制度，明确规定党代表可以就党的决议、决定在执行中存在的问题以及群众反映强烈的问题，以个人或联名的方式，向市委工作部门、直属机构、派出机关和批准成立的党委（党组）提出询问。党代表对受询问单位答复不满意的，可以进一步提出质询。同时，党代表根据市委安排，可对市委全委会、市纪委全委会的工作进行民主评议，每届任期内至少开展1次；也可

第四章 固本强基：谋划广东党的建设新举措（2002—2012年）

以参加对市管领导班子工作的民主评议，民主评议结果作为市委、市纪委和市管领导班子改进工作的重要依据。①

"1+12"制度文件是在中央和省委的制度框架下，结合深圳市工作实际，积极稳妥地对党代表任期制工作加以创新和突破的成果。这一成功探索为全党推行党代表任期制提供了现实样本和制度资源。

2. 设立党代表工作室，党代表成为民意代表

2009年4月13日，深圳市宝安区新安街道文汇社区成立了全省第一个党代表工作室。12月15日，宝安区委提出用一年时间实现"党代表工作室"在全区的有效覆盖。到2010年8月，宝安区的15个"村改居型"社区、8个"老居委会型"社区、2个"商业楼盘型"社区均设立了党代表工作室。借助工作室这一平台，党代表从基层掌握了更多信息，对群众关心、关注的问题了解得更加清楚，成了社区的"民意代表"。此外，宝安区还开通了党代表网上工作室，积极利用现代信息网络资源，探索利用网络进一步拓宽社情民意反映渠道。截至2010年7月底，共有7000多名党员群众参与党代表工作室的活动，其中反映意见建议的有320多人次，收集到意见建议284条。②

宝安区党代表工作室的设立在深圳市乃至全省引起了广泛关注。深圳罗湖区、南山区等地也相继建立党代表工作室。2010年6月13日，东莞619个党代表工作室揭牌，覆盖全市机关、村、社区、直管企业，4000多名党代表进驻工作室倾听社情民意。截至2011年年底，全省共创建4278个党代表工作室，18万名各级党代表到工作室开展联系服务党员和群众的活动，接待党员群众700多场次，接待和约谈党员群众5万多人次，向各级党委提交提案52份、提议316份，收集意见建议4万多条，为党员群众办好事、实事9000多件，办结回复率近100%。③

党代表工作室在全省推广后逐步走向常态化，各地纷纷建立起党代表工作室定期开放制度，使党代表工作室成为联系群众、收集民意的平台。如深圳市党代表工作室要求每周定期开放不少于1次，每次不少于半天；鹤山市规定每月逢8日、18日、28日，党代表轮流驻工作室接待党员群

---

① 《深圳出台市党代表任期制"1+12"文件》，载《深圳商报》2012年8月8日。
② 《广东实施党代表任期制 党代表须定期到工作室上岗》，载《南方日报》2010年8月20日。
③ 《粤已建4278个党代表工作室 党内民主迈出坚实步伐》，载《南方日报》2011年12月11日。

众；阳东县则把每月 21 日确定为"代表意见收集日"，建立县委委员、党代表、党员、群众"四级联系制度"，集中听取和收集党代表的意见。2012 年 8 月，中共广东省委发布《关于充分发挥中国共产党广东省各级代表大会代表作用的意见》，要求党代表到工作室开展活动每年不少于 2 次，其中领导干部要结合建立基层党建工作联系点、下基层调研等，带头到工作室开展活动。上述要求将党代表工作室的建设问题提上了制度化、常规化的轨道。

广东各地党代表工作室的设立和作用发挥，使党代表真正成为民意代表和紧密连接党与群众的纽带，发挥了"从群众中来，到群众中去，与人民群众打成一片"的党的优良传统，大大提高了党的公信力和群众对党的满意度。

3. 彰显鹤山特色，设立党代表专委会

鹤山市结合党代会常任制试点工作的需要，通过设立党代表专门工作委员会，确立党代表的提议、提案等权利。2010 年 3 月 8 日，中共鹤山市第十届代表大会第二次会议审议通过了《中国共产党鹤山市代表大会常任制度（试行）》，提出建立市委部门协调运作机制，即在市党代会设立提案委员会、代表工作委员会、监督委员会、宣传委员会 4 个专门工作委员会。大会期间，四个专门委员会直接为大会服务，从大会的筹备组织、后勤保障到宣传监督，专委会都直接参与其中；闭会期间，其工作职责和工作任务分解到市委办公室、组织部、纪委和宣传部，各部门各司其责。提案委员会负责提案的转办、督办、回复及其反馈意见的收集，代表工作委员会负责常任制的日常基础性工作，监督委员会负责对党代会有关决议的贯彻、执行和落实情况进行监督检查，宣传委员会负责宣传。四个委员会由分管市委常委分别出任各专门委员会主任，从而在贯彻党代会决议、党代表提议和提案时更得力。鹤山市借鉴其他试点的做法并结合自身特色，建立四个党代表专委会，既分工明细，又密切合作，在党代会开会期与闭会期间，做到"分合"转换，从而为整合资源、协调运转做了制度上的有益探索。

4. 广东推行党代表任期制的重要启示

广东在推进党代表任期制的实践探索和理论创新中，取得了明显成效，积累了丰富经验，得到了重要启示。概括起来，主要包括三个重要方面：

第四章 固本强基：谋划广东党的建设新举措（2002—2012年）

一是推行党代表任期制，要实现党代表的职能转变和功能拓展。推行党代表任期制，拓展了党代表会议以外的履职空间，也让党内民主在党代表大会制度的框架内有了具体的实现形式，既明确了党代表履行职责的时间属性，也明确了党代表体现选区党员意志的职能属性，让党代表具备了经常性参政议政的主体地位。从广东省实践的成效来看，无论是在每年一次的党代表大会上，还是在日常的履职行为中，党代表都作为重要的执政资源、民主资源和决策资源被充分加以运用，实现了党代表由"会议代表"向"专职代表"的职能转变，从制度上和实践中为党代会常任制的改革和完善做出有益探索和创新。同时，推行党代表任期制，也实现了党代表功能的拓展，从单纯党内事务的范畴，拓展到社情民意的收集和反馈。如广东通过在基层设立党代表工作室的方式，让党代表深入社区、园区、协会收集社情民意、排查矛盾纠纷，实现了党代表功能从民主到民生、从党内到党外的拓展。

二是加强党代表任期制的制度建设，健全党代表履行职责的保障机制。党代表履行职责，必须要有完善的制度保障。《中国共产党全国代表大会和地方各级代表大会代表任期制暂行条例》（以下简称《暂行条例》）为推行党代表任期制制定了总的制度原则，但是仅靠《暂行条例》是不行的，各地区还需要结合当地实际和特色，在《暂行条例》的指导下制定和完善地方性的党代表任期制制度体系。深圳市推出的"1+12"制度文件，就是具有典型深圳特色的党代表任期制制度体系。尤其是其中的党代表进社区、社情民意办理、代表编团分组、视察和调研、列席党内有关会议、参加民主评议、提案提议督办7个制度是深圳市总结党代会常任制试点经验创新出台的单项制度。制度的细微变化，能够带来实践上的显著效果，这就是制度的杠杆作用。深圳市建立和完善符合地方特色的党代表任期制的制度体系，成为推动党代表任期制发展的可靠保障。

三是转变党代表履职的动力机制，实现从动员履职到主动履职的转换。从广东现行的探索实践来看，党代表任期制是在组织部门的统一部署和强力动员下展开的。从制度规范到人员场地再到具体实施，组织部门发挥着组织动员的角色，而党代表则是被"安排"和"分配"进社区履职的。对于一些非公职人员的党代表，还给予相应的经济补助。显然，这种组织动员的工作方式在任期制试点初期是必要的，但不具备持续性。被硬性安排进社区的党代表，很容易陷入走过场和形式主义。从长远来看，要

213

实现党代表履职机制的经常化，必须实现从动员到主动的转换。这就需要将党代表履职状况与党代表的监督、考核、评价以及奖惩机制结合起来，对于那些在履职中表现突出、成绩优异的党代表，应当给予嘉奖，并在干部公选和职务晋升上优先推荐。同时，还可以选择一定数量的党代表进行属地化公推直选的试点，即党代表由其所在社区党员群众公推直选产生，这也有助于提升党代表在履职时的代表意识、责任意识和回应意识，增强党代表履职的积极性和主动性。①

总之，实行党代表任期制是改革和完善党的代表大会制度，积极推进党内民主建设的一项重要制度创新。广东省对党代表任期制进行了长期探索和多年试点，为党代表实现权利、履行职责提供了有力保障，使党员真正实现当家做主，并为实行党代会常任制提供了制度条件。

（三）实施党务公开

所谓党务公开，是各级党组织依据党的有关规定，除了依纪依法应当保密的事项外，采取多种方式，将党的工作和事务在适当的范围内向党员和群众予以公开，以不断增强党组织工作的开放度和透明度，使党员更好地了解和参与党内事务。党务公开是党内民主的重要内容，列宁就把党务公开、选举制和普遍监督看作党内民主的基本内容，并强调"没有公开性而谈民主制是很可笑的"②。

党的十六届四中全会第一次以党的正式文件提出党务公开的概念，要求逐步推进党务公开。2007年1月10日，中共中央纪律检查委员会第七次全体会议进一步强调要"充分发扬党内民主，积极推进党务公开"。这里将"逐步推进党务公开"调整为"积极推进党务公开"，标志着对这项工作的提速。同年10月，党的十七大再次把"推进党务公开"的要求写进报告，党章修正案把"党的各级组织要按规定实行党务公开，使党员对党内事务有更多的了解和参与"作为一项党的组织制度。党的十七届四中全会进一步提出了推进党务公开的一系列重大举措。2010年8月20日，中共中央政治局会议审议并通过《关于党的基层组织实行党务公开的意

---

① 陈家喜、肖嘉睿：《党代表的作用有多大——深圳市党代表任期制的探索与思考》，载《特区实践与理论》2012年第3期。

② 《列宁全集》第6卷，人民出版社1986年版，第131页。

第四章 固本强基：谋划广东党的建设新举措（2002—2012年）

见》（以下简称《意见》），强调党的基层组织实行党务公开，是扩大党内基层民主、保障党员民主权利、增强党的基层组织生机活力的客观需要和重要举措。为此，中央党务公开工作领导小组办公室先行在全国建立101个试点，广东省的惠州市和深圳市南山区被中央确定为党的地方组织党务公开工作联系点，中共广东省委也选择了惠州市、揭阳市、南雄市、惠东县、鹤山市、深圳市南山区等几个地区试点推进党务公开。

1. 广东试行党务公开的基本举措

自2005年广东开展党务公开试点以来，各地在党务公开内容、形式、制度和监督四个方面积极探索，积累了宝贵的经验。

一是明确党务公开内容。党务公开应公开什么？《意见》指出，党务公开应公开党的组织决议、决定及执行情况，党的思想建设情况，党的组织管理情况，领导班子建设情况，干部选任和管理情况，联系和服务党员、群众情况，党风廉政建设情况等应当公开的内容。广东省用一句话总结党务公开的内容，即"群众关注什么，就公开什么"。除了《意见》中所规定的内容外，广东省党务公开试点区结合自身情况和群众要求，区分党务公开的内容。如东莞市将党组织决议、决定及执行情况，党费收缴、管理和使用，干部任选等八项内容列入公开范围，并制定《东莞市党的基层组织党务公开指导性目录》，进一步明细党务公开的内容，分别是党政机关基层党组织35项、镇街一级53项、村居一级33项。[①] 惠东县将县委常委手中掌握哪些权力、权力如何运行、权力运行过程中存在哪些廉政风险等，通过科学确权勘界，依法明确县委权力，编制县委、县委常委"权力目录"，共梳理出县委的51项职权及11名常委的职权，编制74份权力运行流程图，确定78个廉政风险点[②]，向党员和群众公开。此外，惠东县委还初步制定《中共惠东县委常委会公开实施办法（试行）》，根据党章和党务公开有关规定，在不违反保密制度的原则下，按照程序对县委常委会实行全内容、全流程、全范围向社会公开。公开内容主要包括全县经济社会发展的重大决策、决定、决议，重要人事任免，涉及人民群众切身利益的重要事项，对领导干部的问责和纪律处分结果等。

二是创新党务公开形式。党务公开需要通过一定的形式，借助一定的

---

① 《东莞拟年内全面实行基层党组织党务公开》，载《南方日报》2011年8月10日。
② 《惠东将公布常委"权力清单"》，载《南方日报》2011年3月22日。

媒介才能实现。广东省在党务公开试点过程中，绝不满足和拘泥于传统的开会、文件、公告栏等公开形式，而是积极探索丰富多彩、独具特色的公开形式，力求在形式上寻求更大的创新空间。首先，出特刊、晒党务。惠阳区新圩镇长布村的《长布村党务村务公开特刊》，是广东第一份村级党务"村报"。这份"村报"从2009年年底开始出版，半年一期，除了一些重大党务、政务内容外，还公布村干部工资及奖金、办公费、会议费、接待费、伙食费等支出；同时，在每期发行时都会举行质询会，质询会后各村民小组回去收集村民的意见和建议，力求让每名村民看明白账本。这种"办村报、晒党务"的党务村务公开形式，开创了全省的先河。① 其次，"公告栏"升级为"移动公告栏"，党务公开进入信息时代。各试点区借助电视、手机、电脑、网络等新型媒体，建立党务公开网络平台、短信平台、广播电视信息平台等，使群众能方便快捷地了解党务信息。如揭阳市"横到边、纵到底"的党务公开平台，遍布全市9000多个党组织，党务公开全面实现网上运行。揭东县手机报开设"党务公开专版"，县电视台、县广播电台开辟《党务视窗》《党务之声》专栏。再次，开展党务公开活动，打造特色公开形式。2011年7月，惠州市惠城区开展了以"阳光党务聚人心，公开透明促和谐"为主题的党务公开月系列活动，先后开展了党务公开学习教育、党务公开网上市民连线、党务公开民主生活会、"百干结千家"党务公开进社区等活动。据不完全统计，在党务公开月活动期间，该区直属机关党员走访了25万户社区居民，全区各级党组织集中精力为党员群众解决民生问题130多件，实现了党务公开与惠民生谋幸福相结合。② 同时，惠州市还积极探索适应当前形势和本地区实际情况的"自选动作"，努力打造具有地方特色的党务公开工作品牌。如龙门县龙田镇旧梁村举行以"山歌唱党务·守法促和谐"为主题的党务公开文艺晚会，并结合本地特色文化，组织创作了《党务公开我来唱》等近10首以党务公开为主题的客家山歌，定期组织山歌合唱团到各乡镇轮回演唱。③

三是制定党务公开制度。2010年8月20日，中共中央政治局审议并

---

① 《办村报，搭平台，惠阳创新党务公开形式》，载《南方日报》2011年7月21日。
② 《惠城区把党员群众最关心的事项和内容作为党务公开重点 党务公开月解决民生问题130多件》，载《惠州日报》2011年8月24日。
③ 《创作客家山歌传唱党务公开》，载《惠州日报》2011年10月8日。

第四章 固本强基：谋划广东党的建设新举措（2002—2012 年）

通过了《关于党的基层组织实行党务公开的意见》，该《意见》成为全国党的基层组织实行党务公开工作的总纲。在此基础上，广东省结合自身实际，进一步建立完善党务公开的制度体系。首先，建立基层组织党务公开实施方案。在《意见》指导下，广东省制定了《关于广东省党的基层组织实行党务公开的实施办法》和《广东省党的基层组织党务公开指导性目录》。广东省各试点区结合地区实际，在《意见》和中共广东省委的《实施办法》指导下，制定党务公开的实施方案或试行方案，为地区党务公开工作提供制度保障。如惠州市制定了《惠州市推进党务公开工作实施方案（征求意见稿）》，建立健全党内情况通报制度、党内重大决策征求意见制度、领导岗位廉政风险点公开制度等一批党务公开制度。在惠州《实施方案》指导下，惠城区发布《惠城区推进党务公开工作实施方案》，制定了《惠城区党务公开工作机制》《惠城区党务公开监督员工作制度》《惠城区党务公开考核评价制度》等 7 项党务公开工作制度。此外，东莞、揭阳等市也相继发布党务公开工作方案、实施意见、公开目录，对党务公开工作的目标、要求、方法、步骤等加以规范。由此，广东省党务公开试点区初步搭建起了一个自上而下、由点到面的制度体系。其次，建立党委新闻发言人制度。党的十七届四中全会首次提出建立党委新闻发言人制度。2010 年 8 月 18 日，中共中央办公厅下发了《关于建立党委新闻发言人制度的意见》，为全国建立党委新闻发言人制度指明了方向。12 月 29 日，中共广东省委和省委工作部门的 10 名新闻发言人首次集体亮相，标志着广东省党委新闻发言人制度正式建立。广东各地级以上市党委相继设立新闻发言人。中共广东省委要求各级党委新闻发言人不仅要更加全面、及时、准确地公开党务信息，回答媒体关注、群众关心的涉及党的工作的相关问题，使党的方针政策和工作措施得到广大群众的理解和支持，还要成为党组织和人民群众之间的"连心桥"，做到问政于民、问需于民、问计于民，实现人民群众对党内事务的广泛参与和切实监督，从而进一步增强党和群众的血肉联系，巩固党的执政基础。再次，建立党务公开监督制度。党务公开需要监督制度的保障才能健康发展。党务公开的监督包括两个方面，一是内部的程序和制度监督，需要明确领导责任，建立完善的监督制度；二是外部的群众监督，需要通过制度保障群众的监督权利。围绕这两点，广东省一方面建立责任和监督制度，如《惠州市社会组织党组织党务公开实施方案》中制定的监督考证制度和责任追究制度，惠东县制定的县委权力公开透明运行监督及责任追究制度。另一方面，建立党务公开监督员制度，如惠州市党的基层组织建立党务公开特邀监督员制度。党务公开特邀监督员由本单位以外的社会各界人士担任，一般三年一任，可以连任，其职责是对党务公开工作进行监督。

2. 广东省推行党务公开的重要启示

党务公开工作是一项系统工程，还处于探索和起步阶段。广东省在推行党务公开的实践工作中，成功推出了一系列党务公开的实施举措，取得了较好的成效，形成了推进党务公开的重要启示。

一是正确把握和处理党务公开内容和形式的关系。从党务公开的内容看，需要依据一定标准对党务公开的内容进行科学分类，适度区分党内公开和社会公开的内容，从结果公开逐步转向程序公开。从形式上讲，党务公开的实际操作是将共性要求和个性特点相结合，以创新多样的形式推进党务公开，让更多的党员、群众参与党务公开，增强党务公开的吸引力。但是，怎样将丰富多样的形式与党务公开内容有效结合，这就对党务公开提出了更高的要求。如适合在一定范围的党组织内公开的内容，可以采取以党内有关会议、文件通报等形式进行公开；需要向社会公开的内容，可以采取党务公开栏、电子触摸屏、新闻发布会、广播、电视、报纸刊物、公开电话、短信和互联网等现代科技手段或开展活动的形式进行公开，扩大党务公开的覆盖面，实现党务公开的现代化。

二是注重党务公开的程序性制度和监督保障制度的建设。党务公开制度体系是否科学，不仅在于其实体性制度是否完备、是否符合党的工作内容和工作环境，还在于有没有能够使实体性制度顺利实现的程序性制度和相应的监督制度。广东省应注重党务公开的程序性制度和监督制度建设，保证党务公开成为各级党组织的工作常态，而不是间歇性工作。同时，坚持和完善党务公开的监督制度，还要拓宽监督渠道，实行上级监督、同级监督、党员群众监督以及社会舆论监督等方式的多维结合，遏制非党务公开的"黑箱"权力运作。如打通党员群众同上级监督机构和同级监督机构互联互通平台，应用网络信息平台、手机短信平台等现代通信技术平台，使监督过程更加方便快捷和高效。

三是正确处理和把握党务公开和政务公开的关系。党务公开与政务公开既密切联系，又有各自的特点和要求。党务公开侧重于重要决策的提出和形成过程的公开，政务公开则注重办事过程和结果公开，推进党务公

第四章 固本强基：谋划广东党的建设新举措（2002—2012年）

是政务公开的延伸和发展。因此，广东省要对党务公开和政务公开进行明确的分工，不能混为一谈。同时，两者又应密切联系。在推行党务公开的过程中，可以利用目前阶段政务公开比较完善的网络，推进党务公开工作，实现基础设施配套、网络资源共享；在公开内容上，做到既各有侧重，又相互补充，抓住各自的特点和要求，做到二者并行不悖，相得益彰，切忌出现"两张皮""各唱各的调"现象。

推行党务公开，是发展党内民主的一个重要环节和举措。广东省积极响应中央"推进党务公开"的要求，从党务公开的内容、形式、制度建设等方面展开探索，建立健全党务公开的制度体系，保障了党员的知情权、参与权和监督权，提高了党员参政议政的积极性，营造了党内民主发展的健康环境，为党务公开向深层次推进奠定了重要基础。

广东省作为中国改革开放的先行区和试验区，是新问题、新矛盾的凝聚点和浓缩点。2002年到2012年的十年，是广东经济社会发展全面转型的关键时期，是广东应对挑战、破解难题和争当科学发展观排头兵的艰难探索期。2012年5月9日，时任中共广东省委书记汪洋在中共广东省第十一次代表大会上强调，全面加强和改进党的建设是办好广东事情的根本保证。十年间，广东省各级党组织坚持从严治党，积极推行"固本强基"工程，以党的先进性建设为改革发展奠定了坚实的思想基础，以党的基层组织建设为改革发展奠定了坚实的组织基础，以党内民主建设为改革发展奠定了坚实的制度保障。新时期，广东省将一如既往地走在改革开放的最前沿，以敢为人先的精神和气魄，坚定不移地推进党的建设新的伟大工程，使党始终成为中国特色社会主义事业的坚强领导核心。

第五章 全面从严：形成广东党的建设新态势（2012—2018年）

2018年1月11日，习近平总书记在十九届中央纪委二次全会上强调指出："在中国特色社会主义新时代，完成伟大事业必须靠党的领导，党一定要有新气象新作为。""要全面贯彻党的十九大精神，重整行装再出发，以永远在路上的执着把全面从严治党引向深入，开创全面从严治党新局面。"① 实际上，自党的十八大以来，以习近平同志为核心的党中央坚持党要管党、从严治党的方针，把全面从严治党纳入"四个全面"战略布局，阐述了一系列新理念、新思想。广东省贯彻落实党中央关于全面从严治党的精神，积极探索新形势下全面从严治党的新思路、新实践，将思想建党与制度治党紧密结合，提出了一系列富有创造性的新举措，开创了广东省党的建设新局面，树立了党风政风新气象。

一、坚定理想信念，筑牢思想之基

加强党的思想建设，是马克思主义建党学说的一条重要原则，同时也是中国共产党保持创造力、凝聚力和战斗力的基本前提。毛泽东曾指出："掌握思想领导是掌握一切领导的第一位。"② 习近平也曾告诫全党：思想上的滑坡是最严重的病变。新时期广东省贯彻全面从严治党精神，将筑牢思想基石作为首要任务，围绕党员队伍中出现的信仰滑坡、作风不正等问题，以专题教育为契机，加强对党员干部的理想信念教育，坚定其政治立

---

① 《全面贯彻落实党的十九大精神，以永远在路上的执着把从严治党引向深入》，载《人民日报》2018年1月12日。

② 《毛泽东文集》第2卷，人民出版社1993年版，第435页。

第五章　全面从严：形成广东党的建设新态势（2012—2018年）

场，促进党风政风转变，提升纪律意识与规矩意识，推动党的建设不断向前发展。

（一）改"四风"，转作风：推进群众路线教育实践活动

2018年10月，习近平总书记在深圳龙华区视察时，强调要"切实把群众大大小小的事办好"。① 群众路线是中国共产党的根本政治路线和组织路线，邓小平称群众路线是中国共产党的"传家宝"，② 它卓越的理论意义和实践成效，已经为我们党几十年的奋斗历程所充分证实。坚持党的群众路线，是党在长期革命和建设中制胜的法宝，要在新形势下发扬光大。开展群众路线教育实践活动，目的在于转变党员干部的作风观念，纠正"四风"。2012年11月召开的党的十八大，明确提出要围绕保持党的先进性和纯洁性，在全党深入开展以为民务实清廉为主要内容的党的群众路线教育实践活动，将其作为新形势下从严治党的重大举措。2013年4月19日，中共中央政治局召开会议，决定从2013年下半年开始，用一年左右时间，在全党自上而下分批开展党的群众路线教育实践活动，中央政治局带头开展。

广东省将贯彻群众路线作为党建工作的重要内容，进行了党的群众路线教育实践活动的部署。2012年年底，广东省开展"群众路线大家谈"活动，全省各级党组织创新学习形式，实现十八大精神与基层党支部、党员零距离衔接，为全面铺开党的群众路线教育活动做好充足准备。随后，党的群众路线教育实践活动在广东全面开展。

1. 精心谋划群众路线教育实践活动实施方案

2013年1月，中共广东省委根据中共中央《关于在全党深入开展党的群众路线教育实践活动的意见》、党的群众路线教育实践活动工作会议和省委《关于深入开展党的群众路线教育实践活动的实施意见》，公布了《广东省第一批深入开展党的群众路线教育实践活动实施方案》。一是在时间上确定了从2013年7月至12月为第一批党的群众路线教育实践活动开展时间；二是在范围上确定教育对象覆盖了省级领导机关和省直单位、省

---

① 《改革永不停步——习近平总书记考察广东回访记》，央视网 http：//news. cctv. com/2018/10/26/ARTIRTvfDrMSNEqGCf3GOWCd181026. shtml
② 《邓小平文选》第2卷，人民出版社1994年版，第368页。

属企业、省管高校、广州和深圳市机关及其直属单位；三是在内容上出台了《省委常委同志参加党的群众路线教育实践活动方案》，提出"十个指定动作"，要求省委常委示范带动全省各级党组织和党员干部开展教育实践活动。省委常委按照活动方案的安排，带头参加所在党支部学习交流会，带头到农村、社区、企业面对面听取群众意见建议，深入活动联系点指导活动开展，带头开展讨论式、调研式、体验式学习。第一批党的群众路线教育实践活动的开展做出了良好表率，对于实现整个教育实践活动的目标起到了积极作用。

2014年1月，广东省将党的群众路线教育实践活动推向中层与基层，启动全省第二批党的群众路线教育实践活动。要求在省以下各级机关及其直属单位和基层组织（包括各地级市、县（市、区）党委、人大、政府、政协）的领导班子及党员领导干部，各地级市、县（市、区）法院、检察院领导班子及党员干部，各地级市、县（市、区）党委各部委、直属单位、人民团体、企事业单位领导班子及党员干部，乡镇、街道领导班子及党员领导干部，乡镇机关及其直属单位、村、社区、非公有制经济组织、社会组织等基层组织及党员中开展党的群众路线教育实践活动。第二批教育实践活动在教育对象的范围上、涉及领域上以及党员数量上，较之第一批教育实践活动都有了大幅度增加，是推动广东省全面从严治党的又一次重大举措。

2. 将纠正"四风"融入群众路线教育实践活动

广东省认真落实中央"八项规定"和国务院"约法三章"，通过深入开展群众路线教育实践活动，有力纠正了"四风"。2014年，广东省撤销省政府系统议事协调机构151个，精简率68.9%。省直党政机关及参公单位"三公"经费压缩20.2%。①党的群众路线教育实践活动成为纠正"四风"的重要手段，具体表现在：

一方面，始终坚持从群众身边具体问题抓起，如节日里的公款吃喝、收送"红包"等问题。着力推动中央"八项规定"的落实，把纠正"四风"工作摆在突出位置，对中央"八项规定"出台以后的顶风违纪行为发现一起、查处一起，以零容忍态度正风肃纪，并畅通了一系列与群众交流的便利渠道。如在韶关市始兴县推行"党员教育便民示范点"建设，采

---

① 《在广东省第十二届人民代表大会第三次会议上的政府工作报告》，2015年2月9日。

第五章　全面从严：形成广东党的建设新态势（2012—2018年）

取了以定工作方案、硬件建设与软件配套相结合，定办公场所、便民服务与"六个规范"相结合，定学习内容、党员教育与群众教育相结合，定管理人员、远教平台与微信平台相结合为主要内容的"四定四结合"工作法，在全市范围内率先打造了10个市级"党员教育便民示范点"，取得了良好的工作成效。运行一年多来，10个村500多名党员、12000多名群众接受了教育，受教育面达到80%以上，充分发挥了"党员教育示范点"方便快捷、覆盖面广的优势。①

另一方面，通过落实各级党委（党组）作风建设的主体责任与各级纪委（纪检组）的监督责任，配合群众路线教育实践活动，认真开展基层党员干部违纪违法线索大排查，加强基层党建工作。如从2014年开始，惠州市"第一书记"到村收集到意见建议14500余条，健全完善规章制度1260多项，为各村办好事实事2500多件，得到了村干部和村民的一致认可。② 过去五年，惠州市坚持从严管党治党，全面落实驻点普遍直接联系群众制度，探索开展"党员责任岗"活动，推动"第一书记"村（社区）全覆盖，使得党群干群关系进一步密切。

3. 创新一批更接地气的实践方式

实践是需要不断创新与发展的，好的实践形式，有利于推动实践的具体开展。广东省在推进群众路线教育实践活动中，不断创新形式，如广州市增城区中新镇开展"让环卫工人休息一天"的体验活动，组织党员干部参与义务劳动，听取环卫工人和群众的意见建议，帮助解决实际困难。清远市佛冈县组织领导干部开展"民生体验日"活动180多人次，领导干部以普通干部的身份到镇、村或县直单位窗口部门蹲岗上班，边向基层学习，边听取群众意见建议。河源市和平县推行"指尖上的群众路线"，各级党组织和每名党员都开通微信、微博，打造民情征集平台，引导群众通过发送"微建议"提意见、讲难处。汕尾市搭建网络征求意见的互动平台，并通过"黄牌""红牌"警告，督促所属地区和单位及时对群众在线反映的问题进行"认领"，限时办结、回复。韶关市委托国家统计局韶关调查队专门设计无记名调查表，书面征求了1700多人次党员、群众的意

---

① 《韶关市始兴县"四定四结合"推动党员教育便民示范点建设》，广东党员教育网，http://www.gdycjy.gov.cn/webInfo.do? id=18758&r=332。
② 《惠州乡村变了!》，载《南方日报》2017年10月9日。

见，重点了解各级领导班子和领导干部"四风"方面的突出问题。江门开平市开展见"三长"（村长、校长、厂长）听意见行动，分别列出干部作风问题、群众利益问题"两份清单"，切实反思干部队伍调研走马观花、不重视群众意见、小富即安等"四风"问题。茂名信宜市建立了干部"夜访"制度，夜晚入户与群众拉家常听意见，既不妨碍群众白天的劳动生产，也更能拉近干部与群众的距离，等等。① 群众路线教育实践方式不断创新，增强了教育实践活动的灵活性，大大提升了教育效果。

5年来，广东省积极推进群众路线教育实践活动，不仅严肃了党风政风，有效地纠正了党内存在的作风问题，而且解决了一大批发生在群众身边的不正之风与腐败问题，切实维护了群众的利益，推动了全面从严治党。

（二）严纪律，立标杆：开展"三严三实"专题教育

"做好人、用好权、做好事"，是对马克思主义政党执政的内在要求；修身、律己、务实，是共产党员所应该具备的优秀品质。2014年3月9日，习近平总书记在第十二届全国人民代表大会第二次会议安徽代表团参加审议时，提出"既严以修身、严以用权、严以律己；又谋事要实、创业要实、做人要实"。"三严三实"重要论述体现了马克思主义政党建设的基本原则。2015年4月10日，中共中央办公厅印发《关于在县处级以上领导干部中开展"三严三实"专题教育方案》，对2015年在县处级以上领导干部中开展"三严三实"专题教育做出安排，"三严三实"专题教育在全国铺展开来。"三严三实"要求是共产党人最基本的政治品格和做人准则，也是全面从严治党之要。

中央关于开展"三严三实"专题教育的精神在广东得以迅速贯彻。2015年5月，中共广东省委召开"三严三实"专题教育工作会议，时任中共广东省委书记胡春华在会上围绕"三严三实"主题讲专题党课，要求全省各级党组织认真学习领会习近平总书记关于"三严三实"重要论述的深刻内涵和精神实质，积极投身"三严三实"专题教育，强调领导干部要做"三严三实"的表率，确保专题教育取得实实在在的成效。随后，"三

---

① 《广东各地践行群众路线　逐步建立"夜访"工作制度》，载《南方日报》2014年6月30日。

严三实"专题教育在广东各地深入开展。

1. 领导干部以身作则、带头垂范"三严三实"

2015年12月23日,中共广东省委领导班子召开"三严三实"专题民主生活会,通报过去一年中专题民主生活会整改方案落实情况,查摆省委领导班子在遵守政治规矩与政治纪律、修身做人、用权律己、政策理论等方面的几大问题,提出进一步加强思想政治建设、切实履行全面从严治党主体责任、推动践行"三严三实"要求制度化常态化长效化、扎实做好改革发展稳定各项工作等四个方面14项具体整改措施。同时,中共广东省委积极贯彻12月份中共中央政治局召开的专题民主生活会的会议精神,实行常委带头讲"三严三实"专题党课,带头参加学习研讨,带动省、市、县、镇和市县机关单位领导班子成员上台讲党课谈体会,推动主题教育扎实有效开展。

2. 将"三严三实"专题教育作为党的群众路线教育实践活动的延伸

广东省通过"三严三实"专题教育对群众路线教育实践活动开展过程中出现的新问题进行整改。据此,中共广东省委办公厅专门下发《关于在"三严三实"专题教育中延展落实党的群众路线教育实践活动整改任务的通知》,强调开展"三严三实"专题教育,要突出问题意识、问题导向,以持续整改、深化整改开局,重点为群众路线实践教育活动中整改任务的落实。针对党员干部队伍中理想信念动摇,滥用权力、不敢担当,对党不忠诚、做人不老实,组织管理失之于宽、失之于软、失之于虚等四个方面的严重问题,开展了29项专项整治行动,在理想信念、为官做人、对党忠诚、组织管理等方面查找"不严不实"的问题。除此之外,各地区各单位也进行了一次全面的排查梳理,"一把手"带头参加教育、接受教育,把专题教育融入到本地区本单位实际中去,找到行之有效的方式方法,推动专题教育有序有力开展,不断增强专题教育的实效性,形成了上下联动、以上率下、以下促上的局面,确保专题教育取得实效。

2015年7月,中组部召开省市区和部分部门单位"三严三实"专题教育工作座谈会,要求以先进典型为标杆、以反面典型为镜鉴,认真查找解决不严不实的突出问题,把"三严三实"专题教育引向深入。广东省积极跟进,在同年8月召开的"三严三实"专题教育工作座谈会上,以周永康、薄熙来、徐才厚、令计划、苏荣等严重违纪违法案件为反面教材,聚焦严守党的政治纪律和政治规矩,组织县处级以上领导干部深刻总结反思，汲取教训，引以为戒，同时组织各地各单位对照身边的正反典型开展专题研讨。

3. 将"三严三实"专题教育实践融入到基层党风廉政建设中

2015年9月，广东省各地掀起"三严三实"专题教育实践的高潮。一方面，各地"三严三实"专题教育不断深入到基层。广州市将"三严三实"融入党内政治生活，在整治"四风"之中，通过开好高质量的专题民主生活会和组织生活会，促使领导干部带头深挖严查"不严不实"问题，深入进行党性分析，以整风精神开展批评和自我批评，为广大党员干部作表率。梅州市把与群众联系密切的执法监管部门、窗口单位和服务行业列为专项整治的重点单位，由市、县领导挂钩督办整改。惠州市围绕"三严三实"的要求，自上而下深入整治基层干部违法违纪行为，健全市、县、镇三级作风暗访工作长效机制，联合新闻媒体建立22支暗访队伍，及时发现查处基层干部侵害群众利益问题。汕尾市着力解决推诿扯皮等作风问题，加强人员培训，提高暗访密度，不定时明察暗访，定期曝光不正之风典型。中山市重点对"服务大局打折扣、改革创新难推动、苦差难事不愿碰、服务群众不上心和管理队伍怕碰硬"等五个方面问题开展为期半年的专项整治。阳江市对公费旅游、"裸官"、奢华浪费建设问题、党员干部参赌涉毒、基层干部"走读"、收送"红包"及购物卡、吃"空饷"等29项整改任务进行专项整改。

另一方面，以开展专题教育为契机，重点整治"为官不为"问题，拒绝懒政、庸政现象。除了出台整治"为官不为"的专门文件之外，广东省纪委对平时各类举报行为，不管大小，决不姑息迁就、放任不管，将整治"为官不为"问题放在制度约束和日常监管中抓落实。建立起机关干部权力清单、程序清单和责任清单的行政权力运行机制；完善政绩考核和干部评价机制，鼓励勤勉者上、慵懒者下；对"为官不为""吃、卡、拿、要"的典型案例及时曝光，严肃追责；鼓励群众监督，将党员干部履责、践诺情况纳入调整岗位、职务升迁范围，每一过程和环节都接受群众评议和评判。广东省每年给予党纪政纪处分人数占总处理人数的比率逐年递增，2013年为38.1%，2014年为40.8%，2015年达到80.7%。2015年

第五章　全面从严：形成广东党的建设新态势（2012—2018年）

查处的问题数量虽同比减少19.6%，但给予党纪政纪处分人数却同比增长61.6%。① 对"为官不为"的党员干部曝光及追责，使得"不作为、混日子"的官员无立足之地，进一步营造了良好的政商环境。

4. 搭建专题教育平台，打造具有典型意义的示范基地

网络平台是广东省开展"三严三实"专题教育的重要手段之一。2015年6月起，中共广东省委组织部依托省党员教育"一台一网"（远程教育平台和省党员教育网）开展系列学用活动，录制省委常委以及市、县两级党委书记讲党课课件在"一台一网"播出，紧扣"三严三实"要求制作"微型党课"课件供交流学习。一年间，共上传469条文字视频学习资料，录制播出58部省委常委及市、县两级党委书记讲党课课件，并择优遴选5部报送中组部参加集中展播，500万人次党员干部上网学习，② 通过将专题教育科技化、现代化，大大增强了专题教育的效果。通过"一台一网"，广东各地纷纷推陈出新，开展"三严三实"专题教育。珠海市将"三严三实"融入到干部队伍建设当中，培养一支能够扎根基层、安心创业、融入群众的高素质干部队伍，解决干部"走读"问题。全市共有6个区（功能区）、15个镇（街道）的141名处级干部、203名镇（街道）领导干部按要求在工作地居住。驻扎在基层的干部，充分利用时间，深入群众，解决群众难题。横琴自贸区则是将"三严三实"作为衡量新时期干部素质作风的镜子与检验自贸区建设成果的尺子，在全国率先成立廉政办公室，在全省率先启动领导干部重大事项报告核查公示制度，并先后实施了议事决策、工作协调、监督约束、领导干部问责、廉政开放日等19项制度创新举措，督促党员干部严守廉洁从政底线。汕头市搭建"连心桥"，让群众与干部联系更为紧密，全市各驻村（社区）工作组围绕"最直接、全覆盖、常态化、制度化"四个核心要求，通过定期、定点联系走访群众，深入基层开展工作。东莞市推行"三严三实"现场体验，依托领导干部驻点普遍直接联系群众制度，形成"听基层声音、当严实先锋"的干事风气。茂名市结合专题教育，开展市、县领导干部带头"夜学、夜谈、夜访"活动，市、县两级党政领导班子成员到镇讲党课，与镇、村干部谈心

---

① 梁家毅:《整治"为官不为"就要"零容忍"》，南方网，http://opinion.southcn.com/o/2016-01/26/content_141511980.htm。

② 《我省深入推进"三严三实"专题教育》，载《南方日报》2016年2月3日。

谈话，收集群众问题和建议，为群众解决实际问题。① 全省各地将"三严三实"专题教育切实落实到日常工作中，使各级党组织呈现出新气象、新风气，初步达到了预期效果。

三年来，在"三严三实"专题教育中，中共广东省委积极谋划部署，省委常委班子示范带动，从严从实要求，精心组织实施。各级党员领导干部牢固树立和大力发扬优良作风，按照"严以修身、严于用权、严以律己；谋事要实、创业要实、做人要实"的标准要求自己，提振了广东省各级党员领导干部的精气神，增强了党员领导干部的执行力，激发了党员领导干部干事创业的热情，为推进广东全面从严治党注入了强大的精神动力。

（三）贵在学，重在做：推行"两学一做"学习教育

党内教育是加强党员管理的重要手段，毛泽东同志曾指出："掌握思想教育，是团结全党进行伟大政治斗争的中心环节。如果这个任务不解决，党的一切政治工作是不能完成的。"② 以"学党章党规、学系列讲话，做合格党员"为主要内容的"两学一做"学习教育，是推动党内教育从"关键少数"向广大党员拓展、从集中性教育向经常性教育延伸的重要举措，同时也是加强党的思想政治建设的重要部署。2016年2月，中共中央办公厅印发了《关于在全体党员中开展"学党章党规、学系列讲话，做合格党员"学习教育方案》，并发出通知，要求各地区各部门认真贯彻执行。"两学一做"学习教育不是一次活动，而是要真正把党的思想政治建设抓在日常、严在经常。习近平对在全党开展"两学一做"学习教育做出重要指示，提出"两学一做"学习教育，就是要坚定广大党员的马克思主义立场，保证全党始终在思想上政治上行动上同党中央保持高度一致，使中国共产党始终成为有理想、有信念的马克思主义政党。

广东省迅速部署"两学一做"学习教育。2016年3月，《南方日报》连续刊发三篇《论扎扎实实开展"两学一做"学习教育》系列评论员文章，4月又围绕习近平总书记关于"两学一做"学习教育做出的重要指示精神，再发出一组三篇系列评论，集中论述如何联系广东实际确保"两学

---

① 《以"三严三实"锤炼干部》，载《南方日报》2016年3月8日。
② 《毛泽东选集》第3卷，人民出版社1991年版，第1094页。

第五章 全面从严:形成广东党的建设新态势(2012—2018年)

一做"学习教育取得实际成效。随后,中共广东省委印发《关于在全省党员中开展"学党章党规、学系列讲话,做合格党员"学习教育实施方案》,要求各地各部门各单位党委(党组)结合实际认真贯彻执行。广东省"两学一做"学习教育迅速铺开,涉及20多万个基层党组织、500多万名党员。

一是省委率先垂范,科学部署。中共广东省委多次召开省委常委会议、省委党的建设工作领导小组会议,做出指示批示30多次。省委领导班子成员坚持作示范、当表率,认真落实中央和省委的部署要求,带头集中讲党课,下基层指导学习教育,带头开展学习教育。同时,还成立了专门的"两学一做"学习教育协调小组,指导学习教育。全省市、县两级班子成员开展"两学一做"专题学习讨论达6万多次,带头讲党课3万多场,到基层调研指导2万多次。与此同时,推动全省范围内的网上考学,利用现代化教学技术铺开"两学一做"学习教育。网上考学是广东省党员教育工作的一大创新,是"四学一考"(领导带学、示范教学、个人自学、专题研学、网上考学)中的最后一个环节,也是检验学习教育成果的最终评判。开展"两学一做"学习教育以来,省委组织部依托省党员教育平台和党员教育网,历时4个多月,共组织全省413.8万名党员参加"两学一做"学习教育网上考学,占全省党员总数的80.9%。全省24万个党组织共计1340.4万人次登录省党员教育网进行了学习。①

二是加大宣传引导,积极推动学习。中共广东省委宣传部多次召开中央主要媒体驻粤机构领导和记者座谈会,推荐介绍颇具广东特色的"两学一做"学习教育进展动态,使一些好的经验做法得以在中央主要媒体展示。人民日报社、新华社、中央电视台、人民网、新华网等中央主要媒体,以及腾讯等商业网站刊登和转载有关广东"两学一做"的报道2300余篇(次、条)。省内各主要媒体开设各类专题专栏755个,刊播相关稿件13000余篇(条)。此外,中共广东省委抽调72名专家学者、领导干部和先进代表,进行"两学一做"学习教育党课巡回宣讲,通过集中宣讲与分散宣讲的方式,在各地各单位、农村、社区、田间地头、生产一线进行宣讲,听课党员干部达4万多人次。各地区、各部门、各单位也组建巡回

---

① 《广东创新党员教育方式 广泛开展"两学一做"学习教育网上考学》,广东党员教育网,http://www.gdycjy.gov.cn/webInfo.do? id =14222&r =1。

宣讲团，分赴市、县、镇、村四级开展宣讲12万多次，覆盖党员超400万人次。积极做好全国和广东"两优一先"的推荐表彰和宣传工作，通过报纸、电视、网络、远程教育平台等多种渠道，集中宣传"太行新愚公"李保国和"杨善洲式"的优秀共产党员陈光保的先进事迹。

三是从严督导推进，狠抓制度落实。为推动"两学一做"深入开展，广东省成立了中共广东省委学习教育协调小组，指导党支部制定学习计划，制定相关工作指引，分层分类抓好学习教育，在市、县、镇三级开展督促检查。中共广东省委先后开展了5轮督导，基本做到省、市、县三级督导全覆盖，各级党委（党组）对下一级单位全部督导一遍以上，确保各项部署要求落到实处。同时，把"两学一做"纳入"三会一课"等基本制度，完善党员日常教育制度。各级党组织稳步推进"三会一课"、组织生活会、民主评议党员等基本制度的落实，如省直机关工委建立党组织生活纪实制度，推行"党员活动日"制度；深圳市委出台党内规定全面落实"三会一课"制度等。

四是着力整顿基层，落实教育实践。按照"年年排查、年年整顿、年年见效"的要求，广东省集中对存在领导力弱化、组织生活不正常、民主管理混乱、信访矛盾纠纷集中、黑恶势力干扰渗透等10类问题的基层党组织进行重点整顿，转化4800个软弱涣散村（社区）党组织，并且制定出台了《全省软弱涣散村（社区）党组织持续整顿三年行动计划（2015—2017年）》，重点聚焦对党支部的凝聚力和战斗力造成较大影响的拖欠征地补偿款、征地留用地安置未落实、农村"乱占、乱卖、乱租"土地现象严重等突出问题，落实责任，限期解决。全省累计解决历史留用地9万亩，占总量的70%；开展基层公共服务中心（站）建设、农村土地确权登记颁证、"村改居"社区"政经分开"等重点工作有序推进。①

广东"两学一做"学习教育引起了全国关注，产生了重大影响。2016年5月下旬，中共中央政府局常委刘云山到广东调研，对广东农村基层党建工作和"两学一做"学习教育进行了观摩，充分肯定了广东的成绩，提出"要把学习教育同加强基层党组织建设结合起来，同加强党员日常教育

---

① 尹安学：《广东扎实推进"两学一做"学习教育》，凤凰网，http://news.ifeng.com/gov/a/20170407/5535487_0.shtml。

第五章　全面从严：形成广东党的建设新态势（2012—2018年）

管理结合起来，同解决群众关心的实际问题结合起来"①，这成为各地开展"两学一做"学习教育的指导原则，各地掀起学习教育的高潮。广州市在"两学一做"学习教育方案制定下发后，各单位根据工作实际，创新学习教育途径，如把讲党课与读书会相结合，专门邀请香港科技大学和中共广东省委党校教授进行授课；利用微信圈、QQ空间等，分享党员心得体会，实现互动；等等。活动内容丰富，深得党员干部青睐。珠海团市委于2016年6月底举行珠海市党员志愿服务促进中心转型升级暨"两学一做"党员志愿服务主题活动启动仪式，来自拱北海关、珠海边检总站、市妇幼保健院、广东电网有限责任公司珠海供电局等7个类别15支行业服务队的100多名党员志愿者参与活动。河源市通过"微宣讲"来落实"两学一做"学习教育。每个宣讲团由两三名基层党员组成，15位宣讲团成员是从全市推荐、精选出来的，都来自基层，他们深入农村、社区、机关、学校、企事业单位等基层党组织，进行10分钟左右关于自己亲身经历和心得体会的宣讲，他们以真人真事传递优秀党员的正能量，让更多党员群众受到启迪教育。

在"两学一做"学习教育中，广东省各级党组织把重点放在学习教育的全覆盖、常态化、重创新、求实效上，将专题党课、民主生活会融合在一起，积极完成"规定动作"，同时又创新了专题征文、知识竞赛、推送微党课微视频等"自选动作"。全省275个省直单位、21个地级市、24万多个基层党组织，合力推动"两学一做"学习教育的常态化、制度化。各级党委（党组）开展集中学习超8万次，专题学习超4万次，交流讨论超5万次，基层各党支部组织党员学习讨论超300万人。"两学一做"学习教育的开展，大大增强了党员干部的政治意识、大局意识、核心意识和看齐意识，使之自觉在思想上政治上行动上同党中央保持高度一致，践行全心全意为人民服务的宗旨，严格遵守党的纪律和党的规矩，推进全面从严治党。

二、完善体制机制，推进制度治党

制度建设是全面从严治党的根本性问题。邓小平同志多次强调制度治党的必要性："党除了应该加强对于党员的思想教育之外，更重要的还在

---

① 《在躬行"从严从实"要求中砥砺本色》，载《南方日报》2016年5月26日。

于从各方面加强党的领导作用,并且从国家制度和党的制度上做出适当的规定,以便对于党的组织和党员实行严格的监督。"① 习近平同志也多次强调,新形势下从严治党要"坚持思想建党与制度治党紧密结合。从严治党靠教育,也靠制度,二者一柔一刚,要同向发力、同时发力"②。在党的十九大报告中,习近平同志提出要将制度建设贯穿党的政治建设、思想建设、组织建设、作风建设、纪律建设,是对党的制度建设提出的新要求。广东省在推进制度治党进程中,始终坚持管党治党"严"字当头,通过法规制定执行、体制机制改革、日常执纪问责等举措,实现对党员领导干部队伍的整肃。

(一)加强党内法规的制定与落实

党内法规是党员干部的基本遵循,它的科学制定是从严治党、依规治党的基本前提。2016年,习近平总书记就加强党内法规制度建设做出重要指示,强调"加强党内法规制度建设是全面从严治党的长远之策、根本之策。我们党要履行好执政兴国的重大历史使命、赢得具有许多新的历史特点的伟大斗争胜利、实现党和国家的长治久安,必须坚持依法治国与制度治党、依规治党统筹推进、一体建设"③。党的十八大以来,广东省相继制定出台了一系列党内规定、办法、意见,使党员干部队伍的管理有章可循,有规可依。

1. 加强关于党内作风建设的法规制定

2013年1月,中共广东省委、省政府印发《贯彻落实〈十八届中央政治局关于改进作风、密切联系群众的八项规定〉实施办法》,提出了改进工作作风、密切联系群众的具体要求。中共广东省委常委集体向全省党员干部做出加强作风建设的"十一项承诺",针对改进调查研究、精简会议文件、规范出访活动、改进新闻报道和加强督促检查等5个方面的问题,提出30项具体措施,通过分解任务,将任务落实到省直13个相关部门。此外,省纪委、省监察厅还制定了《关于整治庸懒散奢等不良风气切实改进工作作风的意见》,要求全省各级各部门自查问题,通过民主评议

---

① 《建国以来重要文献选编》第9册,中央文献出版社2011年版,第103页。
② 习近平:《在党的群众路线教育实践活动总结大会上的讲话》,载《人民日报》2014年10月9日。
③ 《习近平关于严明党的纪律和规矩论述摘编》,中国方正出版社2016年版,第65-66页。

第五章　全面从严：形成广东党的建设新态势（2012—2018 年）

和定期通报等措施，推进党员干部队伍作风建设，治理懒政、庸政现象。中共广东省委、省政府印发《关于重申严禁公款"大吃大喝"的若干规定》，提出六条禁令，明确规定省内会议和庆典活动、同城单位之间、个人学习培训期间不得用公款宴请，到农村和企业从事公务活动不得接受宴请，省内上下级单位之间公务接待应严格执行用餐标准，不得在定点接待场所或机关食堂以外安排用餐。

2. 加强关于党内反腐倡廉建设的法规制定

2014 年，中共广东省委制定了《关于贯彻落实中央〈建立健全惩治和预防腐败体系 2013—2017 年工作规划〉实施办法》，部署广东省今后 5 年惩治和预防腐败工作。省纪委发出《关于在全省党员领导干部中开展会员卡专项清退行动的通知》，要求全省党员领导干部当年 11 月底前完成所收受会员卡的自查、清退和报告工作。省纪委、省监察厅印发《关于严禁党和国家工作人员违规打高尔夫球的通知》，对禁止党和国家工作人员利用职权和职务上的影响打高尔夫球做出了"九个不准"规定。同时规定，党政机关、事业单位、人民团体和国有及国有控股企业不准用公款举办高尔夫球比赛，体育管理部门主办或组织的高尔夫球体育竞技比赛，应严格按照国家体育总局颁发的《全国体育竞赛管理办法（试行）》进行管理。党和国家工作人员以及单位违反规定的，将由有关部门依照相关规定进行处理，其中单位违反规定的将追究单位主要负责人和直接责任人的责任。此外，还公布了"12388"举报电话，鼓励群众通过来信来访、广东作风举报网等平台举报党和国家工作人员违规打高尔夫球的问题。2015 年年底，省国资委党委颁布实施了《关于加强省属国有企业领导班子党风廉政建设防控廉洁风险的意见》，从四个方面部署省属国企廉洁防控体系。一是明确细化、量化企业党委领导班子落实主体责任的要求；二是从内外两方面同时加强对省属企业的监管；三是建立企业重点领导岗位轮岗交流制度，防止出现"家天下"；四是建立严格的问责机制，省属企业资产损失或风险在 5000 万元以上的，对问题整改不到位的主管领导和主管部门进行问责。

3. 加强关于党内监督与选拔干部的法规制定

2015 年省纪委制定出台《关于落实党风廉政建设党委主体责任和纪委监督责任的意见》，分解党委领导班子及每个成员的责任。领导班子承担党风廉政建设全面领导责任，包括贯彻落实党中央部署要求，研究制定工作计划和具体措施，做出工作部署和责任分解；指导、监督下级领导班子及其成员落实"一岗双责"；开展党性党风党纪和廉洁从政（业）教育；严格执行《党政领导干部选拔任用工作条例》，选好用好干部；加强作风建设，深入贯彻落实中央"八项规定"精神，切实解决党风政风方面存在的突出问题；建立健全权力制约和协调机制以及廉政风险防控机制，增强制度刚性和执行力，从源头上防治腐败；领导、组织并支持执纪执法机关依纪依法惩治腐败。① 并且明确了"一把手"的五项责任：领导责任、执行责任、组织责任、管理责任、带头垂范责任。此外，中共广东省委还制定出台了《中共广东省委关于加强纪律建设推进全面从严治党的意见》，明确从加强党的纪律建设、从严执纪、政策把握、落实"两个责任"等四个方面完善监督制度体系。中共广东省纪委、省委组织部、省人力资源和社会保障厅联合下发《关于加强党员领导干部"八小时以外"活动监督管理的意见》，强化对党员领导干部在工作时间以外所从事的与职务影响相关或个人生活领域活动的监督。同时，明确责任追究运行规则，将纪检监察机关"一案双查"② 流程化，推进"两个责任"落到实处，既要查处当事人违纪问题，又要追究有关领导责任。实行党风廉政建设责任制约谈制度，党委（党组）主要负责人分期分批约谈领导班子成员和下级党委（党组）主要负责人，对于"两个责任"落实不到位、问题反映较多或民主测评满意度较低的，纪委（纪检组）主要负责人要重点约谈相关责任人，以问题整改倒逼责任落实。

4. 加强关于党内责任清单的法规制定

从 2015 年下半年开始，中共广东省委建立"责任清单"，加强了对党风廉政建设主体责任制度的建设。中共广东省纪委、省委组织部、省监察厅和省国资委联合下发《关于促进国有企业领导人员廉洁从业禁止违规兼职的通知》，列出"十项负面清单"，集中整治国有企业领导人员兼职过多过滥、廉洁风险突出、违规取酬、权钱交易、利益输送等隐患较大的问题。11 月，中共广东省委下发《关于细化党风廉政建设主体责任强化责

---

① 《广东出台落实主体责任和监督责任意见》，中央纪委监察部网站，http：//www.ccdi.gov.cn/yw/201412/t20141205_46687.html。

② 所谓"一案双查"，本质是对失职失责行为进行问责。纪检机关把"一案双查"引入对纪检干部执纪违纪行为的处置，在查办案件的过程中，既查党员领导干部的违纪问题，又查执纪过程中是否存在违规违纪行为。

第五章 全面从严：形成广东党的建设新态势（2012—2018年）

任追究的通知》，推动党风廉政建设主体责任"清单制度"建设，按照权责对等的原则，将主体责任按党委（党组）领导班子责任、党委（党组）书记责任、领导班子成员责任等三种责任类别，细化为15个方面60项责任清单：在领导班子责任方面，规定必须"坚持推进制度改革和创新，特别是推进和加强国有企业、国有土地出让和管理、政府投资工程建设等领域监管制度的改革和完善，积极从源头上防治腐败"；在党委（党组）书记责任方面，规定必须"坚持按时填报个人有关事项报告，及时报告个人'八小时以外'重大问题和重要事项，督促班子成员执行个人有关事项报告制度以及'八小时以外'活动重大问题和重要事项报告制度"；在领导班子成员责任方面，规定必须"坚持加强对分管干部的日常监督，及时整改报告存在问题，注意解决'苗头性''倾向性'问题"。在明确责任清单后，要求各级领导班子及领导干部做到守土有责、守土尽责，自觉将主体责任清单作为落实党风廉政建设责任制的工作指引。12月，广东省纪委公布了《省纪委派驻机构职责清单》（以下简称《职责清单》），以拉清单的方式列举了派驻机构8个方面35项工作职责。特别突出了监督执纪问责的重点，共有4个部分21条是关于监督执纪问责工作的，占整个篇幅的60%。主要内容包括：明确派驻机构初核、调查违纪违法问题线索；受理检举控告投诉；提出问责建议。《职责清单》明确派驻机构要形成"派驻、巡查、办案"三位一体的大监督格局。驻在部门直属单位、市级垂直管理单位较多的，派驻机构应该积极开展巡查，对情节简单、线索清楚、短时间内可以查结的违纪违法问题，可就地直接进行核查处理。①

5. 围绕整治"为官不为"，加强对责任免纠行为的判辨

2017年3月，中共广东省委办公厅印发《关于贯彻"三个区分开来"治理为官不为的意见》，明确了两个主题：一是坚持把全面从严治党贯彻始终，提出要认真治理30种"为官不为"的突出问题，有责必问、违纪必究，既明确直接责任、领导责任，又突出主体责任、监督责任，把全面从严治党责任层层压实，体现管全党、治全党、靠全党。二是坚持辩证施策、综合治理，着眼于充分调动干部队伍改革创新、奋发有为的积极性，既划定纪律规矩"红线"，又划出干事创业的"安全区"。根据习近平总书记"三个区分开来"的要求，即"把干部在推进改革中因缺乏经验、

---

① 《广东省纪委出台〈派驻机构职责清单〉》，载《南方日报》2015年12月16日。

先行先试出现的失误和错误，同明知故犯的违纪违法行为区分开来；把上级尚无明确限制的探索性试验中的失误和错误，同上级明令禁止后依然我行我素的违纪违法行为区分开来；把为推动发展的无意过失，同为谋取私利的违纪违法行为区分开来"①，提出了 13 种免于责任追究的情形，释放了支持改革、鼓励担当、宽容失误的强烈信号和鲜明导向。

6. 探索实施党内法规制度建设的配套制度，推进依规治党

2017 年 3 月下旬，中共广东省委召开常委会议，审议并原则通过了《关于加强党内法规制度建设的实施意见》，强调建立健全广东省党内法规制度体系，切实用制度管人管事，研究出台中共党内法规制度的配套法规制度，抓紧研究制定广东省党内法规制度建设五年规划和年度计划，组织开展新一轮党内法规和规范性文件的集中清理，统筹做好立改废释工作。随后，全省围绕制度治党、依规治党，按照中央部署要求完善党内法规制度体系，一方面认真对接和落实中央顶层设计，另一方面做好与地方立法的衔接。2017 年 6 月，中共中央印发《关于加强党内法规制度建设的意见》，从指导思想、总体目标、加快构建完善的党内法规制度体系、提高党内法规制度执行力等方面对党内法规制度建设做出部署。中共广东省委积极行动，出台《关于加强党内法规制度建设的实施意见》，提出到建党 100 周年时，形成比较完善的党内法规制度体系、高效的党内法规制度实施体系、有力的党内法规制度建设保障体系。同时要求各地党委加强学习教育，加大党内法规宣讲解读力度，将党内法规制度作为各级党委（党组）中心组学习的重要内容，纳入党校、行政学院、干部学院必修课程；强化监督检查，将党内法规制度实施情况作为各级党委督促检查、巡视巡察的重要内容，对重要党内法规制度实施情况开展定期督查、专项督查；加大责任追究和惩处力度，严肃查处违反和破坏党内法规制度的行为；完善备案审查制度，健全贯通上下的备案工作体系，落实备案工作考核通报制度。

除此之外，各地还纷纷贯彻中共广东省委精神，积极加快完善党内法规建设，推进全面从严治党。广州市率先制定出台落实"两个责任"的实施意见，并先后出台《关于贯彻落实"两个责任"实施意见的指导意见》

---

① 《习近平总书记在省部级主要领导干部学习贯彻党的十八届五中全会精神专题研讨班上的讲话》，载《人民日报》2016 年 5 月 10 日。

第五章 全面从严：形成广东党的建设新态势（2012—2018 年）

《关于强化落实"两个责任"责任追究工作的意见（试行）》《关于进一步加强党政机关工作人员问责工作的意见》等，主要是加强对党员领导干部日常交往、"八小时以外"行为、公务车使用等方面的规范，推进基层监督组织全覆盖。深圳市出台《关于治理"为官不为"加强激励和问责的实施意见》，激励"为官有为"，鼓励干事创业，同时规定了 10 种奖励性激励情形，比如在加快转变经济发展方式、促进经济平稳健康发展方面做出突出成绩的，在维护社会公平正义、促进法治建设方面做出突出成绩的，等等；在问责"为官不为"方面，仅不作为问责的情形就有 11 种。佛山市出台《综合分析研判市管领导班子和领导干部暂行办法》，通过"主动上门"，到研判对象所在单位进行调研，了解领导班子和领导干部的履职情况，将综合分析研判作为干部"作为"情况的日常监管手段之一。湛江市严格执行《干部任用条例》、干部选拔任用工作"四项监督制度"和省委组织部关于干部工作 7 个规范性文件规定的程序，做到执行程序一道不少，履行程序一道不乱。肇庆市结合实际制定肇庆市《市管干部选拔任用工作规程》，明确将干部选拔任用工作细分为 3 个环节、15 道程序，推动干部选拔任用工作进一步规范化。

党内法规体系的不断完善，为广东省推动全面从严治党、依规治党奠定了制度基础，党员干部队伍的行为素质有了明显提高，党的领导得到全面加强。同时，党内法规是中国特色社会主义法治国家法制体系的有机组成部分，它的不断完善为广东省贯彻全面依法治国提供了重要支撑。

（二）探索纪检监察体制机制改革

纪检监察队伍是党的纪律守护者，也是确保党纪党规能够顺利执行的重要保障。深化纪检监察体制改革，是事关全局的重大政治改革，也是推进全面从严治党、提高党的领导能力与执政水平的重大举措。习近平总书记在十八届中央纪委七次全会上强调，要积极稳妥推进纪检监察体制改革，加强统筹协调，做好政策把握和工作衔接。广东省在探索纪检体制机制改革的实践中，始终将对检察队伍的严格管理放在首位，围绕打造"反腐铁军"，进行了一系列制度改革与创新。

1. 加强对纪检监察干部的轮训，打造一支素质过硬的纪检监察队伍

从 2012 年开始，广东省对全省纪检监察干部进行了一次大规模的轮训，通过编写反腐倡廉宣教资料、举办"三纪班"和"两集班"、启动省反腐倡廉教育基地建设、加大廉政宣传等方式培训纪检监察干部。一是总体规划。按照"全员覆盖、分级培训"的原则，拟用三年左右时间，对全省纪检监察干部开展大规模培训。二是领导带头垂范。各级各单位由党政主要领导讲廉政党课，分级、分类举办领导干部教育培训班，将廉政教育向基层延伸。三是举办培训班。如案件审理、办案工作、信息等业务培训班，"三纪（党纪、政纪、法纪）班"，"权力集中部门、资金密集领域廉政教育培训班"等。四是订单培训与专项培训。依托党校、高校开展了系列订单式培训，省纪委共培训干部536人次。① 除了为期三年的大轮训，各地市还举办了专项培训，切实提高纪检监察干部的综合素质和业务水平。五是基层轮训。自2013年12月起，针对全省镇（街）纪委书记的全员轮训，已成功举办18期，累计培训学员3015名。其中，乡镇（街）纪委书记1560名、专职纪委副书记1455名，规模之大，范围之广，在省纪委历史上尚属首次。

2. 瘦身纪检监察业务，实行"精兵简政"

长期以来，随着工作领域的拓展，纪检监察机关也干了部分分外的事，揽了不少不该揽的事。从2014年开始，纪检监察机关全力推进"三转"工程，即转职能、转方式、转作风。2014年6月，省纪委机关完成了两轮内设机构调整，纪检监察室从原来的4个增至8个，直接从事监督执纪的人员占比达到70%，参与的议事协调机构则由原来的213个减少到12个。省纪委在完成机关"三定"和内设机构优化重组的基础上，推动全省纪检监察系统调整内设机构。调整后，各地级以上市纪委执纪监督力量增至机关总编制的70%以上，地级以上市纪委参与的议事协调机构由原来的平均146个减至12个。县级纪委平均设置监督执纪机构7个，占内设机构总数的73%，监督执纪人员比例达70%以上，参与的议事协调机构从平均105个减至17个，主责主业更加突出。②

3. 抓重点，攻难题，突出重点监察对象

国资领域历来是腐败多发地，也是纪检监察的重点对象，党的十八大以来，多名央企高管落马。随着广东省国资领域反腐工作的不断推进，国资领域纪检监察体制改革成为必然要求。2014年9月，广东省国资委制定

---

① 《广东省纪委计划用三年时间轮训全省纪检干部》，载《南方日报》2012年4月16日。
② 《纪检机关既"瘦身"又"增肥"》，载《南方日报》2017年4月26日。

出台了《广东省省属企业落实党风廉政建设党委主体责任、纪委监督责任工作的意见》，标志着广东省属国资企业纪检监察工作体制改革全面启动。根据部署，省属企业凡设立党委的一律设立纪委。同时，为强化省属国企纪检监察机关的独立性，推动"两个为主"：一是企业纪检监察机构人员的考核与管理以上级纪委为主，加大上级纪委对下级纪委垂直管理力度，用来解决当前因为监督者受制于人而不敢监督等问题。二是查办案件以上级纪委为主，减少对企业纪委办案工作的干扰，使企业纪委敢于执纪办案。同时，省国资委成立省属企业巡视督查办公室，对各企业进行巡视。

4. 探索派驻机构与基层纪检监察机构改革

第一，围绕"廉洁监察"，推行"合议监督"。2012年7月，广州市中级人民法院率先实施廉政监察员列席合议监督制度，监督"非正常裁判"。在这套廉政监察制度中，所有拟发回重审和改判的二审案件必须有廉政监察员列席合议，这针对的是以往可能存在的合议庭"合而不议""电话合议"等不规范行为。同时，庭外监督得以实施，及时揪出"非正常裁判"背后的违纪问题，从而将廉政损失降到最低。广州中院共有专、兼职廉政监察员14名，都是由各个业务庭选拔业务能力强、政治素质好、群众威信高的法官担任。对发回重审或改判的案件，廉政监察员要进行"一案一填表"制度，重点是进行案件原因分析，给出"原审法院业务水平不足""原审法院推诿责任""可能存在廉政问题"等专业判断，并进行追责，将案件质量和廉政审查由"事后监督"变为"事前监督"。

第二，围绕强化权威性与独立性建立"两报告"（即在向同级党委报告的同时必须向上级纪委报告）制度。党的十八届三中全会提出了"查办腐败案件以上级纪委领导为主，各级纪委书记、副书记的提名和考察以上级纪委会同组织部门为主"的改革措施，旨在强化纪委监督的相对独立性和权威性。2014年以来，广东省作为全国唯一的在省、市、县三级同时开展查办腐败案件体制机制改革试点，严格按照中央纪委的统一部署和中共广东省委的要求，制定周密的具体实施方案，明确责任和时间节点，落实专人督办，试点工作取得较好成效。之后，广东省纪委围绕"两个为主"，进一步制定出台"两报告"制度，强化上级纪委对下级纪委查办腐败案件的领导。试点期间全省共报告和指导线索处置1335条、案件315件，并主动向中央纪委报告省管干部线索处置情况99件。之后，通过进一步改革与创新，在"两报告"程序、上级指导监督、规范线索管理、强化问责措施等四个关键环节取得了突破,建立和完善了线索排查机制、线索处置机制、线索报告机制、案件督办指导机制、保密和责任追究机制,制定案件查办报告流程图、线索处置报告流程图,出台《问题线索处置和案件查办"两报告"暂行规定》《线索处置和案件查办"两报告"工作责任追究试行办法》和《案例指导工作试行办法》,有效地实现了实践成果向制度成果的转化。2015年5月起,广东将"两报告"范围延伸到省级派驻机构和乡镇纪委,市县纪委按干部级别上报,镇街纪委全部上报,推动全省纪检监察体制改革不断向纵深发展。2015年,市县两级纪委共集中报告线索处置1902条、报告立案和处分625件,上级纪委通过审核,纠正问题162个;省纪委各派驻机构向省纪委报告线索处置4批次514条,报告立案和处分案件247件①,均按规定做出指导和督促。

第三,吸引社会参与,建立内务监督委员会制度。2015年6月,广州市组建成立内务监督委员会,其在市纪委常委会领导下开展工作,这是广州市纪检监察机关引导外部力量有序参与纪检监察干部监督工作的重要探索。委员会共设11名委员,主要从市党代表、人大代表、政协委员、市监察局特邀监察员、廉洁广州建设人民观察员、预防腐败领域专家学者、新闻媒体人员以及市纪检监察系统领导干部中邀请聘任,纪检监察系统外部人员所占比例超过50%。其中,委员会主任由纪检监察系统以外的领导同志担任,副主任由市纪委分管干部监督工作的常委和纪检监察系统外部人员担任,内务监督委员会的监督方式包括:①召开会议。每半年召开一次内务监督委员会全体会议,定期召开内务监督委员会委员会议。②询问质询。内务监督委员会委员可就纪检监察机关干部队伍建设和干部监督工作的具体问题,向纪检监察机关及其工作部门提出询问和质询,要求受询问、质询单位或部门做出解释说明或书面答复。③评议测评。内务监督委员会可就纪检监察机关和纪检监察干部依纪依法履行职责以及作风建设、廉洁自律等情况,组织开展问卷调查、网上评议、满意度测评等,提出批评、意见与建议。④调查研究。内务监督委员会可组织委员就纪检监察机关干部队伍建设、干部监督工作等情况开展调查研究,提出加强监督的措施和办法。⑤反映转递。委员可接受社会各界对纪检监察干部的信访举报和投诉,对发现的重大问题和线索以及其他重大事项,也可直接向市纪委

---

① 《纪检机关既"瘦身"又"增肥"》,载《南方日报》2017年4月26日。

第五章 全面从严:形成广东党的建设新态势(2012—2018年)

主要领导报告。⑥监督检查。内务监督委员会可安排检查组,采取定期检查与不定期检查、一般检查与重点抽查、明查与暗访相结合等方式,对纪检监察机关和纪检监察干部依纪依法履行职责以及作风建设、廉洁自律等情况进行监督检查。⑦案件监督。经市纪委主要领导同意,内务监督委员会可对纪检监察机关查处重大案件的情况实施监督。认为处理不当的,可向有关纪检监察机关提出监督意见。

第四,结合责任清单推行派驻机构改革。2016年6月,广东省纪委召开推进派驻机构全覆盖改革大会,调整设立了35家派驻机构,实现对105家省一级党和国家机关派驻监督全覆盖。随后,广东省纪委公布《省纪委派驻机构职责清单》,以拉清单的方式列举了派驻机构8个方面35项工作职责,明确提出驻在部门领导班子对本部门全面从严治党负主体责任,派驻机构代表省纪委履行监督职责。派驻机构以往所承当的党风廉政建设教育、制度、监督等日常工作,改由驻在部门领导班子负责,前者负责督促指导。派驻机构受省纪委领导,与驻在部门之间是监督与被监督的关系,监督重点是驻在部门的领导班子及省管干部和处级干部。《职责清单》还专门明确派驻机构要形成"派驻、巡查、办案"三位一体的大监督格局。驻在部门直属单位、市级垂直管理单位较多的,派驻机构应该积极开展巡查,对情节简单、线索清楚、短时间内可以查结的违纪违法问题,可就地直接进行核查处理。

第五,推动"两个为主"改革试点,探索基层纪检监察体制改革。从2014年9月开始,在深圳、惠州等地开展了为期3个月的"两个为主"改革试点,从提名和考察两个方面,区分书记和副书记两个层次,明确了工作主体、对象范围、具体程序、方式方法和责任追究措施,建立了配套监督机制。全省各地级以上市纪委也结合本地区实际,制定相关提名考察办法。在探索基层纪检监察体制改革过程中,主要着力于三个方面:(1)专门成立了广东省纪检监察机关查办腐败案件指挥协调中心,统一指挥全省纪委办案,有效解决一些基层纪委瞒案不报、压案不查、久拖不决等问题。(2)创新"基层大监督体制",探索合署办公,增强基层监督执纪合力。如东莞市寮步镇,从2014年2月起探索镇纪检、监察、审计合署办公,形成了强大的反腐合力,让审计监督更有威慑力;中山、东莞两市的镇街实行纪检监察和审计机构合署办公,在省级层面推进基层纪检监察和审计工作的整合,成为广东探索增强基层监督执纪合力的一个缩影。(3)

规范基层纪检监察队伍。2014年1月,十一届省纪委第三次全会部署了镇街纪委规范化建设年活动,要求在镇街纪委硬件规范化建设上实现"六有"目标,即有组织、有牌子、有专职工作人员、有专用的办公室、有必要的办案设备、有工作经费保障。经过两年的时间,全省1608个镇街全面完成纪委规范化建设任务,共配备专职纪检工作人员5753名,有效推动了基层纪检监察体制改革工作。

纪检监察体制改革,是夯实全面从严治党制度基础的重要环节。党的十九大以后,国家监察体制改革试点工作全面推开,这是党中央做出的重大战略部署。广东省牢牢把握住时代契机,走出了一条既符合历史传统和现实国情又符合广东地方特色的纪检监察制度创新道路。

（三）强化党员队伍日常执纪问责

党的纪律与规矩是党员干部的"紧箍咒",必须严格遵守。毛泽东同志曾指出:"路线是'王道',纪律是'霸道'。"① 从严治党要求将纪律和规矩挺在前面,重点在于准确把握"四种形态",对党员干部队伍中存在的问题抓小抓早抓日常,强化对党员干部的日常执纪问责,从而实现对党员干部队伍的严格管理。党的十八大后,广东省加强了日常执纪问责的力度,从2013年开始,广东省每年给予党纪政纪处分人数占总处理人数的比率逐年递增,2013年为38.1%,2014年为40.8%,2015年达到80.7%,2016年达到86.83%。2015年查处的问题数量虽同比减少19.6%,但给予党纪政纪处分人数却同比增长61.6%。② 在强化执纪问责力度的同时,广东省还采取了"暗访、查处、追责、曝光"四管齐下的方式,整合省作风举报网、作风暗访平台、效能投诉网、网上办事大厅,搭建监督不正之风的综合平台;建立健全省、市、县三级暗访机制,实现了暗访监督队伍专业化、活动经常化、布局网络化;加大曝光力度,持续向机关干部和全社会发出纠正"四风"的强烈信号,形成强大震慑。

1. 将"明察"与"暗访"相结合,推动监督的常态化与长效化

"明察"成为日常执纪问责,推进全面从严治党的主要手段。2014年

---

① 《建党以来重要文献选编》第18册,中央文献出版社2011年版,第593页。
② 《十八大以来广东查处违反八项规定精神问题2127起　党风政风持续好转　社会风气向善向上》,载《广州日报》2017年4月10日。

第五章　全面从严：形成广东党的建设新态势（2012—2018 年）

初，10 名地级市、省直单位、省属企业、高校党委（党组）主要负责人在省纪委全会上述责述廉述德，报告落实中央"八项规定"精神情况，评议结果上报省委和约谈反馈。河源市"三述"会议采取会前调研和现场提问、评议、打分的形式开展，会议实况在河源网同步直播，接受广大网民的批评和监督。珠海市则首次将国企主要负责人纳入"三述"对象接受评议，并引入第三方社会测评机制，组织群众对"三述"对象进行测评，改"官评官"为"官民共评"，增强评价结果的客观性和公信力。全省纪检监察机关组织各级党委（党组）负责人全年共进行"三述"695 人次。2014 年 5 月，省纪委、省监察厅开通作风举报网，进一步完善效能投诉网功能。一年来，共受理作风举报 626 件和效能投诉 3190 件，发现和查处了一批重要违规违纪问题。此外，广东省还通过"明察"加大了对"裸官"的清理。在 2014 年对全省"裸官"的大起底中，清理出 2190 名"裸官"，对 866 人做了岗位调整。

除此之外，暗访成为日常执纪问责，推进全面从严治党的重要举措。党的十八大后，广东省执纪问责日常化成为新常态，暗访成为一种重要手段。2013 年，全省开展暗访 864 次，拍摄暗访片 197 期；2014 年，省纪委推动暗访与巡视相结合，全省拍摄暗访片 399 期，曝光典型问题 4317 个，处理 3701 人；2015 年，省纪委开通作风暗访平台，暗访频率由每季度 1 期提高到每月 1 期，全省拍摄暗访片 308 期，通报曝光问题 924 个，处理 1255 人；2016 年，全省拍摄暗访片 389 期，曝光问题 1037 个，处理 2188 人。其中，在 2014 年一年中，通过健全省、市、县三级暗访联动和分级暗访机制，推动暗访与巡视相结合，曝光了 46 个典型作风问题，给予党纪政纪处分 56 人，推动了 20 多个地区和行业落实整改。

2. 推行"全天候执纪"，建立"八小时以外"监督制度

对党员干部的监督与执纪，必须是全天候的，工作以外的时间亦不能成为"法外之地"。2015 年 8 月，中共广东省纪委、省委组织部、省人力资源和社会保障厅联合下发《关于加强党员领导干部"八小时以外"活动监督管理的意见》，对党员领导干部在工作时间以外所从事的与职务影响相关或个人生活领域的活动强化监督，其重点监督对象是县处级以上党员领导干部特别是党政主要领导干部，重点监督领域是党员领导干部的社交圈、生活圈、休闲圈，重点监督问题包括是否注意个人言行和身份，是否注重自身公众形象，是否拉帮结派和借联谊会、老乡会、同学会、战友会等活动搞"小圈子",或搞官商勾结"傍大款"。各级党委(党组)对党员领导干部"八小时以外"活动监管负主体责任。在责任落实方面,党委(党组)主要负责人是本地区本单位"八小时以外"活动监管的第一责任人,对班子成员、下一级党政主要负责人"八小时以外"活动具有监管职责。领导班子其他成员按照分级管理的原则,了解掌握分管或联系地区、部门和单位的党员领导干部"八小时以外"活动情况,发现问题及时提醒、纠正和报告。各级纪委(纪检组)、党委组织部具有专门监督责任,协助党委(党组)开展对党员领导干部"八小时以外"活动的监督,将"八小时以外"活动情况作为检查考核、干部日常监督管理的重要内容。除此之外,各级党委(党组)还建立起领导干部"八小时以外"重大问题、重要事项请示报告制度,作为支持纪委(纪检组)和党委组织部监督查处党员领导干部"八小时以外"违规违纪问题的重要举措。推进党外监督工作,先从有监督经验、有管控机制的社区党组织和媒体监督入手,逐步建立家庭监督、社区监督和群众监督相结合的有效机制,确保党外监督有序、可控。

"八小时以外"活动监督制度在广东省各地和各省直机关单位逐步推广建立,并且涌现出多种形式。如深圳市盐田区推行的"双重组织生活制度"。全区606名科级实职和处级党员干部主动到居住地社区党组织盖章"签到",向社区党组织"亮明身份"。全区做到有工作机构和经费保障、有党员干部信息档案、有社区党员领导干部微信群、有社区廉政监督员队伍、有系列社区公益活动、有便捷监督举报渠道。同样建立起"双重组织生活"制度的还有广州市番禺区。该区组织全区700多名党员领导干部到所在社区报到,公开亮出党员身份,积极服务社区。尤其是番奥社区,推行"大党委"制度和"楼宇党支部"制度,按照居民楼宇划分把社区党员(含领导干部)纳入"网格化"管理,让党员领导干部"入格"接受社区党组织监督。又如珠海市公安局探索建立的单位、个人、家庭、社会"四位一体"动态监督模式。通过开办领导干部家属廉洁培训班,让领导干部家属围绕算好"经济账、政治账",主动当好廉政建设的家庭监督员。再如省工商局编制了《党员领导干部"八小时以外"活动重要事项报告(正面)清单》和《党员领导干部"八小时以外"活动重大问题报告(负面)清单》。其中,正面清单分类整理了"正常学术活动、正常社交活动、正常集会活动"等15类需要上报的事项;负面清单分类整理了"发表不当言论、损害群众利益、违规干预事项"等18类需要主动上报的监督项目。广东省广业集团有限公司则制作"八小时以外"活动监督"一图读懂"宣传手册、"三圈"行为规范警示卡和《漫话新规》，完成对137名中层以上领导干部的常住街道（社区）、家属联系方式等信息采集核实，开展家企交流系列活动，有效地把监督融入企业管理服务中。

3. 抓早抓小，落实"越往后执纪越严"的执纪理念

2015年10月，时任广东省纪委书记黄先耀在全省新提任省管厅级领导干部集体廉政谈话教育活动中强调："一顿公款吃喝、接受一个小'红包'、一次口无遮拦议论、一次违规用车或打球、瞒报个人事项等看似不起眼的'小问题'，却违反了党的纪律和规矩，现在寸步不让，发现一起查处一起，绝不含糊，并点名道姓通报曝光。"①

第一，进行相关部署，将抓早抓小作为预防腐败、防微杜渐的重要方式之一。2015年年底，广东省党风廉政建设领导小组出台《关于开展谈话提醒构建抓早抓小工作机制的通知》，要求各地建立谈话提醒机制与抓早抓小机制，以列明谈话人、谈话对象、谈话方式和统计要求等为内容，以《中国共产党纪律处分条例》规定的"六大纪律"和"两个责任"为谈话重点，以"咬耳扯袖""红脸出汗"为谈话方式。谈话提醒的主要对象是党政主要负责同志、分管领导或上级纪检监察机关和组织人事部门的负责人，谈话内容为党组织在干部日常监督管理和纪律审查工作中所发现党员干部在廉洁自律准则方面存在的苗头性、倾向性问题，以及其他需要引起注意的情况。重点将对于新任职、即将退休或在同一岗位任职时间较长和人、财、物权较集中关键岗位的党员干部，群众反映比较集中或民主测评满意度较低的党员干部进行谈话提醒。以谈话提醒为重点落实抓早抓小工作，重点处理好抓早抓小与从严治党、纪律审查、干部使用的关系，成为广东省综合运用监督执纪的重要举措。

第二，治理收受"红包"问题，将其作为日常执纪问责的重点关注对象。2015年年初，广东省党风廉政建设领导小组将整治收送"红包"礼金问题列为党风廉政建设重点治理项目。省纪委结合严肃换届工作纪律、落实"八小时以外"活动监督、规范政商关系等工作，推动"红包"礼

---

① 《广东前9个月平均两天查处一名厅官》，中国新闻网，http://www.chinanews.com/gn/2015/11-10/7616010.shtml。

金问题的深入治理,促进党员干部自觉抵制收送"红包"行为。2015年,全省查处违规收送"红包"礼金558人,有5820名党员干部主动拒收或上缴"红包"礼金9058.3万元。① 2013年至2015年,全省纪检监察机关共立案查处收送"红包"问题724件,处分743人。其中较为典型的有汕尾市地税局原局长姚某指使或默许下属私设"小金库",违规套取公款120多万元,于2012年年底至2014年春节期间给汕尾市和省地税局56名党员干部赠送"红包"礼金,涉及副厅级以上干部8名、处级干部35名、科级以下干部13名。之后,姚某已被"双开",并移送司法机关依法处理;其他涉案人员包括8名收受"红包"礼金的厅级干部受到党纪政纪处分。

第三,治理节后综合征,将其作为强化对党员干部日常执纪问责的重要内容之一。2016年2月,广东省纪委瞄准为官不为,深入省直部门和广州、佛山、东莞、汕头等13个地级市开展暗访,发现部分地区存在严重问题,以工作时间不到位、工作态度懒散居多。如潮州市潮安区彩塘派出所户籍办证大厅在上班时间大门紧闭,且已经上锁,多位办事群众在门外等待。在云浮市郁南县千官镇派出所,有群众向暗访人员反映派出所民警在办证时故意刁难;当事人拨打派出所张贴的县公安局户政科的电话咨询所办业务,26个电话均无人接听,办公室则空无一人。阳江市阳江县沙扒镇行政(便民)服务中心,计生、农办、流动人口与出租屋窗口没有工作人员,镇政府、农业办、水利管理站、武装部等办公室没有开门或无人值班。有的单位,虽然大部分工作人员已到位,但仍然处在懒散的过节状态中。在潮州市潮安区教育局,多名工作人员聚集在该局计财股喝茶抽烟;在茂名市公安局茂南分局站前派出所,接警处的辅警正在玩手机游戏。暗访结果之后被反馈至相关纪检监察机关,违纪违规干部被给予相应处分。抓小抓早取得了重大成效,广东省查处违反中央"八项规定"精神问题343个,给予党政纪处分425人。其中土地与工程领域的官商勾结、干部人事领域的买官卖官、以"红包"礼金名义行贿受贿三大问题仍然比较突出,成为日常执纪问责的重点关注领域。

五年来,广东省依靠推进强化党员干部执纪问责,推动全面从严治党向纵深发展,为党风政风社会风气的转变提供了有力支撑,从而为广东经

---

① 《广东去年5820名党员干部拒收或上缴"红包"近亿》,载《广州日报》2016年3月31日。

第五章　全面从严：形成广东党的建设新态势（2012—2018年）

济社会健康发展保驾护航，为实现"四个坚持、三个支撑、两个走在前列"提供了坚实的基础。2017年1月，中共广东省委印发《广东省党的问责工作实施办法》（以下简称《办法》），分为总则、问责情形、问责方式和程序、附则四部分，新增或细化了部分内容，为进一步规范和强化党的日常执纪问责工作、深入推进全面从严治党提供了有力保障。该《办法》结合广东实际对《中国共产党问责条例》规定的问责情形逐条进行细化，并突出广东实践成果，明确了问责的启动、核查、决定以及成果运用等一般性程序，并明确问责中不同机关和部门的权限及分工，进一步完善了日常执纪问责工作机制。

三、净化政治生态，加强组织建设

党的组织建设是党的建设的主要内容之一，也是推进全面从严治党的重要环节。在党的建设中，组织建设扮演着重要的角色。党要巩固自己的执政地位，不仅要依靠正确的理论、纲领和路线，而且要依靠组织的巩固、团结与统一，以便理论、纲领和路线得以贯彻与实施。党的十八大以来，广东省在推进党的组织建设过程中，重点围绕"强基层""严管理""树典型"三个方面来进行，把党的组织建设作为贯彻党中央全面从严治党精神的重要手段，不断夯实全面从严治党的组织基础。

（一）强基层：筑牢战斗堡垒

列宁曾经指出，要"使基层组织真正成为而不是在口头上成为党的基本组织细胞"[①]，党的基层组织建设是保持党的先进性，提高党的执政能力的重要基础，是贯彻党的理论和路线方针政策的战斗堡垒。基层党组织工作开展得如何，直接影响到党的凝聚力、影响力以及战斗力。党的十八大以来，党中央高度重视基层党组织建设工作，习近平总书记多次做出重要批示，强调党的工作最坚实的力量支撑在基层，最突出的矛盾和问题也在基层，必须把基层党组织建设作为长远之计和固本之举。广东在探索基层党组织建设过程中，注重在基层党组织建设理念更新与制度创新上寻求突破。

---

① 《列宁专题文集·论无产阶级政党》，人民出版社2009年版，第346页。

1. 围绕基层体制机制改革加强基层党组织建设

2012年10月,广东省发布了《加强村级基层组织建设五年行动计划》,将基层组织过去的"替民做主"转变为"由民做主",改变了以往的决策程序,先征求群众的意见再决策、再实施、再征求意见,以换来民意的认可。该"行动计划"还强调因地制宜,建立团结协作、高效运行的领导机制,并且规定,经济较发达的地方一般可以实行"政经分离",即村党组织书记和村民委员会主任不兼任村集体经济组织负责人,村党组织推荐村党组织副书记、委员或符合条件的专业人士通过法定程序担任村集体经济组织负责人,符合条件的村民委员会主任要任命为村党组织副书记,也可以村党组织书记、村民委员会主任、村集体经济组织负责人"一肩挑"。如佛山市南海区里水镇北沙村,以深化农村体制综合改革为契机,实施了"政经分离",将村党组织从繁杂的经济事务中"解脱"出来,回归党建"主业",专心抓好"三务一监督",即夯实党务、落实政务、强化服务和加强对集体经济组织监督。基层党组织集中投身党建,优化党组织设置,加强党员分类管理、分类培训和网格化管理;通过党员志愿服务、党员联系群众和党员(代表)工作室,汇集群众意见,解决群众问题;探索实施在入党积极分子环节建立择优选拔的机制,把入党考察与开展志愿服务活动结合起来考核。推动"大抓基层"综合性系统工程的展开,大规模整顿软弱涣散村(社区)党组织,围绕解决基层突出问题,整治沉疴痼疾,取得了良好的效果。拖欠多年的历史遗留问题——24.64亿元征地补偿、106.4亿元社保历史欠账全部发放到个人,排查发现的22517亩"三乱"违法用地全部解决,并且实现了县镇两级农村集体"三资"管理服务平台全覆盖。

2. 以基层党建促进社区治理

自省第十次党代会以来,广东在探索创新基层党组织建设上取得了一系列成果:一是大力推进社区党建"三有一化",全省共有3500多个社区建立区域联席会议和共驻共建制度,15万名在职党员参与社区志愿活动。二是推进"两新"组织党建工作,成立了省"两新"组织党工委,全省有党员的非公有制企业党组织覆盖率达96%,有党员的社会组织党组织覆盖率达99%,全省一半以上的市、县(市、区)成立了"两新"组织党工委。三是合理安排利用党费,在省管党费历年结余中安排7000多万元,实施党内关爱、党员创业、党建创新"三大工程",共惠及党员30多万人

第五章 全面从严：形成广东党的建设新态势（2012—2018年）

次。四是建立党代表工作室，全省建立党代表工作室4278个，进一步推动农村、社区、机关、国有企业、高校及"两新"组织等领域的党建工作。① 五是推动"新广州人"党员"回家、爱家、当家"项目，发动社区干部和楼宇党员开展"三查四访一劝导"活动②，劝导和引导流动党员参加当地组织生活。同时对其子女托管入学、社保维权、劳动就业等方面采取有力措施，帮助他们解除后顾之忧。成立"新广州人"党员志愿者服务队，在大型专业市场建立综治维稳工作站，引导"新广州人"党员参与楼宇管理、社区事务和企业发展。

2018年10月，习近平总书记视察广东，来到深圳龙华区民治街道北站社区，走进社区党群服务中心，了解社区公共服务、基层党建、社区管理等情况，要求要以服务群众为宗旨，开创基层党建促社区治理的新局面。北站社区党委书记何新生回忆道，总书记"离开时再次叮嘱我们把工作做实做好……社区连着千家万户，连着老百姓的心，基层工作的方方面面跟群众最贴近，一定要依靠群众、带领群众把社区建设好，把工作做实做细，让群众安居乐业"。③ 以人民为中心，成为基层党组织建设的重要目标引领。

3. 完善基层党建工作述职考核制度

开展市县乡党委书记抓基层党建工作述职评议考核，是中央部署推进党的建设工作的重要举措。2014年12月，中共广东省委召开常委会议，听取21个地级以上市市委书记抓基层党建工作的述职报告。会上，全省21个地级以上市市委书记重点围绕加强后进基层党组织整顿转化工作，解决基层治理面临的突出问题，加强农村集体资金、资产、资源"三资"管理，解决联系服务群众"最后一公里"问题做了述职报告。会议要求落实镇街领导干部驻点普遍直接联系群众制度，做到领导联系群众全覆盖、常态化、长效化。完善基层民主管理和监督机制建设，推进基层治理法治

---

① 《全省去年竞争选拔官员逾万名》，载《南方日报》2012年4月27日。
② 所谓"三查四访一劝导"，主要是针对外来务工人员中不少是"口袋"党员的实际，发动社区干部和楼宇党员开展查档案、查工作生活地址、查联系方式，走访亲属、走访知情人、走访原居住地或原工作单位党组织、走访相关部门，面对面劝导和引导"口袋"党员参加当地组织生活。
③ 《改革永不停步——习近平总书记考察广东回访记》，央视网 http://news.cctv.com/2018/10/26/ARTIRTvfDrMSNEqGCf3GOWCd181026.shtml

化,把基层治理纳入法治化轨道。继这次会议之后,市委书记抓基层党建工作成为广东基层党建工作的常态,述职评议考核成为广东省基层党组织建设的"常规项目"。之后每年的市委书记抓基层党建工作述职评议考核会议,都聚焦在基层党组织建设最为突出的问题上,如基层组织的监督问题、政经分离问题,基层党组织经费与干部待遇问题,等等。重点解决拖欠征地补偿款、历史留用地落实、治理农村土地"三乱"、被征地农民养老保障、农村集体"三资"清理、基层公共服务平台建设等问题,打击查处农村基层干部违纪违法、涉农领域职务犯罪、涉黑恶势力犯罪,做好农村土地确权登记颁证、社会矛盾排查化解等工作,并且进一步强化"一把手"的基层建设责任,明确各县(市、区)党委承担基层建设主体责任,以及镇街党委主要职能转变为抓基层工作。

4. 严肃查处基层贪腐问题

党的十八大以来,广东省科级以下干部频频成为涉案金额达千万乃至上亿元贪腐大案的"主角"。如广州市白云农工商联合公司原总经理张新华,利用自己掌握的国有土地资源,贪污、受贿近3亿元;佛山市禅城区原区委常委、祖庙街道原党工委书记郑年胜,利用职务便利以权谋私,挪用公款1亿元,受贿2260万元。2014年11月,由省纪委统一组织的一场声势浩大的农村基层党员干部违纪违法线索集中排查活动拉开帷幕。2015年4月,省纪委深入推进全省线索排查活动,派出4个督导组奔赴各地,仅第一轮排查,就发现问题线索5602条,并立即进行处置。截至2016年年底,广东全省共排查出农村基层党员、干部违纪违法线索74303条,党纪政纪处分20681人,其中移送司法1327人。① 狠刹了"小官大贪"和"苍蝇"式腐败的歪风。此外,省纪委从抓早抓小、防微杜渐出发,综合运用执纪监督的"四种形态",发现问题及时处理,决不养痈遗患,对出现轻微违纪问题的干部及时谈话提醒,避免"好同志"跌入"阶下囚"之渊,仅2016年一季度,就有近4.5万人(次)党员干部被谈话提醒。

5. 结合地方特色创新基层党建形式

第一,荔湾区"三带动"模式。广州市荔湾区委在创新基层党建工作过程中,立足中心城区实际,把构建社区党员民情议事会三级联动机制作为工作重心,推行以党内民主带动人民民主、以党的基层组织建设带动其

---

① 《高压反腐不松劲不松手不松气》,载《南方日报》2017年4月12日。

第五章 全面从严：形成广东党的建设新态势（2012—2018年）

他各类基层组织建设、以社区党建带动社区管理服务创新的"三带动"。社区党员民情议事会是荔湾区委在民情日记、社区民情议事会制度的基础上发展起来的党群联动议事制度，通过社区党组织领导居民和驻区各类组织参与社区重大事务的讨论、咨询、协调、联络和监督，引导社区党组织决策民主化，同时搭建党群联系平台，引导各类组织和居民参与公共事务。在实际工作中，荔湾区以街道为单位，分别建立街道党员民情议事会、社区党员议事会、片区居民议事会，使原有的社区党员民情议事会既能够依靠居民实现民主议事、民主决策、民主管理，又能向街道党工委反馈其指导协调区域各类组织和服务社区的诉求。

第二，南海区"三条主线"与"六大计划"。佛山市南海区围绕基层党组织、基层干部队伍、基层党员三条主线，实施"六大计划"。通过"村（居）组织优化计划"优化基层党组织，探索经联社全面建立党支部，条件成熟的经济社可以建立党支部；探索在楼宇、行业协会、同乡会等分类分行业建立党组织，实施党组织网格化、精细化管理。通过"村（居）干部队伍活化计划""大学生村（居）官成长计划"和"'百千万'培训计划"强化、活化基层干部队伍，将"两委"干部纳入公选科级干部、招考公务员和聘员范围，探索任职满年限的村（居）正职干部交流、离任保障机制。通过实施"党员服务行动计划"和"党员形象提升计划"提升基层党员形象，全面建立"党员志愿服务队"，以及全面实施竞争性选拔入党积极分子。

第三，惠州市"双提升年"与"四大工程"项目。惠州市近年来创新开展"基层党建提升年""乡镇党建提升年"等活动，强化基层党组织整体功能，落实驻点普遍直接联系群众制度。惠城区首创"党员责任岗"活动，推动第一书记村（社区）全覆盖，打通了联系服务群众的"最后一公里"。2016年以来，全市驻点团队新一轮走访村（社区）群众80多万户，占比约85%，收集群众意见1.8万多条，解决用水、用电、矛盾纠纷等8900多件，[1]形成解决服务群众"最后一公里"问题的长效机制。此外，惠城区进一步推动驻点普遍直接联系群众，共组建207个团队、1800多名党员参与开展驻点普遍直接联系群众活动；推进强村固组工程、

---

[1]《惠州加强基层党建 打通服务群众"最后一公里"》，南方网，http://hz.southcn.com/content/2016-11/29/content_160590492.htm。

"两新组织"党建示范工程、基层干部能力素质提升工程和人才培养引进工程等"四大工程",实现了全区村民小组建党支部全覆盖。

第四,佛山市"大党建、大服务、大治理"布局。佛山市委提出"大党建、大服务、大治理"理念,突出基层党建与基层治理创新相结合,推进"堡垒型+服务型"党组织建设,全面构建"1+N+X"区域化大党建格局。作为佛山市的中心城区,禅城区近年来存在基层党组织的设置和作用发挥重叠、交错的问题,分散的基层力量和资源难以满足社会管理需要,社会各类人员流动性不断增强。针对这些问题,禅城区开始探索区域化党建,以强化核心、统筹资源、沟通党群、融合社区为工作方针,按照"1+N+X"的模式,选准配强"1"这个龙头,发挥其核心作用,带头统筹区域内"N"个党组织、"X"个区域外党组织和其他社会组织,搭建区域化党建组织架构,将区域化党建和整治软弱涣散基层党组织结合起来,由工作基础好、战斗力强的党组织带动整顿和提升软弱涣散基层党组织。充分发挥市区资源力量优势,实现党组织、党的工作和党员作用的全覆盖。同时,利用网络平台、即时社交等信息化手段完善基层治理,走出了一条符合中心城区实际的区域化党建工作路径。

此外,广东还启动实施基层党建"书记项目",将其作为基层党组织建设的创新品牌,打造基层党建新亮点。从2012年2月开始,全省实施抓基层党建创新"书记项目",一批示范型、推广型、创新型党建品牌亮相。深圳市龙岗区是"书记项目"的示范区,其将重点放在基层社区的转型发展和企业党员的人才培养方面,这成为龙岗区创新"书记项目"的特点。龙岗区"书记项目"借鉴了经济项目的运作办法,让区委书记等多位区领导作为第一责任人直接抓基层党建,调动多方资源,有效破解基层党建工作难题,提高了基层党建工作的整体水平。龙岗区驻社区干部达150名,在实施基层党建创新"书记项目"过程中,龙岗区启动了大规模的区属单位结对帮扶社区工作,各级投入经费2000多万元,由50个区属单位分别结对帮扶社区,同时组派50个工作组驻点社区。① 龙岗区实行区委常委包点联系制度,深入街道掌握情况,定期在各街道召开结对帮扶工作现场协调会。

随着社会经济发展,广东省在推进基层党组织建设过程中,更加注重

---

① 《抓实基层党建创新"书记项目"》,载《南方日报》2012年12月21日。

第五章　全面从严：形成广东党的建设新态势（2012—2018 年）

有层次地构建基层党建工作体系，这是新形势下的新要求。2017 年 9 月下旬，全省城市基层党建工作经验交流会在深圳市召开。会议提出，广东省在构建以党组织为核心的城市治理框架、推进城乡重点领域突出问题专项治理，建立城市党建述职评议考核问责机制，完善城市治理的基础保障条件，探索选拔非户籍常住居民及党员进入"两委"班子试点等方面取得了突出的成效。明确提出今后一段时期广东省城市基层党建工作的主要目标，即健全省市县三级领导体制机制，实现街道社区和新兴领域党的组织覆盖率达 90% 以上，党的工作覆盖率达 100%，党群服务中心（站）覆盖率达 100% 等。同时，努力推进多项措施，包括强化街道党工委的统筹协调功能，建立健全新兴领域党组织，健全市、区、街道、社区四级联动体系，推进街道社区党建、单位党建、行业党建共驻共建、互联互动，建设党群服务中心，统筹开展党员教育管理，加强城市基层党建经费保障，等等。这成为今后全省基层党组织建设的主要任务，同时也是探索在基层贯彻落实全面从严治党的重要举措。

（二）严管理：推进队伍建设

党员队伍建设是党的组织建设的基础。列宁有一句名言："徒有其名的党员，就是白给，我们也不要。"[①] 毛泽东同志也曾指出："政治路线确定之后，干部就是决定的因素。"[②] 上述至理名言，皆表明了队伍建设的重要性。2014 年 10 月，在党的群众路线教育实践活动总结大会上，习近平总书记指出："从严治党，重在从严管理干部……我们国家要出问题主要出在共产党内，我们党要出问题主要出在干部身上。"[③] 干部问题直接影响着党的形象和威望，影响着党的先进性、纯洁性，影响着党的创造力、凝聚力、战斗力，从严管理干部成为干部队伍管理的新常态之一。党的十八大以来，广东省在加强党员队伍建设上，始终以"严"字当头，坚持从上到下，从严管理领导干部与普通党员，打造一支作风过硬的党员队伍。

---

① 《列宁全集》第 37 卷，人民出版社 1984 年版，第 215 页。
② 《毛泽东选集》第 2 卷，人民出版社 1991 年版，第 526 页。
③ 习近平：《在党的群众路线教育实践活动总结大会上的讲话》，人民出版社 2014 年版，第 21 页。

1. 将严格民主生活会作为从严管理党员队伍的首要任务

2014年12月,中共广东省委常委召开2014年度民主生活会,围绕"严格党内生活,严守党的纪律,深化作风建设"的主题,紧密联系思想和工作实际,深入查摆在贯彻执行民主集中制,遵守党的政治纪律、组织纪律、廉政纪律,落实中央"八项规定"精神、坚决反对"四风",履职尽责、攻坚克难等方面存在的突出问题,进一步明确努力方向和整改措施,率先垂范从严管理。在此之前,中共广东省委按照中央的部署和中央第十督导组的要求,先后3次召开省委常委会议,认真研究制定民主生活会方案。会前省委主要领导同志与班子成员之间、班子成员相互之间、班子成员与分管部门主要负责同志之间深入开展谈心谈话,并且以召开征求意见的座谈会、个别访谈、发放征求意见表、走访接待群众等形式,广泛征求各方面的意见,共收集意见和建议843条。

2. 将完善党规党纪作为从严管理党员干部队伍的重要内容

2015年11月,中共广东省委十一届五次全会召开,会议要求采取硬措施,着力解决干部不作为、乱作为等问题,把严守政治纪律和政治规矩排在首位,把纪律和规矩挺在前面,落实中央"八项规定"精神。从严管理党员干部逐渐成为广东政治生活新常态,以改进作风为突破口,重点整治形式主义、官僚主义、享乐主义和奢靡之风。三年来,广东省先后出台《贯彻落实〈十八届中央政治局关于改进工作作风、密切联系群众的八项规定〉实施办法》《关于整治庸懒散奢等不良风气切实改进工作作风的意见》等,推进整治违反中央"八项规定"精神的行为。开展整治收受"红包"礼金、收受会员卡、会所腐败、违规打高尔夫球、大办婚丧喜庆、收送节礼、培训中心腐败、违反工作纪律等10余项专项行动,加强对清理楼堂馆所违规问题、公款大吃大喝、公费旅游、公款出国(境)、违规配备和使用公车等问题的监督检查。

3. 将强化培训作为从严管理党员干部队伍的重要形式

2016年7月,省管干部任职培训班在中共广东省委党校正式开班,培训对象是2014年至2016年上半年全省新任职的省管干部共约500人。培训内容涉及党的基本理论、党的组织工作、意识形态工作、统一战线工作、政法维稳工作、党内法规体系、依法行政行为规范和能力建设、纪律作风建设等8个方面,李玉妹、林雄两位时任省委常委带头授课。开展省管干部任职培训是广东省加强领导干部队伍建设的一项重要举措,目的在

第五章 全面从严：形成广东党的建设新态势（2012—2018年）

于认真贯彻落实中央关于全面从严治党的精神，让党员干部熟悉掌握党的基本理论，全面掌握党的工作、党内活动和党的建设的基本要求，了解党员的基本行为规范，坚持问题导向。培训把党的基本知识作为主要内容，切实提高领导干部政治素养，夯实知识基础。

4. 将创新"约谈"制度作为从严管理党员队伍的前进推力

"约谈"制度成为广东省从严管理干部的亮点，同时也是预防腐败的重要手段。2015年12月上旬，中共广东省委常委、省纪委书记黄先耀约谈3名市委书记，时任省纪委副书记陈伟东、王衍诗、陈波各约谈1名省直单位党委（党组）书记。围绕党风廉政建设主体责任问题约谈党风廉政建设第一责任人，在广东还是首次。约谈前列"问题清单"，省党廉办通过搜集近两年来巡视、审计和纪律审查发现的问题线索，列出"问题清单"，明确谈话指向；约谈中"点名道姓"说问题，成为这次党风廉政建设责任制约谈的鲜明特色。在约谈过程中，涉及一系列问题，如"两个责任"落实不够到位；官商勾结，收送"红包"，买官卖官、权钱交易；领导干部放纵亲属违规经商办企业；土地违法问题禁而不止、纠而复生，领导干部或其亲属从中渔利；滥发乱发奖金，肆意践踏党的纪律和规矩；基层干部骗取涉农惠农补贴成风；执行政治纪律和政治规矩不力，管党不严；随意挪用专项资金，不把财经纪律当回事；领导干部违规打高尔夫球，置中央和省委三令五申于不顾；等等。所涉及问题事无巨细，体现了广东省从严管理党员干部的决心。

2016年11月，中共广东省委十一届八次全会审议通过了《中共广东省委关于深入推进全面从严治党的决定》，提出要坚持抓思想从严、管党从严、执纪从严、治吏从严、作风从严、反腐从严，把严的要求贯彻到管党治党全过程、落实到党的建设各方面。

（三）树榜样：加强典型教育

毛泽东同志曾指出，典型本身就是一种政治力量。① 确立什么样的典型，就明确什么样的标准，发现、发掘一批立得住、叫得响、群众公认的先进典型，把抽象的标准转化为具象的样本，人们可以对照身边的榜样找差距、找不足、找方向。同样，反面典型则能够为人们敲响警钟，促使人

---

① 转引自人民日报评论部编《习近平用典》，人民日报出版社2015年版，第89页。

们不断改进错误，向前进步。广东省在加强党的组织建设、推进全面从严治党过程中，始终把"典型教育"作为一项重要举措，一方面大力积极树立榜样，一方面总结反面教训，不断提升党员干部的政治素养，从而实现对党员干部的严格管理。

1. 围绕"两优一先"，加强对榜样典型的宣传

党的十八大以来，广东省涌现出一大批成绩显著、贡献突出、表现优异的优秀个人和先进集体。为此，广东省陆续制作了22部"两优一先"（优秀共产党员、优秀党务工作者和先进基层党组织）典型事迹片送中组部集中展示，并在广东广播电视台新闻频道、省远程教育平台和省党员教育网播出。"两优一先"所树立起来的榜样，都是理想信念坚定，对党忠诚，带头执行党的路线方针政策，在推动发展、深化改革、服务群众、维护稳定等方面做出显著成绩，得到了党员群众公认的先进模范，能够充分发挥先进典型激励作用。在纪念建党95周年之际，中共广东省委授予100名同志"广东省优秀共产党员"称号、100名同志"广东省优秀党务工作者"称号、150个单位"广东省先进基层党组织"称号。同时，积极引导广大党员干部和基层党组织向典型模范学习。2016年7月底，广东省党员教育网开展"我为先进典型点赞"活动，集中展示受省委表彰的350个"两优一先"典型事迹材料，号召全省广大党员干部充分利用网站、QQ、微信、易信、短信等多种渠道，学习先进典型的事迹材料并进行点赞评论，为本省优秀共产党员、优秀党务工作者、先进基层党组织点赞，激励广大党员从先进典型中汲取精神力量。短短五个月，受省委表彰的350个"两优一先"共收到网友点赞677万多个、评论3.3万多条，其中有12个对象获得逾10万个点赞。①

2. 利用多媒体途径，播放自制文献影片，加强理想信念教育

中共广东省委组织部联合广东广播电视台、中共中央党史研究室、中宣部学习出版社、人民网等单位，联合拍摄制作了40集大型文献纪录片《信仰的力量》。该片再现了革命、建设和改革各个历史时期的共产党人形象，详实叙述了1921年到2016年95年的时间里，中国共产党人如何在苦难和曲折中坚持对信仰的追求和传承。该片在广东广播电视台卫星频

---

① 《我省积极利用党员教育"一台一网"开展学习典型、争当先进系列教育活动》，广东党员教育网，http：//www.gdycjy.gov.cn/webInfo.do？id=14057&r=27。

第五章 全面从严：形成广东党的建设新态势（2012—2018 年）

道、新闻频道的黄金时段播出，并在省党员教育"一台一网"上同步推出，全天候播放。全省各地广大党员群众可以通过 3 万多个远程教育站点进行收看学习。上线 3 个月间，《信仰的力量》在省党员教育"一台一网"的点击播放量达到 74.6 万次，赢得了社会各界的广泛赞誉。通过向先进典型、革命先辈学习，广大党员干部深刻理解了共产党人忠诚的政治品质、开拓创新的精神面貌、务实清廉的工作作风，同时也有利于加强党性修养，坚定理想信念，永葆党的先进性和纯洁性。

通过多途径、多形式、多手段开展的典型教育，在全省营造了浓厚的学习先进、争当先进、赶超先进的良好氛围。

3. 将正面典型宣传与反面典型警示相结合，掀起典型教育热潮

连州市委组织部掀起学习黄大年同志的热潮，市委组织部通过微信公众号、QQ 群等平台对黄大年同志先进事迹进行宣传学习。要求全体组工干部以黄大年同志为榜样，从自己做起，从组织工作岗位做起，学习他心有大我、至诚报国的爱国情怀，学习他敢为人先的敬业精神，把爱国之情、报国之志融入祖国改革发展的伟大事业之中。除此之外，连州市委组织部党支部党员还前往连州市法院廉政教育基地进行参观。廉政教育基地分为"守土有责"和"整治基层微腐败"两个专题展区，展区以图片、文字形式展现了本地和外地的各类典型案例，以案例警醒各级党员干部，起到筑牢党员干部拒腐防变思想防线的作用，锤炼党员干部对党忠诚的政治品格，践行公道正派的基本要求，提高履职尽责的专业素养，锻造严以律己的过硬作风。肇庆市则把"反面警示"作为典型教育的重要方式，及时通报违纪违法案件，利用党员身边的反面典型案例对党员干部进行警示教育。2015 年 8 月，肇庆市纪委通报了 3 起领导干部违纪违法典型案件，让广大党员干部从这些典型案件中吸取深刻教训，知敬畏、明底线、受警醒。封开县人大常委会原常务副主任欧植深，在 2009 年至 2012 年间，利用担任封开县人民政府常务副县长、县人大常委会常务副主任职务之便，在土地出让和工程建设项目中，为他人牟取利益，收受他人财物共计 608 万元，另有 1176 万元的财产不能说明来源，收受贿款单笔数额大多在 50 万元以上甚至高达 100 万元。端州区教育局原局长邬德强从教书育人的人民教师成为教育局长。2001 年至 2014 年间，邬德强利用担任肇庆一中校长、端州区教育局局长职务之便，为他人提供便利，涉嫌收受他人财物折合人民币 272 万余元。高要卫生局原局长梁富强，从 2012 年 9 月任高要

卫生局局长到2014年1月任高要卫计局党组书记短短的16个月时间里，涉嫌利用职务之便，在办理民营医疗机构执业许可证过程中，收受巨额财物，并以装修单位办公楼为名，向22人索取"赞助费"共计103万元。对这些反面典型的通报，警示了党员干部，大大绷紧了他们的廉政弦。

几年来，广东省通过这种正反结合的典型教育，助推全面从严治党，取得了较好成效。正面典型教育能够增强党员干部的党性修养，使之严守规矩，稳得住心神、管得住行为、守得住清白，做到严以用权，不为私利抛公义，不因私谊废公事。反面典型教育则通过剖析身边落马官员的案例，达到警示党员干部的作用，使得他们不被表面现象所蒙蔽，不为各种诱惑所动摇，始终保持正直清廉的政治本色。

（四）立机制：创新竞争选拔

如何选拔干部，是衡量党和政府工作的一把重要的尺子。通过公开、公平、公正的选拔机制，选拔政治素质与业务素质都过硬的优秀党员干部进入相关部门工作，是干部人事制度改革的基本方向，也是干部群众较为认可的干部选拔任用方式之一。长期以来，广东省一直在探索通过创新公开选拔干部新机制推进全面从严治党。其中，竞争性选拔干部，是广东省近年来所探索的较为成功的典型举措。作为近年来我国深化人事制度改革的重要举措，竞争性选拔干部是贯彻落实全面从严治党精神、加强党的领导的重要举措。广东省在推行竞争性选拔干部过程中，形成一批经验成果。

1. 探索试点新的竞争性选拔方式，加强规范性选拔

从2011年12月下旬开始，佛山市围绕解决"会考不会干、人岗不合适"难题，首次试水"三五"选拔法（即五种方式提名推荐，五种方法考察评价，五种形式加强监督），面向全市竞争选拔18名市直处级领导干部（3个处级、15个副处级）。全市共244名干部报名参加，经过专题述职发言、驻点调研、无领导小组讨论等环节的考察考试，36名考生进入差额考察。把"初选权"交给群众是"三五"选拔法的显著特点，在素质考察环节首次设立了群众考官，群众考官推荐结果被作为干部选拔任用的重要参考，从而将民意关口前移至最前端。通过"三五"选拔法，16

第五章　全面从严：形成广东党的建设新态势（2012—2018年）

名拟任人选名单中，最年轻的仅有30岁，两个岗位无合适人选暂时空缺。① 一次性实现如此大批处级岗位竞争性选拔，并采取差额考察方式，开创了佛山先河，在广东省内也鲜见。

2. 扩大干部的社会来源，注重面向全社会招贤纳士

2012年2月底，佛山市面向全市竞争选拔12名市直副处级领导干部。其中，市经济和信息化局副局长、市经济和信息化局总工程师、市科学技术局副局长、佛山高新技术产业开发区管委会副主任等4职位首次将体制外人才纳入公选范围。这一方面源于佛山市民营经济发达，体制外人才多的地方实际；另一方面源于产业发展的需要，即经贸、信息化、科技等部门本身的专业性比较强，与佛山市产业结合紧密。广东省对从体制外产生干部的做法并不陌生。早在10年前，珠海市就已经在全国首次尝试从体制外公开竞争选拔产生了团市委副书记。而东莞市则从外来工公选产生了市妇联副主席。近年来，广东省更是连续从外来工中选拔产生公务员，大大改变了过去有些地方存在的"派不进""调不出"的现象。

汕头、潮州、揭阳三市相继竞争性选拔干部动作之频繁、力度之大，也是前所未有。汕头市公开选拔领导干部，在数量上实现了新突破。2012年5月，汕头市一次性拿出38个处级领导职位面向全国、全市公选。同时，一次性拿出市科技局局长、市住建局局长、市城管局局长等3个市政府工作部门正职、2个学校校长等要职面向全国公开选拔。其数量之多、职位之重要，在汕头市干部竞争选拔工作中尚属首次。2012年5月底，汕头市有关部门更是专门到武汉市举行了情况介绍会，试图借其科教人才优势，吸引湖北省乃至全国更多的优秀人才到汕头。汕头市公开选拔除了发布公告、报名和资格审查、笔试、面试、组织考察、决定任职、任前公示、办理任职等常规程序之外，还有创新举措。如在面向全国公开选拔中，引入实地调研环节，克服高分低能、唯分取人等现象。揭阳市则是继2011年10月以来，先后进行3批次共18个正、副处级领导职位的公开推荐后，于2012年4月面向全市机关、事业单位公开选拔5名副处级领导干部及50名"80后"优秀年轻科级干部。潮州市也公开推荐20名市直副处级领导干部。这些地市在选拔干部上花大力气，旨在进一步深化干部人事制度改革，健全选贤任能机制，为推动科学发展提供组织保证和人才支撑。

---

① 《竞争选拔处级　首设群众考官》，载《南方日报》2012年2月26日。

3. 扩大干部的基层来源，加强基层干部的选拔力度

早在 2010 年，中共广东省委全会便开始采用差额票决方式从 7 名优秀县委书记人选中选出 5 名委以重任。2011 年全省市县镇三级通过竞争方式产生的领导干部共 10258 名，占新提拔总人数的 49.1%。其中，市直和县直机关委任制领导干部通过竞争方式产生的分别占新提拔总人数的 64.7% 和 50.2%，均超出了 1/2 和 1/3 的标准。① 基层成为广东省竞争性选拔干部的重要来源。2012 年，广东实行专题选拔"工农牌"乡镇基层公务员，即在全国率先从工人、农民和外来务工人员中招录基层公务员，通过此举来促进干部从基层中来、到基层中去，在基层培养、从基层选拔，进一步筑牢基层政权组织。广东省面向异地务工人员、本地工人农民、基层社会工作者等 8 类人员选拔考录基层公务员，产生了 3767 名"工农牌"公务员。在乡镇换届中，广东省首次从优秀村（社区）党组织书记、乡镇企事业单位负责人、大学生村官中，竞争择优提名新任乡镇党政领导班子成员人选 405 人。除此之外，广东省市两级党政机关还从工农一线选调了干部 1909 名，其中处级以上领导干部 188 名。

4. 实事求是，用实际举措回应"只选副职，不选正职"的质疑

从 2012 年开始，广东省多个地市用实际行动回击了竞争性选拔往往仅限于工作部门的副职领导岗位的质疑。在各地的竞争性选拔中，佛山、清远、汕头等 3 个市共拿出 10 个市直单位正职进行公选，其中不乏热门岗位。如佛山市拿出市侨联主席、市文联主席和佛山职业技术学院副院长 3 个正处级职位面向全市竞争选拔。清远市更是面向全国公选团市委书记、高新区管委会副主任、市科技局局长、清远日报社总编辑等 4 个正处级职位。粤北的清远市和粤东的汕头市，都把市科技局局长和高新区管委会相关岗位列进了这次竞争性选拔的职位表，表明发展高端产业成为各地实现经济社会新跨越的重要抓手，而其中人才无疑是最稀缺的资源。此外，广东省还公开选拔省属高校校长和省属国有企业领导干部正职。2012 年，广东省首次采取公推比选办法选拔省属高校校长与省外经贸厅厅长。通过这种方式产生的省管企事业单位班子成员占 51%，市、县企事业单位班子成员占 32.8%，这是广东省首次拿出省政府组成部门正职来公开选拔。

2014 年，针对竞争性选拔干部过程中出现由"一种方式"变为"唯

---

① 《全省去年竞争性选拔官员逾万名》，载《南方日报》2012 年 4 月 26 日。

第五章 全面从严：形成广东党的建设新态势（2012—2018年）

一方式"的倾向，以及人为硬性规定竞争性选拔比例，逐步走向"凡提必竞"极端的现象，广东省明确规定对竞争性选拔干部不再划硬性比例，缩减了竞争性选拔干部的数量，同时也更加规范了干部竞争性选拔，有利于党员干部队伍的良性发展。

四、坚持标本兼治，厉行反腐倡廉

腐败的生成是诸多方面原因造成的，既包括历史传统因素，如中国几千年形成的人情社会、人治思维与官本位思想；也包括现实因素，如伴随市场经济建立所带来的思想冲击致使部分党员干部道德信仰滑坡，制度供给长期不足、效果不强，等等。治理腐败是一项艰巨任务，不仅需要从思想源头来预防腐败，还要从制度源头探索创新举措来发现腐败、惩治腐败，只有坚持标本兼治，才能不断推进反腐倡廉建设。党的十八大以来，广东省在推进腐败治理过程中，遵循思想建党与制度治党相结合的思路，以教育常态化预防腐败、不间断巡视挖掘腐败以及零容忍态度惩治腐败为抓手，全面推动腐败治理布局的科学化，从而推进全面从严治党。

（一）以常态化教育预防腐败

预防腐败，是反腐倡廉建设的首要环节。邓小平同志曾提出，解决腐败问题，"我们主要通过两个手段来解决，一个是教育，一个是法律"。[①] 以常态化教育预防腐败，加强反腐倡廉教育，是推进腐败治理的前提条件。中国共产党历来高度重视反腐倡廉教育，从革命战争年代到社会主义建设时期再到改革开放新时期，反腐倡廉教育始终是党宣传教育工作的重要内容。在新形势下，不断深化反腐倡廉教育，是促使广大党员干部增强拒腐防变能力，从源头上预防和治理腐败的重要思想保证，广东省将推动党员干部反腐倡廉教育常态化作为探索腐败治理的重要举措。

1. 借力专题教育推动廉政教育的持续深化

党的十八大以来，专题教育对于解决党员干部党风廉政建设中存在的突出问题、推进全面从严治党起到了重要作用。但是，思想政治建设不是一蹴而就的，必须推动党内教育从"关键少数"向广大党员拓展，从集中性教育向经常性教育延伸，以坚定广大党员的马克思主义信仰。2014年

[①] 《邓小平文选》第3卷，人民出版社1993年版，第148页。

年底，中共广东省委召开2014年度第一批党的群众路线教育实践活动单位民主生活会工作部署会。会议要求着眼长远，建立作风建设长效机制，把党员作风教育融入党员干部日常教育管理之中，加强督查考核，保持抓作风的高压态势，坚持暗访、曝光、查处、追责"四管齐下"，使作风建设的新要求成为个人的操守、社会的风气。2017年4月，习近平总书记就推进"两学一做"学习教育常态化制度化工作做出重要指示，中共中央办公厅专门印发了《关于推进"两学一做"学习教育常态化制度化的意见》。同年6月，中共广东省委审议通过并印发了《2017年推进"两学一做"学习教育常态化制度化实施方案》，要求各地各部门党委（党组）主要负责同志要亲自抓谋划、抓推动、抓落实，推动"两学一做"学习教育常态化制度化。之后，各地方各部门迅速行动起来。

中共广东省纪委建立起机关各党支部书记学习教育"第一责任人"制度，严格按学习教育计划进行。每半年对机关各党支部开展"两学一做"学习教育情况进行督导，督导结果纳入年终考核。中共广东省委组织部通过定期或不定期开展随机抽查、专项督查、情况通报、重点约谈，以及把"两学一做"纳入党建工作特别是基层党建述职评议考核，层层压实主体责任。中共广东省委宣传部推进双重组织生活制度，党员领导干部以普通党员身份参加党的组织生活、民主评议，带头开展批评和自我批评。支部委员实行"一岗双责"，切实履行党建工作职责，确保责任真正落实落地。省财政厅将学习教育列为支部党建工作的首要内容，将其贯彻在业绩考核、工作述职、民主评议、评先奖优中，组织开展党风廉政建设责任制落实等方面的全面检查，并在此基础上评选优秀基层党组织。广州市各区各单位党委（党组）制定了推进"两学一做"学习教育常态化制度化的具体实施方案，开展了领导干部"四提高一加强"主题活动，严格执行党内生活各项制度和中央"八项规定"精神，发挥领导干部的示范引领作用。深圳市各区各单位结合实际细化分解任务、逐级落实责任、加强分类指导、强化部署检查，尤其强调抓住"关键少数"、压实主体责任、加强组织协调，确保学习教育常态化制度化，各项任务落地生根。珠海市委则把推进"两学一做"学习教育常态化制度化作为一项长期任务，全市各级党委（党组）承担起主体责任，专门研究部署，把"两学一做"学习教育常态化制度化作为深化全面从严治党的重要任务。韶关市把市委出台的干部政绩档案和干部考验性管理两个制度机制落实到"两学一做"学习教育

第五章　全面从严：形成广东党的建设新态势（2012—2018年）

常态化制度化工作中，在机关、农村、国企、高校、"两新"组织五个领域创新开展各具特色的系列主题实践活动。

2. 通过创新教育形式加强对新任领导干部的廉政教育

2015年10月，广东省纪委和省委组织部联合举办"全省新提任省管厅级领导干部集体廉政谈话教育活动"，为广东省一年来新提任省管厅级领导职务的161名干部提供了"廉政教育套餐"——参加党规党纪知识测试，参观省反腐倡廉教育基地并观看反腐电教片，签订《廉政承诺书》，聆听省委常委的廉政谈话。廉政谈话教育活动主要围绕"执纪"主题，针对党内仍然存在的一些突出问题，如部分领导干部的思维和行为仍然停留在党的十八大以前，表面有收敛私下没收手，甚至党的十八大以后仍不收手不收敛，以腐败分子的"五个标配"，即专横跋扈的"一把手"、过往甚密的商人、不守本分的家属、势利相交的"小圈子"和如影随形的"艳事"作为警示，为党员干部敲响思想上的警钟。同年12月，习近平总书记在全国党校工作会议上强调，党性教育是共产党人修身养性的必修课，党校要把党性教育作为教学的主要内容。之后，广东省大力推进党校培训，将其作为增强党员干部党性修养的主要方式。2015年以来，中共广东省委党校共培训轮训领导干部27000余人次，其中完成组织部调训主体班次17期，培训学员1088人次。理论教育与党性教育两类课的主课课时已基本达到总课时的70%，其中党性教育课则已经达到了总课时的20%。①

3. 利用多媒体资源，搭建廉政教育数字信息平台

广东省党员干部现代远程教育平台和党员教育网一直以来是加强党员干部党风廉政教育的重要载体。2016年，广东省党员教育网共上传各类图文信息6434条，视频397部，全年访问量达3583万人次，月均访问量近300万人次，是2015年的15.3倍，远高于同级组工网和同类党员教育网站。连续三个月用户访问量突破900万人次，2016年8月访问量达1231万人次，创网站开通以来历史新高。以广东党员教育网为依托，广东省开设"两学一做"学习教育专题，涵盖六大内容板块，上传图文信息500余条，专题网页全年访问量600多万人次，日均访问量近2万人次，

---

① 《解码省委党校"党性教育"实践》，南方网，http://st.southcn.com/content/2015-12/18/content_139150110.htm。

成为全省"两学一做"学习教育信息资讯权威发布平台。广东省党员教育网组织全省党员先后开展了党员考学、"如何做合格党员"主题征文和"我为先进典型点赞"等活动,期间全省超过413.8万名党员参加网上考学、征集主题征文投稿3.6万余篇、集赞677万多个,在全省掀起党员学习教育的热潮。除此之外,中共广东省委组织部还邀请了部分市委书记及省直机关、省属企业、省管高校党委(党组)负责人做客省远程教育平台,以直播或录播形式开展线上示范教学。同时利用省党员教育网图文直播平台、手机 APP 直播平台等同步直播,通过远程教育与新媒体融合提升线上示范教学的覆盖面和影响力;配合微信、易信、移动客户端等新媒体平台,为党员随时、随地、随身学习提供便利条件;在部分地区和单位推行全媒体平台学分登记办法,建立学分激励机制,不断促进个人自学效果。

4. 创新富有特色的廉政教育活动

肇庆市修建了包公文化园,自开园以来,不仅吸引了广大党员干部前往接受教育和参观游览,还吸引了省内外媒体的关注。《中国纪检监察报》《南方日报》《广州日报》等媒体对包公文化园开园及迎客情况进行了动态报道。2015 年 6 月,《南方日报》、《羊城晚报》、《南方》杂志、南方网、《广东党风》杂志、南粤清风网等 6 家省主流媒体,曾组成"廉洁广东行"采访团对包公文化园进行集中采访和专题报道。肇庆包公文化园建设充分利用最新的"声光电"技术,把传统文化与先进科技相结合,给观众身临其境、生动趣味的视觉和感官体验,让党员干部在移步换景中接受廉政文化熏陶,成为当地党员教育的重要场所,同时也是肇庆市推动党风廉政建设的亮点举措。

广州市不断推动党内教育从集中性教育向经常性教育延伸,注重增强党员教育的吸引力和感染力,在加强原有 20 个党员教育基地建设的基础上,进一步挖掘历史资源,遴选出具有代表性、示范性的 10 个基地作为第三批市级党员教育基地,为全市 60 多万党员提供更多接受教育的学习场所。30 个党员教育基地包括三元里人民抗英斗争纪念馆、农民运动讲习所纪念馆、广州环投环保教育基地等。历史时间涵盖了清末民初、土地革命、抗日战争、解放战争、改革开放各个历史时期;历史人物既包含了广东区委这样的党组织集体,又有广州起义英烈、三元里抗英群众这样的人物群像,还有孙中山、毛泽东、周恩来这样的伟大人物;历史事件既有

第五章 全面从严：形成广东党的建设新态势（2012—2018年）

中共三大、黄花岗起义这样对全民族有深远影响的重大事件，又有广州地铁这样反映改革开放伟大成就的典型。

阳春市在推动党员教育常态化过程中，十分重视对新媒体、新载体的运用。其中，阳春市一中围绕党课教育的开展，利用新媒体、新载体创新了校园党建工作，针对党课开展与教师职业时间冲突、受众受限、载体不多、互动不强等局限，对党课形式进行积极探索，创新推行了"开放式党课"，即通过开放党课课堂、推行实践性课堂、借助开放平台等方式，开展党员义工团教育实践活动，学校建立即时社交平台，包括微信公众平台、微信群等，每月推出党员学习榜样，并进行宣传引导和开展讨论，实现现代技术与传统党课相结合，从而发挥党课教育的最大效用，提升教师党员队伍的素质。

江门市每年分期分批组织市直机关企事业单位党员及入党积极分子到市党员教育中心（市党员服务中心）参加"三个一"活动——参观一次江门党史展览，听一个党史（华侨史）故事，观看一部党员教育片，以多感观体验式教学推动党员教育工作。其一，参观一次江门党史展览。江门市党员教育中心（市党员服务中心）打造了多媒体视觉展厅。一方面以历史为线索，通过综合运用历史照片、文字、视频，讲述新民主主义革命时期江门地方党史；另一方面结合当年重大纪念日或热点事件选题，进行专题展览，其中包括2014年"我的赤道几内亚记忆——我市援助赤道几内亚医疗队工作、生活图片展"、2015年"同心赴国难，热血铸忠魂——纪念世界反法西斯战争胜利暨中国人民抗日战争胜利70周年江门抗战专题展"、2016年"艰难探索，辉煌历程——中共江门历史（1949—2015）专题展"。其二，听一个党史（华侨史）故事。中心特邀市委党校、市委党史研究室及市华侨博物馆老师，结合当期教育主题，以各时期的代表人物为基线，将历史上发生在江门地区的党员英雄模范故事及重大事件讲述给学员听，通过典型推动党员干部的思想教育。如优秀共产党员的故事《勤政务实的"林县长"——共产党人林基路在新疆》《浴火而生的英雄——林锵云》；英雄人物的故事《刑场上的婚礼——红色恋人周文雍和陈铁军》《视死如归御外侮——南楼七烈士》；反映侨胞壮举的故事《筹款抗日，卖子救国——记爱国华侨郑潮炯之赤子丹心》。其三，观看一部党员教育片。中心精选了一组江门市自行摄制的党员教育精品课件，其中包括反映党群团结一致守卫黄岩岛的《南海党旗红》、反映江门市援非医生背井离乡在艰苦条件下治病救人的《大爱援非》、反映台山人民英勇抗日的《台山抗战英雄谱》等,都结合了江门当地地方历史与实际,起到了非常好的教育效果。

党风廉政教育的常态化,能够帮助党员筑牢思想防线,从思想源头使党员干部"不想腐"。这是思想建党与制度治党相结合发挥功效的基本前提,从而为推进全面从严治党打下良好的思想基础。

(二) 以不间断巡视巡察挖掘腐败

巡视制度是党内监督的一项重要制度,能够及时地发现党内存在的问题,是实现全面从严治党的重要手段之一。党的十八大报告强调:"健全纪检监察体制,完善派驻机构统一管理,更好发挥巡视制度监督作用。"① 2015 年 8 月,党中央对《中国共产党巡视工作条例(试行)》进行了修订。修订后的《中国共产党巡视工作条例》(以下简称《条例》),成为巡视制度的基础性文件,为新时期党的巡视工作提供了基本依据。党的十八大以来,广东省认真贯彻落实巡视制度,通过不间断的巡视方式深挖党员队伍中的腐败现象,取得了良好效果。

1. 出台专门的巡视办法,使巡视有规可依

广东省出台了《省直机关新任副厅级领导干部和优秀处级干部担任省巡视专员暂行办法》,明确要求省直机关新任的副厅级领导干部和 45 岁以下优秀处级干部,分期分批到中共广东省委巡视机构担任巡视专员。2016 年 2 月,《广东省委巡视工作实施办法》发布,一年之后,新修改的《广东省委巡视工作实施办法》发布。新"办法"着眼于严格遵照党章和《中国共产党党内监督条例》等党内法规,依据新修改的《中国共产党巡视工作条例》精神,总结了广东省近年来巡视工作中的经验做法,对原"办法"做出 11 处修改、调整:(1) 明确了政治巡视定位,规定省委巡视工作牢固树立政治意识、大局意识、核心意识、看齐意识,维护党中央权威和集中统一领导;(2) 推动实现巡视全覆盖,规定省委在一届任期内对所管理的地方、部门、企事业单位党组织全面巡视,并优先安排对地级以上市、县(市、区)的巡视;(3) 要求地级以上市和县(市、区)党委建立巡察制度,设立巡察机构,对所管理的党组织进行巡察监督;(4)

---

① 《中国共产党第十八次全国代表大会文件汇编》,人民出版社 2012 年版,第 51 页。

规定省直有关单位党组（党委）经批准可以实行巡察制度；（5）强化巡视整改刚性约束，规定省委巡视工作领导小组对存在整改不力、拒不整改等情况的，向中共广东省委报告并提出问责建议。新修改的《广东省委巡视工作实施办法》成为广东省巡视工作的指导文件与基本遵循。

2. 探索创建巡视制度新形式，增强巡视制度的科学性

第一，建立巡视专员制度。2012年3月，中共广东省委开始建立巡视专员制度，巡视专员参加省委巡视组工作，时间为三个月，抽调担任巡视专员的干部与信访专员不得兼任。省委巡视专员每批10人，由省委组织部确定巡视组人员，由省委巡视工作领导小组办公室负责工作安排和日常管理。巡视专员上岗前先要集中学习了解有关巡视工作的规章制度和工作规程，参加巡视期间暂时脱离原单位工作，以便认真完成巡视工作各项任务。中共广东省委巡视专员工作期满，由本人进行小结，中共广东省委组织部、省委巡视工作领导小组办公室按组织程序考核，考核结果存入本人档案，作为任用、奖惩等的依据。该措施是为了贯彻落实中央关于进一步做好巡视工作的指示要求，推动巡视工作健康深入发展，努力把巡视制度打造成反腐倡廉的重要手段。

第二，建立专项巡视制度。2014年6月，广东省首次探索专项巡视制度，组建起3个专项巡视组，加上10个常规巡视组，高频率巡视群众反映突出的单位和权力部门。在第三批巡视工作中正式启动专项巡视工作，对4个地方和省直单位进行专项巡视。在两个月内，根据专项巡视组提供的线索，就已有2名厅级领导干部被立案调查。较之于常规巡视组，"专项巡视"的特点在于闻声而动，哪里有问题去哪里，即针对特定问题、特定领域、特定人员开展巡视，哪个地区或单位问题多，就派驻巡视组，从而打破了此前的巡视"规律"，更显"突击"意味。在巡视过程中，各专项巡视组通过深入谈话、深入核实、深入研究，实现深入了解。如直接与举报人谈话，了解领导干部违纪违法事实的重要证据，使问题线索更加接近客观事实；亲自核查被巡视单位如实呈报的相关数据，核查单位重大节日消费账目和数据对比分析，发现关联交易利益输送问题线索，使问题线索更加清晰；专题研讨一些政策关联度高的复杂问题，听取相关部门领导和专家的意见，使发现的重要问题更加深入准确。

第三，探索"嵌入式巡查"。"嵌入式巡查"是广东省创新巡视方式，推动巡视工作有效开展的又一重大举措。在2015年首轮专项巡查中，广东省国资委探索出了巡视制度新模式——"嵌入式专项巡查"。"嵌入式巡查"是指"在省委巡视组专项巡视省广晟公司的同时,省国资委巡查组进驻其下属企业,将省国资委的专项巡查嵌入省委专项巡视中,实现省委巡视的权威性与省国资委巡查的专业性有机统一,形成上下呼应、内外联动、点面结合的格局,既协同作战又各有侧重"。① 事实上,广东省国资委党委自 2014 年开始就在探索巡视制度的创新,如之前的"交叉式巡查",即整合省属企业内部的力量,交叉巡查监督。通过不断加强巡视,广东省国资委取得了腐败治理的良好效果。党的十八大以来,省纪委驻省国资委纪检组系统共立案 374 宗,立案数较之前 5 年增长了 14 倍。2014 年,省纪委驻省国资委纪检组系统收到的信访举报数量首次出现下降,省属国资系统没有再出现同时涉及省属企业集团及下属企业的大面积"塌方式"腐败案件,腐败蔓延势头得到有效遏制。2015 年,广东省完成了对 13 个省属企事业单位的专项巡视和 26 个市、县(市、区)、省直部门的常规巡视。在全省 292 个巡视对象中,完成巡视 203 个,覆盖率约 70%,实现了对地级以上市和省属国企全覆盖。

第四,推行"一拖 X"巡视模式。自 2016 年 6 月下旬开始,中共广东省委第十三轮巡视以"一托二""一托三"形式对中共广东省委党校、省委宣传部、省卫生计生委等 26 个省直单位开展专项巡视和"回头看",第一批 18 个单位完成动员,其党组织主要负责人在动员会上表示支持巡视组的工作,自觉接受巡视监督。至 9 月上旬,第十三轮巡视结束,发现了一些突出问题,包括党组织政治意识淡薄、领导作用弱化,机关党建工作薄弱、对下属单位管理不严,"四风"问题仍禁而不绝,组织人事纪律执行不严,一些重点领域存在廉政风险,等等。2016 年年底,广东省在总结前几年实践经验的基础上,出台《关于建立市县党委巡察制度的指导意见(试行)》,明确市县党委巡察工作是中央、省委巡视工作的延伸和补充,对市县党委巡察工作指导思想、基本原则、组织和队伍建设、任务和范围、程序方法和权限等做出了规定。目前,全省已有 15 个地级以上市、43 个县(市、区)开展了巡察工作,占市县总数的 70%。②

---

① 《广东首次启动"嵌入式巡查"》,载《南方日报》2015 年 3 月 24 日。
② 《广东巡视工作提高站位,精准聚焦,发现问题,形成威慑——170 多名省管干部"现行落马"》,中国共产党新闻网,http://fanfu.people.com.cn/n1/2017/0419/c64371-29221918.html。

第五章　全面从严：形成广东党的建设新态势（2012—2018年）

3. 加强对巡视规定的学习，提高被巡视单位的主动性

2015年11月，中共广东省委巡视办编写了《条例》有关问题的"学习问答"。整个问答共包括15个部分，对于《条例》修订的背景和概况，主要特点，创新内容，对巡视工作的领导体制和工作机制是如何规定的，巡视组主要职责，对巡视发现的问题和线索如何处置，被巡视地区（单位）及其工作人员有干扰、阻挠巡视工作等情况时怎么处理等问题进行了一一解读。《条例》一是强调了"开展巡视工作的党组织承担巡视工作的主体责任"和"巡视工作领导小组组长为组织实施巡视工作主要责任人"，明确"对领导巡视工作不力，发生严重问题的，依据有关规定追究相关责任人员的责任"。二是强调了有关机关、部门和单位的支持配合巡视工作的责任，明确"对违反规定不支持配合巡视工作，造成严重后果的，依据有关规定追究相关责任人员的责任"。三是强调了"巡视组实行组长负责制"，要求巡视工作人员依纪依规开展巡视，明确将"对应当发现的重要问题没有发现""不如实报告巡视情况""工作中超越权限，造成不良后果"等违反巡视工作纪律的行为，列为责任追究的情形。四是强调了"被巡视党组织主要负责人为落实整改工作的第一责任人"，明确无正当理由拒不纠正存在的问题或者不按要求整改的，要严肃追责。①

4. 公开巡视信息与细节，让群众更加深入了解党的巡视工作

2016年年初，中共广东省纪委官方网站披露了省委第九巡视组的部分工作细节。第九巡视组在2015年曾对潮州市、佛山市三水区和高明区等进行了巡视。两轮巡视下来，提交了19份巡视专报。其中，包括一些值得推广的经验。如在巡视佛山市过程中，通过即时发布消息，收集了更多的问题线索。在关于高明区人民政府原副区长、区委统战部原部长余明开与三水区原区委常委、宣传部原部长何国辉涉嫌严重违纪，目前正接受组织调查的消息被发布之后，指向实质性问题的信访件多了，"原来巡视组是动真格的"的舆论也在坊间流传开来，从而顺利打开了局面。实际上，在潮州市巡视期间，第九巡视组也采用了如此"杀手锏"。潮州市食品药品监督管理局局长、副局长、党组成员等4名班子成员和湘桥区委副书记、区长被"两规"，时任市委副秘书长、市委办副主任等3名处级干部

---

① 《省委巡视办"学习问答"明确巡视组组长责任：对领导巡视不力将被追责》，广东省党员教育网，http://www.gdycjy.gov.cn/webInfo.do?id=5717&r=1。

被立案审查,并对个别处级干部进行了组织调整。

党的十八大以来,广东省不断深入推进巡视工作,在挖掘党员违纪违规问题上取得了重大成效,有效地遏制住了腐败的蔓延。在2013年首轮巡视中,发现了一批问题,其中4名涉嫌违纪的县级党政领导班子成员被立案调查。6月开始的第二轮巡视中,通过调整谈话对象,改进调研方式,增加明察暗访,10个组在巡视20个县(市、区)中,发出民主测评表3488张,收回3300张;与干部群众个别谈话3247人(次);接待上访群众1053人(次),受理来信来电2056次;就群众反映的热点难点问题,召开各类座谈会68个,到309个基层单位进行实地走访调研,开展暗访11次。有些组还根据群众反映,查阅了领导干部个人事项报告表,抽查了领导干部出国(境)护照及港澳通行证和出入境记录,共发现班子建设、违反廉洁自律规定、违反中央"八项规定"精神、选人用人不正之风等方面的问题115个,发现县处级以上领导干部涉嫌违纪违法问题线索32条,向被巡视地区提出整改建议113条,向省委巡视工作领导小组和省纪委报送专报8件。[①] 省纪委则对巡视发现的案件线索开通绿色通道,建立起专报制度,即省纪委职能部门直办、向下级纪委交办督办的快速处理机制,做到重要线索随报随办随查。

从2014年2月下旬开始,广东省围绕党风廉政建设和反腐败斗争的中心任务,相继启动10个巡视组,对10个不同类型的省直单位进行巡视。10个巡视组共进行个别谈话1275人(次),受理来电来访245人(次),实地走访65次,暗访10次,发现问题146个。10个巡视组向省委巡视工作领导小组报送问题线索专报一批,并根据发现的问题线索向省有关部门提出了18条建议,向被巡视单位提出59条整改意见。[②] 截至2017年4月,广东第十一届省委巡视组已完成14轮巡视,覆盖271个地方、部门和企事业单位党组织,占全部巡视对象的96%。

(三)以"零容忍"态度严惩腐败

党风廉政建设和反腐败斗争,是党的建设的重大任务。为政清廉才能

---

① 《广东在贯彻中央巡视工作新精神的首轮巡视中发现一批问题》,载《南方日报》2013年8月30日。

② 《今年首批巡视发现问题百余个》,载《南方日报》2014年4月24日。

第五章 全面从严：形成广东党的建设新态势（2012—2018年）

取信于民，秉公用权才能赢得人心。习近平总书记曾在十八届中央纪委三次全会上强调反腐高压态势必须继续保持，坚持以"零容忍"态度惩治腐败。"零容忍"惩治腐败要求对腐败现象毫不忍受、毫不宽容，有腐必反、有贪必肃。对腐败分子，发现一个坚决查处一个；对腐败行为，发现一起坚决纠正一起，防止腐败滋生蔓延。"标本兼治、综合治理，逐步加大治本力度，是加强党风廉政建设和反腐败斗争实践经验的总结，是反腐倡廉的基本工作方针。"① 党的十八大以来，广东省始终以"零容忍"态度对待腐败问题，将严厉惩治腐败作为推进全面从严治党的重要任务，坚持"老虎""苍蝇"一起打，不仅查处了李嘉、万庆良等一批大案要案，同时也着力解决人民群众身边突出的腐败问题，在营造廉洁政治生态的同时，树立了良好的社会风气。

广东省在全国率先实现省、市两级预防腐败机构全覆盖，廉政风险防控工作在全省全面铺开。仅2012年一年，广东省21个地级以上市和152个省直部门就各自排查廉政风险点共8万多个；38名厅级干部被立案查处，6652人受到处分；设立省市两级"廉政账户"，立案查处收送"红包"礼金案件317件。② 同时，中共广东省委调研起草了《关于规范权力运行、防止权力寻租的意见》，不断推进全省预防腐败信息平台建设，同时成立省预防腐败工作专家咨询委员会，有力地推动了全省反腐工作。此后，在开展的"三打两建"专项行动中，商业贿赂被重点整治，官商"利益链"被斩断、"保护伞"被铲除，成效明显。专项行动中查处了省人民政府原副秘书长、发展研究中心原主任谢鹏飞受贿案，省人大农村农业委员会原主任、揭阳市原市委书记陈弘平违纪违法案，省财政厅原副厅长危金峰受贿和巨额财产来源不明案，东莞市人大常委会原副主任欧林高违纪违法案等一批大案要案，2012年共查处厅级干部38人、县（处）级干部326人，处分6652人。包括广东省国土资源厅副厅长案，其成为党的十八大后因贪腐落马的首位厅局级官员；揭阳市市原委书记陈弘平案，其成为党的十八大后，广东省纪委查处的第一个地级市的"一把手"。伴随着高压反腐败态势的形成，广东形成和积累了一些惩治腐败的经验。

---

① 习近平：《干在实处 走在前列》，中共中央党校出版社2006年版，第448页。
② 《2012年广东反腐倡廉亮点纷呈》，光明网，http://dangjian.gmw.cn/2013-02/02/content_6602966.htm。

第一,对腐败治理手段的探索与创新。2012年年底,广州市启动反腐倡廉智能化管理平台,对全市597单位和部门梳理出来的所有风险点进行全程动态监控这。瞄准"权力在阳光下运行"的目标,以推进反腐倡廉智能化为抓手,以运用现代科技手段来监督规范权力运行为核心,全面构建和完善廉政风险智能防控体系,实现廉政风险防控从"人脑监管"向"电脑监管"转变,由"人情"向"无情"转变,成为腐败治理手段信息化、科技化的新亮点。备受瞩目的改革创新亮点还有2012年在珠海市成立的"横琴廉政办",其整合了基层反腐倡廉力量,成立首个集纪检、监察、反贪、审计等职能于一体的"廉政办公室"。该创新的目的在于实现反腐倡廉建设由多个职能部门"协作反腐"向整合力量"整体防治"转变。

第二,认真甄别腐败现象,准确定义腐败行为。在大力惩治腐败的同时,广东省坚持"三区分"原则,即坚持把因缺乏经验、先行先试出现的失误与明知故犯而违纪违法的行为区分开来,把国家尚无明确规定时的探索性试验与国家明令禁止后有法不依的行为区分开来,把为加快发展的无意过失与为谋取私利故意违纪违法的行为区分开来。全省纪检监察机关2012年全年共为8395名党员干部澄清了是非,为117863名党员干部提供了廉政情况说明,既保证了腐败分子得到严厉惩治,又避免了冤假错案的发生。

第三,严防"灯下黑",清查纪检监察队伍,整治纪检监察队伍内部腐败问题。全省纪检监察机关以"零容忍"的态度坚决惩治队伍中的害群之马,2015年共立案查处纪检监察干部95人。在严格执纪的同时,对履行监督责任不力、不愿作为、不敢作为的纪检监察干部,坚决予以问责,2015年全省共有11名纪检监察干部因履行监督责任不力被问责。同时出台《广东省纪检监察干部行为规范》,印发《忠诚·干净·担当》学习对照手册,增强纪检监察队伍拒腐防变能力。

第四,加大地区间合作,改进腐败治理方式,提升腐败治理效率,推动反腐工作。一方面,广东省不断增进不同地区反腐机构的交流。2016年5月24日,时任广东省纪委书记黄先耀在广州会见了香港廉政专员白韫六一行,感谢香港廉署近年来对广东反腐败工作的支持,并且希望双方进一步加强交流协作,建立常态化的工作协商机制,为两地反腐倡廉建设做出积极的贡献。自党的十八大以来,省港两地在追逃追赃、个案协查、

第五章　全面从严:形成广东党的建设新态势(2012—2018年)

社区廉洁教育、预防腐败等方面进行了深度合作,取得了良好成效。

第五,加大追逃海外职务案件涉案人员力度,使腐败分子无处可逃。2015年,中央反腐败协调小组启动"天网"行动,在中纪委集中公布的"百名红通人员"中,15人涉及广东。广东省随即协作开展境外追逃追赃"猎狐"行动。2015年7月,在澳门执法部门大力协助下,广东省追逃办成功将吴权深缉拿归案。这是"天网"行动公布百人红色通缉令后,广东首个被抓回的"红通"人员。2016年6月,广东省专门召开反腐败国际追逃追赃工作会议,研究部署全省反腐败国际追逃追赃工作,海外追逃进一步深入。2016年2月18日,"百名红通人员"第49号常征被成功规劝,回国投案。同年6月12日,"百名红通人员"广州市花都区政协原主席王雁威被成功缉捕归案,海外追逃成为广东重拳反腐的"第二战场"。自2015年至2018年6月,广东省共追回外逃人员510人,"百名红通人员"6人,其中不乏党的十八大以来重要腐败案件涉案人,如珠江电力工程公司原总经理李麟、美国强制遣返人员邝婉芳等,追回外逃人员数以及追回"百名红通人员"数均居全国前列。广东省通过不断加大防逃工作力度,在减少存量的同时坚决遏制增量,形成了严惩腐败的强大声势。

广东省对腐败的严厉惩治,取得了重要成果。2013年,广东省纪检监察机关共查处违纪违法案件6823件7118人,其中厅级干部35件35人,县处级干部369件372人。全省共查处农村基层干部违法违纪案件3787宗3963人。全省组织了185支暗访队伍开展作风暗访655次,处理违反中央"八项规定"和庸懒散奢案件1247件。省纪委省监察厅共分8批通报了一批干部作风问题,并对其中67起予以公开曝光。全省共实施信访监督1435件次,为3880人次澄清了信访举报问题。省检察院共立案侦查职务犯罪嫌疑人2970人,其中贪污贿赂罪嫌疑人2267人,渎职侵权犯罪嫌疑人703人。涉嫌犯罪的县处级干部259人,厅级干部30人,为国家挽回经济损失4.8亿元。省检察院查处厅级干部比例同比上升57.9%,依法查处了揭阳市原市委书记陈弘平、省水利厅原副厅长吕英明等大案要案。坚持"老虎""苍蝇"一起打的原则,查办涉案人员级别不高但严重损害群众利益的贪污贿赂案件。如依法查办了中山市宫花村原党支部书记郭仲强等人涉嫌贪污9600万元系列案。① 同时，广东省纪检监察机关加大了举报线索的初核力度。2013年7月，省纪委印发通知要求各地级以上市成立信访举报初核小组。同年，广东省对党的十七大以来暂存的10920件信访件进行"大起底"和清理了结，并由此构建了来电、来信、来访、网络等"六位一体"的信访举报平台。

2014年广东省惩治腐败的力度进一步加大。全省纪检监察机关共立案11168件11315人，同比上升53.8%；结案9890件，同比上升36.8%；给予9782人党纪政纪处分，同比上升34.4%；移送司法机关734人；通过办案挽回直接经济损失约10.5亿元；查处地厅级干部95人（含27名正厅级领导干部），其中移送司法机关37人。2014年立案查处数相当于2007至2012年的一半，查处的厅级干部、处级干部数甚至超过了一半。省纪委纪检监察干部监督室直接查办和重点督办了汕头市原纪委书记邢太安、茂名化州市原纪委书记陈重光等8起纪检监察干部违纪违法案件。同时着力解决发生在群众身边的腐败问题，共查处农村基层违纪违法案件6539件6636人，惩治腐败的力度史无前例。对省级考核检查和评比表彰项目进行全面清理和规范，精简幅度逾八成。2个地级以上市共清理考核检查项目2236项，撤销或合并后保留222项，压减率逾九成。② 2015年3月，广东省纪委官方网站"南粤清风网"刊登了省廉情调查分析报告，2014年公众对广东省反腐败工作的满意指数明显上升，公众在日常生活中感受或接触到行贿、索贿行为严重程度指数明显下降，佛山市、梅州市、珠海市名列前三位，按区域划分，粤东廉洁感知指数最高。

2015年广东省制定了反腐败工作路线图，重点从七个方面做出了部署和安排。强调"五个决不允许"③，推动巡查巡视、专项巡视齐头并进，问责顶风违纪者所在党委，加大对基层腐败问题的查处力度，坚持以案治本，毫不手软清理问题党员干部。在此推动下，2015年前9个月立案的违

---

① 《广东今年1至11月查处35"厅官"372名县处级官员》，载《南方都市报》2013年12月20日。

② 《广东反腐高压不减　全面从严治党释放发展活力》，载《南方日报》2015年3月15日。

③ 所谓"五个决不允许"，是指必须维护党中央权威，决不允许背离党中央要求另搞一套；必须维护党的团结，决不允许在党内培植私人势力；必须遵循组织程序，决不允许擅作主张、我行我素；必须服从组织决定，决不允许搞非组织活动；必须管好亲属和身边工作人员，决不允许他们擅权干政、谋取私利。

第五章 全面从严:形成广东党的建设新态势(2012—2018年)

纪违法案件数便已逼近2014年全年数量,查处厅级干部的数量更是2014年全年的1.5倍。同时,各地反腐捷报频传,茂名市重拳查处群众身边的腐败问题,立案查处基层党员、干部损害群众利益案件684件,涉及村(居)书记、主任117人,给予党纪政纪处分564人,移送司法机关113人,推动解决了一大批群众关注的执点难点问题,以实际行动让人民群众感受到从严治党的成效。化州市各级纪检监察机关认真按照"转职能、转方式、转作风"的要求,聚焦中心任务,坚持"老虎""苍蝇"一起打,严肃查处了一批发生在群众身边的不正之风和腐败问题。为严肃纪律,教育警示,该市纪委将查处的12起典型违纪案件予以通报。

2016年广东省反腐败工作呈现出新的特点。上半年,全省纪检监察机关共受理信访举报27053件(次),同比下降25%,其中检控类初次信访举报同比下降10.4%,涉及厅级干部的下降38.4%,惩治腐败减存量遏增量渐见成效。纪检监察机关立案10249件,同比上升29.8%,结案7116件,给予党纪政纪处分6941人。其中,给予轻处分4053人,给予重处分2460人,涉嫌违法犯罪移送司法机关428人,人数分别占受处分人数的58.4%、35.5%和6.1%。在被查处的党员干部中,包括地厅级干部68人,正厅级干部37人,县处级干部497人。① 全年全省纪检监察机关给予纪律处分16371人,其中给予轻处分10084人,给予重处分5539人,涉嫌违法移送司法机关748人,分别占受处分人数的61.6%、33.8%和4.6%。移送司法机关的比例明显下降,这得益于"四种形态"执纪的开展,也表明了"零容忍"态度由过去针对腐败行为,上升为针对一切违纪违法行为。在这种情况下,全省县级以上领导干部普遍开展谈话提醒活动,各级纪检监察机关加大信访函询力度,开展函询2753件,同比增长10%。② 2016年广东省的反腐败工作取得了重大成效,全省纪检监察机关受理信访举报量下降10.3%,涉及省管干部的初次举报下降3.9%,巡视发现涉及领导干部严重违纪违法问题线索也大幅度下降,腐败蔓延势头得到有效遏制,反腐败斗争压倒性态势已经形成。广东省在严惩腐败问题上毫不手软,党的十八大以来,截至2017年5月22日,全省纪检监察机关

---

① 《上半年广东全省纪检监察机关受理信访举报同比下降25%》,央广网,http://news.cnr.cn/native/city/20160722/t20160722_522761711.shtml。

② 《去年广东查处厅官干部149人95%群众满意广东反腐》,金羊网,http://news.ycwb.com/2017-01/19/content_24051227.htm。

共立案62407件,给予党纪政纪处分57374人,其中查处厅级干部470人,超过前10年立案数总和;查处地厅级干部470人,是前10年的1.6倍,位居全国前列。坚持以严肃查处大案要案,遏制腐败现象蔓延势头为中心,紧盯党的十八大后不收敛、不收手,问题线索反映集中、群众反映强烈,仍在重要岗位且可能还要提拔使用的领导干部,有力地促成了反腐败压倒性态势形成,推动全面从严治党。

2017年10月,党的十九大在北京召开,习近平总书记提出了新时代党的建设的总体要求,要求将政治建设摆在首位,将制度建设贯穿党的政治建设、思想建设、组织建设、作风建设和纪律建设,对新时代下全面从严治党提出了新要求。党的十九大闭幕后,广东省结合地方实际,全面准确把握党的十九大精神,做到学在深处、谋在远处、干在实处。首先,开展考学活动与大培训。中共广东省委组织部在全省党员干部中开展"学报告、学党章"考学活动,做到学习宣传贯彻十九大精神全覆盖;充分利用多媒体平台,组织推进"十九大会议回头看""十九大代表做宣讲""专家教授做解析""党员干部来交流"四个专题学习活动;全力推动十九大精神的大学习大培训,做好县处级以上领导班子民主生活会筹备、基层党建述职评议考核等工作;创新学习形式,涌现出"榕树下的党课""广场里的宣讲""车间里的学习"等形式。各地各部门以多种形式学习宣传贯彻十九大精神。省直机关工委、省委教育工委、省国资委党委以及深圳、珠海、阳江、汕头、湛江、河源、清远、揭阳等地通过在线学习、主题征文、知识竞赛等形式,邀请十九大代表到组织系统及基层进行宣讲,确保十九大精神在南粤大地落地生根。其次,加强十九大精神宣传学习,制作和播出时效性强的教学课件。中共广东省委组织部联合广东广播电视台,选取10位奋战在各个领域生产和工作一线的优秀党代表,拍摄制作《十九大代表风采》系列专题片。《十九大代表风采》共10集,每集讲述1名党的十九大代表的典型事迹,分别为《爱民如子》《大医精诚》《钢铁裁缝》《基因专家》《巾帼大爱》《巾帼工匠》《警网情深》《救捞功臣》《情耕桃李》《知行合一》。通过再现广东省党的十九大代表的先进事迹,用平凡故事讲述深刻道理,用模范事迹诠释党的崇高理想,展示广东省党的十九大代表不忘初心、创新奉献、勇于担当的精神风貌,具有较强的感染力和说服力。该片于党的十九大召开期间,在全国党员远程教育平台、共产党员网、广东卫视频道、广东省党员教育"一台一网"等平台展播,展

第五章 全面从严：形成广东党的建设新态势（2012—2018年）

示广东省党的十九大代表的典型事迹和精神风貌，号召广大党员学先进、赶先进，在全社会大力弘扬正能量，以实际行动贯彻落实十九大精神。最后，以实际行动贯彻落实十九大精神。在开展"大学习"的基础上，广东省各地大兴调查研究之风，推动十九大精神"真落实"。广东省出台了《关于防止干部"带病提拔"的实施意见》，推动中央相关精神落到实处。省直机关工委开展省直机关工委党员领导干部直接联系省直单位党组织、省直单位党组织负责人直接联系党员的"双直联"工作。佛山市委组织部结合换届"回头看"，部署开展组织工作大调研；深圳市制定实施领导干部人才"苗圃计划"，分近、中、远期，打出内挖、外引、近补、远育的"组合拳"；潮州市构筑"选人、识人、育人、管人"四位一体的干部工作系统。各地聚焦把各级党组织锻造得更加坚强，为全面贯彻十九大精神提供有力政治保证；坚持学用结合、学以致用，把学习贯彻十九大精神与做好当前工作紧密结合起来，实现双促进、双提升。

全面从严治党，是"四个全面"战略布局的重要组成部分，也是全面建成小康社会、全面深化改革、全面依法治国顺利推进的根本保证。广东省自党的十八大以来，牢牢把握思想建党与制度治党相结合的思路，将全面从严治党作为确保地方经济社会发展的根本保障，通过加强思想教育、扎紧制度笼子，积极推动党的政治建设、思想建设、组织建设、作风建设、纪律建设以及反腐倡廉建设。2018年3月7日，习近平总书记到十三届全国人大一次会议广东代表团参加审议并发表重要讲话，提出了"四个走在全国前列"的要求，明确"广东既是向世界展示我国改革开放成就的重要窗口，也是国际社会观察我国改革开放的重要窗口"，充分肯定广东工作取得的成绩，寄望广东在新的历史起点上开创工作新局面。习近平的重要讲话，是统揽广东一切工作的总纲，为广东新时代党的建设指明了前进方向，注入了动力。新时代开创的新局面，既包括社会经济发展新局面，也包括党的建设新局面。尤其在全面深化改革推进的历史关口，要严肃党员干部队伍的管理，对违法违纪的党员领导干部要敢抓敢管、敢于斗争，牢固树立"四个意识"，在重大原则问题和大是大非面前立场坚定、旗帜鲜明，对错误思想言论、各种歪风邪气要敢于亮剑。要在党内继续弘扬求真务实、真抓实干的作风，牢固树立正确政绩观，提高抓落实的能力，既善于谋大事抓大事，更要从落小落细落实上下功夫。2018年10月，习近平总书记再次视察广东，强调党的工作要依靠群众，其最高目标是要把群众的事办好。可以看到,作为中国共产党立章建制的逻辑支点,以人民为中心已经成为新时代推进党的建设伟大工程的核心词,这也是今后广东省在新时代新条件下继续推进从严治党工作的基本遵循。

结束语　广东全面从严治党40年的经验总结与发展前瞻

"历史从不眷顾因循守旧、满足现状者，机遇属于勇于创新、永不自满者。一切伟大成就都是接续奋斗的结果，一切伟大事业都需要在继往开来中推进。"[①] 1978年至2018年，中国改革开放走过了40个春秋，新时期党的建设也走过40载征程。40年来，中国共产党领航改革开放，也在改革开放中全面从严治党。抚今追昔，无论作为一个行进中的"历史事件"，还是作为一个特定的"历史时间"，改革开放均迎来重要的阶段性纪念节点。因而，无论官方举措、民间行动抑或学术探寻，中国改革开放40周年的纪念价值，无外乎蕴涵在塑造改革形象、保存改革记忆、凝聚改革共识、启迪改革智慧和主张改革方略等诸多功能之维。而作为支撑改革开放伟大事业不断取得进步与发展的关键和根本，党的建设新的伟大工程同样需要加以系统地总结，更何况两者的发展意涵和价值坐标本就是有机统一和高度一致的。

广东作为中国改革开放的先行地区和前沿阵地，仿佛拥有与生俱来的"开放性"和"创新性"传统，为新时期党的建设的实践创新和理论创新提供了底蕴深厚的沃土。改革开放以来，广东不仅在经济生活领域从"先行先试"到"先走一步"，在政治生活领域特别是党的建设领域，也依据鲜活的经验材料和宝贵的实践园地，担当着实践全面从严治党的"领头羊"和"排头兵"的重要角色。不仅如此，改革开放以来尤其是在当前发展阶段，广东经济生活、政治生活、文化生活和社会生活等领域催生的

[①]　习近平：《在庆祝海南建省办经济特区30周年大会上的讲话》，载《人民日报》2018年4月14日。

实践困惑、发展障碍和制度掣肘，同样也时刻呼唤着党的建设与时俱进、不断创新，借以推进全面从严治党不断走向科学和深入。值此改革开放40周年纪念节点，回顾和总结广东全面从严治党的历史进路、积极举措和成功经验，其意义不止于一时、一地、一域，而在于为继续推进新时代党的建设新的伟大工程提供一个全面从严治党的"广东样本"。

如果说上述构想仍是一个可以争论的问题，那么下述结论应当是没有异议的：改革开放40年来，广东并非中国政治发展的"边陲"，而是如同在对外开放和深化改革领域中的奋勇探索一般，自始至终在努力探索党的建设新的历史进路，也一直在实践全面从严治党的道路上克难奋进。通过本书对广东全面从严治党实践的历史梳理和实证分析，我们既可以从中发现改革开放40年来广东党的建设的实际效果，也可以探知广东继续推进新时代党的建设新的伟大工程面临的挑战。正所谓改革开放永无止境，从严治党永不停歇，总结改革开放40年来广东全面从严治党经验的价值即在于此。

一、广东全面从严治党40年的经验总结

回顾改革开放40年来党的建设历程，广东各级党组织在党中央的领导下砥砺前行，取得了政治、思想、组织、作风、纪律和制度建设的丰硕成果，不仅为全面推进新时代党的建设新的伟大工程奠定了坚实基础，同时也积累了丰富的全面从严治党经验。根据广东40年来的党建实践，可以从3个基本维度加以概括和总结。

一是广东全面从严治党40年的基本经验。改革开放40年来，广东敢于创新、敢闯新路、敢为人先，在经济社会发展和党的建设两大领域均取得了辉煌成就，交出了全面深化改革和全面从严治党两份优异的答卷。探寻广东党的建设成功经验，最为根本的经验主要包括：第一，始终坚持把思想理论建设放在首位，坚持以中国特色社会主义作为旗帜引领。广东地处改革开放的前沿阵地，所面临的长期执政、对外开放、市场经济、外部环境的系列考验尤为严峻，广东各级党组织一贯重视以思想理论建设为根本建设，坚持用发展的马克思主义理论武装全党，把党员干部和人民群众的思想统一到党的基本纲领和基本路线上来，增强为改革开放和社会主义现代化建设奋斗的自觉性和坚定性。第二，始终坚持围绕党的中心工作推进党的建设，保证党始终成为社会主义事业的坚强领导核心。改革开放以

结束语 广东全面从严治党 40 年的经验总结与发展前瞻

来,中共广东省委根据围绕党的政治路线加强执政党建设以及按照党的基本路线推进党的各项建设的部署,"抓好发展这个党执政兴国的第一要务",全力推进党的建设与社会主义经济建设、政治建设、文化建设、社会建设和生态文明建设协调发展。第三,始终坚持以执政能力建设和先进性建设为党的建设的根本着力点,切实把立党为公、执政为民的执政理念贯彻到党的各项建设当中。改革开放 40 年来,广东各级党组织面对复杂的内外形势、繁重的改革任务、严峻的风险挑战,始终强调通过先进性建设和执政能力建设推进全面从严治党和全面深化改革齐头并进,切实实现好、维护好和发展好广大人民群众的根本利益。第四,始终坚持以改革创新精神推进党的建设,确保党始终具有蓬勃生机和旺盛活力。能否根据时代发展要求不断推进党的建设的理论、制度、工作和方法的创新,是决定改革开放以来广东党的建设成败的关键。中共广东省委立足世情、国情、党情、省情的深刻变化,以时代发展要求审视自己,以改革创新精神完善自己,以与时俱进目标检验自己,确保党的建设始终适应党的事业发展的新要求。广东改革开放 40 年来成绩斐然,雄辩地证明了办好中国的事情关键在党,推进党的建设新的伟大工程关键在于全面从严治党。

二是广东全面从严治党 40 年的核心经验。社会变革必然引起党的建设转型,而每一次深刻的社会变革和党的建设的转型,都是以解放思想为先导的,解放思想是党的建设的精神动力源。新时期广东开启全面从严治党的征程,正是以解放思想作为历史的和逻辑的基点的。事实上,以解放思想引领党的建设和改革开放,构成了广东 40 年来最为核心的经验总结。可以毫不夸张地说,改革开放以来广东全面从严治党的历史,实际上就是一部党的建设的思想解放史。而解放思想作为党的思想路线的本质,对于广东党的建设的价值绝不止于廓清"左"的干扰和排除右的侵害,更重要的是在于它本身彰显的客观性和科学性原则、创新性和先进性原则、人民性和党性原则,及对新时期广东党的建设和经济社会发展所提出的划时代的创新发展要求。[①] 因为任何因循守旧、固步自封、保守僵化、不思进取,都是与改革开放条件下广东党的建设格格不入的,也都将无法适应党领导下的改革开放和社会主义现代化事业的发展要求。唯有始终坚持解放思想、实事求是的思想路线,大力弘扬与时俱进、开拓进取的精神,紧密结

---

① 侯惠勤:《论继续解放思想》,载《中国社会科学》2008 年第 1 期。

合新的历史条件和时代任务，全面实施党的建设新思路、新举措和新实践，方能有效应对广东党的建设的新情况和新问题。回顾40年来广东解放思想的历史不难发现，从最初的解放思想到继续解放思想和推进新一轮解放思想，其背后折射出广东党的建设遭遇的一系列新状况、新难题和新挑战；而从最初妥善处理对外开放环境下党的领导与经济建设的关系起，再到当下全面贯彻、落实和实现"三个定位、两个率先""四个走在全国前列"目标，摆在广东各级党组织面前的党建难题层出不穷。由此，我们无法想象，如果没有持续深入解放思想的魄力、能力和定力，新时期广东党的建设何以能够诞生农村党建的"四民工作法"、国企党建的"五羊－本田模式"、社区党建的"双挂"活动，以及"两新"组织党建新模式等一系列实践和理论的创新举措。党的十七大报告提出，解放思想是发展中国特色社会主义的一大法宝，在此我们同样可以说：解放思想是广东全面从严治党的一大法宝，同时也是广东继续推进党的建设伟大工程和全面深化改革的重要经验借鉴。

三是广东全面从严治党40年的特色经验。改革开放40年来，广东不仅在经济社会发展领域披荆斩棘、先行一步，在推进新时期党的建设新的伟大工程中，在认真做好党的建设的"规定动作"的同时，广东结合本省实际不断创新"自选动作"，凝汇出一系列具有特色的党建经验。具体说来，主要可以概括为三个方面：第一，树立经济建设与党的建设良性互动典范。改革开放以来，广东党的建设面临的最大挑战和难题就是在改革开放新形势下如何切实加强党的建设。广东各级党组织始终坚持党建工作与改革开放"两手抓"，一方面切实提高各级党组织领导经济建设的能力，使之能够站在改革开放的前列，带领全省人民群众解放和发展生产力，建设文明、富裕、繁荣的社会主义新广东；另一方面着力提高党员干部反腐防变的能力，以实事求是、开拓创新和与时俱进的精神加强党的建设，提高党的凝聚力和战斗力，最终促成党的建设与经济建设的良性互动。第二，开创全面从严治党的系列特色品牌工程。广东在改革开放和现代化建设中发挥着"试验田"和"示范区"的作用，在党的建设领域也扮演着同样的角色。面对率先凸显和集中表现出来的农村党建、社区党建、"两新"组织党建、国有企业党建和机关党建中的新挑战与新课题，广东先后推出了固本强基工程、"十百千万"工程、"三有一好"教育、"六好"平安社区、"四好"国企党建等一系列党建新举措，有力推动了各个行业和

结束语 广东全面从严治党40年的经验总结与发展前瞻

不同领域党建工作的创新实践,构成新时期广东党的建设的系列品牌工程。第三,将"广东精神"融汇于党的建设伟大工程之中。敢为人先、务实进取、开放兼容、敬业奉献是广东人的鲜明品格,厚于德、诚于信、敏于行是"广东精神"的核心内涵,体现了改革开放时代的新型岭南文化精神,同时也是"中国精神"构成成分中的地域文化要素,具有凝聚人心、整合价值、激发力量的重要功能。① 改革开放40年来广东以尊重实践、勇于拓新、求实务本的价值理念,推动党的建设和经济社会协调发展,取得了全面从严治党和全面深化改革的可喜成就。新时期广东推进党的建设新的伟大工程,仍离不开上述党建特色经验的弘扬和发展。

回顾和总结广东改革开放40年的历史,印证了新党章做出的基本结论:中国共产党的领导是中国特色社会主义最本质的特征,是中国特色社会主义制度的最大优势。坚持党的领导务必加强党的建设,加强党的建设务必全面从严治党。历史已经雄辩地证明,广东改革开放40年来成绩斐然的关键在党,推动广东经济社会各项事业蒸蒸日上的关键在坚持全面从严治党。

二、广东全面从严治党40年的时代价值

改革开放40年是广东人民砥砺奋进的40年,广东各级党组织始终坚持以走在改革开放前列、人民群众衷心拥护、勇于自我革命拓新、经得起各种风浪考验为目标,全面从严从实加强党的建设,切实提高党的建设质量和科学化水平。广东全面从严治党的经验总结,对于广东和全国均具有多方面的价值与启迪。

一是基于政治保障维度的时代价值。中国共产党是执政党,是中国特色社会主义事业的领导核心,坚持党的领导是改革开放的根本保证,加强党的建设是坚持党的领导的关键。广东改革开放40年风雨兼程,须臾离不开坚持党的领导和加强党的建设。一方面,唯有坚持党的领导才能保证改革开放的社会主义方向,才能制定出正确的改革开放政策方针和战略策略,才能在改革开放中总览全局、协调各方和健康前行,也才能在改革开放中保持经济社会的持续稳定发展。另一方面,唯有在改革开放中加强党

---

① 李宗桂:《"广东精神"是实现"中国梦"的一种精神力量》,载《南方日报》2013年6月23日。

的建设方能有效完善党的领导,发挥党作为改革开放和社会主义现代化事业领导核心的重要作用。改革开放40年来,广东各级党组织抓理想塑灵魂,抓班子带队伍,抓基层打基础,抓作风反腐败,全面加强党的自身建设,推进管党治党工作从严从实,充分发挥党的领导核心作用,不断提高各级党组织的凝聚力、创造力和战斗力,为推进广东改革、发展和稳定提供了坚强的政治保证。经过40年的努力,广东农村党建工作扎实推进、社区党建工作不断探索新路、"两新"组织党旗飘扬、国有企业和机关的党建工作也不断谱写新的篇章。可以说,广东全面从严治党的创新实践,彰显了党的先进性、提升了党的执政能力、强化了党的全面领导,为广东继续全面深化改革和深入落实全面从严治党的重大战略奠定了政治基础。

二是基于协同发展维度的时代价值。所谓协同发展价值,既包括促进经济社会综合平衡发展的价值,也包括不断促进党的自身发展的价值。改革开放40年来,广东全省地区生产总值已经从1978年的185.85亿,增至2017年的8.99万亿,40年中增长超过482倍,在全国经济发展龙头老大的位置上广东已经稳坐29年,① 这其中最为关键的就是坚持党的领导和坚持改革开放。经济腾飞和快速增长的背后,是广东40年来厉行全面从严治党的成功实践,是党的自身建设特别是党的执政能力、执政水平的不断提高,它既推动了广东在改革开放过程中取得举世瞩目的辉煌成就,也增强了各级党组织的政治领导、改革创新、科学发展、依法执政、联系群众和驾驭风险的重要本领。广东的成功实践和历史经验说明,全面加强党的建设的发展价值并非仅限于巩固自身,更在于推进经济建设、政治建设、文化建设、社会建设、生态文明建设的全面协调发展。新时代继续广东经济社会发展的辉煌进程,仍然需要深入推进党的建设新的伟大工程,树立"四个意识"、增强"四个自信"、提高"四大能力"、经受"四大考验"和战胜"四种危险",努力把广东各级党组织建设得更加坚强有力,确保其在世界形势深刻变化的历史进程中始终走在时代前列,在应对国内外各种风险和考验的历史进程中始终成为人民群众的主心骨,在坚持和发展中国特色社会主义的历史进程中始终成为坚强领导核心。

三是基于创新示范维度的时代价值。改革开放40年来,中共广东省委在党中央的领导下,带领全省人民"摸着石头过河",探索出深化经济

---

① 《广东GDP五年年均增长7.9%》,载《南方日报》2018年1月26日。

结束语 广东全面从严治党 40 年的经验总结与发展前瞻

体制改革的一条条崭新道路,同时也打造了全面从严治党的一个个创新典型。40 年来,是广东率先在非公有制经济领域成立了第一个党委,是广东南方人才市场党组管理着当时全国最大规模的流动党员,是广东率先在社区党组织与驻区单位间开展了"双挂"活动,同时也是广东在全省范围内实施了"固本强基"工程。诸如此类,不胜枚举。广东何以能够在党的建设领域畅饮"头啖汤"、勇当"排头兵"?首先源于改革开放新的时代条件、发展任务和问题挑战的要求,其次源于广东各级党组织敢为人先、勇于探索和不断突破的结果。其中,诸如农村党建中深圳南岭村、佛山罗南村、中山长洲村的新探索,社区党建中广州市纵横结合党建工作网络、潮州市湘桥区联席会议制度的新创立,"两新"组织党建中广州"五羊-本田"模式、珠海党群一体化模式和深圳福田三结合模式的新构建,国有企业党建中"五型"党支部建设、"四好"班子建设与韶钢分类管理模式、茂名石化"三个三"管理模式、粤电集团长效机制建设模式、广州电信大党建模式的新尝试,以及机关党建中的"三型"机关建设、"三创新一优化"活动等新实践,无不彰显着改革创新精神引领下广东党的建设的新发展和新飞跃。正如广东经济体制改革在全国的创新示范价值一样,广东党的建设创新举措同样具有示范价值。

萨托利曾经指出:"一旦一种政治形式在一个地方被创设并进行试验,那么其他地方模仿这种形式只需要花费较少的时间。"① 改革开放 40 年来广东的成功,完全不止于深化改革和对外开放,还在于改革开放条件下党的建设的创新实践;而广东全面从严治党的价值,完全不在于经验性的复刻,而应着意于持续性的镜鉴启迪。

三、新时代广东全面从严治党的现实挑战

党的十一届三中全会以来,广东既得改革开放之先机,也率先遭遇改革开放背景下党的建设之难题;广东既享改革开放之成果,也率先直面全面深化改革背景下党的建设新的伟大工程之重担。因此可以说,广东改革开放没有完成时,广东从严治党永远在路上,新时代广东全面从严治党的现实挑战主要体现在如下三个方面:

一是中国特色社会主义进入新时代,要求广东党的建设要有新气象。

---

① 转引自刘军宁《民主和民主化》,商务印书馆 1999 年版,第 147 页。

"中国特色社会主义进入新时代",这是习近平总书记在党的十九大报告中提出的新判断。"新时代"意味着中国社会发生了深层次、根本性的变革,具有了许多新的特点;意味着全党上下要面对多样化的挑战和风险,提出了许多新的要求;意味着中国共产党人要肩负多方面的责任和使命,催生了许多新的实践。① 其中,最为根本性的就是党要团结带领人民进行伟大斗争、推进伟大事业、实现伟大梦想,这就要求毫不动摇坚持和完善党的领导,努力把党建设得更加坚强有力。究其缘由,第一,重大责任在肩,党必须勇于担负。中国共产党是中国特色社会主义事业的领导核心,肩负着团结带领全国人民全面建成小康社会、推进社会主义现代化、实现中华民族伟大复兴的历史重任。因此,全党务必要增强使命感、责任感和紧迫感,在坚持和发展中国特色社会主义的历史进程中始终成为坚强的领导核心。第二,重大课题在列,党必须勇于担当。新时期党既面临着"四大考验"和"四种危险",也面临着经济社会发展各个领域的艰巨挑战和复杂难题,均需要在推进党的建设新的伟大工程的历史进程中予以破解。因此,落实党要管党、全面从严治党的任务,比任何时候都更为繁重和更为紧迫。第三,重大使命在前,党必须勇于担责。作为新时代中国共产党的伟大历史使命,推进党的建设新的伟大工程,使党始终成为时代先锋、民族脊梁,始终成为马克思主义执政党,构成新时代党的建设重大使命。因此,必须不断提高党的建设质量,党才能成为始终走在时代前列、人民衷心拥护、勇于自我革命、经得起各种风浪考验、朝气蓬勃的马克思主义执政党。总之,新时代的历史重任、发展要求和风险挑战对党的建设提出了新要求,广东各级党组织务必继续发扬改革创新的精神,切实以党建工作新气象推进全面从严治党走进新时代。

二是全面从严治党进入新常态要求广东落实从严治党要有新作为。梳理党的建设历史不难发现,从明确提出"从严治党"的具体要求,到提升为"全面从严治党",并将其纳入治国理政的总体框架,这"不只是字面上的变化,更是实践的发展、认识的深化"。② 实际上,推动全面从严治党成为党的建设的新常态,是一个具有重大现实意义和深远历史意义的战略命题,是以习近平同志为核心的党中央在从严治党方面的一系列新思

---

① 陈金龙:《新时代与马克思主义中国化的新机遇》,载《马克思主义与现实》2017年第6期。
② 《习近平关于全面从严治党论述摘编》,中央文献出版社2016年版,第234页。

结束语 广东全面从严治党 40 年的经验总结与发展前瞻

想、新实践的必然结果。概括地说，形成全面从严治党新常态意味着新时期党的建设要实现"四大转变"，即由党的建设总要求到具体全面硬约束新突破的转变，由贯穿党的建设全过程到最大政绩考核新视角的转变，由依靠自觉从严治党到坚持常态化制度化新思路的转变，由党的建设的方针上升为治国理政总思路新高度的转变。为此，党中央在谋划和推进全面从严治党新常态时，特别明确了全面从严治党的思路、举措和办法，强调从严治党靠教育、从严治吏是关键、作风建设是突破口、惩治腐败零容忍、制度建设是根本等，意在以此为基础协调推进党的各项建设。不仅如此，形成全面从严治党新常态还对全党上下做出了严格要求，一方面是要以高度的政治自觉、思想自觉、党性自觉主动适应全面从严治党新常态，始终保持政治定力、牢牢坚守精神追求、切实强化使命担当；另一方面是要积极投身巩固和拓展全面从严治党新常态的实践之中，为坚持和发展中国特色社会主义、实现中华民族伟大复兴中国梦提供坚强保证。具体说来，就是要把聚精会神抓党建与一心一意谋发展结合起来，把思想建党与制度治党结合起来，把严肃党内政治生活与发挥人民监督作用结合起来，把作风建设攻坚战与持久战统一起来。总之，形成全面从严治党新常态是推进新时期党的建设新的伟大工程的必然要求，广东各级党组织务必深刻认识、主动适应、认真把握和躬身实践，把全面从严治党的要求落到实处，把党的建设新的伟大工程推向新的境界和新的高度。

三是广东经济社会发展进入新阶段，要求党的建设要有新举措。中国改革开放走过了 40 年的光辉历程，广东作为中国改革开放的先行地区和前沿阵地，取得了令世人瞩目的成就和宝贵经验。广东改革开放的 40 年，是在党的领导下不断解放思想、开拓创新、与时俱进、快速发展和全面进步的 40 年。广东改革开放的辉煌成就和成功实践充分说明：全面从严治党是改革开放取得成功的根本和关键。党的十八大以来，广东人民在以习近平同志为核心的党中央坚强领导下，紧紧围绕统筹推进"五位一体"总体布局和协调推进"四个全面"战略布局，坚决贯彻落实党中央全面从严治党的一系列重大战略部署，坚持思想建党和制度治党相结合，扎实推进全面从严治党各项工作，党的建设取得新进步。当前，广东正处于率先全面建成小康社会、开启率先基本实现社会主义现代化新征程的关键时期，深入推进全面从严治党意义深远、任务艰巨、至关重要。而与此同时，随着中国和广东经济发展进入新常态，当前正面临着增长速度进入换挡期、结构调整面临阵痛期、前期刺激政策进入消化期的"三期叠加"的风险。考察当前广东经济社会发展中的现实困难和问题,经济下行压力依然较大,产业结构调整仍然任重道远,深层次体制性矛盾仍然突出,改革红利有待进一步释放,节能减排压力持续加大,促进城乡居民持续增收难度加大,生态环境、社会治安、安全生产、食品药品安全等问题还比较突出,保障和改善民生任务依然繁重。上述种种,均是对改革开放进入攻坚阶段党的领导和党的建设提出的新课题。相较于经济生活领域的问题,在党的建设领域的执政考验、改革开放考验、市场经济考验、外部环境考验的长期性和复杂性,以及精神懈怠、能力不足、脱离群众、消极腐败等危险的尖锐性和严峻性,时刻要求广东各级党组织务必坚持问题导向、保持战略定力、创新党建实践,切实推动全面从严治党向纵深发展,以党的建设科学化引领和推动广东经济社会发展的再一次飞跃。

习近平总书记指出:改革开放任务越重,越要加强和改进党的自身建设。坚持党要管党、从严治党,全面加强党的建设,要围绕全面深化改革中的重大问题加强学习和调研,不断提高领导和推动改革能力,不断提高党的领导水平和执政水平,不断提高拒腐防变和抵御风险能力。① 全面从严治党是新时期广东党的建设改革的重要内容,也是全面深化改革的有机组成部分,继续以改革创新精神推进广东党的建设,有利于坚持党对改革开放的领导,为全面深化改革提供组织保障,成为新时代中国特色社会主义最本质特征的时代彰显。

四、新时代广东全面从严治党的发展前瞻

习近平总书记在党的十九大报告中指出:"中国特色社会主义进入新时代,我们党一定要有新气象新作为。"② 经过40年奋斗,广东改革发展也已站在新的历史起点上,迎来加快转型的重要战略机遇期。在此关键时刻,党中央要求广东"总结经验、明确方向、发挥优势、弥补不足,在新的起点上再创新局"。③ 新时代、新起点、新使命、新征程,对广东党的建设提出了新的更高要求,广东各界必须坚持以习近平新时代中国特色社

---

① 《十八大以来重要文献选编》(上),中央文献出版社2014年版,第308页。
② 习近平:《决胜全面建成小康社会 夺取新时代中国特色社会主义伟大胜利——在中国共产党第十九次全国代表大会上的报告》,人民出版社2017年版,第61页。
③ 《习近平总书记对广东工作作出重要批示》,载《南方日报》2017年4月12日。

结束语 广东全面从严治党40年的经验总结与发展前瞻

会主义思想为指引,坚持以全面推进党的建设新的伟大工程为中心,统领全局、凝聚方向、明确定位、践行目标,据以确保广东经济社会各项事业发展继续走在全国前列。由此,推进新时代广东全面从严治党,要牢固树立"四个意识"、时刻秉承"四个坚持"、充分践行"四个走在全国前列",藉此开创广东党的建设和改革发展的新格局和新境界。

一是增强"四个意识",引领新时代广东全面从严治党向纵深发展。"四个意识"是全面从严治党的理论内核,是引领全面从严治党的政治导向,是全体党员干部必须牢牢把握的根本遵循,具有丰富的治理智慧和深远的政治意蕴。推进党的建设新的伟大工程,引领广东全面从严管党治党,要求各级党组织和广大党员干部必须更加紧密地团结在以习近平同志为核心的党中央周围,强化政治意识、坚定前进方向,强化大局意识、谋划发展全局,强化核心意识、凝聚奋斗力量,强化看齐意识、确保步调一致,贯彻落实好党中央各项决策部署,带领广东人民奋力推动改革开放,迈上现代化建设新台阶。党的十八大以来,广东改革发展稳定各项事业日新月异,经济增长质量得到不断提升,创新驱动发展成效日益显现,全面深化改革快速稳步前进,全面依法治省扎实有序推进,生态文明建设不断迈出新的步伐。上述成绩的取得,最根本也是最重要的原因在于,广东人民始终拥有以习近平同志为核心的党中央的坚强领导,中共广东省委始终坚持以"四个意识"统领广东党的建设,广东各界始终按照习近平总书记对广东重要指示、批示和讲话精神做好各项工作。进入新时代,广东作为发展中国特色社会主义的排头兵,全省广大党员干部群众务必进一步增强"四个意识",把握政治方向的生命线、挺起理想信念的主心骨、立起纪律规矩的顶梁柱,正确认识和自觉服从中国特色社会主义的国家发展大局、"五位一体"的总体布局、"四个全面"的战略布局,自觉地维护习近平总书记的核心地位、维护以习近平同志为核心的党中央权威,服从党中央的集中统一领导,经常和主动地向党中央看齐、向习近平总书记看齐、向党的理论和路线方针政策看齐,时刻保持思想上高度统一、政治上清醒坚定、行动上坚决有力,为广东率先全面建成小康社会和基本实现社会主义现代化提供强有力的政治保证。

二是秉承"四个坚持",把握新时代广东全面从严治党的方向定位。2017年4月4日,习近平总书记对广东工作做出重要批示,希望广东坚持党的领导、坚持中国特色社会主义、坚持新发展理念、坚持改革开放,为全国推进供给侧结构性改革、实施创新驱动发展战略、构建开放型经济新体制提供支撑,努力在全面建成小康社会、加快建设社会主义现代化新征程上走在前列。其中,"四个坚持"不仅揭示了广东改革发展的必由之路、行动指南和必然选择,而且特别指明了广东做好一切工作的根本保证。究其缘由,坚持党的领导既是中国特色社会主义的本质特征,也是中国特色社会主义的制度优势,更是新时代全面从严治党的核心。若就其基本要求而言,首先是要求坚决维护以习近平同志为核心的党中央权威,始终在思想上政治上行动上同党中央保持高度一致,按中央的要求做好广东工作,确保中央决策部署在广东得到不折不扣的贯彻落实。其次是要求广东各级党组织深刻认识全面从严治党的重要性和紧迫性,坚持思想建党和制度治党相结合、治标与治本相结合,既抓"关键少数",也抓"普通多数",明确党委主体责任与纪委监督责任,扎实推进全面从严治党各项工作,切实解决广东党组织自身存在的问题,以提高领导广东改革发展的能力和水平。再次是要求广东全体党员干部严格自律、慎独慎微,加强党性修养,陶冶道德情操,永葆共产党人的政治本色;特别要求党的高级干部加强自律、率先垂范,借以建构党的良好形象、树立党的政治威信,进一步改善党的领导。① 唯有如此,党才能始终处于总揽全局、协调各方的领导核心地位,才能保证广东改革在中国特色社会主义道路上不断前进,才能发挥五大发展理念统领广东发展全局的作用,才能引领中国改革成功跨过攻坚期和深水区,也才能最终坚持中国特色社会主义道路自信、理论自信、制度自信、文化自信。

三是践行"四个走在全国前列",开创广东全面从严治党的新境界。2018年3月7日,习近平总书记参加十三届全国人大一次会议广东代表团审议,要求广东的同志们以新的更大作为开创广东工作新局面,在构建推动经济高质量发展体制机制、建设现代化经济体系、形成全面开放新格局、营造共建共治共享社会治理格局上走在全国前列。② "四个走在全国前列",是习近平总书记从政治和大局高度对广东发展全局的系统思考,是对新时代新起点开创广东工作新局面的明确要求,体现了党和国家对广

---

① 陈金龙:《"四个坚持":广东改革发展的方向定位》,载《南方》2017年总第257期。
② 《习近平李克强栗战书汪洋王沪宁赵乐际韩正分别参加全国人大会议一些代表团审议》,载《人民日报》2018年3月8日。

结束语 广东全面从严治党40年的经验总结与发展前瞻

东的殷殷重托。当前,全面贯彻、坚决落实"四个走在全国前列"的明确要求,是广东各界一项至为重要的政治任务,实质上就是要把党的十九大确定的基本方略、重大战略在广东具体化,关键是要把习近平总书记系列重要讲话精神落到实处。为此,一方面要坚持以全面深化改革开放为原动力,既传承弘扬老一辈改革开放先行者敢为人先的勇气和精神,又站在更高的起点上谋划推进广东改革开放,不断创造出无愧于新时代的新成就、新经验;另一方面,要坚持以"四个走在全国前列"为抓手,以落实党和国家机构改革任务为牵引,加大力度推进重点领域关键环节改革,着力破除制约高质量发展的体制机制障碍,重视发展实体经济,深入实施创新驱动发展战略,加快发展更高层次开放型经济,深入推进平安广东、法治广东建设,加强和创新社会治理;再一方面,要坚持以党的建设作为根本保障,不断开创广东党的建设新境界,推动全面从严治党向纵深发展,旗帜鲜明地讲政治,严肃政治纪律和政治规矩,持之以恒地正风反腐,加强党的基层组织建设,打造出一支高素质、专业化的干部队伍。① 唯有如此,广东才能在推进"四个全面"、实现"五位一体"和践行"四个伟大"的重大战略实践和重要历史进程中,继续担当新时代改革开放和全面从严治党的排头兵。

习近平总书记指出,广东是改革开放的排头兵、先行地、试验区,在我国改革开放和社会主义现代化建设大局中具有十分重要的地位和作用。改革开放40年来,广东有过辉煌的过去,有着美好的现在,也必将拥有灿烂的未来。深入分析和系统总结广东改革开放40年的成就、经验和前路,不止于历史的肯定,更在于现实的研判和未来的思考。如何以改革创新精神全面推进党的建设新的伟大工程,确保广东始终坚定不移地走在全面从严治党的前列,是广东各级党组织和党员干部历久弥新的应答课题,实因它关乎中国改革开放的成败,关乎党的执政能力和党的先进性建设,关乎中国特色社会主义制度优越性的彰显,更关乎新时代伟大斗争的胜利、伟大事业的成功和伟大梦想的实现。

---

① 《中共广东省委关于认真学习宣传贯彻习近平总书记在参加十三届全国人大一次会议广东代表团审议时的重要讲话精神的通知》(2018年3月8日)。

参考文献

一、著作类

[1] 马克思恩格斯选集：第2卷[M].北京：人民出版社，2012.
[2] 列宁选集：第1卷[M].北京：人民出版社，1995.
[3] 列宁全集：第6卷[M].北京：人民出版社，1986.
[4] 毛泽东选集：第3卷[M].北京：人民出版社，1991.
[5] 毛泽东文集：第2卷[M].北京：人民出版社，1993.
[6] 毛泽东文集：第7卷[M].北京：人民出版社，1999.
[7] 邓小平文选：第2卷[M].北京：人民出版社，1994.
[8] 邓小平文选：第3卷[M].北京：人民出版社，1993.
[9] 邓小平年谱（1975—1997）：上卷[M].北京：中央文献出版社，2004.
[10] 江泽民文选：第1、2卷[M].北京：人民出版社，2006.
[11] 习近平关于全面从严治党论述摘编[M].北京：中央文献出版社，2016.
[12] 陈云论党的建设[M].北京：中央文献出版社，1995.
[13] 陈云年谱：下卷[M].北京：中央文献出版社，2000.
[14] 叶剑英选集[M].北京：人民出版社，1996.
[15] 建国以来李先念文稿：第4册[M].北京：中央文献出版社，2011.
[16] 习仲勋文选[M].北京：中央文献出版社，1995.
[17] 习仲勋传：下卷[M].北京：中央文献出版社，2013.
[18] 李铁映.论民主[M].北京：人民出版社，2001.

[19] 习仲勋主政广东[M]. 北京：中共党史出版社，2007.

[20] 任仲夷与广东改革开放[M]. 北京：中共党史出版社，2014.

[21] 梁灵光回忆录[M]. 北京：中共党史出版社，1996.

[22] 三中全会以来重要文献选编：（下）[M]. 北京：人民出版社，1982.

[23] 十二大以来重要文献选编：（上）[M]. 北京：人民出版社，1986.

[24] 十八大以来重要文献选编：（上）[M]. 北京：中央文献出版社，2014.

[25] 中共广东省委办公厅. 中央对广东工作的指示汇编（1979—1982）[M]. 内部资料，1983.

[26] 广东省档案馆. 改革开放三十年重要档案文献·广东（第2卷）[M]. 北京：中国档案出版社，2008.

[27] 深圳市档案馆. 建国30年深圳档案文献演绎（第4卷）[M]. 广州：花城出版社，2002.

[28] 广东省地方史志编纂委员会. 广东省志·中共组织志[M]. 广州：广东人民出版社，2002.

[29] 广东省志编纂委员会. 广东省志·大事记[M]. 广州：广东人民出版社，2005.

[30] 广东省志编纂委员会. 广东省志（1979—2000）：第25卷，党派·群众团体卷[M]. 北京：方志出版社，2014.

[31] 中共广东省纪律检察委员会，广东省监察厅. 广东纪检监察志（1950—1995）[M]. 广州：广东人民出版社，1999.

[32] 黄勋拔. 广东省志·政治纪要[M]. 广州：广东人民出版社，2004.

[33] 广东年鉴编撰委员会. 广东年鉴·1991[M]. 广州：广东年鉴社，1991.

[34] 中共广东省委党史研究室. 中国共产党广东历史：第二卷（1949—1978）[M]. 北京：中共党史出版社，2014.

[35] 中共广东省委宣传部. 广东省解放思想学习讨论活动文件汇编[M]. 广州：广东人民出版社，2008.

[36] 中共广东省委政策研究室. 在率先基本实现社会主义现代化的道路上阔步前进：广东省第八次党代会以来的决策与实践（第一卷）

[M]．广州：广东人民出版社，2003．

［37］中共广东省委政策研究室．在率先基本实现社会主义现代化的道路上阔步前进：广东省第八次党代会以来的决策与实践（第二卷）（下）[M]．广州：广东人民出版社，2003．

［38］中共广东省委政策研究室．在率先基本实现社会主义现代化的道路上阔步前进：广东省第八次党代会以来的决策与实践（第三卷）[M]．广州：广东人民出版社，2003．

［39］谢非．广东改革开放探索［M］．北京：中共中央党校出版社，1998．

［40］刘军宁．民主和民主化［M］．北京：商务印书馆，1999．

［41］卢荻，杨建，陈宪宇．广东改革开放发展史［M］．北京：中共党史出版社，2001．

［42］钟坚，郭茂佳，钟若愚．中国经济特区文献资料（第1辑）[M]．北京：社会科学文献出版社，2010．

［43］王玉周，朱康有．解放思想论纲［M］．北京：红旗出版社，2008．

［44］中国行政体制改革研究会研究部．行政体制改革行与思［M］．北京：国家行政学院出版社，2015．

［45］肖伟昌．学习研究与实践党风廉政建设文论集［M］．北京：当代中国出版社，2000．

［46］丘海．邓小平党风廉政建设理论与广东的实践［M］．广州：广东人民出版社，1998．

［47］傅锐．改革开放中广东党的建设［M］．广州：广东人民出版社，1991．

［48］惠紫肖．新时期干部队伍建设［M］．哈尔滨：黑龙江人民出版社，1986．

［49］李萍，王丽荣．党建工程的排头兵——广东党的建设30年［M］．广州：广东人民出版社，2008．

50．王玉云．党的先进性建设在广东［M］．广州：广东人民出版社，2009．

［51］王晓玲．广州改革开放30年［M］．广州：广东人民出版社，2008．

［52］于景森．学习型政党研究：关于中国共产党建设学习型政党的历史、理论与实践［M］．北京：人民出版社，2009．

［53］李爱平．推进学习型党组织建设实用手册［M］．北京：人民日报出版社，2010．

［54］王燕文，何亦农，潘金洪．学习型组织建设与评估［M］．北京：社会科学文献出版社，2004．

［55］侯以信，孟昭安，王梦茹．学习型政党建设研究［M］．石家庄：河北人民出版社，2006．

［56］林尚立．党内民主：中国共产党的理论与实践［M］．上海：上海社会科学院出版社，2002．

［57］唐晋．党内民主：通向大国之路的中国民主［M］．北京：人民日报出版社，2009．

［58］王炳林．和谐社会视野下的党群关系研究［M］．北京：人民出版社，2009．

［59］甄小英，等．党群关系新论［M］．北京：中央党校出版社，2001．

［60］曹殊．新时期党群关系的理论与实践［M］．北京：中国社会科学出版社，2006．

［61］许德明．"两新"组织党建概论［M］．上海人民出版社，2007．

［62］叶笃初，等．"两新组织"的党建创新［M］．江苏人民出版社，2001．

［63］邓频声，等．中国特色反腐倡廉道路研究［M］．北京：时事出版社，2011．

［64］王浦劬．政治学基础［M］．北京：北京大学出版社，1995．

［65］王长江．政党现代化论［M］．杭州：浙江人民出版社，2004．

［66］王长江．党内民主制度创新［M］．北京：中央编译出版社，2007．

［67］刘宗洪．执政党建设的新视野［M］．上海：上海三联书店，2007．

［68］王邦佐，等．执政党与社会整合［M］．上海：上海人民出版社，2007．

［69］陈学峰．和谐社会与执政党建设［M］．北京：人民出版社，2006．

［70］关海庭．执政兴国之路——中国共产党执政面临的挑战［M］．北京：华文出版社，2007．

［71］权伟太．执政党论［M］．北京：中共党史出版社，2004．

[72] 李慎明. 执政党的经验教训 [M]. 北京：社会科学文献出版社，2008.

[73] 李慎明. 党的建设与中国特色社会主义 [M]. 北京：社会科学文献出版社，2011.

[74] [美] 亨廷顿. 第三波：20世纪后期民主化浪潮 [M]. 上海：上海三联书店，1998.

[75] [美] 萨托利. 政党与政党制度 [M]. 北京：北京大学出版社，2011.

二、文件类

[76] 习仲勋在省委四届一次常委扩大会议上的讲话：（记录稿）. 1978年6月30日.

[77] 习仲勋同志在广州市委常委扩大会议上的讲话. 1978年10月5日.

[78] 习仲勋同志在全省农田基本建设会议上的讲话. 1979年8月21日.

[79] 习仲勋. 在省委四届二次常委扩大会议上的总结发言. 1979年1月25日.

[80] 习仲勋. 在省委四届三次常委扩大会议和省地县三级干部会议上总结发言. 1979年6月10日.

[81] 习仲勋. 政府工作报告. 1979年12月17日.

[82] 习仲勋. 在省委四届一次常委扩大会议上的总结讲话. 1978年6月30日.

[83] 习仲勋. 关于广东工作问题的汇报（稿）. 1978年11月8日.

[84] 任仲夷. 改革、前进，开创新局面——在中国共产党广东省第五次代表大会上的报告. 1983年2月24日.

[85] 陈越平. 在地委书记会议上关于开展真理标准问题讨论的发言. 1979年9月17日.

[86] 焦林义. 在市委常委扩大会议上的讲话. 1979年2月13日.

[87] 中央工作会议简报：中南组（23）. 1978年11月27日.

[88] 中共广东省委组织部. 关于落实干部政策的情况和意见. 1979年2月20日.

[89] 习仲勋、王全国同志在中央工作会议中南组的发言. 1979年4月.

[90] 中共广东省委摘帽办公室. 落实原国民党起义投诚人员政策工作情况汇报. 1981年5月30日.

[91] 中共广东省委、广东省人民政府. 关于打击走私贩私等经济犯罪活动的情况和意见的报告. 1983年5月12日.

[92] 广东省委办公厅. 文教系统抓紧落实政策的工作. 动态（11）. 1978年4月24日.

[93] 中共广东省纪委、组织部. 广东省落实政策工作情况的报告. 1981年7月13日.

[94] 任仲夷. 改革、前进，开创新局面——在中国共产党广东省第五次代表大会上的报告. 1983年2月24日.

[95] 中共广东省委关于加强党的建设的决定. 1989年11月30日.

三、论文类

[96] 陈先达. 真理标准讨论意义的哲学蕴涵［J］. 中国人民大学学报，2008（4）.

[97] 陈金龙. 新时代与马克思主义中国化的新机遇［J］. 马克思主义与现实，2017（6）.

[98] 陈金龙. 准确理解全面从严治党的深刻内涵［J］. 学习月刊，2015（5）.

[99] 陈金龙. 基于全面深化改革的全面从严治党思路［J］. 红广角，2017（Z5）.

[100] 覃正爱. 改革开放的理论沉思［J］. 马克思主义研究，2016（5）.

[101] 孙正聿. 解放思想与变革世界观［J］. 中国社会科学，2008（6）.

[102] 谷牧. 中国对外开放的风风雨雨［J］. 半月谈，1988（1）.

[103] 程美东. 马克思主义学习型政党建设的历史定位和理论架构［J］. 马克思主义研究，2010（9）.

[104] 汪洋. 领导干部要注重知识结构的转型升级［J］. 党建，2010（4）.

[105] 侯惠勤. 论继续解放思想［J］. 中国社会科学，2008（1）.

后　记

　　本书是"广东改革开放40年研究丛书"成果之一，主要研究广东全面从严治党40年的历史进程、主要内容、主要成就和历史经验，旨在通过对广东推进党的建设新的伟大工程的历史检视和理论升华，纪念改革开放40周年。

　　广东是中国改革开放的排头兵、先行地、实验区，广东全面从严治党40年是改革开放以来中国共产党的建设的缩影和见证。广东全面从严治党40年的探索和发展，彰显了中共中央的全面领导和殷殷期待，凝聚了中共广东省委、全省各级党组织和全体党员的集体智慧。本书研究的空间范围和时间范围明确，研究中力图将历史梳理和现实梳辨相互结合，将宏观分析和微观考察相互统一，以期达成对广东全面从严治党40年的系统总结。

　　本书由陈金龙提出研究思路和拟定写作提纲，许冲执笔完成初稿，最后由陈金龙统稿。本书得到广东省委宣传部有关领导和省内有关专家的鼎力支持。广东省委宣传部理论处为本书写作任务的圆满完成，给予了极大支持和鼓励；省内有关专家对初稿进行了认真审阅，并提出了极其宝贵的修改意见。同时，本书在写作过程中借鉴了部分专家学者的研究成果，在此一并致以衷心的感谢。

　　广东全面从严治党40年的历史，是一部行进发展中的历史，同时也是一部不断改革创新的历史。本书研究涉及面广，研究历史时段较长，加之囿于专业基础、学术水平与研究视野、研究能力的局限，书中粗疏与错漏之处在所难免，敬请学界同仁和广大读者批评指正。

陈金龙
2018年11月12日